统计学精品译丛

金融数据分析导论
基于R语言

An Introduction to Analysis of Financial Data with R

(美) Ruey S. Tsay 著
芝加哥大学

李洪成 尚秀芬 郝瑞丽 译

机械工业出版社
China Machine Press

图书在版编目（CIP）数据

金融数据分析导论：基于R语言／（美）蔡瑞胸著；李洪成，尚秀芬，郝瑞丽译．—北京：机械工业出版社，2013.10（2023.11重印）

（统计学精品译丛）

书名原文：An Introduction to Analysis of Financial Data with R

ISBN 978-7-111-43506-8

Ⅰ. 金… Ⅱ.①蔡… ②李… ③尚… ④郝… Ⅲ. 金融-数据-分析-教材 Ⅳ. F830.41

中国版本图书馆CIP数据核字（2013）第176528号

版权所有·侵权必究
封底无防伪标均为盗版

北京市版权局著作权合同登记　图字：01-2013-1416号。

All Rights Reserved. This translation published under license. Authorized translation from the English language edition, entitled *An Introduction to Analysis of Financial Data with R*, ISBN 978-0-470-89081-3, by Ruey S. Tsay, Published by John Wiley & Sons. No part of this book may be reproduced in any form without the written permission of the original copyrights holder.

本书中文简体字版由约翰-威利父子公司授权机械工业出版社独家出版．未经出版者书面许可，不得以任何方式复制或抄袭本书内容．

本书向读者展示了可视化金融数据的基本概念，共有7章内容，涉及R软件、线性时间序列分析、资产波动率的不同计算方法、波动率模型在金融中的实际应用、高频金融数据的处理、用于风险管理的量化方法等．贯通全书，作者都是通过R图形以可视化的形式把讨论主题展现给读者，并以两个详细案例展示了金融中统计学的应用．

本书是高年级本科生或研究生阶段学习时间序列和商务统计学的优秀教材．对于希望进一步加强对金融数据和当今金融市场理解的研究人员以及商业、金融和经济领域的从业者，该书也是极佳的选择．

机械工业出版社（北京市西城区百万庄大街22号　邮政编码　100037）
责任编辑：盛思源
固安县铭成印刷有限公司印刷
2023年11月第1版第13次印刷
186mm×240mm · 19.75 印张
标准书号：ISBN 978-7-111-43506-8
定　　价：69.00元

客服电话：（010）88361066　68326294

推 荐 序

  伟大的统计学家 George Box 有一句名言:"所有的模型都是错误的,但其中有一些是有用的."这句话给出了现实中统计模型的现状. 现实中不确定性无处不在,确定性"正确"模型是不存在的. 如果 Box 在现在这个时代,他可能会增加一句"并且其中一些模型是危险的",尤其对于金融领域的一些模型. 2008 年的金融危机,在某种程度上是由错误的金融模型造成的,既有模型过于简单的原因又有模型过于复杂的原因. 房地产经纪人和买家依赖于一个隐式模型,它表明价格已经在高位,并且还会继续上涨. 贷款人使用统计模型来对打包的按揭产品进行分析设计,这似乎可以奇迹般地降低风险. 然而最后的结果是灾难性的,在 5 年之后仍然可以感受到房地产泡沫的影响.

  因此,如何进行有用的并且没有危险的金融分析呢? 首先应该对金融数据有一个基本的理解,尤其是时间序列数据. 因为不确定性是主要的影响因素,例如,可以应用概率模型来描述资产收益率的频率分布. 本书给出了大量的时间序列模型,它们可以对数据进行描述、平滑和季节调整.

  要成为一个统计分析专家,没有对实际数据的分析经验是绝不可能的. 蔡瑞胸教授在本书中给出了进行实际数据分析所需的数据和统计工具. 这里的统计分析工具是 R 软件,它是一款开源的统计软件包,可以和现在的商业软件包媲美. R 软件功能强大,免费并且有数千个用于完成特定任务的添加包. 蔡教授在书中给出了金融数据分析的几个关键添加包. 通过本书提供的数据集,你就可以应用 R 软件来学习金融时间序列的实际应用.

2013 年 6 月 17 日
美国统计教育学院,Statistics.com 在线课程网站总裁 Peter Bruce

Recommendation Preface

The great statistician George Box famously said "All models are wrong, but some are useful." This statement embodies the statistical approach to reality, in which uncertainty is everpresent, and a deterministic "truth" does not exist. Box might now add "and some models are dangerous" particularly those in the financial arena. The financial collapse of 2008 was caused, in part, by faulty financial models, both at a simple and a complex level. Real estate brokers and buyers relied upon an implicit model that said that prices have been going up, so they will continue to go up. Lenders used statistical models to engineer bundled mortgage products that magically seemed to reduce risk. The result was a disastrous real estate bubble whose effects were still being felt half a decade later.

So how do you conduct a financial analysis that is useful, and not dangerous? The first thing to focus on is a basic understanding of financial data-particularly time series data. Since uncertainty plays a large role, probabilistic models are used, for example, to portray the frequency distribution of asset returns. There are a number of time series models that describe, smooth, and seasonally adjust the data.

Expertise in statistical analysis cannot be obtained without getting the hands dirty in actual data and analysis. Ruey Tsay provides both the data and the statistical tool you will need to get your hands dirty. The tool is R-the popular open-source statistical software that is now on a par with commercial programs. It is powerful, free and has spawned the creation of thousands of R "packages" to accomplish specific tasks. Tsay provides pointers to some of the key packages for financial analysis. Together with the datasets provided in the book, you are equipped to learn the practical application of financial time series using R.

Statistics. com
The Institute for Statistics Education

译 者 序

本书是原作者继《Analysis of Financial Time Series》之后的又一本力作. 由于金融计量学和金融统计变得越来越重要, 所以读者很迫切地需要这方面的资料. 而国内相关的教材目前还比较少, 机械工业出版社及时引进了《金融数据分析导论》的中文版权, 使得国内读者能够几乎和国外同步地学习该书的内容.

本书应用开源的 R 软件, 结合具体的金融数据来讲解金融数据的分析方法和模型. 第 1 章首先向读者展示了可视化金融数据的基本概念、金融计量模型和它们在现实世界中的丰富应用. 第 2 章从线性时间序列模型开始, 介绍常见的金融数据分析模型. 第 3 章介绍了 3 个金融数据分析的实际案例, 读者可以从中学习线性时间序列模型在实际中的应用. 第 4 章介绍了波动率模型. 第 5 章介绍波动率模型在金融中的实际应用. 第 6 章介绍如何处理高频金融数据. 第 7 章介绍用量化方法进行风险管理, 包括风险值和条件风险值.

对于实际的金融数据案例, 本书应用免费的 R 软件给出了具体的分析过程和 R 代码. 读者可以按照书中的讲授, 一步一步地进行实践, 加深对本书内容的理解.

在本书的翻译过程中, 我们得到了蔡瑞胸教授的帮助, 他帮助译者澄清了一些问题. 中文版对原书中发现的错误进行了相应的更正. 本书第 1 章、第 3 章和第 5 章由尚秀芬翻译, 第 2 章、第 4 章、第 6 章、第 7 章由李洪成完成, 其中郝瑞丽协助翻译了第 2 章的部分内容. 全书由李洪成进行统一定稿. 本书的责任编辑盛思源为本书的出版付出了大量的劳动, 由于她的认真校对和修订, 本书才能及时得以出版. 另外, 特别感谢明永玲编辑对本书翻译工作的大力支持和帮助. 本书的翻译还得到了上海金融学院的领导和同事的帮助和支持, 在此一并表示衷心的感谢. 由于时间仓促, 加之本人的精力和水平有限, 翻译不当之处在所难免, 请读者和同行指正.

李洪成
2013 年 6 月

前　言

我经常会被读者问到有关金融时间序列分析的问题：你能否让金融数据分析更简单些？我也经常被我的学生问道：如何简化实证研究工作，统计学和金融学究竟存在怎样的关系？这些都是很重要的问题，它们促使我编写这本入门教材.

为了简化实证数据分析，我决定使用 R 软件进行所有的分析. 这样做是基于下面几个原因. 第一，R 软件在大多数平台上都能免费使用. 第二，已有许多研究人员针对金融数据开发出很好的软件包，尤其是 RMetrics 提供了许多有用的软件包. 第三，R 软件添加包的功能正在飞速增加，并且这种趋势还会继续下去. 第四，我写过一些简单的 R 代码，用以在某些场合展示某些具体分析方法. 这些代码起两个作用. 其一，它们能满足我展示概念和方法的特殊需要. 其二，更重要的是，读者只要稍有一些 R 软件的使用经验就可以简单地修改这些代码和命令以适应他们的需要，从而简化他们的金融数据分析任务.

为了使计量经济学和统计学的理论更简单易懂，我尝试以一种简洁的方法来讲解，并应用大量实际案例来阐释这些内容. 本书共有 7 章，其中两章为案例分析. 这两章的案例揭示了统计学与金融学之间的联系. 其余章节用来帮助读者理解概念，获取金融数据分析的经验. 第 1 章介绍金融数据，并讨论了汇总统计量和数据可视化的知识. 此外，还介绍了 R 软件，这样读者就可以应用它来探索金融数据. 第 2 章介绍线性时间序列分析的基本内容，涵盖了商业、金融和经济学中常用的一些简单计量经济模型. 在保持行文简洁的同时，我尝试使该章内容尽量全面. 该章还介绍了指数平滑预测法和模型比较方法. 第 3 章介绍了 3 个案例学习（case study）. 其中使用的模型并不简单，但是它们可以帮助读者理解线性时间序列模型在实际应用中的价值和局限性. 第 4 章介绍资产波动率的不同计算方法，以及多种波动率模型. 其中讨论的方法包括应用日开盘价、收盘价、最高价和最低价的方法. 同样，我尝试使该章的内容尽量全面，同时避免过多的理论细节. 第 5 章介绍波动率模型在金融中的实际应用. 该章旨在帮助读者更好地理解波动率的期限结构，以及波动率在金融实践中的应用. 第 6 章介绍如何处理高频金融数据，包括价格变动、交易强度以及实际波动率的简单模型. 最后，第 7 章介绍用量化方法进行风险管理，包括风险值和条件风险值. 该章涵盖风险评估的重要计量经济学方法和统计学方法，包含基于极值理论和分位数回归的一些方法.

本书包含许多图表和示例，它们旨在简化金融数据分析的过程，使结果容易理解. 限于篇幅，不可避免地省略了一些重要内容. 本书涵盖的内容与《Analysis of Financial Time Series》一书有部分重叠，但是本书所用到的案例都是全新的.

借此机会，我感谢我的妻子. 如果没有她的关心和帮助，本书就无法完成. 同时我也想感谢我的孩子，他们给予我很多灵感，帮助我编辑部分章节．另外还有许多读者和学生不断给予我反馈和建议，他们的意见是弥足珍贵的．最后，我想感谢 Steve Quigley、Jacqueline Palmieri 和他们的 Wiley 团队给予我的支持和鼓励．

本书网站：http://faculty.chicagobooth.edu/ruey.tsay/teaching/introTS.

R. S. T

伊利诺伊州芝加哥市

2012 年 10 月

目 录

推荐序
译者序
前言

第1章 金融数据及其特征 ……………… 1
1.1 资产收益率 …………………… 1
1.2 债券收益和价格 ……………… 5
1.3 隐含波动率 …………………… 7
1.4 R软件包及其演示 …………… 8
   1.4.1 R软件包的安装 ………… 9
   1.4.2 Quantmod软件包 ……… 9
   1.4.3 R的基本命令 …………… 11
1.5 金融数据的例子 ……………… 12
1.6 收益率的分布性质 …………… 14
1.7 金融数据的可视化 …………… 19
1.8 一些统计分布 ………………… 23
   1.8.1 正态分布 ………………… 23
   1.8.2 对数正态分布 …………… 23
   1.8.3 稳态分布 ………………… 24
   1.8.4 正态分布的尺度混合 …… 24
   1.8.5 多元收益率 ……………… 25
习题 ……………………………………… 27
参考文献 ………………………………… 27

第2章 金融时间序列的线性模型 … 28
2.1 平稳性 ………………………… 30
2.2 相关系数和自相关函数 ……… 31
2.3 白噪声和线性时间序列 ……… 36
2.4 简单自回归模型 ……………… 37
   2.4.1 AR模型的性质 ………… 38
   2.4.2 实践中AR模型的识别 … 44
   2.4.3 拟合优度 ………………… 49
   2.4.4 预测 ……………………… 50
2.5 简单移动平均模型 …………… 52

   2.5.1 MA模型的性质 ………… 53
   2.5.2 MA模型定阶 …………… 54
   2.5.3 模型估计 ………………… 55
   2.5.4 用MA模型预测 ………… 55
2.6 简单ARMA模型 ……………… 58
   2.6.1 ARMA(1,1)模型的性质 … 59
   2.6.2 一般ARMA模型 ……… 60
   2.6.3 ARMA模型的识别 …… 60
   2.6.4 用ARMA模型进行预测 … 63
   2.6.5 ARMA模型的三种表示方式 … 63
2.7 单位根非平稳性 ……………… 65
   2.7.1 随机游动 ………………… 65
   2.7.2 带漂移的随机游动 ……… 66
   2.7.3 趋势平稳时间序列 ……… 68
   2.7.4 一般单位根非平稳模型 … 68
   2.7.5 单位根检验 ……………… 69
2.8 指数平滑 ……………………… 72
2.9 季节模型 ……………………… 74
   2.9.1 季节差分 ………………… 75
   2.9.2 多重季节模型 …………… 77
   2.9.3 季节哑变量 ……………… 82
2.10 带时间序列误差的回归模型 … 84
2.11 长记忆模型 …………………… 89
2.12 模型比较和平均 ……………… 92
   2.12.1 样本内比较 ……………… 92
   2.12.2 样本外比较 ……………… 92
   2.12.3 模型平均 ………………… 96
习题 ……………………………………… 96
参考文献 ………………………………… 97

第3章 线性时间序列分析案例学习 …… 99
3.1 每周普通汽油价格 …………… 99
   3.1.1 纯时间序列模型 ………… 100

3.1.2	原油价格的使用 ……………	102
3.1.3	应用滞后期的原油价格数据 …	103
3.1.4	样本外预测 …………………	104

3.2 全球温度异常值 …………………… 108
  3.2.1 单位根平稳 ………………… 109
  3.2.2 趋势非平稳 ………………… 112
  3.2.3 模型比较 …………………… 114
  3.2.4 长期预测 …………………… 116
  3.2.5 讨论 ………………………… 117
3.3 美国月失业率 ……………………… 121
  3.3.1 单变量时间序列模型 ……… 121
  3.3.2 一个替代模型 ……………… 125
  3.3.3 模型比较 …………………… 128
  3.3.4 使用首次申请失业救济金
      人数 ………………………… 128
  3.3.5 模型比较 …………………… 135
习题 ……………………………………… 135
参考文献 ………………………………… 136

第4章 资产波动率及其模型 …………… 137
4.1 波动率的特征 ……………………… 137
4.2 模型的结构 ………………………… 138
4.3 模型的建立 ………………………… 140
4.4 ARCH 效应的检验 ………………… 141
4.5 ARCH 模型 ………………………… 143
  4.5.1 ARCH 模型的性质 ………… 144
  4.5.2 ARCH 模型的优点与缺点 … 145
  4.5.3 ARCH 模型的建立 ………… 145
  4.5.4 例子 ………………………… 149
4.6 GARCH 模型 ……………………… 154
  4.6.1 实例说明 …………………… 156
  4.6.2 预测的评估 ………………… 163
  4.6.3 两步估计方法 ……………… 164
4.7 求和 GARCH 模型 ………………… 164
4.8 GARCH-M 模型 …………………… 166
4.9 指数 GARCH 模型 ………………… 168
  4.9.1 第一个示例 ………………… 169

  4.9.2 模型的另一种形式 ………… 170
  4.9.3 第二个示例 ………………… 170
  4.9.4 用 EGARCH 模型进行预测 … 172
4.10 门限 GARCH 模型 ………………… 173
4.11 APARCH 模型 …………………… 175
4.12 非对称 GARCH 模型 ……………… 177
4.13 随机波动率模型 …………………… 179
4.14 长记忆随机波动率模型 …………… 180
4.15 另一种方法 ………………………… 181
  4.15.1 高频数据的应用 …………… 181
  4.15.2 应用日开盘价、最高价、
       最低价和收盘价 …………… 183
习题 ……………………………………… 187
参考文献 ………………………………… 188

第5章 波动率模型的应用 ……………… 190
5.1 GARCH 波动率期限结构 ………… 190
5.2 期权定价和对冲 …………………… 194
5.3 随时间变化的协方差和 β 值 … 196
5.4 最小方差投资组合 ………………… 203
5.5 预测 ………………………………… 207
习题 ……………………………………… 214
参考文献 ………………………………… 214

第6章 高频金融数据 …………………… 215
6.1 非同步交易 ………………………… 215
6.2 交易价格的买卖报价差 …………… 218
6.3 交易数据的经验特征 ……………… 220
6.4 价格变化模型 ……………………… 224
  6.4.1 顺序概率值模型 …………… 224
  6.4.2 分解模型 …………………… 228
6.5 持续期模型 ………………………… 232
  6.5.1 日模式的成分 ……………… 233
  6.5.2 ACD 模型 ………………… 235
  6.5.3 估计 ………………………… 237
6.6 实际波动率 ………………………… 241
  6.6.1 处理市场微结构噪声 ……… 247
  6.6.2 讨论 ………………………… 249

附录A　概率分布概览 …………… 251
　　附录B　危险率函数 …………… 253
　　习题 …………… 254
　　参考文献 …………… 255
第7章　极值理论、分位数估计
　　　　与VaR …………… 257
　7.1　风险测度和一致性 …………… 257
　　　7.1.1　风险值 …………… 258
　　　7.1.2　期望损失 …………… 262
　7.2　计算风险度量的注记 …………… 263
　7.3　风险度量制 …………… 264
　　　7.3.1　讨论 …………… 267
　　　7.3.2　多个头寸 …………… 268
　7.4　VaR计算的计量经济学方法 … 270
　7.5　分位数估计 …………… 275
　　　7.5.1　分位数与次序统计量 …… 276
　　　7.5.2　分位数回归 …………… 277

　7.6　极值理论 …………… 280
　　　7.6.1　极值理论概览 …………… 280
　　　7.6.2　经验估计 …………… 282
　　　7.6.3　股票收益率的应用 …………… 284
　7.7　极值在VaR中的应用 …………… 288
　　　7.7.1　讨论 …………… 289
　　　7.7.2　多期VaR …………… 290
　　　7.7.3　收益率水平 …………… 290
　7.8　超出门限的峰值 …………… 291
　　　7.8.1　统计理论 …………… 292
　　　7.8.2　超额均值函数 …………… 293
　　　7.8.3　估计 …………… 294
　　　7.8.4　另外一种参数化方法 …… 296
　7.9　平稳损失过程 …………… 298
　习题 …………… 299
　参考文献 …………… 300
索引 …………… 302

第1章 金融数据及其特征

近年来，数量分析方法在商业和金融市场上的重要性持续增加，因为我们有丰富的数据环境，经济和金融市场的数据比以前更加综合和完整．在许多国家，成百上千个变量的数据可以更系统、更精确地搜集，计算处理上的便利和统计软件包的使用使得对复杂的高维金融数据的分析成为可能．通过互联网，人们可以很容易地应用开源软件包下载公开的金融数据，比如 R 软件．所有这些软件的特性和功能免费公开，因而被广泛使用．

该书的目的是提供金融时间序列分析的基本知识，介绍分析金融数据的各种统计工具，获得各种计量经济学方法的金融数据应用经验．第 1 章，我们首先分析了本书有关的基本概念，通过实例引入了 R 软件．接下来，我们讨论 R 软件中用不同的方法可视化这些金融数据．第 2 章回顾了非线性时间序列的基本概念，如平稳性和自相关函数，介绍处理数据中序列依存关系的简单的线性模型．随后，讨论具有时间序列误差的回归模型、季节性调整以及单位根的非平稳性和长期记忆的过程．本章还讨论了用指数平滑法进行预测以及不同模型之间的比较．第 3 章对第 2 章介绍的模型进行具体应用，给出一些案例学习，有助于帮助读者更好地了解和分析金融数据、实证模型以及进行统计推断，同时也指出了线性时间序列模型在长期预测中的局限性．第 4 章主要讨论条件异方差模型的建模(即资产收益率的条件方差)．首先介绍刻画资产波动率随时间演变的计量经济模型．本章还讨论了不同的波动率模型的其他替代方法，包括使用资产的每日最高及最低价格来建模．第 5 章演示了不同波动率模型的应用，使用一些案例学习，给出波动率模型的建模步骤和过程，并对各种波动率模型的优缺点进行讨论，包括扩散限制的连续时间模型．第 6 章是关于高频金融数据的分析的．首先给出了高频数据的特性，分析高频数据相应的模型和方法，应用非同步交易和竞价反弹策略来研究股票收益率之间的序列相关问题．此外，还研究了交易间隔时间的动态性和分析交易数据的计量经济模型．特别地，我们讨论了应用逻辑线性回归模型和概率模型(probit model)来分析股票价格在连续交易中的运动过程．最后，使用日内对数收益率数据来研究实际波动率．第 7 章讨论金融头寸的风险度量及其在风险管理中的应用，引入了风险值和条件风险值来量化在金融头寸持有期间的各种风险，包括 RiskMetrics 模型、极值理论、分位数回归以及阈值峰值理论．

本书非常重视模型的应用和实证分析，每章都包含了很多实际的例子．在很多时候，金融时间序列的经验特征是计量经济模型发展的动因．对某些案例，本书网站上给出了某些具体分析的简单 R 脚本．每章后面的习题都给出了一些真实的数据可供使用．

1.1 资产收益率

大多数金融研究都是针对资产收益率，而不是资产价格．Campbell 等(1997)给出了使用资产收益率的两个主要原因．首先，对于一个普通的投资者来说，资产收益率代表一个完全的、尺度自由的投资机会的总结和概括．其次，资产收益率序列比价格序列更容易处理，前者有更好的统计特性．然而，资产收益率有多种不同的定义．

设 P_t 是 t 时刻的资产价格，下面给出本书中用到的一些资产收益率的定义．暂时假定该过程资产不支付红利．

单期简单收益率

假设投资者在一个周期内拥有某种资产，从第 $t-1$ 天到第 t 天，其简单毛收益率为：

$$1+R_t = \frac{P_t}{P_{t-1}} \quad \text{或} \quad P_t = P_{t-1}(1+R_t) \tag{1-1}$$

相对应的**单期简单净收益率**(simple net return)或**简单收益率**(simple return)为：

$$R_t = \frac{P_t}{P_{t-1}} - 1 = \frac{P_t - P_{t-1}}{P_{t-1}} \tag{1-2}$$

表 1-1 给出了 2011 年 12 月苹果公司股票每日收盘价．从表 1-1 中可知，从 2011 年 12 月 8 日到 12 月 9 日，持有苹果公司股票每日的总收益率为 $1+R_t=393.62/390.66\approx 1.0076$．相应的每日简单收益率为 0.76%，即 $(393.62-390.66)/390.66=0.76\%$．

多期简单收益率

假设从第 $t-k$ 天到第 t 天，这 k 个周期内持有某种资产，则 k 期简单毛收益率为：

$$\begin{aligned}
1+R_t[k] &= \frac{P_t}{P_{t-k}} = \frac{P_t}{P_{t-1}} \times \frac{P_{t-1}}{P_{t-2}} \times \cdots \times \frac{P_{t-k+1}}{P_{t-k}} \\
&= (1+R_t)(1+R_{t-1})\cdots(1+R_{t-k+1}) \\
&= \prod_{j=0}^{k-1}(1+R_{t-j})
\end{aligned}$$

这样，k 期简单毛收益率是其包含的这 k 个单期简单毛收益率的乘积，称为**复合收益率**(compound return)．k 期简单净收益率为 $R_t[k]=(P_t-P_{t-k})/P_{t-k}$．

为了说明这一点，表 1-1 给出了苹果公司股票的每日收盘价．由于 2011 年 12 月 2 日和 9 日是星期五，所以每周的股票简单毛收益率为 $1+R_t[5]=393.62/389.70\approx 1.0101$，即每周的简单收益率为 1.01%．

表 1-1 苹果公司股票从 2011 年 12 月 2 日到 12 月 9 日的每日收盘价

日期	12/02	12/05	12/06	12/07	12/08	12/09
价格($)	389.70	393.01	390.95	389.09	390.66	393.62

在实际中，确切的时间区间对讨论和比较收益率是非常重要的(例如月收益率还是年收益率)．若时间区间没有给出，这里隐含的假定时间区间为一年．如果持有资产的期限为 k 年，则(平均)年度化收益率定义为

$$\text{年度化的}\{R_t[k]\} = \left[\prod_{j=0}^{k-1}(1+R_{t-j})\right]^{1/k} - 1$$

这是由它所包含的 k 个单期简单毛收益率几何平均得到的，可用下式计算：

$$\text{年度化的}\{R_t[k]\} = \exp\left[\frac{1}{k}\sum_{j=0}^{k-1}\ln(1+R_{t-j})\right] - 1$$

其中 $\exp(x)$ 表示指数函数，$\ln(x)$ 是正数 x 的自然对数。因为算术平均值比几何平均值计算起来容易，并且单期收益率一般很小，所以我们可用一阶泰勒(Taylor)展开来近似表示年度化的收益率，则有

$$\text{年度化的}\{R_t[k]\} \approx \frac{1}{k}\sum_{j=0}^{k-1} R_{t-j} \tag{1-3}$$

然而，在有些应用中，式(1-3)的近似精确度可能不够。

连续复利收益率

在引进连续复利收益率之前，先讨论复利收益率的效果。假定银行存款的年利率为 10%，最初的存款为 1 美元。如果银行每年支付一次利息，则一年后存款的净值变为 $1\times(1+0.1)=1.1$ 美元。如果该银行半年付息一次，则六个月的利息率为 10%/2=5%，一年后净值为 $1\times(1+0.1/2)^2=1.1025$ 美元。通常，如果银行一年付息 m 次，则每次支付的利率为 10%/m，一年后存款的净值变成了 $1\times(1+0.1/m)^m$ 美元。表 1-2 给出了年利率为 10%时，一些常用的时间间隔下存款 1 美元的净值结果。尤其是，净值 $\exp(0.1)\approx 1.1052$ 美元，这个值是**连续复利的结果** (result of continuous compounding)。我们可以清楚地看到复利的效果。

表 1-2 收益率复利效果的演示（期限为 1 年，年利率为 10%）

类型	支付次数	每期利率	净值
一年	1	0.1	$1.10000
半年	2	0.05	$1.10250
季度	4	0.025	$1.10381
每月	12	0.0083	$1.10471
每周	52	0.1/52	$1.10506
每天	365	0.1/365	$1.10516
连续	∞		$1.10517

通常，连续复利的资产净值 A 可以表示为

$$A = C\exp(r\times n) \tag{1-4}$$

其中 r 是年利率，C 是初始资本，n 是持有资产的年数。由式(1-4)，则有

$$C = A\exp(-r\times n) \tag{1-5}$$

这里，C 是从现在开始 n 年后价值为 A 的资产的现值。假定 r 是用连续复利表示的年利率。

连续复合收益率

资产的简单毛收益率的自然对数称为**连续复合收益率**或**对数收益率**(log-return):

$$r_t = \ln(1+R_t) = \ln\frac{P_t}{P_{t-1}} = p_t - p_{t-1} \tag{1-6}$$

其中，$p_t = \ln(P_t)$，与简单净收益率 R_t 相比，连续复合收益率 r_t 有很多优点。首先，对多期收益率，我们有

$$r_t[k] = \ln(1+R_t[k]) = \ln[(1+R_t)(1+R_{t-1})\cdots(1+R_{t-k+1})]$$
$$= \ln(1+R_t) + \ln(1+R_{t-1}) + \cdots + \ln(1+R_{t-k+1})$$
$$= r_t + r_{t-1} + \cdots + r_{t-k+1}$$

这样，连续复合多期收益率是它所包含的连续复合单期收益率之和。其次，对数收益率具有更容易处理的统计特性。

为了说明这一点，我们再次考虑表 1-1 中苹果公司股票的日收盘价格。从 12 月 8 日到

12月9日的日对数收益率为 $r_t = \log(393.62) - \log(390.66) \approx 0.75\%$,从12月2日到12月9日的周对数收益率为 $r_t[5] = \log(393.62) - \log(389.70) \approx 1.00\%$. 显而易见,周对数收益率是该周的5个日对数收益率之和.

资产组合收益率

若一个资产组合由 N 项资产组成,则该资产组合的简单净收益率是它所包含的各项资产的简单净收益率的加权平均,其中每个资产的权重是该资产的价值占资产组合总价值的百分比. 设 p 是一个资产组合,它在第 i 项资产上的权重为 w_i,那么 p 在 t 时刻的简单收益率为 $R_{p,t} = \sum_{i=1}^{N} w_i R_{it}$,其中 R_{it} 是组合中第 i 个资产的简单收益率.

然而,资产组合的连续复合收益率没有上述方便的性质. 如果简单收益率 R_{it} 的绝对值很小,我们有 $r_{p,t} \approx \sum_{i=1}^{N} w_i r_{it}$,其中 $r_{p,t}$ 是该组合在 t 时刻的连续复合收益率. 经常用这种近似来研究资产组合的收益率.

红利支付

如果一项资产周期性地支付红利,则我们需要修改资产收益率的定义. 设 D_t 是一项资产在第 $t-1$ 天和第 t 天之间支付的红利,P_t 是该资产在第 t 个周期末的价格. 这样,红利并没有包含在 P_t 中. 则 t 时刻的简单净收益率和连续复合收益率分别为

$$R_t = \frac{P_t + D_t}{P_{t-1}} - 1, \quad r_t = \ln(P_t + D_t) - \ln(P_{t-1})$$

超额收益率

一项资产在 t 时刻的超额收益率是该项资产的收益率与某项参照资产的收益率之差. 参照资产通常是无风险的,如美国短期国债收益率. 简单超额收益率和对数超额收益率分别定义为

$$Z_t = R_t - R_{0t}, \quad z_t = r_t - r_{0t} \tag{1-7}$$

其中,R_{0t} 和 r_{0t} 分别是该参照资产的简单收益率和对数收益率. 在金融学文献中,超额收益率被认为是一个套利投资组合的盈利. 在这个投资组合中,对某资产持有多头头寸而对其参照资产持有空头头寸,且初始净投资额为零.

注记:多头金融头寸是指持有某资产. 空头头寸是指卖出不属于自己的资产,这需要通过从已购买该资产的投资者那里借入资产来实现. 随后的某天,卖空者有义务买进与借入时完全相同数量的份额来偿还借出者. 偿还时要求相等数量的份额,而不是相等数量的美元,因此卖空者会由于该资产价格的下跌而获利. 如果在空头持有期间该资产支付现金红利,这些红利将支付给做空合约的买方. 卖空者必须从自己的资源里支付相应的现金红利来补偿借出者. 换句话说,空头方有义务支付所借资产的现金红利给资产的借出方. ∎

关系小结

简单收益率 R_t 与连续复合对数收益率 r_t 的关系是

$$r_t = \ln(1 + R_t), \quad R_t = e^{r_t} - 1$$

如果收益率 R_t 与 r_t 用百分数表示,则有

$$r_t = 100\ln\left(1 + \frac{R_t}{100}\right), \quad R_t = 100(e^{r_t/100} - 1)$$

把收益率进行时间累加，则有

$$1 + R_t[k] = (1 + R_t)(1 + R_{t-1})\cdots(1 + R_{t-k+1})$$

$$r_t[k] = r_t + r_{t-1} + \cdots + r_{t-k+1}$$

如果连续复合年利率为 r，则资产现值与资产的未来价值之间的关系为

$$A = C\exp(r \times n), \quad C = A\exp(-r \times n)$$

例 1.1 若某项资产的月对数收益率为 4.46%，则相应的月简单收益率是 $100[\exp(4.46/100) - 1] = 4.56\%$. 同样，若某项资产在一个季度内的月对数收益率分别为 4.46%、-7.34% 和 10.77%，则该资产季度的对数收益率为 $(4.46 - 7.34 + 10.77)\% = 7.89\%$. ■

图 1-1 显示了 IBM 股票的日简单收益率及其对数收益率的时序图，从 2001 年 1 月 2 日到 2010 年 12 月 31 日，共有 2515 个观测值. 从图 1-1 可知，和简单收益率相比，对数收益率更简单. 事实上，简单收益率和对数收益率之间的相关系数为 0.9997. 这是可以理解的，因为当 x 接近零时，$\log(1 + x) \approx x$. 在样本持续期内，IBM 股票的日简单收益率的数额很小.

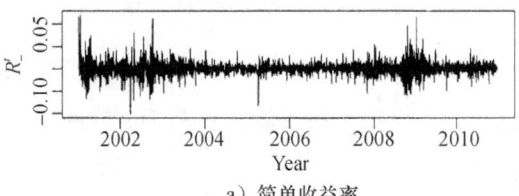

a) 简单收益率

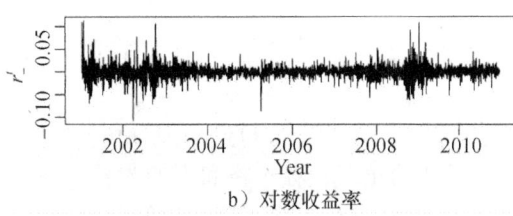

b) 对数收益率

图 1-1　IBM 股票从 2001 年 1 月 2 日到 2010 年 12 月 31 日的日收益率时序图

1.2 债券收益和价格

债券是一种金融工具，在到期日，向债券的持有者支付票面价值（或面值）. 有些债券根据**票面利率**(coupon payment)定期支付利息. 而零息债券则不需要定期支付利息. 债券收益率是持有债券至到期日，投资者将收取的回报. 在金融上，有几种类型的常用债券. 这些债券的收益率是指当期收益率和到期收益率(Yield To Maturity, YTM).

当期收益率

当期收益率是指每年支付给投资者回报的百分数. 从数学上，我们有

$$当期收益率 = \frac{支付的年度利息额}{债券的市场价格} \times 100\%$$

例如，一个投资者购买债券支付 90 美元，债券面值（也称为**面值**(par value)）为 100 元，债券的票面利率为每年 5%，则该债券当期收益率为

$$c_t = (0.05 \times 100)/90 \times 100\% = 5.56\%$$

这里，我们用下标 t 表示收益率通常随时间变化. 从定义可知，当期收益率不包含任何投资过程中的资本收益或损失. 对于零息债券，收益率的计算方法如下：

$$当期收益率 = \left(\frac{面值}{购买价格}\right)^{1/k} - 1$$

这里，k 指用年度表示的到期时间. 举例来说，如果投资者购买零息债券，支付 90 美元，其面值为 100 美元，该债券在 2 年内到期，则该债券的收益率为 $c_t=(100/90)^{1/2}-1=5.41\%$.

到期收益率

当期收益率没有考虑货币的时间价值，因为它没有考虑投资者未来收到的债券利息的当前价值. 因此，一个较为常用的债券投资收益是到期收益率(YTM). 然而，到期收益率的计算更复杂. 简单地说，到期收益率是通过将债券的价格与将来所有的现金流入的现值相等而计算出的收益率. 在购买日和到期日之间，假设该债券的投资者收到 k 期利息支付. y 为债券的到期收益率，P 为债券的价格，则有

$$P=\frac{C_1}{1+y}+\frac{C_2}{(1+y)^2}+\cdots+\frac{C_k+F}{(1+y)^k}$$

这里，F 为债券的面值，C_i 是第 i 期的利息支付. 假定每年的债券票面利率为 α，每年支付次数为 m，到期时间为 n 年，则债券利息每期的现金流入为 $F\alpha/m$，支付期数为 $k=mn$. 债券价格和到期收益率计算如下

$$P=\frac{\alpha F}{m}\left[\frac{1}{1+y}+\frac{1}{(1+y)^2}+\cdots+\frac{1}{(1+y)^k}\right]+\frac{F}{(1+y)^k}$$
$$=\frac{\alpha F}{my}\left[1-\frac{1}{(1+y)^k}\right]+\frac{F}{(1+y)^k}$$

下表给出了债券价格和到期收益率的一些结果，这里假设 $F=100$ 美元，票面利率为 5%，每半年支付一次，到期时间为 3 年.

到期收益率(%)	半年收益率(%)	债券价格(美元)
6	3.0	97.29
7	3.5	94.67
8	4.0	92.14
9	4.5	89.68
10	5.0	87.31

从表中可以看到，随着债券到期收益率的增加，债券价格在下降. 换句话说，到期收益率和债券价格成反比. 在实践中，通过观测到的债券价格，可以计算出到期收益率. 一般不容易得到精确的解，但我们可以获得一些精确的近似解. 例如，在前面的表中，购买债券的投资者支付的价格为 94 美元，则到期收益率在 7%~8% 之间. 通过试验-更正错误的试验，得到投资者每年到期收益率约为 7.26%. 许多金融机构提供在线程序来计算债券到期收益率及其价格，例如，Fidelity 投资公司.

到期收益率(%)	半年收益率(%)	债券价格(美元)
7.1	3.55	94.41
7.2	3.6	94.16
7.3	3.65	93.90
7.25	3.625	94.03
7.26	3.63	94.00

美国政府债券

美国政府发行各种债券,为其债务进行融资.这些债券包括短期国债、中期国债和长期国债.下面给出这些债券的简单描述.

- 短期国债(Treasury Bills, T-Bills)在一年或一年以内到期.在到期前,它们不支付任何利息,按照面值来折价出售,从而产生正的到期收益率.常用的期限有28天(1个月)、91天(3个月)、182天(6个月)和364天(1年).最低的购买价格是100美元.短期国债折现收益率(相当于用年表示的当期收益率)计算如下:

$$折现收益率(\%) = \frac{F-P}{F} \times \frac{360}{到期持有天数} \times 100(\%)$$

  这里,F 和 P 分别表示债券的面值和购买价格.美国财政部每星期四宣布13周和26周国债的发行数量,接下来的周一举行拍卖,周四进行结算.每周一宣布4周国债发行数量,周二拍卖,周四结算.第4个星期四宣布52周国债的发行数量,接下来的周二拍卖,周四结算.

- 中期国债(Treasury Notes, T-Notes)在1~10年内到期.每6个月支付一次利息,面值为1000美元.这些票据在二级市场上以面值的32进制的百分数来报价.例如,报价为95∶08,这说明该债券以折价进行交易,即价格为$(95+8/32) \times 1000/100 = 952.5$ 美元.当我们讨论美国政府债券市场的时候,10年期国债已经成为报价频率和安全性最高的债券.详见下一节芝加哥期权交易所(Chicago Board Options Exchange, CBOE)的10年期债券.图1-5和图1-7分别列出了美国10年期政府债券日收益率及其收益率的时序图.

- 长期国债(Treasury Bonds, T-Bonds)有更长的到期期限,从20~30年不等.每6个月支付一次利息,政府一般发行30年期的国债.从2001年10月31日开始,30年期债券暂停了4年零6个月.在2006年2月政府开始重新发行,每季度发行一期.

1.3 隐含波动率

股票期权是一种金融合约.股票A的看涨期权是这样一种合约,即合约持有者在给定的期间内以约定的价格购买一定数量股票A的权利,而不是义务.同时,股票A的看跌期权是这样的一种合约,即合约的持有者在给定的期间内以约定的价格卖出一定数量股票A的权利,而不是义务.这里约定的价格称为**执行价格**(strike price),给定的时间期间称为**到期日**(time to maturity).在美国,每份股票期权通常包含有100股股票.期权在期权市场进行交易,如芝加哥期权交易所(CBOE).期权有很多种类型.常用的有欧式期权,即只有在到期日才可行使其权利.美式期权,可以在到期日及到期日之前的任何时刻行使其权利.详细的介绍参见 Hull(2011).如果期权在立即执行时给其持有人的现金流为正,我们称这种期权为**价内期权**(in-the-money).如果期权在执行时,给持有人的现金流为负,我们称其为**价外期权**(out-of-the-money).最后,如果期权在执行时给持有人的现金流为零,我们称它为**平价期权**(at-the-money).

股票期权价格的影响因素有很多,比如执行价格、无风险利率、当前股价以及股票的波动率. 例如, 著名的 Black-Scholes 模型. 该模型在股票价格服从几何布朗运动的前提下, 推导出其解析解. 本章中, 只要注意到 Black-Scholes 模型中唯一的一个不能直接观测到的因子是股票的波动率就可以了. 这里的波动率指股票价格的条件标准差. 在实践中, 我们可以用观测到的股票价格和 Black-Scholes 模型来反向推导出其波动率, 这个波动率称为**隐含波动率**(implied volatility). 类似于债券到期收益率的实现过程, 隐含波动率可以近似得到.

大家都熟知的隐含波动率是芝加哥期权交易所(CBOE)的波动率指数(Volatility Index, VIX). 该指数最初在 1993 年推出, 目的是通过 S&P 100 平价指数期权价格来度量 30 天隐含波动率的市场期望值. 该指数在 2003 年由芝加哥期权交易所修订, 修订后的指数反映了期望波动率新的度量方法. 现在是 S&P 500 指数(SPX)和估计的期望波动率的加权平均, 权重是一个很大范围的执行价格下的 S&P 500 指数看涨期权及看跌期权的价格. 详细信息请参阅 CBOE VIX 白皮书. 新的 VIX 通常被视为市场恐慌情绪的影响因素, 在金融市场上发挥着重要的作用. 事实上, 波动率指数的期货和期权也在芝加哥期权交易所进行交易.

图 1-2 显示了从 2004 年 1 月 2 日到 2011 年 11 月 21 日修订后的 VIX 指数的时序图, 共 1988 个观测值. 从图 1-2 中可知, 在 2008 年年底和 2009 年年初, 金融市场的波动性非

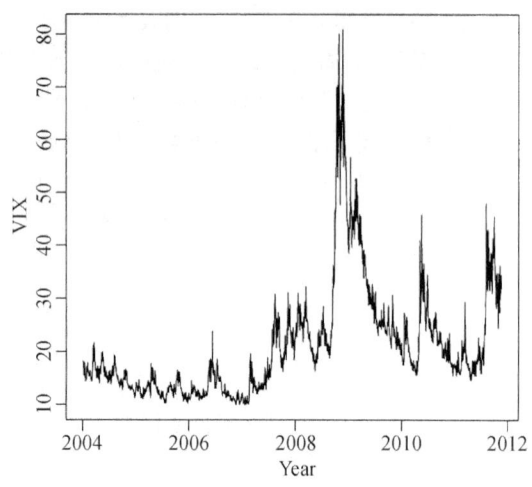

图 1-2 从 2004 年 1 月 2 日到 2011 年 11 月 21 日芝加哥期权交易所波动率指数的时序图

常高. 在 2011 年市场的波动性也很高. 在后面的章节, 我们将分析波动率指数. 关于资产波动率更详细的信息, 请参阅本书的第 4 章.

1.4 R 软件包及其演示

在研究金融数据的真实例子之前, 我们先简要地介绍本书中广泛应用的 R 软件. 当数据分析中需要用到相关的 R 添加包及其命令时, 将给出相应的介绍. 我们的目的是使实证分析尽可能容易, 这样读者可以自己运行程序来得到本书给出的结果.

R 是一款免费软件, 可以从 http://www.r-project.org 下载. R 可以在很多操作系统上运行, 包括 Linux、MacOS X 和 Windows. 在 R 软件的网站上我们可以点击"CRAN", 选择附近的 CRAN 镜像, 下载并安装该软件并选择其添加包. 最简单的安装方法是按照在线指导, 使用默认选项来完成. 由于 R 是一个开放源代码软件, 所以它包含了研究者开发的数百个添加包, 以供世界各地的研究人员进行各种统计分析和应用. 对于金融时间序列分析, Diethelm Wuertz 博士和他的同事开发了很多有用的软件包, 包括 fBasics、fGarch 和 fPortfolio.

本书中我们使用这些添加包的很多功能. 我们还可以使用 R 其他的添加包, 这些添加包功能更强大和易于使用, 如 R 中用于极值分析的 evir 添加包. 关于 R 安装及命令的更多信息, 可在本书的网页或作者的教学网页上找到. 现在有多本关于 R 的入门书籍, 例如, 可以参见 Adler(2010) 和 Crawley(2007). R 命令区分大小写, 必须完全遵守.

1.4.1 R 软件包的安装

使用默认选项安装 R 软件后, 将在计算机桌面上创建一个 R 图标. 只需双击该 R 图标, 即可启动 R 程序. 对于 Windows 系统, 将会给出一个带有命令菜单和 R 控制台的 RGui 窗口. 要安装 R 添加包, 可以单击菜单"程序包", 选择"安装程序包"来选择需要安装的添加包. 这时会弹出一个窗口, 询问用户选择 R 镜像(和前面提到过的 R 安装中类似). 选择好镜像后, 会弹出另一个窗口, 里面包含所有可用的添加包, 可以单击所需的添加包进行安装.

安装完成添加包后, 可以通过单击"程序包"菜单的"加载程序包"子命令, 就可以将该添加包加载到 R 中. 单击该子命令后, 会弹出一个窗口, 它列出所有已经安装的添加包, 供用户进行选择. 另一种加载添加包的方法是使用 library 命令. 详见下面讨论中的演示.

1.4.2 Quantmod 软件包

首先, 我们看看常用的 R 添加包, 可以从一些开放源直接下载金融数据, 这些网站包括雅虎财经、谷歌财经和圣路易斯联邦储备银行的联邦储备经济数据库(FRED). 强烈建议安装 Jeffry 开发的 quantmod 添加包. 该添加包还需要安装 TTR、xts 和 zoo 三个额外的添加包.

安装完毕以后, quantmod 添加包允许用户与互联网连接, 用户可以使用一些命令符来访问雅虎和谷歌财经的日股票数据, 使用这些序列名称来访问来自联邦储备经济数据库超过 1000 个经济和金融时间序列数据. 命令是 getSymbols. 该添加包有很好的功能, 例如, 命令 chartSeries 可以直接画出这些序列的收盘价和交易量的时序图. 这两个命令的默认选项对于分析金融时间序列来说是足够的. 每个人都可以使用其子命令进一步扩展该添加包的功能, 如在命令 getSymbols 中设定收益率的时间跨度. 有兴趣的读者可以查阅这些命令的相关描述. 这里, 我们提供一个简单示例. 图 1-3 显示了苹果公司股票从 2007 年 1 月 3 日至 2011 年 12 月 2 日的日收盘价及成交量的时序图. 该图显示了最近可

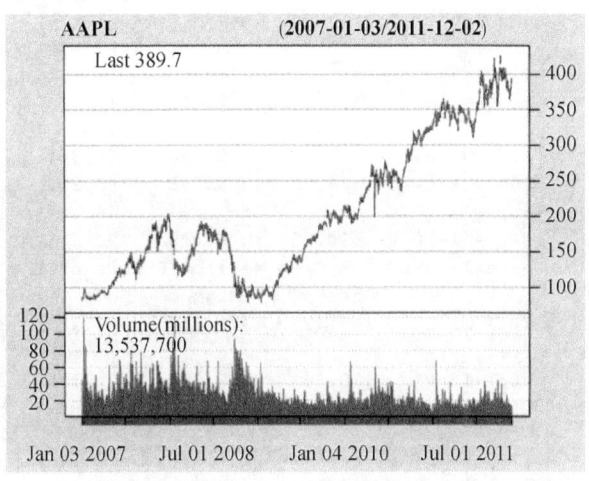

图 1-3 从 2007 年 1 月 3 日至 2011 年 12 月 2 日苹果公司股票的日收盘价及成交量的时序图

观测数据的价格和交易量. chartSeries 中的子命令 theme="white"可用来设置时序图的背景, 默认为黑色. 图1-4 显示了从1948年1月至2011年11月美国月失业率的时序图. 图1-5 显示了从2007年1月3日至2011年12月2日10年期美国国债日利率的时序图. 这些利率来自芝加哥期权交易所(CBOE), 数据来自雅虎财经网站. 由于没有成交量, 所以在 chartSeries 中, 子命令 TA= NULL 常常用来表示时序图中忽略交易量. 命令 head 和 tail 分别给出数据集的前6行数据和最后6行数据.

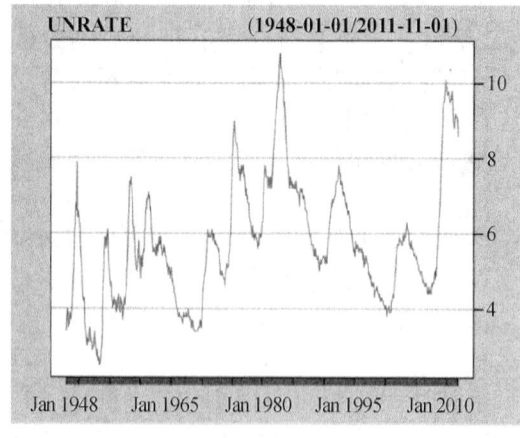

图1-4　从1948年1月至2011年11月美国月失业率的时序图

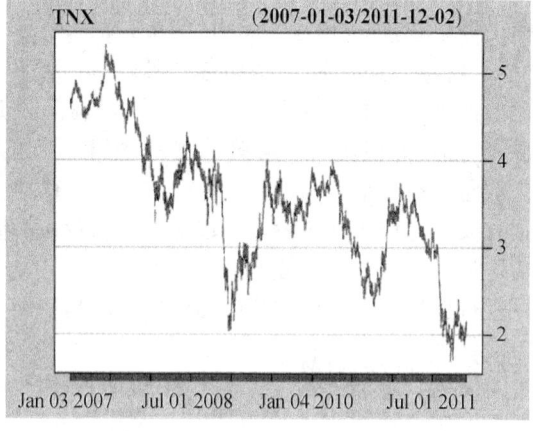

图1-5　从2007年1月3日至2011年12月2日美国10年期国债日利率的时序图

带有 quantmod 添加包的 R 演示(本书中的 R 输出经过了排版编辑, ">"表示命令提示符、%表示其后为注释内容)

```
> library(quantmod)      % Load the package
> getSymbols("AAPL")     % Download daily prices of Apple stock from Yahoo
[1] "AAPL"  % I ran R on 2011-12-03 so that the last day was 12-02.
> dim(AAPL)   % (dimension): See the size of the downloaded data.
[1] 1241    6
> head(AAPL)  % See the first 6 rows of the data
             Open    High    Low     Close   Volume      Adjusted
2007-01-03   86.29   86.58   81.90   83.80   44225700    83.80
2007-01-04   84.05   85.95   83.82   85.66   30259300    85.66
.....
2007-01-10   94.75   97.80   93.45   97.00   105460000   97.00
> tail(AAPL)  % See the last 6 rows of the data
             Open    High    Low     Close   Volume      Adjusted
2011-11-25   368.42  371.15  363.32  363.57  9098600     363.57
.....
2011-12-01   382.54  389.00  380.75  387.93  13709400    387.93
2011-12-02   389.83  393.63  388.58  389.70  13537700    389.70
> chartSeries(AAPL,theme="white")   % Plot the daily price and volume
% The subcommand theme is used to obtain white background of the plot.
> chartSeries(AAPL)%Not shown giving the same plot with black background.
```

```
% The next command specifies the data span of interest
> getSymbols("AAPL",from="2005-01-02", to="2010-12-31")
[1] "AAPL"
> head(AAPL)
           AAPL.Open AAPL.High AAPL.Low AAPL.Close AAPL.Volume Adjusted
2005-01-03    64.78     65.11    62.60     63.29     24714000   31.65
2005-01-04    63.79     65.47    62.97     63.94     39171800   31.97
......
> getSymbols("UNRATE",src="FRED")%Download unemployment rates from FRED.
[1] "UNRATE"
> head(UNRATE)
           UNRATE
1948-01-01    3.4
1948-02-01    3.8
......
1948-06-01    3.6
> chartSeries(UNRATE,theme="white")  % Plot monthly unemployment rates
% The subcommand "src" is used to specify the data source.
% The default is Yahoo.
> getSymbols("INTC",src="google")   % Download data from Google.
[1] "INTC"
> head(INTC)
           INTC.Open INTC.High INTC.Low INTC.Close INTC.Volume
2007-01-03    20.45     20.88    20.14     20.35     68665100
2007-01-04    20.63     21.33    20.56     21.17     87795400
......
2007-01-10    21.09     21.62    21.03     21.52     75522200

> getSymbols("^TNX") % Download CBOE 10-year Treasures Notes
[1] "TNX"
> head(TNX)
           TNX.Open TNX.High TNX.Low TNX.Close Volume Adjusted
2007-01-03    4.66     4.69    4.64      4.66      0    4.66
2007-01-04    4.66     4.66    4.60      4.62      0    4.62
......
2007-01-10    4.67     4.70    4.66      4.68      0    4.68
> chartSeries(TNX,theme="white",TA=NULL) % Obtain plot without volume.
```

1.4.3 R的基本命令

启动R以后，要做的第一件事是设置工作目录．所谓工作目录，是指我们存放数据集和输出结果的计算机目录．可以用两种途径实现．第一种方法是单击"文件"菜单的"改变工作目录……"子命令，弹出一个窗口，此时可以选择所需要的目录．第二种方法是通过R控制台，使用命令setwd来设置工作目录．具体可以参考下面的演示．

R是一款面向对象的软件，可以处理多种类型的对象．本书中我们不需要研究R中对象的详细信息，用到时将给出解释．可以说，R允许给变量赋值，通过变量名称来引用这些值．赋值运算符是"<−"，也可以使用"="．比如，"x<−10"表示把10这个数值赋给变量"x"，这里R把"x"作为一个实数序列，其第一个元素为10．有几种方法可以将数据加载到R的工作空间，具体方式取决于数据的格式．对于简单的纯文本数据，其命令是read.table．对于.csv文件，命令是read.csv．可以用单引号或者双引号来指定数据文件，详见R代码演

示. R将数据作为对象,通过为它们指定的名称来引用这些数据. 对于上述两个数据加载命令, R将数据存储在矩阵框中. 还可以使用命令 dim(即,维度)来查看数据集的大小. 最后, R中的基本操作和我们通常使用的软件类似,可以使用命令 q()选择退出.

R 代码演示

```
> setwd("C:/Users/rst/book/introTS/data") % Set my working directory
> library(fBasics) % Load package
> x <- 10  % Assign value, here "x" is a variable.
> x  % See the value of x.
[1] 10 % Here [1] signifies the first element.
> 1 + 2 % Basic operation: addition
[1] 3
> 10/2 % Basic operation: division
[1] 5
% Use * and ^ for multiplication and power, respectively.
% Use log for the natural logarithm.
> da=read.table('d-ibm-0110.txt',header=T) % Load text data with names.
> head(da) % See the first 6 rows
       date     return
1  20010102  -0.002206
2  20010103   0.115696
  ....
6  20010109  -0.010688
> dim(da) % Dimension of the data object "da".
[1] 2515    2
> da <- read.csv("d-vix0411.csv",header=T) % Load csv data with names.
> head(da)    % See the first 6 rows
       Date  VIX.Open  VIX.High  VIX.Low  VIX.Close
1  1/2/2004     17.96     18.68    17.54      18.22
2  1/5/2004     18.45     18.49    17.44      17.49
  ....
6  1/9/2004     16.15     16.88    15.57      16.75
```

1.5 金融数据的例子

在本节中,我们研究金融时间序列收益率的变化,图1-6给出了从2007年1月4日至2011年12月2日苹果公司股票的日对数收益率的时序图. 根据前面的定义,日对数收益率简化为股票价格对数的变化. 在R中,序列的变化可以很容易通过对数价格的差(difference)得到. 具体来说, $r_t = \ln(p_t) - \ln(p_{t-1})$,这里 p_t 表示 t 时刻的股票价格. 在演示中,我们使用调整后的价格来计算股票的对数收益率,因为在样本期间,调整后的股票价格考虑了股票的分割. 从图1-6中可以看到:1)存在一些大的异常值;2)这些收益率序列在某些时期波动很大,而在其他时候是稳定的. 前者称为资产收益率存在着厚尾现象,后者称为收益率**波动集聚**(volatility clustering)现象.

图1-7显示了从2007年1月4日至2011年12月2日10年期国债到期收益率日变化的时序图, 10年期国债的到期收益率显示出和苹果公司股票日收益率相类似的特征. 图1-8提供了欧元/美元汇率日对数收益率的时序图. 同样,汇率的日对数收益率和股票的日对数收益率表现出了相同的特性. 图1-9中给出了欧元/美元的日汇率,数据来自FRED.

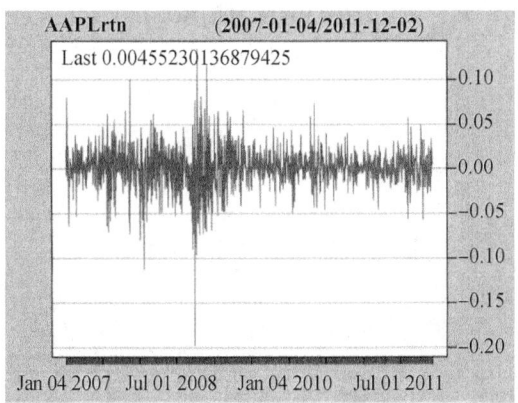

图 1-6　从 2007 年 1 月 4 日至 2011 年 12 月 2 日苹果公司股票的日对数收益率的时序图

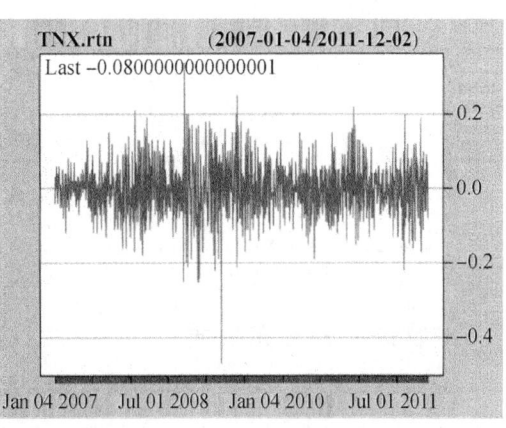

图 1-7　从 2007 年 1 月 4 日至 2011 年 12 月 2 日 10 年期国债的收益率日变化的时序图

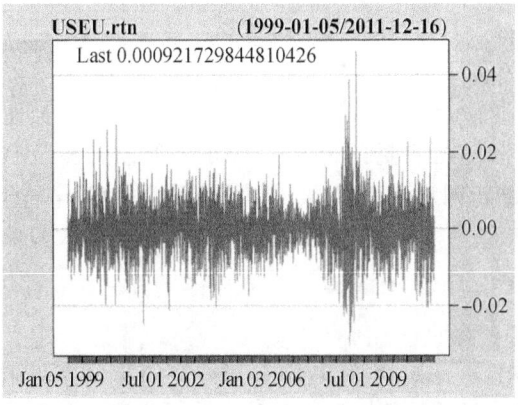

图 1-8　欧元/美元汇率日对数收益率的时序图

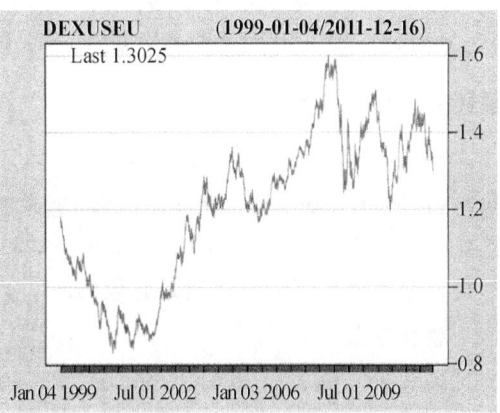

图 1-9　1999 年 1 月 4 日到 2011 年 12 月 16 日欧元/美元的日汇率

R 代码演示

```
> library(quantmod)
> getSymbols("AAPL",from="2007-01-03",to="2011-12-02") %Specify period
[1] "AAPL"
> AAPL.rtn=diff(log(AAPL$AAPL.Adjusted)) % Compute log returns
> chartSeries(AAPL.rtn,theme="white")
> getSymbols("^TNX",from="2007-01-03",to="2011-12-02")
[1] "TNX"

> TNX.rtn=diff(TNX$TNX.Adjusted) % Compute changes
> chartSeries(TNX.rtn,theme="white")
> getSymbols("DEXUSEU",src="FRED") % Obtain exchange rates from FRED
[1] "DEXUSEU"
> head(DEXUSEU)
           DEXUSEU
1999-01-04  1.1812
```

```
1999-01-05  1.1760
 ....
1999-01-11  1.1534
> tail(DEXUSEU)
            DEXUSEU
2011-12-09  1.3368
 ....
2011-12-16  1.3025
> USEU.rtn=diff(log(DEXUSEU$DEXUSEU))
> chartSeries(DEXUSEU,theme="white")
> chartSeries(USEU.rtn,theme="white")
```

1.6 收益率的分布性质

为了更好地理解资产收益率,我们先来研究这些资产收益率分布的性质. 为了研究不同资产、不同时期收益率的行为表现,考虑一个 N 个资产的集合,在 T 个时间周期内持有这 N 个资产,即 $t=1,\cdots,T$. 对每个资产 i,r_{it} 表示在 t 时刻的对数收益率. 要研究的对数收益率为 $\{r_{it}; i=1,\cdots,N; t=1,\cdots,T\}$. 也可以考虑简单收益率 $\{R_{it}; i=1,\cdots,N; t=1,\cdots,T\}$ 和对数超额收益率 $\{z_{it}; i=1,\cdots,N; t=1,\cdots,T\}$.

统计分布及其矩的回顾

我们简要地回顾一下统计分布的基本性质和随机变量的矩. R^k 表示 k 维欧几里得空间,$x \in R^k$ 表示 x 是 R^k 中的一个点. 考虑两个随机向量 $\boldsymbol{X}=(X_1,\cdots,X_k)'$ 和 $\boldsymbol{Y}=(Y_1,\cdots,Y_q)'$. 令 $P(\boldsymbol{X} \in A, \boldsymbol{Y} \in B)$ 表示 $\boldsymbol{X}$ 在子空间 $A \subset R^k$ 且 $\boldsymbol{Y}$ 在子空间 $B \subset R^q$ 中的概率. 大多数时候,这里都假定随机向量是连续的.

联合分布

函数 $F_{X,Y}(\boldsymbol{x},\boldsymbol{y};\boldsymbol{\theta})=P(\boldsymbol{X} \leqslant \boldsymbol{x}, \boldsymbol{Y} \leqslant \boldsymbol{y};\boldsymbol{\theta})$ 表示变量 $\boldsymbol{X}$ 与 $\boldsymbol{Y}$ 的参数为 $\boldsymbol{\theta}$ 的联合分布函数,其中 $\boldsymbol{x} \in R^p$,$\boldsymbol{y} \in R^q$,不等号"$\leqslant$"是分量对分量的运算. $\boldsymbol{X}$ 和 $\boldsymbol{Y}$ 的规律可由联合分布函数 $F_{X,Y}(\boldsymbol{x},\boldsymbol{y};\boldsymbol{\theta})$ 来刻画. 例如,$\boldsymbol{X}$ 和 $\boldsymbol{Y}$ 之间的线性相依性可以由联合分布的协方差来给出. 如果 $\boldsymbol{X}$ 和 $\boldsymbol{Y}$ 的联合概率密度函数 $f_{X,Y}(\boldsymbol{x},\boldsymbol{y};\boldsymbol{\theta})$ 存在,则

$$F_{X,Y}(\boldsymbol{x},\boldsymbol{y};\boldsymbol{\theta}) = \int_{-\infty}^{x}\int_{-\infty}^{y} f_{x,y}(\boldsymbol{w},\boldsymbol{z};\boldsymbol{\theta}) \mathrm{d}z \mathrm{d}w$$

这里,$\boldsymbol{X}$ 和 $\boldsymbol{Y}$ 是连续随机向量.

边际分布

$\boldsymbol{X}$ 的边际分布为

$$F_X(\boldsymbol{x};\boldsymbol{\theta}) = F_{X,Y}(\boldsymbol{x},\infty,\cdots,\infty;\boldsymbol{\theta})$$

这样,$\boldsymbol{X}$ 的边际分布可通过对 $\boldsymbol{Y}$ 求积分得到. $\boldsymbol{Y}$ 的边际分布也可以类似得到. 如果 $k=1$,X 是一个标量随机变量,其分布函数变成

$$F_X(x) = P(X \leqslant x;\boldsymbol{\theta})$$

称为 X 的**累积分布函数**(Cumulative Distribution Function,CDF),简称为分布函数. 一个随机变量的分布函数是非递减的,即对于 $x_1 \leqslant x_2$ 则有 $F_X(x_1) \leqslant F_X(x_2)$,且满足

$F_X(-\infty)=0$，$F_X(\infty)=1$. 对于给定的概率 p，使 $p\leqslant F_X(x_p)$ 成立的最小实数 x_p 称为随机变量 X 的第 p **分位数**(quantile)，更具体地，有
$$x_p = \inf_x\{x\,|\,p\leqslant F_X(x)\}$$
本书中我们用 CDF 来计算检验统计量的 p 值．

条件分布

给定 $Y\leqslant y$ 的条件下，X 的条件分布为
$$F_{X|Y\leqslant y}(\boldsymbol{x};\boldsymbol{\theta}) = \frac{P(\boldsymbol{X}\leqslant \boldsymbol{x}, \boldsymbol{Y}\leqslant \boldsymbol{y};\boldsymbol{\theta})}{P(\boldsymbol{Y}\leqslant \boldsymbol{y};\boldsymbol{\theta})}$$
若概率密度函数存在，则在给定 $Y=y$ 的条件下，X 的条件密度为
$$f_{x|y}(\boldsymbol{x};\boldsymbol{\theta}) = \frac{f_{x,y}(\boldsymbol{x},\boldsymbol{y};\boldsymbol{\theta})}{f_y(\boldsymbol{y};\boldsymbol{\theta})} \tag{1-8}$$
其中，边际密度函数 $f_y(\boldsymbol{y};\boldsymbol{\theta})$ 可由下式得到
$$f_y(\boldsymbol{y};\boldsymbol{\theta}) = \int_{-\infty}^{\infty} f_{x,y}(\boldsymbol{x},\boldsymbol{y};\boldsymbol{\theta})\mathrm{d}\boldsymbol{x}$$
由式(1-8)可知，联合分布、边际分布和条件分布之间的关系可以表示为
$$f_{x,y}(\boldsymbol{x},\boldsymbol{y};\boldsymbol{\theta}) = f_{x|y}(\boldsymbol{x};\boldsymbol{\theta}) \times f_y(\boldsymbol{y};\boldsymbol{\theta}) \tag{1-9}$$
这个等式关系在时间序列分析中经常用到(如在极大似然估计时)．最后，X 与 Y 是相互独立的随机向量，当且仅当 $f_{x|y}(\boldsymbol{x};\boldsymbol{\theta})=f_x(\boldsymbol{x};\boldsymbol{\theta})$. 这时，$f_{x,y}(\boldsymbol{x},\boldsymbol{y};\boldsymbol{\theta})=f_x(\boldsymbol{x};\boldsymbol{\theta})f_y(\boldsymbol{y};\boldsymbol{\theta})$.

随机变量的矩

一个连续型随机变量 X 的 ℓ 阶矩定义为
$$m'_\ell = E(X^\ell) = \int_{-\infty}^{\infty} x^\ell f(x)\mathrm{d}x$$
其中 E 表示期望(expectation)，$f(x)$ 是 X 的概率密度函数．一阶矩称为 X 的**均值**(mean)或**期望**(expectation)，它用来度量该分布的中心位置，记为 μ_x. 对于资产，感兴趣的是它的均值是否为零．换句话说，我们通常认为原假设为 $H_0: \mu_x=0$，其备择假设为 $H_a: \mu_x\neq 0$，或者 $H_0: \mu_x\leqslant 0$，其备择假设为 $H_a: \mu_x>0$.

第 ℓ 阶中心矩定义为
$$m_\ell = E[(X-\mu_x)^\ell] = \int_{-\infty}^{\infty} (x-\mu_x)^\ell f(x)\mathrm{d}x$$
这里假定上式中积分存在．二阶中心矩可以度量 X 偏离其均值的程度，称为 X 的**方差**(variance)，记为 σ_x^2. 方差的正平方根 σ_x，称为 X 的**标准差**(standard deviation)．对于资产收益率，方差(或标准差)是测量不确定性的指标，因此经常用于资产的风险管理和度量．随机变量的正态分布可由它的前两阶矩来确定．而对于其他分布，可能需要更高阶的矩．

X 的三阶中心矩度量关于其均值的对称性，而四阶中心矩度量 X 的尾部特征．在统计学中，标准化的三阶中心矩称为**偏度**(skewness)，标准化的四阶中心矩称为**峰度**(kurtosis)，它们分别用来描述随机变量的非对称程度和其尾部厚度．具体地说，X 的偏度和峰度分别定义为

$$S(x) = E\left[\frac{(X-\mu_x)^3}{\sigma_x^3}\right], \quad K(x) = E\left[\frac{(X-\mu_x)^4}{\sigma_x^4}\right]$$

数量 $K(x)-3$ 称为**超额峰度**(excess kurtosis),因为正态分布的峰度 $K(x)=3$. 这样,正态随机变量的超额峰度为 0. 若一个分布具有正的超额峰度,称为具有厚尾性. 也就是说,厚尾是指该分布在其尾部比正态分布有更多的"异常值". 在实际中,这意味着来自这样分布的随机样本包含更多的极值,这样的分布称为尖峰的(leptokurtic). 另一方面,一个具有负超额峰度的分布是薄尾的(例如,有限区间上的均匀分布),这样的分布称为**低峰的**(platykurtic). 在金融市场上,可以用随机变量的第一到第四阶矩来描述资产收益率的表现. 这并不意味着高阶矩不重要,只是它们学习起来更加困难.

在应用中,随机变量的矩可以用相应的样本偏度和样本峰度来估计. 设 $\{x_1, \cdots, x_T\}$ 是 X 的 T 个观测值,其样本均值表示为

$$\hat{\mu}_x = \frac{1}{T}\sum_{t=1}^{T} x_t \tag{1-10}$$

样本方差表示为

$$\hat{\sigma}_x^2 = \frac{1}{T-1}\sum_{t=1}^{T}(x_t - \hat{\mu}_x)^2 \tag{1-11}$$

样本偏度表示为

$$\hat{S}(x) = \frac{1}{(T-1)\hat{\sigma}_x^3}\sum_{t=1}^{T}(x_t - \hat{\mu}_x)^3 \tag{1-12}$$

样本峰度表示为

$$\hat{K}(x) = \frac{1}{(T-1)\hat{\sigma}_x^4}\sum_{t=1}^{T}(x_t - \hat{\mu}_x)^4 \tag{1-13}$$

在相当弱的条件下,样本均值 $\hat{\mu}_x$ 是 μ_x 的一致估计,表示当 $T\to\infty$ 时,$\hat{\mu}_x$ 收敛到 μ_x. 更具体地说,当 T 充分大时,我们有 $\hat{\mu}_x \sim N(\mu_x, \sigma_x^2/T)$,该结果经常用于有关 μ_x 的假设检验. 例如,考虑原假设 $H_0: \mu_x=0$,其备择假设为 $H_a: \mu_x \neq 0$. 检验统计量为

$$t = \frac{\sqrt{T}\hat{\mu}_x}{\hat{\sigma}_x}$$

服从一个自由度为 $T-1$ 的学生 t 分布. 对于充分大的时间 T,其检验统计量接近一个标准正态分布. 在显著性水平为 $100\alpha\%$ 时,如果满足 $|t|>Z_{1-\alpha/2}$,那么该条规则可以用来拒绝原假设 H_0,其中 $Z_{1-\alpha/2}$ 是标准正态分布的第 $(1-\alpha/2)$ 分位数. 大多数统计软件包可以提供每个检验统计量的伴随概率的 p 值. 在显著性水平为 $100\alpha\%$ 时,如果检验统计量的 p 值小于显著性水平 α,那么决策规则为拒绝原假设 H_0.

如果 X 是一个正态随机变量,则 $\hat{S}(x)$ 和 $\hat{K}(x)-3$ 的分布渐近为均值为零、方差分别是 $6/T$ 和 $24/T$ 的正态分布,具体参见 Snedecor 和 Cochran(1980,第 78 页). 我们可以用这些渐近分布的性质来检验资产收益率是否具有正态性. 给定一个资产收益率序列 $\{r_1, \cdots, r_T\}$,要检验其偏度,考虑原假设 $H_0: S(r)=0$ 和备择假设 $H_a: S(r)\neq 0$. 由式(1-12)定义的样本偏度的 t 比为

$$t = \frac{\hat{S}(r)}{\sqrt{6/T}}$$

决策规则如下:在显著性水平为 α 时,若满足 $|t|>Z_{1-\alpha/2}$,则拒绝原假设.

类似地,我们可以检验收益率序列的超额峰度,假设 H_0:$K(r)-3=0$,其备择假设为 H_a:$K(r)-3\neq 0$. 则检验统计量为

$$t = \frac{\hat{K}(r)-3}{\sqrt{24/T}}$$

该统计量服从一个渐近的标准正态分布. 当且仅当检验统计量的 p 值小于显著性水平 α 时,决策规则拒绝原假设 H_0. Jarque 和 Bera(1987)将两个先验检验结合在一起检验 r_t 的正态性,则检验统计量为

$$JB = \frac{\hat{S}^2(r)}{6/T} + \frac{(\hat{K}(r)-3)^2}{24/T}$$

该统计量渐近为一个自由度为 2 的 χ^2 随机变量. 当 JB 统计量的 p 值小于显著性水平 α 时,则拒绝正态性分布的原假设.

例 1.2 考虑 3M 公司股票从 2001 年 1 月 2 日至 2011 年 9 月 30 日的日简单收益率的数据. 该数据来自芝加哥大学证券价格研究中心(CRSP). 图 1-10 给出了数据的时序图. 这里我们使用 Rmetrics 中的 R 添加包 fBasics 的 basicStats 命令,计算收益率的汇总统计数据,并进行一些基本假设检验. 从上述结果可知,共有 2704 个数据点,简单收益率的样本均值为 0.0278%,样本标准差为 0.0155. 样本偏度和超额峰度分别为 0.0279 和 4.631. 下面考虑原假设 H_0:$\mu=0$,其备择假设为 H_a:$\mu\neq 0$,其中 μ 表示 3M 公司股票日简单收益率的平均值. 其检验统计量为

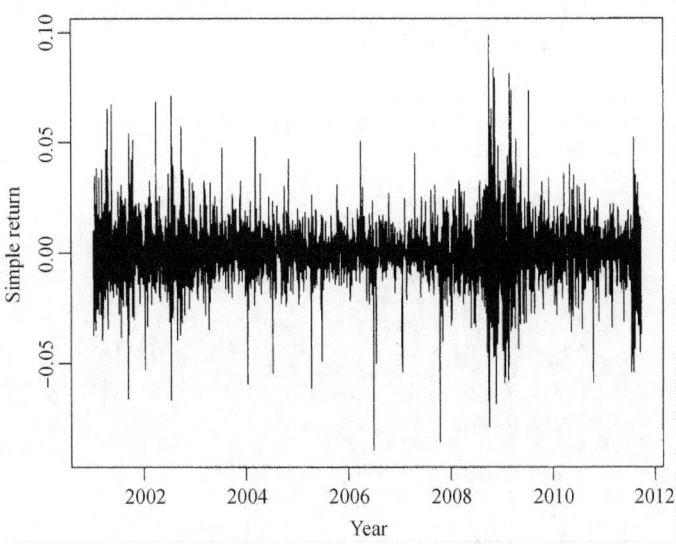

图 1-10 从 2001 年 1 月 2 日至 2011 年 9 月 30 日 3M 公司股票日简单收益率数据的时序图

$$t = \frac{0.000\,278}{0.0155/\sqrt{2704}} = 0.933$$

这里 p 值为 0.35，大于 0.05. 因此，在 5% 的显著性水平下，我们不能拒绝原假设. 对于偏度，原假设为 $H_0: S = 0$，其备择假设为 $H_a: S \neq 0$. 其检验统计量为

$$t = \frac{0.0279}{\sqrt{6/2704}} = 0.59$$

p 值为 0.55. 而且，在 5% 的显著性水平下，我们不能拒绝原假设. 对于超额峰度，原假设为 $H_0: K-3=0$，其备择假设为 $H_a: K-3 \neq 0$. 对于 3M 公司的股票收益率，其检验统计量为

$$t = \frac{4.631}{\sqrt{24/2704}} = 49.15$$

比标准正态分布大，其 p 值接近于零，因此，可以拒绝 $K=3$ 的原假设. 换言之，3M 公司股票的日简单收益有一个较大的尾部. 最后，Jarque-Bera 检验统计量是 2422，比自由度为 2 的 χ^2 分布大. 因此，3M 公司日简单收益的正态性假设被拒绝. 该收益率有较大的厚尾现象并不奇怪. ∎

R 代码演示（输出经过编辑）

```
> library(fBasics) % Load package
> da=read.table("d-mmm-0111.txt",header=T) % Load data

> head(da) % Show the first 6 rows of data
      date       rtn
1 20010102 -0.010892
  ....
6 20010109 -0.015727
> mmm=da[,2]  % Obtain 3m simple returns
> basicStats(mmm) %Compute summary statistics
                    mmm
nobs         2704.000000 % Sample size
NAs             0.000000 % No of missing values
Minimum        -0.089569 % Minimum
Maximum         0.098784 % Maximum
1. Quartile    -0.007161 % 25th percentile
3. Quartile     0.007987 % 75th percentile
Mean            0.000278 % Sample mean
Median          0.000350 % Sample median
Sum             0.751082 % Sample total
SE Mean         0.000298 % Standard error of Sample mean
                        % = sqrt(sample variance/sample size)
LCL Mean       -0.000306 % Lower bound of 95% C.I.
UCL Mean        0.000862 % Upper bound of 95% C.I.
Variance        0.000240 % Sample variance
Stdev           0.015488 % Sample standard error
Skewness        0.027949 % Sample skewness
Kurtosis        4.630925 & % Sample excess kurtosis

% Commands for individual moments
> mean(mmm)
[1] 0.000277767
```

```
> var(mmm)
[1] 0.0002398835
> stdev(mmm) % standard deviation
[1] 0.01548817
% Simple tests
> t.test(mmm)  % Testing mean return = 0
         One Sample t-test
data:  mmm
t = 0.9326, df = 2703, p-value = 0.3511
alternative hypothesis: true mean is not equal to 0
95 percent confidence interval:
 -0.0003062688  0.0008618028 % See prior summary statistics.
% p-value > 0.05; one cannot reject the null hypothesis.

> s3=skewness(mmm)
> T=length(mmm) % Sample size
> T
[1] 2704
> t3=s3/sqrt(6/T) % Skewness test
> t3
[1] 0.593333
> pp=2*(1-pnorm(t3)) % Compute p-value
> pp
[1] 0.5529583 % Cannot reject the null of symmetry.
> s4=kurtosis(mmm)
> t4=s4/sqrt(24/T) % Kurtosis test
> t4
[1] 49.15475 % Value is huge; reject the null. Has heavy tails.

> normalTest(mmm,method='jb') % JB-test
Title:  Jarque - Bera Normalality Test
Test Results:
  STATISTIC:    X-squared: 2422.4384
  P VALUE:   Asymptotic p Value: < 2.2e-16 % Reject normality
```

1.7 金融数据的可视化

在分析金融数据时,图示法是一个有用的工具. 除了前面显示的时间序列图外,本节将讨论其他的金融数据制图方法. 为了获得更好的资产收益分布率的可视化方法,我们检验这些数据的直方图或经验密度函数. 例如,从 2001 年 1 月 2 日至 2011 年 9 月 30 日 3M 公司股票的日简单收益率,共 2704 个观测值. 前面已给出汇总的统计数据. 图 1-11 显示数据的直方图,它通过将数据划分为 30 个子区间而得到. 由图 1-11 可知,收益率曲线关于它的零均值对称. 图 1-12 中的实线列出了 3M 公司股票收益率的经验密度函数,通过用非参数的平滑方法得到. 这些经验密度函数可以视为直方图的一个精确翻版. 图 1-12 中的虚线显示了 3M 公司股票正态分布的密度函数,它们具有相同的均值和标准差,这些时序图提供了 3M 公司股票简单收益率正态假设的可视化过程. 和正态分布相比,经验密度函数具有更高的峰值和更厚的尾部. 这种现象对于股票收益的日数据来说很常见. 一般情况下,实线和虚线之间存在偏差,说明 3M 公司股票的日简单收益率是非正态的. 这和我们前面正态性检验的结果相一致.

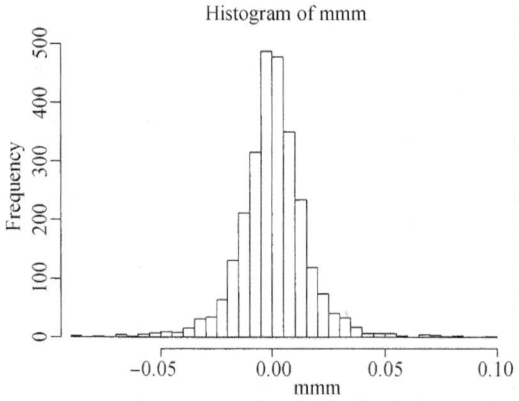
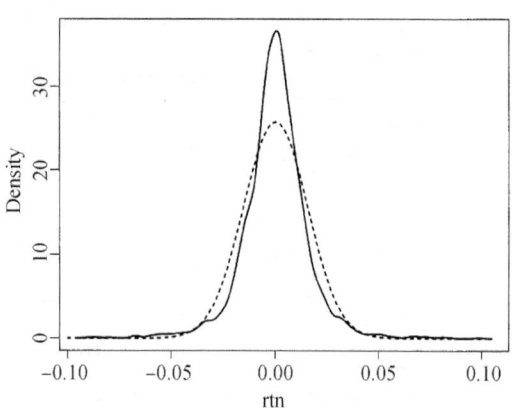

图 1-11　从 2001 年 1 月 2 日至 2011 年 9 月 30 日 3M 公司股票的日简单收益率的直方图

图 1-12　从 2001 年 1 月 2 日至 2011 年 9 月 30 日 3M 公司股票的日简单收益率的经验密度函数,虚线是正态分布的密度函数,它们具有相同的均值和标准差

为了研究股票的价格波动,我们考虑股票的日开盘价、最高价、最低价和收盘价. 图 1-13 显示苹果公司从 2011 年 1 月 3 至 6 月 30 日股票数据的时序图. 在文献中该图称为条形图(Bar Chart). 我们使用 R 脚本 ohlc.R 画出该图. 该脚本的修改版由 Klemelä (2009)完成. 在图 1-13 中,竖线表示日股票的价格范围,竖线左侧水平线上的点给出了股票的开盘价,右边给出了收盘价. 在时序图中,该曲线提供的信息有限,无法给出太多的天数. 图 1-14 显示从 2010 年 1 月 2 日至 2011 年 12 月 8 日苹果公司股票的日收盘价,同时也给出了过去 21 个交易日收盘价格的移动平均,称为**移动平均曲线**(moving-average chart). 这里使用 21 天是任选的,在一个月中的交易日是个粗略的数字. 移动平均曲线提供了相对最近的历史股价信息. 在统计上,移动平均是减少随机波动的一个简单统计方法.

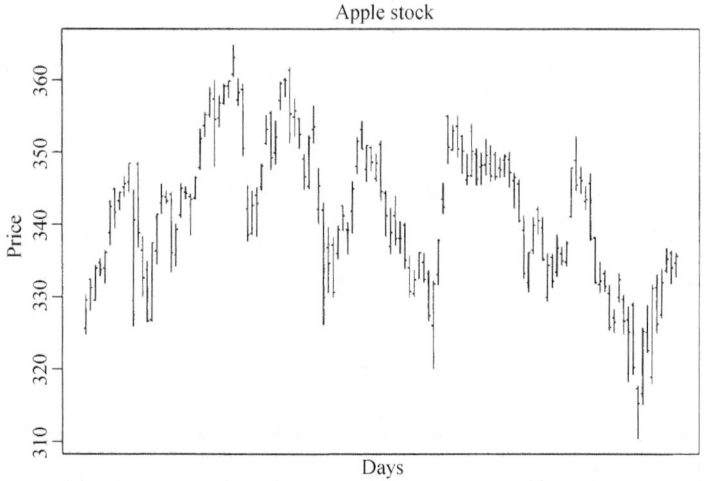

图 1-13　苹果公司从 2011 年 1 月 3 至 6 月 30 日股票数据条形图,竖线表示日股票的价格范围,竖线左侧水平线上的点给出了股票的开盘价,右边给出了收盘价

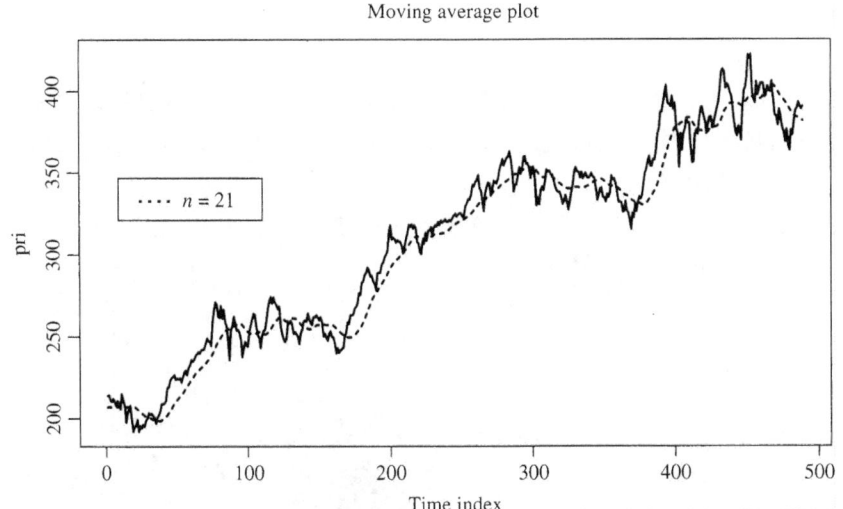

图 1-14 从 2010 年 1 月 2 日至 2011 年 12 月 8 日苹果公司股票日收盘价,在过去 21 个交易日的移动平均曲线

对于多个资产收益率,图 1-15 显示了从 1926 年 1 月至 2011 年 9 月,IBM 公司股票和 S&P 综合指数月对数收益率的时序图. 数据来自美国股市资料库(CRSP). 除了经济**大萧条**(Great Depression)时期外,单个股票的收益率一般比市场指数存在更大的波动. 在时序图中 IBM 公司的股票和市场指数收益率之间存在一定的下降或跳跃. 图 1-16 显示了两个对数收益率的**散点图**(scatter plot). 散点图还显示了两个收益率的最小二乘线性回归. 正如所料,IBM 股票和市场指数收益率之间有正的相关关系. 这种线性关系可以度量两个收益率之间的相关性. 在这种情况下,其相关系数为 0.64. 同时,我们也可以考虑下面的**市**

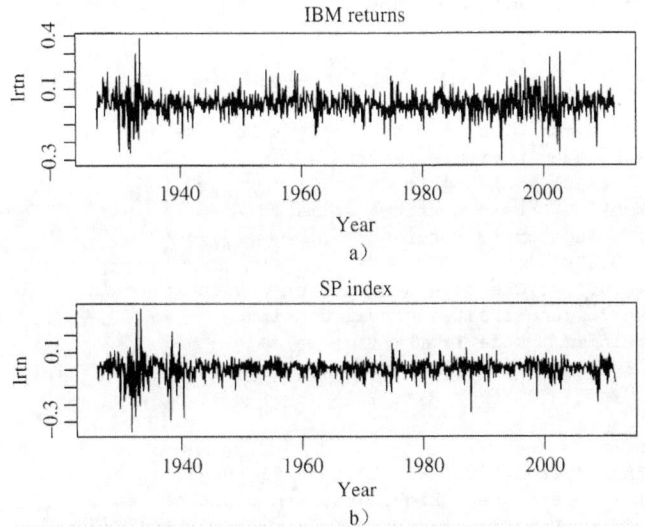

图 1-15 IBM 股票和标普(S&P)综合指数从 1926 年 1 月至 2011 年 9 月的月对数收益率时序图

场模型（Market Model）

$$r_t = \alpha + \beta m_t + \varepsilon_t$$

这里，r_t 和 m_t 分别表示单个股票的资产收益率和市场收益率，ε_t 是误差项. 参数 α 表示相对于市场收益的超额收益，β 为系数. 对于 IBM 股票月对数收益率，我们有 $r_t = 0.008 + 0.807 m_t + \varepsilon_t$. 这两个参数在 5% 的显著性水平下通常显著不为零. 有关市场模型的更多信息，请参阅 Sharpe(1964) 的资本资产定价模型(Capital Asset Pricing Model，CAPM).

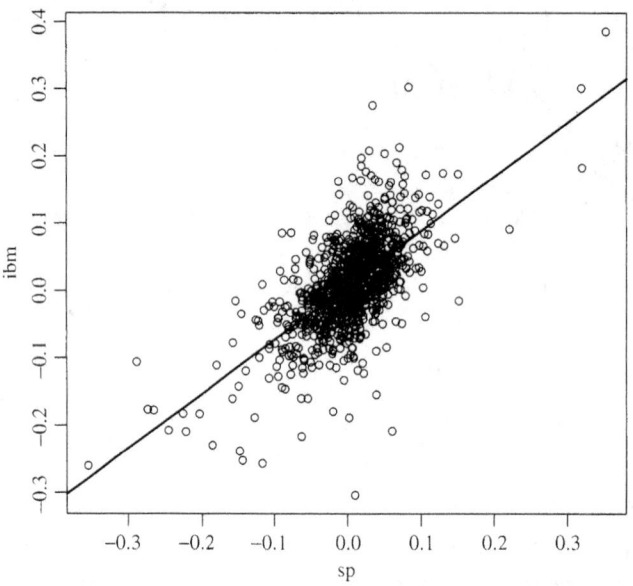

图 1-16　从 1926 年 1 月至 2011 年 9 月 IBM 公司股票和 S&P 综合指数月对数收益率的散点图，实线是两个收益率最小二乘线性拟合

R 代码演示

```
> library(fBasics)
> da=read.table("d-mmm-0111.txt",header=T) % Load data
> mmm=da[,2] % Locate 3M simple returns
> hist(mmm,nclass=30) % Histogram
> d1=density(mmm)    % Obtain density estimate
> range(mmm)   % Range of 3M returns
[1] -0.089569  0.098784
> x=seq(-.1,.1,.001) % Create a sequence of x with increment 0.001.
     % The next command creates normal density
> y1=dnorm(x,mean(mmm),stdev(mmm))
> plot(d1$x,d1$y,xlab='rtn',ylab='density',type='l')
> lines(x,y1,lty=2)
 % ohlc plot
> library(quantmod)
> getSymbols("AAPL",from="2011-01-03",to="2011-06-30")
> X=AAPL[,1:4] % Locate open, high, low, and close prices
> xx=cbind(as.numeric(X[,1]),as.numeric(X[,2]),as.numeric(X[,3]),
          as.numeric(X[,4]))
> source("ohlc.R") % Compile the R script
```

```
> ohlc(xx,xl="days",yl="price",title="Apple Stock")
 % Moving average plot
> source("ma.R")   % Compile R script
> getSymbols("AAPL",from="2010-01-02",to="2011-12-08")
> x1=as.numeric(AAPL$AAPL.Close) % Locate close price
> ma(x1,21)
 % Bivariate and Scatter plots
> da=read.table("m-ibmsp-2611.txt",header=T)
> head(da)
     data       ibm        sp
1 19260130 -0.010381  0.022472
 .....
6 19260630  0.068493  0.043184
> ibm=log(da$ibm+1) % Transform to log returns
> sp=log(da$sp+1)
> tdx=c(1:nrow(da))/12+1926 % Create time index
> par(mfcol=c(2,1))
> plot(tdx,ibm,xlab='year',ylab='lrtn',type='l')
> title(main='(a) IBM returns')
> plot(tdx,sp,xlab='year',ylab='lrtn',type='l') % X-axis first.
> title(main='(b) SP index')
> cor(ibm,sp)    % Obtain sample correlation
[1] 0.6409642
> m1=lm(ibm~ sp)  % Fit the Market Model (linear model)
> summary(m1)
Call: lm(formula = ibm ~ sp)
Coefficients:
            Estimate Std. Error t value Pr(>|t|)
(Intercept) 0.007768   0.001672   4.645 3.84e-06 ***
sp          0.806685   0.030144  26.761 < 2e-16 ***
---
Residual standard error: 0.05348 on 1027 degrees of freedom
Multiple R-squared: 0.4108,    Adjusted R-squared: 0.4103
> plot(sp,ibm,cex=0.8)   % Obtain scatter plot
> abline(0.008,.807) % Add the linear regression line
```

1.8 一些统计分布

在文献中提到了一些关于资产收益率边际分布的统计分布,包括正态分布、对数正态分布、稳态分布、正态分布的尺度混合. 下面我们简要地介绍这些分布.

1.8.1 正态分布

在金融研究中,传统的假设是: 简单收益率 $\{R_{it}|t=1,\cdots,T\}$ 是独立同分布(independently and identically distributed, iid),且都服从一个固定均值和方差的正态分布. 这个假设使得资产收益率的统计性质变得易于处理,同时也遇到了几个困难: 第一, 简单资产收益率的下界为 -1,而正态分布可以取实轴上的任意值,没有下界; 第二, 如果 R_{it} 是正态分布,那么多期的简单收益率 $R_{it}[k]$ 是单期收益率的乘积,不再是正态分布; 第三, 很多资产收益率都存在正的超额峰度,因为很多实证结果均不支持正态性的假设.

1.8.2 对数正态分布

另一个常用的假定是: 资产的对数收益率 r_t 是独立同分布,且服从一个均值为 μ、方

差为 σ^2 的正态分布. 简单收益率是独立同分布的对数正态随机变量, 其均值和方差分别为
$$E(R_t) = \exp\left(\mu + \frac{\sigma^2}{2}\right) - 1, \quad \mathrm{Var}(R_t) = \exp(2\mu + \sigma^2)[\exp(\sigma^2) - 1] \quad (1\text{-}14)$$
这两个等式在研究资产收益率时常用(如在用对数收益率建立的模型进行预测时). 反之, 假设简单收益率 R_t 服从对数正态分布, 其均值为 m_1, 方差为 m_2, 则相应的对数收益率 r_t 的均值和方差分别为
$$E(r_t) = \ln\left(\frac{m_1 + 1}{\sqrt{1 + \frac{m_2}{(1+m_1)^2}}}\right), \quad \mathrm{Var}(r_t) = \ln\left(1 + \frac{m_2}{(1+m_1)^2}\right)$$
因为有限个独立同分布的正态随机变量之和仍服从正态分布, 所以在 $\{r_t\}$ 是正态分布假设下, $r_t[k]$ 也服从正态分布. 另外, r_t 没有下界, 由 $1+R_t=\exp(r_t)$, 可得 R_t 的下界. 然而, 对数正态分布的假设与历史股票收益率的所有性质并不都相符, 很多股票收益率表现出具有正的超额峰度.

1.8.3 稳态分布

稳态分布是正态分布的自然推广, 它们在加法运算下是稳定的, 这一点满足连续复合收益率 r_t 的要求. 而且, 稳态分布能刻画股票的历史收益率所显现出来的超额峰度. 然而, 非正态的稳态分布没有有限方差, 这一点与大部分金融理论相矛盾. 另外, 用非正态的稳态分布进行统计建模是很困难的. 非正态稳态分布的例子是柯西分布(Cauchy distribution), 它关于自己的中位数对称, 但其方差是无限的.

1.8.4 正态分布的尺度混合

在最近股票收益率研究中, 人们倾向于利用正态分布的尺度混合或有限混合. 在正态分布的尺度混合假定下, 对数收益率 r_t 服从均值为 μ、方差为 σ^2 的正态分布(即 $r_t \sim N(\mu, \sigma^2)$). 但是, σ^2 是一个随机变量, 服从一个正的分布(如 σ^{-2} 服从一个 Gamma 分布). 正态分布的一个有限混合的例子为
$$r_t \sim (1-X)N(\mu, \sigma_1^2) + XN(\mu, \sigma_2^2)$$
其中, X 是一个服从 Bernoulli 分布的随机变量, 即 $P(X=1)=\alpha$, $P(X=0)=1-\alpha$, 且 $0<\alpha<1$, 这里 σ_1^2 较小, 而 σ_2^2 相对较大. 例如, 对 $\alpha=0.05$, 有限混合分布指出 95% 的收益率服从 $N(\mu, \sigma_1^2)$, 还有 5% 的收益率服从 $N(\mu, \sigma_2^2)$. σ_2^2 的较大值能使混合分布把更多的异常值放在其分布的尾部. 来自 $N(\mu, \sigma_2^2)$ 的收益率的百分比较低, 说明大多数收益率服从一个简单的正态分布. 混合正态分布的优点是它们保持了正态分布的易处理性、具有有限高阶矩且能刻画这些超额峰度. 然而, 我们很难估计其混合参数(如有限混合分布中的参数 α).

图 1-17 显示的是有限混合正态分布、柯西分布和标准正态分布的概率密度函数. 有限混合的正态分布为 $(1-X)N(0, 1) + XN(0, 16)$, 其中 X 是一个 Bernoulli 随机变量, $P(X=1)=0.05$. 柯西分布的密度函数是
$$f(x) = \frac{1}{\pi(1+x^2)} \quad -\infty < x < \infty$$

可见，柯西分布比有限混合的正态分布具有更厚的尾部，而有限混合的正态分布比标准正态分布存在更厚的尾部.

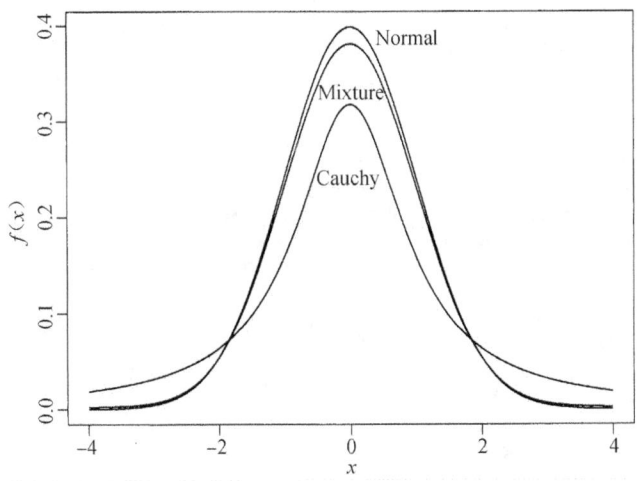

图 1-17　有限混合的正态分布、稳态分布和标准正态分布密度函数之间的比较

1.8.5　多元收益率

设 $r_t=(r_{1t},\cdots,r_{Nt})'$ 是 N 个资产在 t 时刻的对数收益率. 多元分布关心 $\{r_t\}_{t=1}^T$ 的联合分布. 在序列相关性存在的情况下，统计分析主要集中在条件分布函数 $F(r_t|r_{t-1},\cdots,r_1,\boldsymbol{\theta})$ 具体形式的设定上. 尤其是，在投资组合和风险管理中，人们最关心的是 r_t 的条件期望和条件协方差矩阵随时间怎样变化.

随机向量 $\boldsymbol{X}=(X_1,\cdots,X_p)$ 的均值向量和协方差矩阵定义为
$$E(\boldsymbol{x})=\boldsymbol{\mu}_x=[E(X_1),\cdots,E(X_p)]'$$
$$\mathrm{Cov}(\boldsymbol{x})=\boldsymbol{\Sigma}_x=E[(\boldsymbol{x}-\boldsymbol{\mu}_x)(\boldsymbol{x}-\boldsymbol{\mu}_x)']$$
假设 $\boldsymbol{X}$ 的期望存在. 当 $\boldsymbol{X}\in\{x_1,\cdots,x_T\}$ 时，样本均值和样本协方差矩阵定义为
$$\hat{\boldsymbol{\mu}}_x=\frac{1}{T}\sum_{t=1}^T \boldsymbol{x}_t,\quad \hat{\boldsymbol{\Sigma}}_x=\frac{1}{T-1}\sum_{t=1}^T(\boldsymbol{x}_t-\hat{\boldsymbol{\mu}}_x)(\boldsymbol{x}_t-\hat{\boldsymbol{\mu}}_x)'$$
假设 $\boldsymbol{X}$ 的协方差矩阵存在，那么这些样本统计量都是它们理论上的一致估计. 在金融文献中，多元正态分布常用其对数收益率 r_t 来表示.

为了证明这一点，下面考虑 IBM 股票和 S&P 500 综合指数的月对数收益率(从 1926 年 1 月至 2011 年 9 月)，如图 1-16 所示. 令 $r_t=(r_{1t},r_{2t})'$，这里 r_{1t} 和 r_{2t} 分别是 IBM 股票和 S&P 500 综合指数的月对数收益率，共有 1029 个观测值. 则 r_t 的样本均值和协方差矩阵为
$$\hat{\boldsymbol{\mu}}=\begin{bmatrix}0.0113\\0.0044\end{bmatrix},\quad \hat{\boldsymbol{\Sigma}}=\begin{bmatrix}4849 & 2470\\2470 & 3062\end{bmatrix}\times 10^{-6}$$

要检查二元正态假设的有效性，可以使用统计模拟的方法. 从一个二元正态分布中，我们产生了 1029 个数据，其均值为 $\hat{\boldsymbol{\mu}}$，协方差矩阵为 $\hat{\boldsymbol{\Sigma}}$. 在 R 添加包中，可以使用

mnormt 中的 rmnorm 命令来实现. 图 1-18 显示了模拟过程的散点图. 通过比较图 1-18 和图 1-16 中的散点图, 我们发现这两个时序图之间存在着显著的差异, 这就表明这里的正态性假设是值得商榷的.

R 代码演示

```
> da=read.table("m-ibmsp-2611.txt",header=T) % Load   data
> dim(da)
[1] 1029    3
> ibm=log(da$ibm+1) % Compute log returns
> sp=log(da$sp+1)
> rt=cbind(ibm,sp) % Obtain bivariate returns
> m1=apply(rt,2,mean) % Obtain sample means
> v1=cov(rt) % Obtain sample covariance matrix
> m1
        ibm          sp
0.011303024 0.004381644
> v1
             ibm          sp
ibm 0.004849390 0.002469738
sp  0.002469738 0.003061590
> library(mnormt) % Load package
> x=rmnorm(1029,mean=m1,varcov=v1) % Simulation
> dim(x)
[1] 1029    2
> plot(x[,2],x[,1],xlab='sim-sp',ylab='sim-ibm',cex=0.8)
```

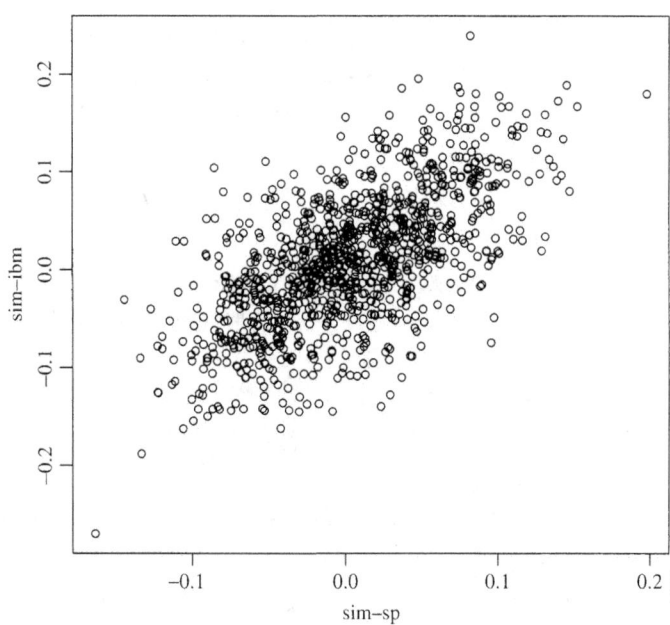

图 1-18   根据二元正态分布模拟产生的 1029 个数据的散点图, 该二元正态分布基于 IBM 股票和标普(S&P)综合指数的月对数收益率的样本均值和协方差

习题

1. 考虑从 2001 年 9 月 1 日到 2011 年 9 月 30 日美国运通公司(AXP)、CRSP 价值权重指数(VW)、CRSP 的等权重指数(EW)以及 S&P 综合指数的日简单收益率. 收益率中包含有支付的股息. 数据来自 d-axp3dx-0111.txt(date, axp, vw, ew, sp).
   (a) 计算每个收益率序列的样本均值、标准差、偏度、超额峰度、最大值和最小值.
   (b) 把简单收益率转换成对数收益率. 计算每个对数收益率的样本均值、标准差、偏度、超额峰度、最大值和最小值.
   (c) 对 AXP 股票的对数收益的均值等于零的原假设进行检验. 在 5% 的显著性水平下, 得出你的结论.

2. 考虑从 1940 年 1 月到 2011 年 9 月通用电器(GE)、CRSP 价值权重指数(VW)、CRSP 等权重指数(EW)以及 S&P 综合指数的月收益率数据. 重新回答习题 1 中的所有问题, 这里收益率中包含有股息, 数据来自 m-ge3dx-4011.txt(date, ge, vw, ew, sp).

3. 考虑从 1940 年 1 月到 2011 年 9 月 S&P 综合指数的月股票收益率, 进行下面的检验, 在 5% 的显著性水平下得出你的结论.
   (a) 检验假设 $H_0: \mu=0$, 其备择假设为 $H_a: \mu \neq 0$, 这里 μ 是收益率的均值.
   (b) 检验假设 $H_0: m_3=0$, 其备择假设为 $H_a: m_3 \neq 0$, 这里 m_3 是收益率的偏度.
   (c) 检验假设 $H_0: K=3$, 其备择假设为 $H_a: K \neq 3$, 这里 K 是收益率的峰度.

4. 再次考虑习题 1 中美国运通公司从 2001 年 9 月 1 日到 2011 年 9 月 30 日股票的日对数收益率. 在 5% 的显著性水平下, 进行下述假设检验:
   (a) 原假设是: 收益率的偏度度量等于零.
   (b) 原假设是: 收益的超额峰度等于零.

5. 从芝加哥的联邦储备银行得到日汇率, 数据是经过纽约联邦储备银行认证的纽约市每日中午买入价. 考虑从 2007 年 1 月 2 日到 2011 年 11 月 30 日美元对英镑、日元的汇率, 这些数据可以从网站下载. 计算:
   (a) 每个汇率的日对数收益率.
   (b) 汇率的日对数收益率的样本均值、标准差、偏度、超额峰度、最大值和最小值.
   (c) 画出美元/日元汇率的日对数收益率的密度函数.
   (d) 检验假设 $H_0: \mu=0$, 其备择假设为 $H_a: \mu \neq 0$, 这里 μ 表示美元/日元汇率的日对数收益率的均值. 在 5% 的显著性水平下给出你的结论.

参考文献

Adler J. R in a Nutshell. Sebastopol (CA): O'Reilly Media; 2010.

Campbell JY, Lo AW, MacKinlay AC. The Econometrics of Financial Markets. Princeton (NJ): Princeton University Press; 1997.

Crawley MJ. The R Book. Hoboken (NJ): John Wiley & Sons; 2007.

Hull JC. Options, Futures, and Other Derivatives. 8th ed. Upper Saddle River (NJ): Prentice Hall; 2011.

Jarque CM, Bera AK. A test of normality of observations and regression residuals. Int Stat Rev 1987; 55:163172.

Klemelä J. Smoothing of Multivariate Data: Density Estimation and Visualization. Hoboken (NJ): John Wiley & Sons; 2009.

Sharpe W. Capital asset prices: a theory of market equilibrium under conditions of risk. J Finance 1964; 19:425–442.

Snedecor GW, Cochran WG. chapStatistical Methods. 7th ed. Ames (IA): Iowa State University Press; 1980.

第 2 章 金融时间序列的线性模型

在这一章中,我们讨论金融时间序列建模和预测中有用的方法和线性模型. 我们应用实例来介绍一些重要的统计概念,并一步步地进行数据分析,同时讨论它们在金融中的应用. 线性时间序列分析的基本概念,参见 Tsay(2010,第 2 章)、Box 等(1994,第 2 章和第 3 章)、Brockwell 和 Davis(2002,第 1~3 章)、Shumway 和 Stoffer(2000)以及 Woodward 等(2012).

本章介绍的模型包括:1)简单自回归(AR)模型;2)简单移动平均(MA)模型;3)混合自回归移动平均(ARMA)模型;4)包含单位根检验的单位根模型;5)指数平滑模型;6)季节模型;7)带时间序列误差的回归模型;8)对长期相依性的分数阶差分模型. 对每一个模型,我们学习它们的基本性质,包括模型选择方法、产生预测的方式并讨论它们的应用. 本章也讨论了如何比较不同的模型,例如回测检验和模型平均预测.

设 $\{x_t\}$ 是与时间有关的金融度量的集合. 图 2-1 给出了从 2003 年 1 月 3 日到 2010 年 4 月 5 日期间苹果公司股票的日收盘价. 图 2-1 显示日收盘价有某种程度的波动性,并在取样区间内有一个向上的运动趋势. 图 2-2 给出了 1983 年到 2009 年可口可乐公司每股股票的季度盈利. 图 2-2 中标出了具体的季度. 除了有向上的趋势外,收益也同时显示有明显的年度模式,这在时间序列中称为季节性(seasonality). 后面将看到,许多经济和金融时间序列呈现明显的季节趋势. 图 2-3 给出了标普 500(S&P 500)指数在 1926 年 1 月到 2009 年 12 月的月对数收益率. 从图 2-3 中可以看出,收益率在 0 值周围波动,并且除了少数几个极端值以外,它们都在一个固定范围内波动. 图 2-4 给出了两个时间序列,它们分别是美国 3 月期和 6 月期国债在 1959 年 1 月 2 日到 2010 年 4 月 16 日的周利率. 这些利率取自二级市场. 其中,图 2-4 的上图是 6 月期国债利率,下图是 3 月期国债利率. 两个利率序列的移动模式

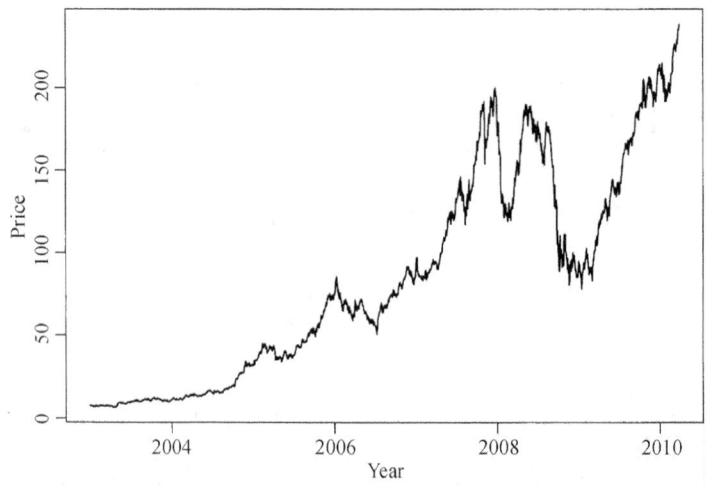

图 2-1 苹果公司股票在 2003 年 1 月 3 日到 2010 年 4 月 5 日期间的日收盘价

近似，但是也呈现出某种差异. 如预期的那样，6 月期国债利率通常高于 3 月期，但是在某些时期上，3 月期的国债利率较高，例如 20 世纪 80 年代的早期. 在上述 4 个例子中，序列 x_t 大致上是在相等分隔的时间区间上观测的. 这种现象在利率期限结构中被称为**收益率曲线倒挂**. 这 4 个序列就是本章要分析的金融时间序列的例子. 我们的目的是学习序列的动态相依性，据此对序列做出适当的推断.

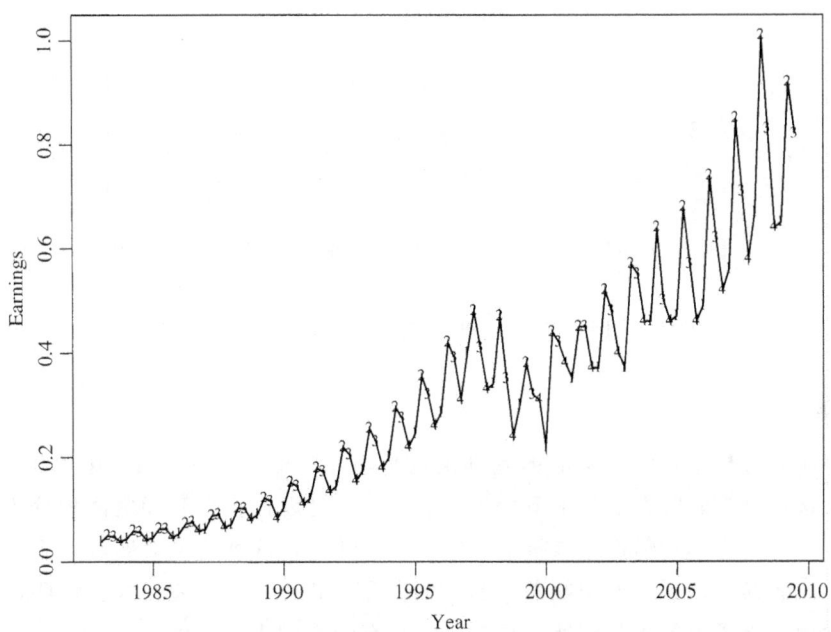

图 2-2　可口可乐公司在 1983 年第 1 季度到 2009 年第 3 季度每股股票的季度盈利

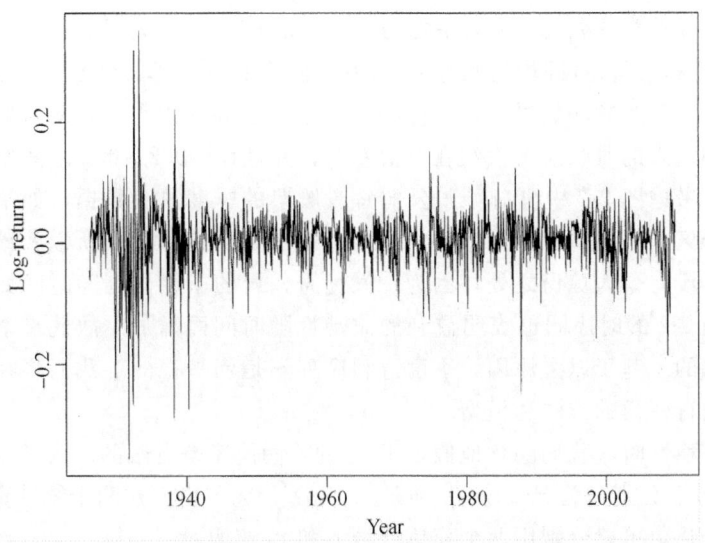

图 2-3　标普 500 指数在 1926 年 1 月到 2009 年 12 月间的月对数收益率

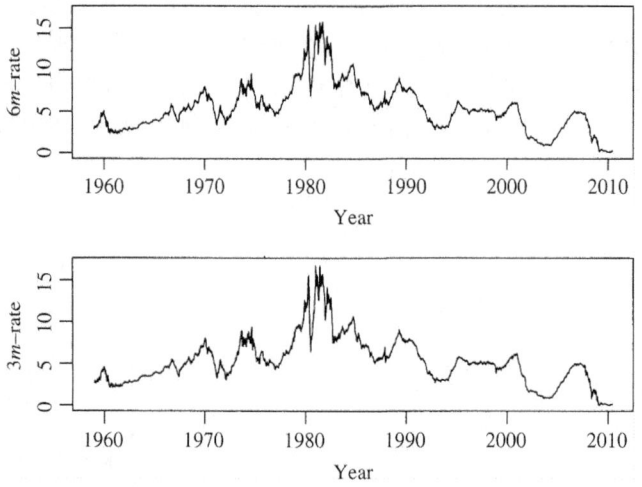

图 2-4　上图是 6 月期国债的利率，下图是 3 月期国债利率

2.1 平稳性

在时间序列分析中，统计推断的基础是弱平稳性的概念. 如图 2-3 中给出的标普 500 指数序列，该序列随时间在 0 值上下变化. 事实上，可以把整个时间区间划分为几个子区间，这些子区间的样本均值都应该接近 0 值. 在统计上，这种现象表明收益率的均值不随时间变化，或者简单地说，期望收益率具有时间不变性. 而且，图 2-3 也说明，在样本数据时间跨度内，除了大萧条时期外，月对数收益率的范围大约在区间[−0.2, 0.2]. 在统计上，该特征表明对数收益率的方差不随时间变化. 把这两个时间不变性特征结合在一起，我们称对数收益率序列$\{x_t\}$为**弱平稳的**(weakly stationary). 正式地说，如果一个时间序列 x_t 的一阶矩和二阶矩(即均值和方差)具有时间不变性，则称它为弱平稳的. 弱平稳性是很重要的，因为它为预测提供了基础框架. 对于标普 500 指数的月对数收益率，我们有充分的理由预测未来的月收益率大约在 0 值左右，并且在−0.2∼0.2 之间变化.

另一方面，考虑图 2-2 中可口可乐公司每股股票的季度盈利数据，如果把取样时间区间分割为几个子区间，这些子区间上的样本均值就有显著的不同. 所以，该盈利序列不是弱平稳的. 这里没有令人惊讶之处，因为一家优秀公司的季度盈利随时间而提高是符合我们的预期的. 图 2-2 的时序图也表明盈利的波动性随时间而增加. 故此，季度盈利的方差也是随时间变化的. 基于以上原因，季度盈利序列不是弱平稳的. 我们将在后面讨论对这种非平稳序列进行建模的方法和模型.

在讨论弱平稳性时，我们隐含地假定了 x_t 的前两阶矩是有限的. 为了容易表述，我们把 x_t 的均值和方差分别记为 $E(x_t)=\mu$ 和 $E(x_t-\mu)^2=\gamma_0$. 由于这两个统计量是常数，所以它们不随时间变化，可以分别用两个简单记号 μ 和 γ_0 来表示.

平稳时间序列 x_t 有其他重要的性质. 对给定的整数 k，称协方差 $\gamma_k=\text{Cov}(x_t, x_{t-k})$ 为

x_t 的间隔为 k 的自协方差. 应用柯西-施瓦茨(Cauchy-Schwarz)不等式, 容易证明 γ_k 存在并且也具有时间不变性. 也就是说, 对一个弱平稳的时间序列 x_t, γ_k 仅仅依赖于 k, 该值衡量 x_t 和 x_{t-k} 的线性相依性. 或者说, 它衡量 x_t 对它的过去取值 x_{t-k} 的动态相依性. 线性时间序列分析着重研究序列 x_t 的动态相依性. 自协方差 γ_k 具有两个重要性质: 1) $\gamma_0 = \text{Var}(x_t)$; 2) $\gamma_{-k} = \gamma_k$. 第二个性质成立, 因为 $\gamma_{-k} = \text{Cov}(x_t, x_{t-(-k)}) = \text{Cov}(x_{t-(-k)}, x_t) = \text{Cov}(x_{t+k}, x_t) = \text{Cov}(x_{t_1}, x_{t_1-k}) = \gamma_k$, 其中 $t_1 = t+k$.

2.2 相关系数和自相关函数

图 2-5 给出了 IBM 股票的月简单收益率和标普 500 指数的散点图. 这两个收益率看起来是正相关的. 线性相关的程度经常用**皮尔逊**(Pearson)相关系数(或者简称为相关系数)来衡量. 在统计上, 两个随机变量 X 和 Y 的相关系数定义为

$$\rho_{x,y} = \frac{\text{Cov}(X,Y)}{\sqrt{\text{Var}(X)\text{Var}(Y)}} = \frac{E[(X-\mu_x)(Y-\mu_y)]}{\sqrt{E(X-\mu_x)^2 E(Y-\mu_y)^2}}$$

其中 μ_x 和 μ_y 分别表示 X 和 Y 的均值, 并且假定方差是有限的. 这个系数度量的是 X 和 Y 线性相依的程度, 可以证明 $-1 \leqslant \rho_{x,y} \leqslant 1$ 且 $\rho_{x,y} = \rho_{y,x}$. 若 $\rho_{x,y} = 0$, 则这两个随机变量是不相关的. 另外, 如果 X 和 Y 都是正态随机变量, 则 $\rho_{x,y} = 0$ 当且仅当 X 和 Y 是相互独立的.

当我们有样本 $\{(x_t, y_t) | t=1, \cdots, T)\}$ 时, 相关系数可以由它对应的样本相关系数相合地估计出来:

$$\hat{\rho}_{x,y} = \frac{\sum_{t=1}^{T}(x_t-\overline{x})(y_t-\overline{y})}{\sqrt{\sum_{t=1}^{T}(x_t-\overline{x})^2 \sum_{t=1}^{T}(y_t-\overline{y})^2}}$$

其中 $\overline{x} = \sum_{t=1}^{T} x_t/T$ 和 $\overline{y} = \sum_{t=1}^{T} y_t/T$ 分别是 X 和 Y 的样本均值.

注记: 理论上, 皮尔逊相关系数取值为 $-1 \sim 1$ 之间. 然而, 对某些随机变量而言, 该系数的实际范围比较小. 文献中也给出了

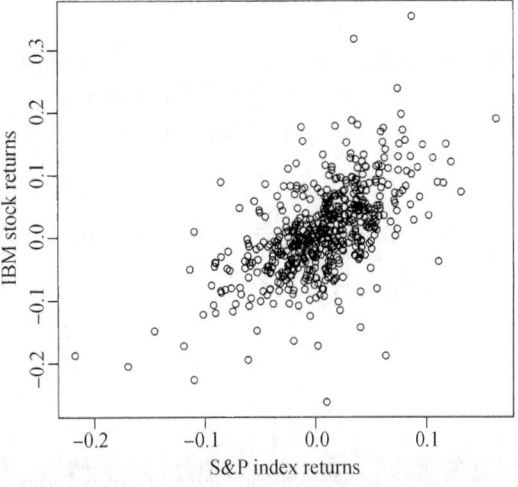

图 2-5 IBM 股票的标普 500 指数的月度简单收益率的散点图. 时间区间是从 1967 年 1 月到 2009 年 12 月

其他的衡量相依性的度量指标, 其中最流行的两个是斯皮尔曼(Spearman) rho 和肯德尔(Kendall) tau. 因为斯皮尔曼 rho 是基于边际变量秩的相关系数, 所以它又称为斯皮尔曼秩相关系数. 肯德尔 tao 则反映了一致数对和非一致数对的差别. 假设 (X_1, Y_1) 和 (X_2, Y_2) 是两个独立同分布的二元连续随机变量. 肯德尔 tau 的定义如下:

$$\tau = P[(X_1-X_2)(Y_1-Y_2) > 0] - P[(X_1-X_2)(Y_1-Y_2) < 0]$$

为了说明上面的概念, 考虑图 2-5 中的散点图. 两个月简单收益的皮尔逊相关系数为

0.5857. 斯皮尔曼 rho 为 0.5861，而肯德尔 tau 为 0.4196. ■

R 代码演示

```
> da=read.table("m-ibmsp6709.txt", header=T)
> head(da)
      date      ibm       sp
1 19670131 0.075370 0.078178
  ....
6 19670630 0.067024 0.017512
> ibm=da$ibm
> sp5=da$sp
> cor(sp5,ibm)
[1] 0.5856544
> cor(sp5,ibm,method='spearman')
[1] 0.5860817
> cor(sp5,ibm,method='kendall')
[1] 0.4196587
```

自相关函数

考虑弱平稳时间序列 x_t. x_t 与 x_{t-k} 的相关系数称为 x_t 的**间隔为 k 的自相关**（lag-k autocorrelation）**系数**，通常记为 ρ_k. 具体地说，其定义为

$$\rho_k = \frac{\mathrm{Cov}(x_t, x_{t-k})}{\sqrt{\mathrm{Var}(x_t)\mathrm{Var}(x_{t-k})}} = \frac{\mathrm{Cov}(x_t, x_{t-k})}{\mathrm{Var}(x_t)} = \frac{\gamma_k}{\gamma_0} \tag{2-1}$$

因为 x_t 为弱平稳的，所以这里有 $\mathrm{Var}(x_{t-k}) = \mathrm{Var}(x_t)$. 根据定义，我们有 $\rho_0 = 1$，$\rho_\ell = \rho_{-\ell}$ 和 $-1 \leqslant \rho_\ell \leqslant 1$. 自相关系数组成的集合 $\{\rho_k\}$ 称为 x_t 的**自相关函数**（Autocorrelation Function，ACF）. 一个弱平稳时间序列 x_t 是序列自身前后不相关的，当且仅当对所有 $k > 0$ 都有 $\rho_k = 0$.

对一个给定的样本 $\{x_t | t=1, \cdots, T\}$，设 $\bar{x}$ 为样本均值，即 $\bar{x} = \sum_{t=1}^{T} x_t / T$，则 x_t 的间隔为 1 的样本自相关系数为

$$\hat{\rho}_1 = \frac{\sum_{t=2}^{T}(x_t - \bar{x})(x_{t-1} - \bar{x})}{\sum_{t=1}^{T}(x_t - \bar{x})^2}$$

在通常条件下，$\hat{\rho}_1$ 是 ρ_1 的相合估计. 例如，若 $\{x_t\}$ 是独立同分布随机变量序列且 $E(x_t^2) < \infty$，则 $\hat{\rho}_1$ 渐近地服从均值为 0、方差为 $1/T$ 的正态分布（见 Brockwell 和 Davis(2009) 中的定理 7.2.2）. 一般地，x_t 的间隔为 k 的样本自相关系数定义为

$$\hat{\rho}_k = \frac{\sum_{t=k+1}^{T}(x_t - \bar{x})(x_{t-k} - \bar{x})}{\sum_{t=1}^{T}(x_t - \bar{x})^2} \quad 0 \leqslant k < T-1 \tag{2-2}$$

若 $\{x_t\}$ 是一个独立同分布随机变量序列，满足 $E(x_t^2) < \infty$，则对任意固定的正整数 k，$\hat{\rho}_k$ 渐近服从均值为 0、方差为 $1/T$ 的正态分布. 更一般地，若 x_t 是一个弱平稳序列，满足 $x_t = \mu + \sum_{i=0}^{q} \psi_i a_{t-i}$，其中 $\psi_0 = 1$，$\{a_j\}$ 是均值为 0 的独立同分布随机变量序列，则对于 $k > q$，$\hat{\rho}_k$

渐近服从均值为 0、方差为 $\left(1+2\sum_{i=1}^{q}\rho_i^2\right)/T$ 的正态分布. 在时间序列文献中这个结果称为 Bartlett 公式(参见 Box 等(1994)). 关于样本自相关函数的渐近分布的更多信息, 参见 Fuller(1995, 第 6 章)和 Brockwell 和 Davis(2009).

例 2.1 考虑 CRSP 的第 10 分位组合的月简单收益率, 时间为 1967 年 1 月到 2009 年 12 月. 共计 516 个观测值, 即 $T=516$. 该投资组合由 NYSE/AMEX/NASDAQ 市值最小的 10% 股票构成, 并且每年都重新平衡. 图 2-6a 给出了收益率序列的时序图, 而图 2-6b 是序列的样本 ACF. 在 ACF 图中的两条水平线代表 2 个标准误差的上下限, 即 $\pm 2\sqrt{T}$. ACF 图从 $\hat{\rho}_0=1$ 开始. 图 2-6 清楚地表明, 在 5% 的水平上间隔为 1 的 ACF 是显著不等于 0 的. 分析中用到的 R 命令如下:

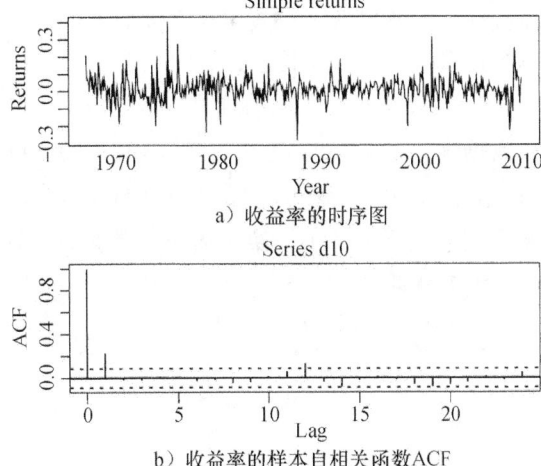

图 2-6 1967 年 1 月到 2009 年 12 月的 CRSP 第 10 分位组合的月简单收益率

```
> da=read.table("m-dec12910.txt",header=T)
> head(da)
      date      dec1      dec2      dec9     dec10
1 19670131  0.068568  0.080373  0.180843  0.211806
2 19670228  0.008735  0.011044  0.048767  0.064911
> d10=da$dec10  # select the Decile 10 returns
> dec10=ts(d10,frequency=12,start=c(1967,1))
> par(mfcol=c(2,1))
> plot(dec10,xlab='year',ylab='returns')
> title(main='(a): Simple returns')
> acf(d10,lag=24) # command to obtain sample ACF of the data
```

检验单个 ACF

对一个给定的正整数 k, 可用前面的结果来检验 $H_0: \rho_k=0$ 对 $H_a: \rho_k \neq 0$. 检验统计量为:

$$t \text{ 比} = \frac{\hat{\rho}_k}{\sqrt{\left(1+2\sum_{i=1}^{k-1}\hat{\rho}_i^2\right)/T}}$$

如果 $\{x_t\}$ 是平稳的高斯序列并且满足当 $j>k$ 时 $\rho_j=0$, 则该 t 比(t-ratio)渐近地服从标准正态分布. 所以, 决策规则是: 当 $|t \text{ 比}|>Z_{\alpha/2}$ 时拒绝 H_0, 其中 $Z_{\alpha/2}$ 是标准正态分布的 $100(1-\alpha/2)$ 百分位分位点. 另外, 也可以用上述统计量 t 比的 p 值来得出结论. 如果 p 值小于第 I 类错误值, 例如 0.05, 那么就拒绝原假设. 如果 p 值大于或者等于第 I 类错误值, 那么就不能拒绝原假设 H_0.

为了简单起见, 对于任意 $k \neq 0$, 许多软件用 $1/T$ 作为 $\hat{\rho}_k$ 的渐进方差. 那么 t 比就变为

$\sqrt{T}\hat{\rho}_k$. 该简单近似实质上是假定所分析的时间序列是一个独立同分布随机变量序列.

例 2.1(续) 在美国,小市值股票倾向在 1 月有一个正收益率,这可能由于多种原因,例如税收考虑,或者年终的组合调整. 这称为小市值股票的 1 月效应(January effect). 一种验证小市值股票 1 月效应存在性的方法是应用例 2.1 中 CRSP 组合的最低 10 分位的月简单收益率来进行假设检验:

$$\text{原假设 } H_0: \rho_{12} = 0 \text{ 和备择假设 } H_a: \rho_{12} \neq 0$$

从数据中,我们计算得到 $\hat{\rho}_{12}=0.13$. 应用 $1/\sqrt{T}$ 作为 $\hat{\rho}_{12}$ 的标准误差的渐进估计,我们得到 t 比 $t=\sqrt{T}\hat{\rho}_{12}=2.96$,它大于 5% 的临界值 1.96. 所以,我们拒绝原假设,即在 5% 显著性水平下 $\rho_{12}=0$. 换句话说,数据证实了小市值股票收益率 1 月效应的存在性.

R 代码演示

```
> f1=acf(d10,lag=24)
> f1$acf
 [1,]  1.000000000    # lag-0
 [2,]  0.227386585    # lag-1
  .    .......
 [13,]  0.130411045   # lag-12
 [14,] -0.036881195   # lag-13
> tt=f1$acf[13]*sqrt(516)
> tt
[1] 2.962369
```

∎

对有限样本,$\hat{\rho}_k$ 是 ρ_k 的有偏估计. 偏差的阶是 $1/T$,这在样本容量 T 较小的时候是不容忽视的. 但在大多数金融应用中,T 相对较大,故这个偏差并不严重.

混成检验

由式(2-2)所定义的统计量 $\hat{\rho}_1$, $\hat{\rho}_2$, … 称为 x_t 的样本**自相关函数**(ACF). 这个函数在线性时间序列分析中起着重要作用. 事实上,一个线性时间序列模型可以完全由其 ACF 来刻画,并且线性时间序列的建模用样本 ACF 来决定数据的线性动态关系. 在许多金融应用中,我们经常需要联合检验 x_t 的多个自相关系数是否同时为 0. Box 和 Pierce(1970)提出了混成统计量(Portmanteau statistic)

$$Q_*(m) = T \sum_{\ell=1}^{m} \hat{\rho}_\ell^2$$

来检验原假设 $H_0: \rho_1 = \cdots = \rho_m = 0$ 对备择假设 $H_a: \rho_i \neq 0 (i \in \{1, \cdots, m\})$. 在 $\{x_t\}$ 是满足一定矩条件的 iid 随机序列的假定下,$Q_*(m)$ 渐近地是自由度为 m 的 χ^2 随机变量.

为了提高有限样本中检验的功效,Ljung 和 Box(1978)把统计量 $Q_*(m)$ 修改成

$$Q(m) = T(T+2) \sum_{\ell=1}^{m} \frac{\hat{\rho}_\ell^2}{T-\ell} \tag{2-3}$$

决策规则是:当 $Q(m) > \chi_\alpha^2$ 时拒绝 H_0,其中 χ_α^2 是自由度为 m 的 χ^2 分布的 $100(1-\alpha)$ 百分位分位点. 大部分软件包都会给出 $Q(m)$ 的 p 值. 决策规则是当 p 值小于第 I 类错误或者显著性水平 α 时,拒绝 H_0.

例 2.2 考虑 IBM 股票从 1967 年 1 月到 2009 年 12 月的月简单收益率和对数收益率. 样本容量是 516. 图 2-7 给出了 IBM 股票的简单月收益率和对数收益率的样本自相关函数. 这两个样本自相关函数非常接近, 它们都在 2 倍的标准误差范围内, 这表明 IBM 股票月收益率序列即使存在某种相关性, 该自相关性也是很小的. 为了验证该收益率序列没有序列自相关性, 我们检验 $H_0: \rho_1 = \rho_2 = \cdots = \rho_m = 0$ 对 $H_a: \rho_i \neq 0 (i \in \{1, \ldots m\})$, 其中 $m = 12$ 和 24. 对于简单收益率, 我们有 $Q(12) = 7.57$, 其 p 值为 0.82; $Q(24) = 25.49$, 其对应的 p 值为 0.38. 对于对数收益率, $Q(12) = 7.40$, $Q(24) = 25.49$, 它们对应的 p 值分别为 0.83 和 0.38. 因此, Ljung-Box 统计量不能拒绝 IBM 股票收益率没有显著的前后相关性这一原假设.

R 代码演示

```
> da=read.table("m-ibmsp6709.txt",header=T)
> ibm=da$ibm
> lnibm=log(ibm+1) # Transfer to log returns
> Box.test(ibm,lag=12,type='Ljung')
        Box-Ljung test
data:   ibm
X-squared = 7.5666, df = 12, p-value = 0.818

> Box.test(lnibm,lag=12,type='Ljung')
        Box-Ljung test
data:   lnibm
X-squared = 7.4042, df = 12, p-value = 0.8298
```

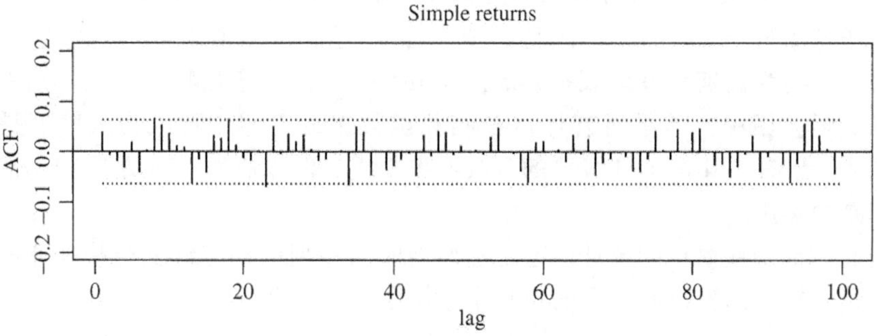

a) 简单收益率的样本自相关函数(ACF)

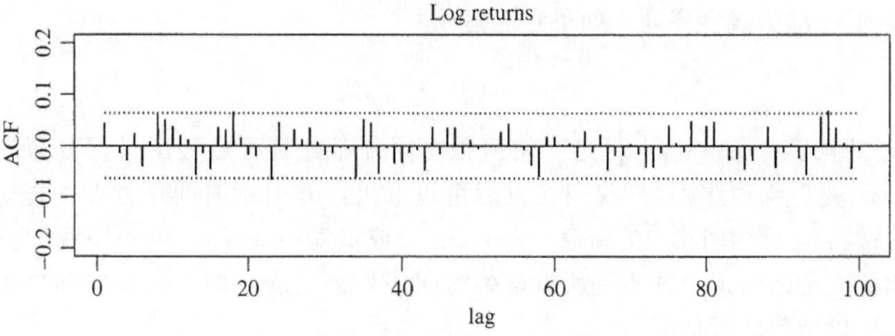

b) 对数收益率的样本自相关函数(ACF)

图 2-7 从 1967 年 1 月到 2009 年 12 月的 IBM 股票的月简单收益率和对数收益率的样本自相关函数

实际上，由于 m 的选择会影响 $Q(m)$ 的表现，所以经常选用多个 m 值. 模拟研究表明 $m \approx \ln(T)$ 会有较好的功效. 在分析季节性时间序列时，由于时间隔为周期的倍数的自相关系数更加重要，所以这个一般性的规则需要加以修正.

例 2.1(续) 对例 2.1 中 CRSP 组合的最低 10 分位的资产组合的月简单收益率，Ljung-Box 统计量表明 $Q(12)=41.06$，对应的 p 值为 4.79×10^{-5}；$Q(24)=56.25$，对应的 p 值为 2.12×10^{-4}. 这些 p 值都很小，所以在 5% 显著性水平下，序列不存在自相关这一原假设被拒绝. 所以，最低 10 分位资产组合的月简单收益率存在序列自相关性. ■

设 x_t 为金融资产的收益率序列. 在金融文献中，资本资产定价模型（Capital Asset Pricing Model，CAPM）理论的一种形式就假定序列 $\{x_t\}$ 是不可预测的，且没有自相关性. 自相关系数是否为 0 的检验用来作为有效市场假定是否成立的判定工具. 然而，股价的决定方式和指数收益率的计算方式可能会导致在观测到的收益率序列中有自相关性. 这在分析高频金融数据时尤其常见. 在第 6 章中我们将讨论这方面的问题，例如买-卖价格的跳跃与非同步交易.

2.3 白噪声和线性时间序列

白噪声

如果时间序列 x_t 是一个具有有限均值和有限方差的独立同分布随机变量序列，则 $\{x_t\}$ 称为一个**白噪声序列**（white noise）. 特别地，若 x_t 还服从均值为 0、方差为 σ^2 的正态分布，则称这个序列为**高斯白噪声**（Gaussian white noise）. 对于白噪声序列，所有自相关函数为零. 在实际应用中，如果所有样本自相关函数接近于零，则认为该序列是白噪声序列. 基于图 2-7 和图 2-6b，IBM 股票的月收益率是接近白噪声的，而最低 10 分位资产组合的收益率不是白噪声.

下面我们讨论一些简单的统计模型，它们对时间序列的动态结构建模非常有用，而且这里所述的概念在后面资产收益率的波动率建模中也是很有用的.

线性时间序列

时间序列 x_t 称为线性序列，如果它能写成

$$x_t = \mu + \sum_{i=0}^{\infty} \psi_i a_{t-i} \tag{2-4}$$

其中 μ 是 x_t 的均值，$\psi_0=1$，$\{a_t\}$ 是零均值独立同分布并且有合理定义的分布的随机变量序列（也即 $\{a_t\}$ 是白噪声序列）. 我们在以后可以看出，a_t 表示时间序列在 t 时刻出现的新信息，因此常将 a_t 称为时刻 t 的**新息**（innovation）或**扰动**（shock）. 本书中我们主要关心 a_t 为连续型随机变量的情形. 并不是所有金融时间序列都是线性的，但是实际应用中线性模型通常可以提供精确的近似.

在式(2-4)定义的线性时间序列中，系数 ψ_i 决定了 x_t 的动态结构，在时间序列文献中这些系数称为 x_t 的 ψ **权重**（ψ-weight）. 若 x_t 是弱平稳的，我们利用 $\{a_t\}$ 的性质可以很容易

地得到 x_t 的均值和方差

$$E(x_t) = \mu, \quad \text{Var}(x_t) = \sigma_a^2 \sum_{i=0}^{\infty} \psi_i^2 \qquad (2\text{-}5)$$

其中 σ_a^2 是 a_t 的方差. 因为 $\text{Var}(x_t) < \infty$, 所以 $\{\psi_i^2\}$ 必须是收敛序列, 即当 $i \to \infty$ 时 $\psi_i^2 \to 0$. 因此, 对于一个平稳序列, 随着 i 的增大遥远的扰动 a_{t-i} 对 x_t 的影响会逐渐消失.

x_t 的间隔为 ℓ 的自协方差为

$$\begin{aligned}
\gamma_\ell &= \text{Cov}(x_t, x_{t-\ell}) = E\Big[\Big(\sum_{i=0}^{\infty} \psi_i a_{t-i}\Big)\Big(\sum_{j=0}^{\infty} \psi_j a_{t-\ell-j}\Big)\Big] \\
&= E\Big(\sum_{i,j=0}^{\infty} \psi_i \psi_j a_{t-i} a_{t-\ell-j}\Big) \\
&= \sum_{j=0}^{\infty} \psi_{j+\ell} \psi_j E(a_{t-\ell-j}^2) \\
&= \sigma_a^2 \sum_{j=0}^{\infty} \psi_j \psi_{j+\ell}
\end{aligned} \qquad (2\text{-}6)$$

因此, ψ 权重与 x_t 的自相关系数有如下关系:

$$\rho_\ell = \frac{\gamma_\ell}{\gamma_0} = \frac{\sum_{i=0}^{\infty} \psi_i \psi_{i+\ell}}{1 + \sum_{i=1}^{\infty} \psi_i^2} \quad \ell \geqslant 0 \qquad (2\text{-}7)$$

其中 $\psi_0 = 1$. 线性时间序列模型就是用来描述 x_t 的 ψ 权重的计量模型和统计模型. 对弱平稳时间序列而言, 当 $i \to \infty$ 时 $\psi_i \to 0$, 从而随着 ℓ 的增加 ρ_ℓ 收敛到 0. 对于资产收益率而言, 这意味着, 如所期望的那样, 当 ℓ 较大时, 当前收益率 x_t 对遥远的过去收益率 $x_{t-\ell}$ 的线性相依会消失.

2.4 简单自回归模型

当 x_t 具有统计显著的间隔为 1 的自相关系数时, 滞后值 x_{t-1} 可能会在预测 x_t 时有用. 下面的简单模型可以利用这样的预测功用:

$$x_t = \phi_0 + \phi_1 x_{t-1} + a_t \qquad (2\text{-}8)$$

其中 $\{a_t\}$ 是均值为 0、方差为 σ_a^2 的白噪声序列. 这个模型与众所周知的简单线性回归模型有相同的形式, 这里 x_t 是因变量, x_{t-1} 是解释变量. 在时间序列文献中, 模型(式(2-8))称为一阶**自回归(AR)**模型, 或简称 AR(1) 模型. 该模型也广泛地应用在随机波动率的建模中, 只不过 x_t 由它的对数波动率所代替(见第 4 章).

式(2-8)中的 AR(1) 模型有若干类似于简单线性回归模型的性质. 但是, 这两个模型之间存在一些显著的差异, 这一点将在以后讨论. 这里我们注意这样一个事实就够了: 在已知过去收益率 x_{t-1} 的条件下, 由 AR(1) 模型可推得:

$$E(x_t | x_{t-1}) = \phi_0 + \phi_1 x_{t-1}, \quad \text{Var}(x_t | x_{t-1}) = \text{Var}(a_t) = \sigma_a^2$$

也就是说, 给定过去收益率 x_{t-1}, 本期收益率将以 $\phi_0 + \phi_1 x_{t-1}$ 为中心取值, 标准差是 σ_a. 给定 x_{t-1} 条件下, 收益率 x_t 与 x_{t-i} 无关, 其中 $i > 1$, 这是 AR(1) 的马尔科夫性. 显然, 某

些情况下 x_{t-1} 不能单独决定 x_t 的条件期望，所以需要更灵活一些的模型．AR(1)模型的直接推广是 AR(p) 模型：

$$x_t = \phi_0 + \phi_1 x_{t-1} + \cdots + \phi_p x_{t-p} + a_t \tag{2-9}$$

其中 p 是非负整数，$\{a_t\}$ 的定义与式(2-8)中一样．这个模型说的是给定过去数据，过去的 p 个值 $x_{t-i}(i=1,\cdots,p)$ 联合决定 x_t 的条件期望．AR(p) 模型与以 p 个滞后值作为解释变量的多元线性回归有相同形式．

2.4.1 AR 模型的性质

为了有效地利用 AR 模型，有必要对它的基本性质进行研究．我们详细地讨论 AR(1) 和 AR(2) 模型的性质，对一般的 AR(p) 模型只给出结果．

AR(1)模型

我们首先讨论式(2-8)定义的 AR(1) 模型弱平稳性的充分必要条件．假定序列是弱平稳的，则 $E(x_t)=\mu$，$\text{Var}(x_t)=\gamma_0$，$\text{Cov}(x_t, x_{t-j})=\gamma_j$，其中 μ 和 γ_0 是常数，γ_j 是 j 的函数而与 t 无关．我们容易得到序列的均值、方差和自相关系数．对式(2-8)两边取期望，因为 $E(a_t)=0$，所以

$$E(x_t) = \phi_0 + \phi_1 E(x_{t-1})$$

在平稳性的条件下，$E(x_t)=E(x_{t-1})=\mu$，从而

$$\mu = \phi_0 + \phi_1 \mu \quad \text{或} \quad E(x_t) = \mu = \frac{\phi_0}{1-\phi_1}$$

这个结果对 x_t 有两个含义：第一，若 $\phi_1 \neq 1$，则 x_t 的均值存在；第二，x_t 的均值为 0 当且仅当 $\phi_0=0$．因此，对平稳 AR(1) 过程，常数项 ϕ_0 与 x_t 的均值有关，$\phi_0=0$ 意味着 $E(x_t)=0$．

我们利用 $\phi_0 = (1-\phi_1)\mu$ 可以把 AR(1) 模型写成如下形式

$$x_t - \mu = \phi_1(x_{t-1} - \mu) + a_t \tag{2-10}$$

重复代入，由上述方程可推得

$$\begin{aligned} x_t - \mu &= a_t + \phi_1 a_{t-1} + \phi_1^2 a_{t-2} + \cdots \\ &= \sum_{i=0}^{\infty} \phi_1^i a_{t-i} \end{aligned} \tag{2-11}$$

如果设 $\psi_i = \phi_1^i$，上式就把 AR(1) 模型表达为式(2-4)的形式．因此，$x_t - \mu$ 是 a_{t-i} 的线性函数，其中 $i \geqslant 0$．利用这个性质和 $\{a_t\}$ 的独立性，我们有 $E[(x_t-\mu)a_{t+1}]=0$．根据平稳性的假定，我们有 $\text{Cov}(x_{t-1}, a_t) = E[(x_{t-1}-\mu)a_t] = 0$．因为 x_{t-1} 发生在 t 时刻之前，而 a_t 作为 t 时刻的扰动，它不依赖于任何过去的信息，所以上面等式的后一个结果可以从这些事实得出来．对式(2-10)两边平方，然后取期望，得到

$$\text{Var}(x_t) = \phi_1^2 \text{Var}(x_{t-1}) + \sigma_a^2$$

其中 σ_a^2 是 a_t 的方差，这里我们用到"x_{t-1} 与 a_t 的协方差为 0"这样一个事实．而在平稳性的假定下，$\text{Var}(x_t) = \text{Var}(x_{t-1})$，因此

$$\text{Var}(x_t) = \frac{\sigma_a^2}{1-\phi_1^2}$$

在 $\phi_1^2 < 1$ 时成立．$\phi_1^2 < 1$ 的要求源于随机变量方差的非负性和 x_t 的弱平稳性．因此，由

AR(1)模型的弱平稳性可推出 $-1<\phi_1<1$，即 $|\phi_1|<1$．反之，若 $|\phi_1|<1$，由式(2-11)和序列 $\{a_t\}$ 的独立性，可以证明 x_t 的均值和方差是有限的并且不随时间变化，参见式(2-5)．另外，由式(2-6)，x_t 的自协方差也是有限的．所以，AR(1)模型是弱平稳的．综上所述，式(2-8)定义的 AR(1) 模型是弱平稳的充分必要条件是 $|\phi_1|<1$．

应用 $\phi_0=(1-\phi_1)\mu$，可以把 AR(1) 模型重新写为：
$$x_t = (1-\phi_1)\mu + \phi_1 x_{t-1} + a_t$$
在金融文献中，这个模型常用 ϕ_1 来刻画 AR(1) 时间序列的动态相依性的持续性．

AR(1)模型的自相关函数

在式(2-10)两端乘以 a_t，再取期望，利用 a_t 与 x_{t-1} 的独立性，我们有
$$E[a_t(x_t-\mu)] = \phi_1 E[a_t(x_{t-1}-\mu)] + E(a_t^2) = E(a_t^2) = \sigma_a^2$$
其中 σ_a^2 是 a_t 的方差．对式(2-10)两端同乘以 $(x_{t-\ell}-\mu)$，取期望，再利用上述结果，我们有
$$\gamma_\ell = \begin{cases} \phi_1 \gamma_1 + \sigma_a^2 & \ell = 0 \\ \phi_1 \gamma_{\ell-1} & \ell > 0 \end{cases}$$
这里我们用了 $\gamma_\ell = \gamma_{-\ell}$ 这个性质．因此，对式(2-8)定义的弱平稳 AR(1) 模型，我们有
$$\mathrm{Var}(x_t) = \gamma_0 = \frac{\sigma^2}{1-\phi_1^2} \text{ 和 } \gamma_\ell = \phi_1 \gamma_{\ell-1} \quad \ell > 0$$
由后一个方程，x_t 的自相关函数(ACF)满足
$$\rho_\ell = \phi_1 \rho_{\ell-1} \quad \ell > 0$$
因为 $\rho_0 = 1$，所以有 $\rho_\ell = \phi_1^\ell$．这个性质表明弱平稳 AR(1) 序列的自相关函数从 $\rho_0 = 1$ 开始以比率为 ϕ_1 的指数速度衰减．对正的 ϕ_1，AR(1) 模型的自相关函数(ACF)图像呈现漂亮的指数衰减．对负的 ϕ_1，AR(1) 模型的 ACF 由上下两个都以 ϕ_1^2 比率衰减的图像组成．图 2-8 显示，当 $\phi_1 = 0.8$ 和 $\phi_1 = -0.8$ 时的 AR(1) 模型的 ACF 图．

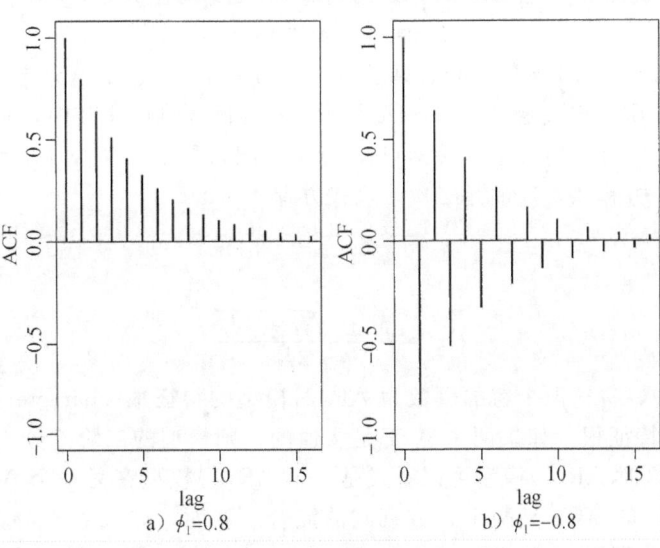

图 2-8　AR(1)模型的自相关函数

AR(2)模型

AR(2)模型为

$$x_t = \phi_0 + \phi_1 x_{t-1} + \phi_2 x_{t-2} + a_t \tag{2-12}$$

利用与 AR(1)模型相同的方法，我们得到：只要 $\phi_1+\phi_2\neq 1$，就有

$$E(x_t) = \mu = \frac{\phi_0}{1-\phi_1-\phi_2}$$

利用 $\phi_0=(1-\phi_1-\phi_2)\mu$，我们可把 AR(2)改写成

$$x_t - \mu = \phi_1(x_{t-1}-\mu) + \phi_2(x_{t-2}-\mu) + a_t$$

在上式两端同乘以 $x_{t-\ell}-\mu$，我们有

$$(x_{t-\ell}-\mu)(x_t-\mu) = \phi_1(x_{t-\ell}-\mu)(x_{t-1}-\mu) + \phi_2(x_{t-\ell}-\mu)(x_{t-2}-\mu) + (x_{t-\ell}-\mu)a_t$$

对上式两边取期望，并利用当 $\ell>0$ 时 $E[(x_{t-\ell}-\mu)a_t]=0$ 这个性质，我们得到

$$\gamma_\ell = \phi_1\gamma_{\ell-1} + \phi_2\gamma_{\ell-2} \quad \ell>0$$

这个结果称为平稳 AR(2)模型的**矩方程**(moment equation)，在上式两端同除以 γ_0，得到 x_t 的 ACF 的性质：

$$\rho_\ell = \phi_1\rho_{\ell-1} + \phi_2\rho_{\ell-2} \quad \ell>0 \tag{2-13}$$

特别地，间隔为 1 的 ACF 满足

$$\rho_1 = \phi_1\rho_0 + \phi_2\rho_{-1} = \phi_1 + \phi_2\rho_1$$

因此，对平稳的 AR(2)序列 x_t，我们有 $\rho_0=1$，

$$\rho_1 = \frac{\phi_1}{1-\phi_2}$$

$$\rho_\ell = \phi_1\rho_{\ell-1} + \phi_2\rho_{\ell-2} \quad \ell\geqslant 2$$

式(2-13)的结果说的是：平稳 AR(2)序列的 ACF 满足二阶差分方程

$$(1-\phi_1 B - \phi_2 B^2)\rho_\ell = 0$$

其中 B 是**延迟算子**(backshift)(或滞后算子)，即 $B\rho_\ell=\rho_{\ell-1}$。这个差分方程决定了平稳 AR(2)序列的 ACF 性质，也决定了 x_t 的预测行为. 在时间序列的文献中，有时也用 L 而不是 B 来表示延迟算子. 可以用 L 表示滞后(lag)算子，例如 $Lx_t=x_{t-1}$，$L\psi_k=\psi_{k-1}$。

与上面的差分方程相对应的是二次多项式方程

$$1 - \phi_1 z - \phi_2 z^2 = 0 \tag{2-14}$$

这个方程的解是

$$z = \frac{\phi_1 \pm \sqrt{\phi_1^2 + 4\phi_2}}{-2\phi_2}$$

在时间序列文献中，称这两个解的倒数为 AR(2)模型的**特征根**(characteristic root). 用 ω_1 和 ω_2 表示这两个特征根. 如果两个 ω_i 都是实值的，则模型的二阶差分方程能分解为$(1-\omega_1 B)(1-\omega_2 B)$，这时 AR(2)模型可以看成是一个 AR(1)模型在另一个 AR(1)模型上的运算. 因此，这时 x_t 的 ACF 是两个指数衰减的混合. 然而，如果 $\phi_1^2+4\phi_2<0$，则 ω_1 和 ω_2 都是复数(称为**复共轭对**(complex conjugate pair))，这时 x_t 的 ACF 图形将呈现出减幅的正弦和余弦波图像. 在商业和经济的应用中，复特征根是很重要的，它们可以刻画商业周

期的行为. 对经济时间序列模型来说, 复特征根是常见的. 对于式(2-12)定义的带一对共轭复特征根的 AR(2) 模型, 随机周期的**平均**(average)长度为

$$k = \frac{2\pi}{\cos^{-1}[\phi_1/(2\sqrt{-\phi_2})]}$$

其中反余弦函数的值是以弧度来表示的. 如果我们将复数解写成 $a \pm bi$ 的形式, 其中 $i = \sqrt{-1}$, 则我们有 $\phi_1 = 2a$, $\phi_2 = -(a^2 + b^2)$, 并且

$$k = \frac{2\pi}{\cos^{-1}(a/\sqrt{a^2+b^2})}$$

其中 $\sqrt{a^2+b^2}$ 是 $a \pm bi$ 的模. 参见例 2.3 的详细说明.

图 2-9 显示的是 4 个平稳 AR(2) 模型的 ACF. 图 2-9b 是 AR(2) 模型 $(1-0.6B+0.4B^2)x_t = a_t$ 的 ACF. 因为 $\phi_1^2 + 4\phi_2 = 0.36 + 4 \times (-0.4) = -1.24 < 0$, 这个 AR(2) 模型包含两个复特征根, 所以它的 ACF 呈现出减幅的正弦和余弦波状. 其他 3 个 AR(2) 模型都是有实特征根的, 它们的 ACF 呈指数衰减.

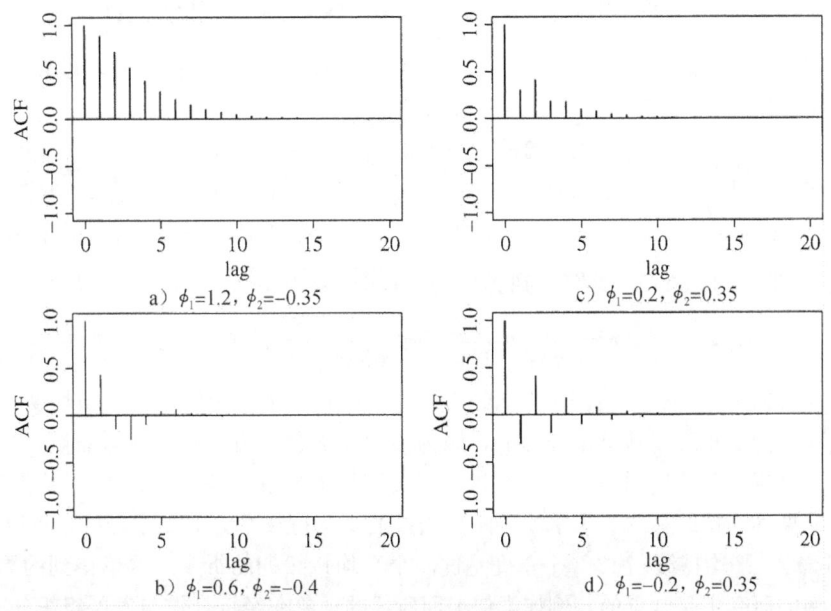

图 2-9 AR(2) 模型的自相关函数

例 2.3 作为说明, 考虑美国的实际国民生产总值(Gross National Product, GNP)季节调整后的季度增长率, 时间是从 1947 年第二季度到 2010 年第一季度, 总计 252 个观测值. 图 2-10 给出了该 GNP 序列的对数序列(单位: 10 亿美元)和增长率的时序图. 其中图 2-10b 的增长率时序图中增加了一条对应 0 值的水平线. 图中清晰地表明大部分的增长率为正值, 最大的 GNP 下跌出现在 2008 年衰退期. 基于下一节中要讲述的建模过程, 这里我们对该序列应用一个 AR(3) 模型. 拟合的模型是:

$$(1 - 0.438B - 0.206B^2 + 0.156B^3)(x_t - 0.016) = a_t, \quad \hat{\sigma}_a = 9.55 \times 10^{-5} \quad (2\text{-}15)$$

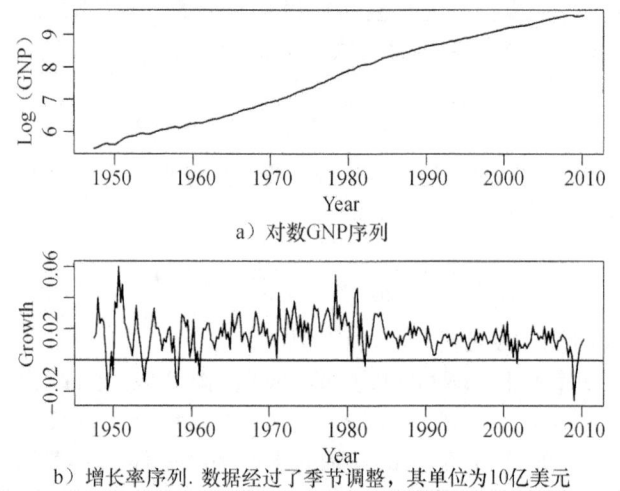

a）对数GNP序列

b）增长率序列．数据经过了季节调整，其单位为10亿美元

图 2-10 从 1947 年第一季度到 2010 年第一季度的美国 GNP 序列时序图

模型的标准误差分别为 0.062、0.067、0.063 和 0.001．详细内容可以参见所附的 R 输出结果．模型（式(2-15)）给出了一个 3 阶多项式方程，即

$$1 - 0.438z - 0.206z^2 + 0.156z^3 = 0$$

该方程有 3 个解，即 $1.616+0.864i$、$1.616-0.864i$ 和 -1.909．其中的实根对应于一个因子 $[1-(1/-1.909)z]=(1+0.524z)$，该因子表明了该 GNP 增长率的指数衰减特性．对于复共轭对 $1.616\pm0.864i$，我们得到其模为 $\sqrt{1.616^2+0.864^2}=1.833$，以及

$$k = \frac{2\pi}{\cos^{-1}(1.616/1.833)} \approx 12.80$$

因此，这个拟合的 AR(3) 模型确证了美国经济中存在随机周期．该周期的平均长度大约为 12.8 个季度，这大约为 3 年．该结果是合理的，因为美国经济会经历膨胀期和紧缩期，一般相信膨胀期的长度为 3 年．若我们用一个非线性模型把美国经济分解成"膨胀期"和"紧缩期"的话，数据将表明紧缩期平均持续大约 3 个季度，而膨胀期的平均持续期为 3 年．例如，可以参见 Tsay (2010，第 4 章)．平均持续期 12.8 个季度是这两个平均持续期的折中．这里得到的周期性在国民经济增长率的研究中是常见的，例如类似上面所述的现象在经济合作与发展组织（Organization for Economic Cooperation and Development，OECD，简称为经合组织）国家也是存在的．

```
> da=read.table("q-gnp4710.txt",header=T)
> head(da)
  Year Mon Day VALUE
1 1947   1   1 238.1
 ...
6 1948   4   1 268.7
> G=da$VALUE
> LG=log(G)
> gnp=diff(LG)
> dim(da)
[1] 253   4
```

```
> tdx=c(1:253)/4+1947 # create the time index
> par(mfcol=c(2,1))
> plot(tdx,LG,xlab='year',ylab='GNP',type='l')
> plot(tdx[2:253],gnp,type='l',xlab='year',ylab='growth')
> acf(gnp,lag=12)
> pacf(gnp,lag=12) # compute PACF
> m1=arima(gnp,order=c(3,0,0))
> m1
Call:
arima(x = gnp, order = c(3, 0, 0))

Coefficients:
        ar1     ar2      ar3    intercept
      0.4386  0.2063  -0.1559    0.0163
s.e.  0.0620  0.0666   0.0626    0.0012
sigma^2 estimated as 9.549e-05:log likelihood=808.6,aic=-1607.1
> tsdiag(m1,gof=12)  # model checking discussed later
> p1=c(1,-m1$coef[1:3]) # set-up the polynomial
> r1=polyroot(p1) # solve the polynomial equation
> r1
[1] 1.616116+0.864212i -1.909216-0.000000i  1.616116-0.864212i
> Mod(r1)
[1] 1.832674 1.909216 1.832674  # compute absolute values
> k=2*pi/acos(1.616116/1.832674) # compute length of the period
> k
[1] 12.79523
```

平稳性

AR(2)时间序列的平稳性条件是它的两个特征根的绝对值都小于1,或者说,它的两个特征根的模小于1. 因此,特征方程两个解的模要大于1. 在这种条件下,式(2-13)中的递归式保证模型的自相关函数随间隔 ℓ 的增加而趋于0,这个趋于0的性质是一个时间序列平稳的必要条件. 事实上,这个条件也适用于 AR(1)模型,这时特征方程是 $1-\phi_1 z=0$. 它的特征根为 $\omega=1/z=\phi_1$,要使 x_t 是平稳的,必须有 ϕ_1 的模小于1. 而前面已证明过,对平稳 AR(1)模型有 $\rho_\ell=\phi_1^\ell$. 上面的条件意味着,当 $\ell \to \infty$ 时有 $\rho_\ell \to 0$.

AR(p)模型

AR(1)和 AR(2)模型的结果可以方便地推广到由式(2-9)定义的 AR(p)模型. 对平稳的 AR(p)序列,其均值为

$$E(x_t) = \frac{\phi_0}{1-\phi_1-\cdots-\phi_p}$$

假定分母不等于0. 该模型对应的特征方程为

$$1-\phi_1 z - \phi_2 z^2 - \cdots - \phi_p z^p = 0$$

如果这个方程所有解的模都大于1,则序列 x_t 是平稳的. 同样,该方程解的倒数为该模型的**特征根**(characteristic root). 因此,平稳性要求所有特征根的模都小于1. 对平稳 AR(p)序列而言,其自相关函数满足下面的差分方程

$$(1-\phi_1 B - \phi_2 B^2 - \cdots - \phi_p B^p)\rho_\ell = 0 \quad \ell > 0$$

平稳 AR(p) 模型的自相关函数(ACF)图像呈现出减幅的正弦、余弦和指数衰减的混合状，具体形状取决于其特征根的性质。

2.4.2 实践中 AR 模型的识别

在实际应用中，AR 时间序列的阶数 p 是未知的，必须根据实际数据来决定。这个问题叫做 AR 模型的**定阶**(order determination)，这个问题在时间序列文献中已被广泛研究。一般有两个确定 p 值的方法：第一种方法是利用偏自相关函数(Partial AutoCorrelation Function，PACF)，第二种方法是用某个信息准则函数。

偏自相关函数(PACF)

平稳时间序列的 PACF 是 ACF 的函数，它在给 AR 模型定阶时是一个有用的工具。一个简单而有效的引进 PACF 的方式是依次考虑如下一系列的 AR 模型：

$$x_t = \phi_{0,1} + \phi_{1,1} x_{t-1} + e_{1t}$$
$$x_t = \phi_{0,2} + \phi_{1,2} x_{t-1} + \phi_{2,2} x_{t-2} + e_{2t}$$
$$x_t = \phi_{0,3} + \phi_{1,3} x_{t-1} + \phi_{2,3} x_{t-2} + \phi_{3,3} x_{t-3} + e_{3t}$$
$$x_t = \phi_{0,4} + \phi_{1,4} x_{t-1} + \phi_{2,4} x_{t-2} + \phi_{3,4} x_{t-3} + \phi_{4,4} x_{t-4} + e_{4t}$$
$$\vdots$$

其中，$\phi_{0,j}$ 是常数项，$\phi_{i,j}$ 是 x_{t-i} 的系数，$\{e_{jt}\}$ 是 AR(j) 模型的误差项。这些模型都是多元线性回归的形式，可用最小二乘法来估计。事实上，由于它们是按阶的高低排列的，所以我们可以应用多元线性回归分析中偏 F 检验的思想。第一个式子中的估计 $\hat\phi_{1,1}$ 称为 x_t 的间隔为 1 的样本偏自相关函数；第二个式子中的估计 $\hat\phi_{2,2}$ 称为 x_t 的间隔为 2 的样本偏自相关函数；第三个式子中的估计 $\hat\phi_{3,3}$ 称为 x_t 的间隔为 3 的样本偏自相关函数；以此类推。

从定义可以看出，间隔为 2 的样本偏自相关函数 $\hat\phi_{2,2}$ 所表示的是：在 AR(1) 模型 $x_t = \phi_0 + \phi_1 x_{t-1} + e_{1t}$ 基础上添加的 x_{t-2} 对 x_t 的贡献；$\hat\phi_{3,3}$ 表示的是在 AR(2) 模型上添加的 x_{t-3} 对 x_t 的贡献等。因此，对一个 AR(p) 模型，间隔为 p 的样本偏自相关函数 PACF 不应为零，而对所有 $j > p$，$\phi_{j,j}$ 应接近于零。我们利用这一性质来决定阶数 p。对于平稳高斯 AR(p) 模型，可以证明其样本偏自相关函数(PACF)有如下性质：

- 当样本容量 T 趋于无穷大时，$\hat\phi_{p,p}$ 收敛于 ϕ_p。
- 对 $\ell > p$，$\hat\phi_{\ell,\ell}$ 收敛于零。
- 对 $\ell > p$，$\hat\phi_{\ell,\ell}$ 的渐近方差为 $1/T$。

这些结果表明 AR(p) 序列的样本偏自相关函数是 p 步截尾的。

作为例子，考虑从 1926 年 1 月到 2008 年 12 月 CRSP 价值加权指数的月简单收益率。表 2-1 给出了这个序列的样本自相关函数在前 12 个间隔上的值。$T=996$，该样本偏自相关函数的渐近标准差大约为 0.032。从而，在 5% 的显著性水平下，对该数据我们识别出一个 AR(3) 模型或 AR(9) 模型(也就是，$p=3$ 或 9)。如果应用 1% 的显著性水平，我们则识别出一个 AR(3) 模型。

表 2-1 从 1926 年 1 月到 2008 年 12 月 CRSP 价值加权指数的月简单收益率的样本偏自相关函数和信息准则 AIC 及 BIC

p	1	2	3	4	5	6
PACF	0.115	−0.030	−0.102	0.033	0.062	−0.050
AIC	−5.838	−5.837	−5.846	−5.845	−5.847	−5.847
BIC	−5.833	−5.827	−5.831	−5.825	−5.822	−5.818
p	7	8	9	10	11	12
PACF	0.031	0.052	0.063	0.005	−0.005	0.011
AIC	−5.846	−5.847	−5.849	−5.847	−5.845	−5.843
BIC	−5.812	−5.807	−5.805	−5.798	−5.791	−5.784

作为另外一个例子，图 2-11 给出了例 2.3 中 GNP 增长率的 PACF. 图 2-11 中的两条虚线表示的是大约为两个标准误差的上下限 $\pm 2/\sqrt{252}$. 该 PACF 图表明 AR(3) 模型适合该数据，因为在 5% 水平上，样本 PACF 在前 3 个间隔点上看起来是显著的. 间隔为 9 的 PACF 也略微显著. 而为了简单，我们这里不考虑这个更高阶的模型.

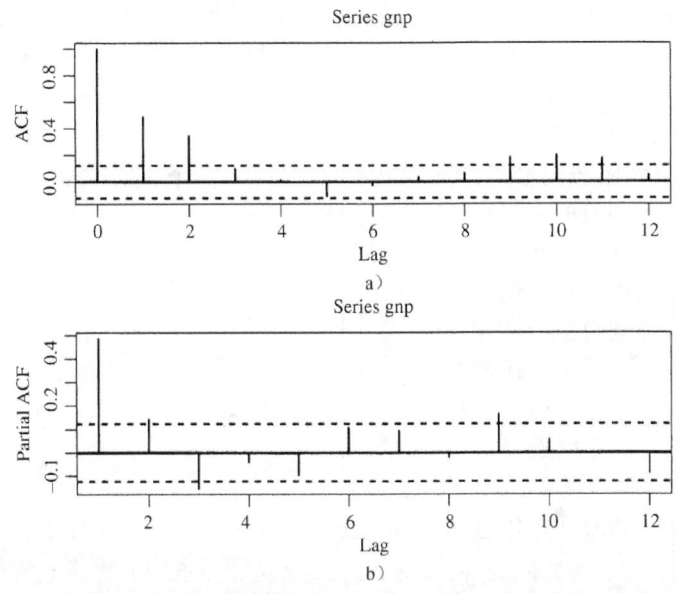

图 2-11 从 1947 年第二季度到 2010 年第一季度美国实际 GNP 季度增长率的样本偏自相关函数. 虚线给出了置信水平为 95% 的置信区间的近似

信息准则

有几种信息准则可用来确定 AR 过程的阶 p，它们都基于似然函数. 例如，著名的赤池信息准则 (Akaike Information Criterion，AIC)(Akaike, 1973) 的定义如下：

$$\text{AIC} = \frac{-2}{T}\ln(\text{似然函数}) + \frac{2}{T}(\text{参数的个数}) \tag{2-16}$$

其中 T 是样本容量，公式中的"似然函数"是指极大似然函数估计. 对高斯 AR(ℓ) 模型，AIC 简化为

$$\text{AIC}(\ell) = \ln(\tilde{\sigma}_\ell^2) + \frac{2\ell}{T}$$

其中 $\tilde{\sigma}_\ell^2$ 是 σ_a^2 的极大似然估计，σ_a^2 是 a_t 的方差，T 是样本容量. 式(2-16)中 AIC 的第一项度量 $\text{AR}(\ell)$ 模型对数据的拟合优度，而第二项称为准则中的**罚函数**(penalty function, 又译为补偿函数)，因为它用参数的个数来惩罚候选的模型. 不同的罚函数将导致不同的信息准则.

另外一个常用的信息准则函数为施瓦茨-贝叶斯信息准则(Bayesian Information Criterion, BIC). 对高斯 $\text{AR}(\ell)$ 模型，该准则为

$$\text{BIC}(\ell) = \ln(\tilde{\sigma}_\ell^2) + \frac{\ell \ln(T)}{T}$$

在 AIC 中对每个参数的惩罚为 2，而在 BIC 中为 $\ln(T)$. 因此，和 AIC 相比，当样本容量适度或较大时，BIC 倾向于选择一个低阶的 AR 模型.

选择准则

在实际应用中，为了利用 AIC 来选择一个 AR 模型，要计算 $\text{AIC}(\ell)$，其中 $\ell = 0, 1, 2, \cdots, P$，$P$ 为事先给定的一个正整数，然后选择阶 k，使 AIC 达到最小值. 该过程同样适用于 BIC.

表 2-1 也给出了 $p = 1, 2, \cdots, 10$ 时 AIC 和 BIC 的值. 这些 AIC 值都很接近，当 $p = 9$ 时达到最小值 -5.849，故按 AIC 准则应选 AR(9) 模型. 而对 BIC 来说，当 $p = 1$ 时，达到最小值 -5.833，当 $p = 3$ 时达到很接近最小值的第二小的值 -5.831. 因此 BIC 为加权指数收益率选择一个 AR(1) 模型. 这个例子说明不同的方法或者准则可能会得出 p 的不同选择. 在实际应用中，还没有证据表明一种方法就一定比另外一种方法好. 对给定的时间序列选择一个 AR 模型时，还有两种因素起着重要作用，就是所研究问题的具体信息和模型的简单性.

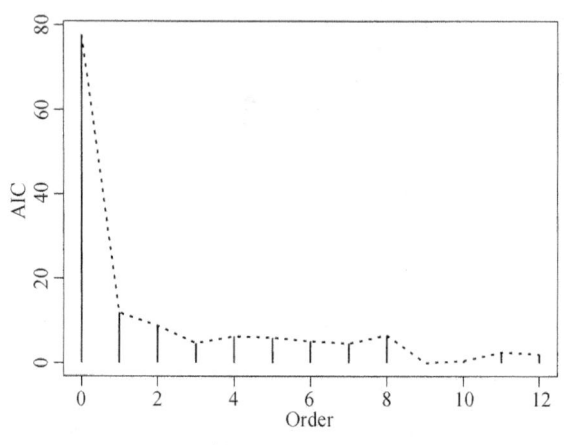

图 2-12 从 1947 年第二季度到 1991 年第一季度美国实际 GNP 季度增长率的 AIC 值. 最大阶数为 $P=12$

再次考虑例 2.3 中美国季度实际 GNP 增长率序列. 图 2-12 中给出了 $P=12$ 的 AIC 值. AIC 信息准则为序列识别了一个 AR(9) 模型，但是它也说明了 AR(3) 模型也有合理性. 图 2-12 表明，如果着重于较低阶的模型，AIC 将会识别一个 AR(3) 模型. 注意，在 R 中的 ar 命令已经对 AIC 准则值进行了调整，使得 AIC 的最小值为 0.

```
> mm1=ar(gnp,method='mle')
> mm1$order % Find the identified order
[1] 9
> names(mm1)
 [1] "order"     "ar"         "var.pred"   "x.mean"     "aic"
 [6] "n.used"    "order.max"  "partialacf" "resid"      "method"
[11] "series"    "frequency"  "call"       "asy.var.coef"
> print(mm1$aic,digits=3)
```

```
    0     1     2     3     4     5     6     7     8     9
 77.8 11.92  8.79 4.669 6.265 5.950 5.101 4.596 6.541 0.000
       10    11    12
    0.509 2.504 2.057
> aic=mm1$aic   % For plotting below.
> length(aic)
[1] 13
> plot(c(0:12),aic,type='h',xlab='order',ylab='aic')
> lines(0:12,aic,lty=2)
```

参数估计

对于由式(2-9)给出的一个具体的 AR(p) 模型，我们常用条件最小二乘法来估计其参数，条件最小二乘法是从第 $p+1$ 个观测值开始的。具体地说，在给定前 p 个观测值的前提下，我们有

$$x_t = \phi_0 + \phi_1 x_{t-1} + \cdots + \phi_p x_{t-p} + a_t, \quad t = p+1, \cdots, T$$

上式为多元线性回归的形式，其中的参数可用最小二乘法估计。记 $\hat{\phi}_i$ 为 ϕ_i 的估计，**拟合的模型**(fitted model)为

$$\hat{x}_t = \hat{\phi}_0 + \hat{\phi}_1 x_{t-1} + \cdots + \hat{\phi}_p x_{t-p}$$

对应的残差为

$$\hat{a}_t = x_t - \hat{x}_t$$

称 $\hat{a}_t$ 为**残差序列**(residual series)，并得到

$$\hat{\sigma}_a^2 = \frac{\sum_{t=p+1}^{T} \hat{a}_t^2}{T - 2p - 1}$$

如果用条件高斯最大似然方法，ϕ_i 的估计保持不变，而 σ_a^2 的估计变为 $\tilde{\sigma}_a^2 = \hat{\sigma}_a^2 \times (T-2p-1)/(T-p)$。在一些统计软件包中，$\tilde{\sigma}_a^2$ 的定义为 $\hat{\sigma}_a^2 \times (T-2p-1)/T$。作为说明，考虑对表 2-1 所示的价值加权指数的月简单收益率建立一个 AR(3) 模型。拟合的模型为

$$x_t = 0.0091 + 0.116 x_{t-1} - 0.019 x_{t-2} - 0.104 x_{t-3} + \hat{a}_t, \quad \hat{\sigma}_a = 0.054$$

模型系数的标准误差依次分别是 0.002、0.032、0.032 和 0.032。除了间隔为 2 的系数外，其他系数在 1% 的水平下都是显著的。

对这个例子，拟合模型的 AR 系数都很小，表明所考虑序列的前后相关性较弱，即使这种相关性在 1% 水平下是统计显著的。拟合的模型中 $\hat{\phi}_0$ 的显著性意味着这个序列的期望平均收益率是正的。事实上，$\tilde{\mu} = 0.0091/(1 - 0.116 + 0.019 + 0.104) = 0.009$，是一个很小的数，但它有重要的长期意义。这意味着该指数的长期收益率是相当大的。利用第 1 章中定义的多期简单收益率，这时平均年度简单毛收益率是 $\left[\prod_{t=1}^{996}(1+x_t)\right]^{12/996} - 1 \approx 0.093$。换句话说，1926—2008 年，CRSP 价值加权指数的月简单收益大约平均每年增长 9.3%，这支持这样一个通常的观点：从长期来看，股票市场的表现令人乐观。1926 年年初 1 美元的投资，到 2008 年年底的价值大约为 1593 美元。

```
> vw=read.table('m-ibm3dx.txt',header=T)[,3]
> t1=prod(vw+1)
```

```
> t1
[1] 1592.953
> t1^(12/996)-1
[1] 0.0929
```

模型的检验

我们必须仔细地检查拟合的模型以防止可能存在的模型的非充分性。如果模型是充分的，则其残差序列应是白噪声。残差的样本自相关函数和式(2-3)定义的 Ljung-Box 统计量可用来检验 $\hat{a}_t$ 与白噪声的接近程度。对 AR(p) 模型，Ljung-Box 统计量 $Q(m)$ 渐近服从自由度为 $m-g$ 的 χ^2 分布，其中 g 是所用模型中 AR 系数的个数。这里对自由度进行了修正，因为从拟合 AR(0) 模型到拟合 AR(p) 模型，对残差 $\hat{a}_t$ 的限制个数增加了。如果发现拟合的模型是不充分的，那么就需要对它进行改进。例如，如果估计的 AR 系数中有一些与 0 没有显著差别，则我们应该去掉这些不显著的参数对模型进行简化。如果残差的 ACF 显示出额外的序列相关性，则应考虑到这些相关性而对模型进行扩展。

注记：大多数的时间序列软件包在对残差序列应用 Ljung-Box 统计量 $Q(m)$ 时不对自由度进行调整。这与理论不相符，但是当 $m \leqslant g$ 时是可以理解的。在 R 中，在应用命令 arima 进行模型拟合后，可以应用命令 tsdiag 来进行诊断检验。具体细节后面将进行讨论。 ■

现在考虑对价值加权指数的月简单收益率拟合 AR(3) 模型所得的残差序列。可算得 $Q(12)=16.35$，并且基于它所渐进服从的自由度为 9 的 χ^2 分布，得到的 p 值为 0.060。这样，在 5% 的水平下，前 12 个间隔无前后相关性的原假设几乎不能拒绝。然而，间隔为 2 的 AR 系数在 5% 的水平下是不显著的，我们可以将模型改进为：

$$x_t = 0.0088 + 0.114 x_{t-1} - 0.106 x_{t-3} + a_t, \quad \hat{\sigma}_a = 0.0536$$

现在所有的估计在 1% 的水平下都是显著的。残差序列给出 $Q(12)=16.83$，其 p 值为 0.078（基于 χ^2_{10} 分布）。该模型对数据的动态线性相依性的建模是充分的。

```
> vw=read.table('m-ibm3dx2608.txt',header=T)[,3]
> m3=arima(vw,order=c(3,0,0))
> m3
Call:
arima(x = vw, order = c(3, 0, 0))

Coefficients:
         ar1      ar2      ar3   intercept
      0.1158  -0.0187  -0.1042     0.0089
s.e.  0.0315   0.0317   0.0317     0.0017

sigma^2 estimated as 0.002875:log likelihood=1500.86, aic=-2991.7

> (1-.1158+.0187+.1042)*mean(vw)  % Compute the intercept phi(0).
[1] 0.00896761
> sqrt(m3$sigma2) % Compute standard error of residuals
[1] 0.0536189

> Box.test(m3$residuals,lag=12,type='Ljung')
        Box-Ljung test

data:  m3$residuals       % R uses 12 degrees of freedom
X-squared = 16.3525, df = 12, p-value = 0.1756
```

```
> pv=1-pchisq(16.35,9) % Compute p value using 9 degrees of freedom
> pv
[1] 0.05992276
% To fix the AR(2) coefficient to zero:
> m3=arima(vw,order=c(3,0,0),fixed=c(NA,0,NA,NA))
% The subcommand "fixed" enables users to fix parameter values,
% where NA means estimation and 0 means fixing the parameter to 0.
% The ordering of the parameters can be found using m3$coef.
> m3
Call:
arima(x = vw, order = c(3, 0, 0), fixed = c(NA, 0, NA, NA))

Coefficients:
         ar1    ar2    ar3     intercept
      0.1136    0   -0.1063    0.0089
s.e.  0.0313    0    0.0315    0.0017

sigma^2 estimated as 0.002876: log likelihood=1500.69, aic=-2993.38
> (1-.1136+.1063)*.0089  % compute phi(0)
[1] 0.00883503
> sqrt(m3$sigma2)   % compute residual standard error
[1] 0.05362832
> Box.test(m3$residuals,lag=12,type='Ljung')
        Box-Ljung test

data: m3$residuals
X-squared = 16.8276, df = 12, p-value = 0.1562

> pv=1-pchisq(16.83,10)
> pv
[1] 0.0782113
```

2.4.3 拟合优度

衡量平稳模型**拟合优度**(goodness of fit)的一个常用的统计量是 R^2 统计量，其定义为

$$R^2 = 1 - \frac{残差平方和}{总误差平方和}$$

对于平稳 AR(p) 时间序列模型，假设有 T 个观测值 $\{x_t | t=1, \cdots, T\}$，则 R^2 变为

$$R^2 = 1 - \frac{\sum_{t=p+1}^{T} \hat{a}_t^2}{\sum_{t=p+1}^{T} (x_t - \overline{x})^2}$$

其中 $\overline{x} = \left(\sum_{t=p+1}^{T} x_t \right) / (T-p)$。容易证明，$0 \leqslant R^2 \leqslant 1$。特别地，$R^2$ 越大，表示模型对数据拟合的越好。然而该结论只对平稳时间序列成立。对于本章后面将要讨论的单位根非平稳序列，当样本容量趋于无穷大时，无论 x_t 实际服从一个什么样的模型，对其拟合的 AR(1) 模型的 R^2 均趋于 1.

众所周知，对于一个给定的数据集，R^2 是所用参数个数的非降函数。为了克服该缺点，建议用**调整的** R^2 (adjusted R^2)，它的定义为

$$\text{Adj}(R^2) = 1 - \frac{\text{残差的方差}}{x_t \text{的方差}}$$
$$= 1 - \frac{\hat{\sigma}_a^2}{\hat{\sigma}_x^2}$$

其中 $\hat{\sigma}_x^2$ 是 x_t 的样本方差. 这个新的衡量方法将拟合模型中用到的参数个数也考虑在内. 然而, 其取值仍然是 0~1.

2.4.4 预测

预测是时间序列分析的一个重要应用. 对式 (2-9) 中的 AR(p) 序列, 假定我们在时间指标为 h 的点上, 欲预测 $x_{h+\ell}$, $\ell \geqslant 1$. 时间指标 h 称为**预测原点**(forecast origin), 正整数 ℓ 称为**预测步长**(forecast horizon). 设 $\hat{x}_h(\ell)$ 为 $x_{h+\ell}$ 的最小均方误差预测, 我们选择 $\hat{x}_h(\ell)$ 作为预测, 该预测 $\hat{x}_k(\ell)$ 满足:

$$E\{[x_{h+\ell} - x_h(\ell)]^2 \mid F_h\} \leqslant \min_g E[(x_{h+\ell} - g)^2 \mid F_h]$$

其中 g 是到 h 时刻(包括 h 时刻)所得到信息的函数, 即 g 是 F_h 的函数. 我们称 $\hat{x}_k(\ell)$ 为 x_t 的以 h 为预测原点的 ℓ 步超前预测. 在上面公式中, F_h 为在预测原点 h 所得到的信息集合.

超前 1 步预测

由 AR(p) 模型, 我们有

$$x_{h+1} = \phi_0 + \phi_1 x_h + \cdots + \phi_p x_{h+1-p} + a_{h+1}$$

在最小平方误差损失函数下, 给定 F_h, x_{h+1} 的点预测为条件期望

$$\hat{x}_h(1) = E(x_{h+1} \mid F_h) = \phi_0 + \sum_{i=1}^{p} \phi_i x_{h+1-i}$$

对应的预测误差为

$$e_h(1) = x_{h+1} - \hat{x}_h(1) = a_{h+1}$$

从而, 超前 1 步预测误差的方差为 $\text{Var}[e_h(1)] = \text{Var}(a_{h+1}) = \sigma_a^2$. 若 a_t 服从正态分布, 则 x_{h+1} 的 95% 的超前 1 步区间预测是 $\hat{x}_h(1) \pm 1.96 \times \sigma_a$. 对式 (2-4) 给出的线性模型, a_{t+1} 也是以 t 为预测原点的超前 1 步预测误差. 在计量经济学文献中, a_{t+1} 称为在 $t+1$ 时刻对序列的扰动(shock).

在实际应用中, 经常用被估参数来计算点预测和区间预测. 这样做的结果是条件预测 (conditional forecast), 因为这样的预测没有考虑参数估计中的不确定性. 在理论上, 我们可以在预测中考虑参数的不确定性, 但复杂性大大增加. 预测中考虑参数和模型不确定性的自然途径是马尔科夫链蒙特卡洛(Markov chain Monte Carlo, MCMC)方法. 具体细节可以参见 Tsay(2010) 的第 12 章. 为了简单, 本章假设模型为已知的. 当在估计中使用的样本容量充分大时, 条件预测与无条件预测是接近的.

超前 2 步预测

下面考虑以 h 为预测原点对 x_{h+2} 的预测. 由 AR(p) 模型, 我们有

$$x_{h+2} = \phi_0 + \phi_1 x_{h+1} + \cdots + \phi_p x_{h+2-p} + a_{h+2}$$

取条件期望, 我们有

$$\hat{x}_h(2) = E(x_{h+2} \mid F_h) = \phi_0 + \phi_1 \hat{x}_h(1) + \phi_2 \hat{x}_h + \cdots + \phi_p x_{h+2-p}$$

对应的预测误差为

$$e_h(2) = x_{h+2} - \hat{x}_h(2) = \phi_1[x_{h+1} - \hat{x}_h(1)] + a_{h+2} = a_{h+2} + \phi_1 a_{h+1}$$

预测误差的方差为 $\text{Var}[e_h(2)] = (1+\phi_1^2)\sigma_a^2$. x_{h+2} 的区间预测可以用与 x_{h+1} 相同的方法计算出来. 值得注意的是 $\text{Var}[e_h(2)] \geqslant \text{Var}[e_h(1)]$, 这意味着预测步长的增加会使预测中的不确定性也增加. 这与常识是一致的: 对线性序列来说, 我们在 h 时刻对 x_{h+2} 的把握不如对 x_{h+1} 的把握大.

超前多步预测

一般地, 我们有

$$x_{h+\ell} = \phi_0 + \phi_1 x_{h+\ell-1} + \cdots + \phi_p x_{h+\ell-p} + a_{h+\ell}$$

基于最小平方误差损失函数而得到的超前 ℓ 步预测就是, 给定 F_h 的条件下 $x_{h+\ell}$ 的条件期望, 可以由下式得到

$$\hat{x}_h(\ell) = \phi_0 + \sum_{i=1}^{p} \phi_i \hat{x}_h(\ell-i)$$

其中, 当 $i \leqslant 0$ 时, 容易理解 $\hat{x}_h(i) = x_{h+i}$. 这个预测可用 $\hat{x}_h(i)$ $(i=1, \cdots, \ell-1)$ 递推地计算出来. 超前 ℓ 步预测的误差是 $e_h(\ell) = x_{h+\ell} - \hat{x}_h(\ell)$. 可以证明: 对平稳 AR($p$) 序列, 当 $\ell \to \infty$ 时, $\hat{x}_h(\ell)$ 收敛于 $E(x_t)$. 也就是说, 对这样的序列, 长期的点预测趋于无条件均值. 在金融学文献中, 这种性质称为**均值回转**(mean reversion). 对 AR(1) 模型, 均值回转的速度由**半衰期**(half-life)来衡量, 其中半衰期定义为 $\ell = \ln(0.5)/\ln(|\phi_1|)$. 预测误差的方差则趋于 x_t 的无条件方差. 注意, 对式(2-8)中的 AR(1) 模型, 设 $x_t = x_t - E(x_t)$ 为均值调整序列. 容易得到在预测原点 h 的 ℓ 步超前预测为 $\hat{x}_h(\ell) = \phi_1^\ell x_h$. 也就是, $\phi_1^\ell = \frac{1}{2}$. 因此, $\ell = \ln(0.5)/\ln(|\phi_1|)$.

表 2-2 包含了对价值加权指数月简单收益率的超前 1 步至 12 步的预测结果以及相应的预测误差的标准误差: 以 984 为预测原点, 利用前 984 个观测值重新估计的 AR(3) 模型. 拟合的模型为:

$$x_t = 0.0098 + 0.1024 x_{t-1} - 0.0201 x_{t-2} - 0.1090 x_{t-3} + a_t$$

表 2-2 对 CRSP 价值加权指数月简单收益率用 AR(3) 模型的超前多步预测的结果, 预测原点为 984

步数	1	2	3	4	5	6
预测值	0.0076	0.0161	0.0118	0.0099	0.0089	0.0093
标准误差	0.0534	0.0537	0.0537	0.0540	0.0540	0.0540
真实值	−0.0623	−0.0220	−0.0105	0.0511	0.0238	−0.0786
步数	7	8	9	10	11	12
预测值	0.0095	0.0097	0.0096	0.0096	0.0096	0.0096
标准误差	0.0540	0.0540	0.0540	0.0540	0.0540	0.0540
真实值	−0.0132	0.0110	−0.0981	−0.1847	−0.0852	0.0215

注: 预测原点为 984.

这里 $\hat{\sigma}_a = 0.054$. 表 2-2 中也给出了 2008 年的实际收益率. 由于序列的弱自相关性, 预测值和预测误差的标准差很快收敛到数据的样本均值和标准差. 前 984 个观测值的样本均值和标准差分别为 0.0095 和 0.0540.

图 2-13 显示了价值加权指数月简单收益率的样本外预测值. 预测原点为 2007 年 12

月,相应于 $t=984$. 图 2-13 中包括预测值的两个标准差的上下限和 2008 年的实际收益率. 在图 2-13 中,预测值和真实值分别用"o"和"·"来标记. 从图 2-13 中可知,除了 2008 年 10 月以外,所有真实收益都位于 95% 的预测区间内.

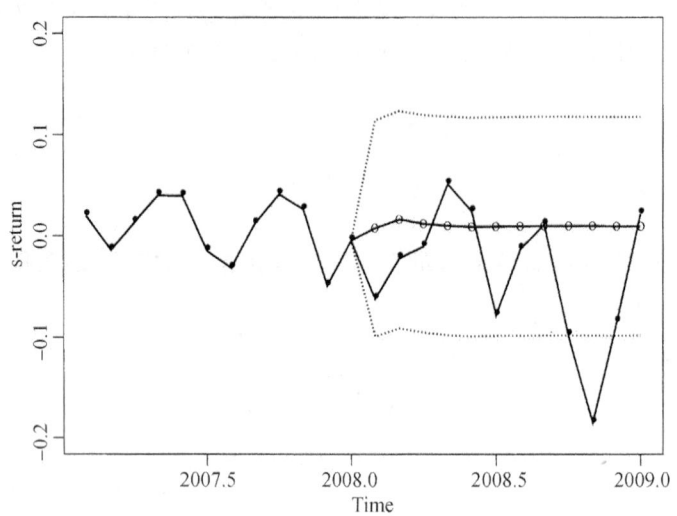

图 2-13　CRSP 价值加权指数月对数收益率的超前 1 步至 12 步的预测图,预测原点为 $t=984$,预测值用"o"表示,实际值用实点"·"表示. 两条虚线表示预测值的两个标准误差的上下限

2.5　简单移动平均模型

我们来讨论 MA 模型,它们在金融收益率建模中也很有用. 如在第 6 章将要讨论的,股票交易中买卖价的弹跳会在收益率序列中引出一个 MA(1) 结构. 有几种方式引进 MA 模型:一种方式是把它当做白噪声序列的简单推广,另一种方式是把它看成参数受某种限制的无穷阶 AR 模型. 我们采用第二种方式.

除了简单性之外,没有特别的理由预先假定 AR 模型的阶是有限的. 至少在理论上我们可以考虑无穷阶 AR 模型,其形式为:
$$x_t = \phi_0 + \phi_1 x_{t-1} + \phi_2 x_{t-2} + \cdots + a_t$$
然而,这样的 AR 模型是没有实际意义的,因为它有无穷多个参数. 使这样的模型有实际用途的一个方式是假定系数 ϕ_i 满足某种限制条件,使得它们可由有限个参数决定. 这种想法的一个特殊情形为
$$x_t = \phi_0 - \theta_1 x_{t-1} - \theta_1^2 x_{t-2} - \theta_1^3 x_{t-3} - \cdots + a_t \tag{2-17}$$
其中系数只依赖于单个参数 θ_1,对 $i \geqslant 1$ 满足 $\phi_i = -\theta_1^i$. 要使式(2-17)中的模型是平稳的,θ_1 的绝对值必须小于 1;否则,θ_1^i 以及序列本身将发散. 因为 $|\theta_1|<1$,所以当 $i \to \infty$ 时,有 $\theta_1^i \to 0$,从而 x_{t-i} 对 x_t 的贡献随 i 的增加以指数速度衰减. 这一点是合理的,因为平稳序列 x_t 对它的滞后值 x_{t-i} 如果有依赖的话,这种依赖程度应随时间衰减.

式(2-17)中的模型能写成一个比较紧凑的形式. 为此,我们把模型重写成
$$x_t + \theta_1 x_{t-1} + \theta_1^2 x_{t-2} + \cdots = \phi_0 + a_t \tag{2-18}$$

对 x_{t-1} 的模型为
$$x_{t-1} + \theta_1 x_{t-2} + \theta_1^2 x_{t-3} + \cdots = \phi_0 + a_{t-1} \tag{2-19}$$
在式(2-19)两边乘以 θ_1，然后减去式(2-18)，得到
$$x_t = \phi_0(1-\theta_1) + a_t - \theta_1 a_{t-1}$$
此式说明，除了常数项外，x_t 是两个扰动 a_t 和 a_{t-1} 的加权平均．因此，该模型称为 1 阶 MA 模型，简称 MA(1) 模型．MA(1) 模型的一般形式为
$$x_t = c_0 + a_t - \theta_1 a_{t-1} \quad \text{或者} \quad x_t = c_0 + (1-\theta_1 B)a_t \tag{2-20}$$
其中 c_0 是常数，$\{a_t\}$ 是白噪声序列．类似地，MA(2) 模型的形式为
$$x_t = c_0 + a_t - \theta_1 a_{t-1} - \theta_2 a_{t-2} \tag{2-21}$$
MA(q) 模型为
$$x_t = c_0 + a_t - \theta_1 a_{t-1} - \cdots - \theta_q a_{t-q} \tag{2-22}$$
或 $x_t = c_0 + (1-\theta_1 B - \cdots - \theta_q B^q)a_t$，其中 $q > 0$．

2.5.1 MA 模型的性质

我们仍然只讨论简单的 MA(1) 和 MA(2) 模型，一般的 MA(q) 模型的结果可用相同的方法得到．

平稳性

MA 模型总是弱平稳的，因为它们是白噪声序列的有限线性组合，其前两阶矩是不随时间变化的．例如，考虑式(2-20)给出的 MA(1) 模型．对这个模型两端取期望，得到
$$E(x_t) = c_0$$
上式中的 $E(x_t)$ 不随时间变化．在式(2-20)两端取方差，我们有
$$\mathrm{Var}(x_t) = \sigma_a^2 + \theta_1^2 \sigma_a^2 = (1+\theta_1^2)\sigma_a^2$$
这里我们用到 a_t 与 a_{t-1} 的不相关性．$\mathrm{Var}(x_t)$ 也是不随时间变化的．这些讨论对一般的 MA(q) 模型也适用，因此我们得到两个一般性质：第一，MA 模型的常数项就是序列的均值（即 $E(x_t) = c_0$）；第二，MA(q) 模型的方差为
$$\mathrm{Var}(x_t) = (1+\theta_1^2 + \theta_2^2 + \cdots + \theta_q^2)\sigma_a^2$$

自相关函数

为简单起见，假定 MA(1) 模型中 $c_0 = 0$．模型两端乘以 $x_{t-\ell}$，我们有
$$x_{t-\ell} x_t = x_{t-\ell} a_t - \theta_1 x_{t-\ell} a_{t-1}$$
取期望，得到
$$\gamma_1 = -\theta_1 \sigma_a^2 \quad \text{且 } \ell > 1 \text{ 时}, \quad \gamma_\ell = 0$$
利用上述结果和 $\mathrm{Var}(x_t) = (1+\theta_1^2)\sigma_a^2$，我们有
$$\rho_0 = 1, \quad \rho_1 = \frac{-\theta_1}{1+\theta_1^2}, \quad \rho_\ell = 0, \quad \ell > 1$$

因此，对 MA(1) 模型，间隔为 1 的 ACF 不为 0，但所有间隔大于 1 的 ACF 都是 0．换言之，MA(1) 模型的 ACF 在间隔为 1 以后是截尾的．对式(2-21)给出的 MA(2) 模型，自相关系数是

$$\rho_1 = \frac{-\theta_1 + \theta_1\theta_2}{1+\theta_1^2+\theta_2^2}, \quad \rho_2 = \frac{-\theta_2}{1+\theta_1^2+\theta_2^2}, \quad \rho_\ell = 0, \quad \ell > 2 \qquad (2\text{-}23)$$

这里，在间隔为 2 以后截尾。这个性质可推广到其他 MA 模型。对 MA(q) 模型，其 ACF 在间隔为 q 时不为 0，但对 $\ell>q$，$\rho_\ell=0$。因此，MA(q) 序列只与其前 q 个滞后值线性相关，从而它是一个"有限记忆"模型。

可逆性

将零均值 MA(1) 模型改写为 $a_t=x_t+\theta_1 a_{t-1}$，重复代替可以得到

$$a_t = x_t + \theta_1 x_{t-1} + \theta_1^2 x_{t-2} + \theta_1^3 x_{t-3} + \cdots$$

该等式表明当前的扰动 a_t 是序列 x_t 现在和过去取值的线性组合。从直观上看，随着 j 的增加 θ_1^j 应该趋于零，因为即使遥远的过去收益率 x_{t-j} 对当前的扰动有影响，其影响也微不足道。因此，要使 MA(1) 模型看起来是合理的，我们应该要求 $|\theta_1|<1$。这样的 MA(1) 模型称为可逆的。如果 $|\theta_1|=1$，则 MA(1) 模型是不可逆的。对于可逆性的进一步讨论参见 Tsay(2010，第 2 章)。

2.5.2 MA 模型定阶

自相关函数 ACF 是识别一个 MA 模型阶数的有用工具。对于具有自相关函数 ρ_ℓ 的时间序列 x_t，若 $\rho_q \neq 0$，但对 $\ell>q$ 有 $\rho_\ell=0$，则 x_t 服从一个 MA(q) 模型。

图 2-14 显示了 **CRSP 等权重指数**(equal-weighted index)从 1926 年 1 月到 2008 年 12 月的月简单收益率的时序图和样本自相关函数图。在样本自相关函数图中有两条虚线，它们是两个标准误差的上下限。可见，该序列的自相关系数在间隔为 1、3、9 时显著。在更大的间隔上也有稍微显著的，但我们这里不考虑它们。基于样本自相关函数，我们给该序列建立下面的 MA(9) 模型：

$$x_t = c_0 + a_t - \theta_1 a_{t-1} - \theta_3 a_{t-3} - \theta_9 a_{t-9}$$

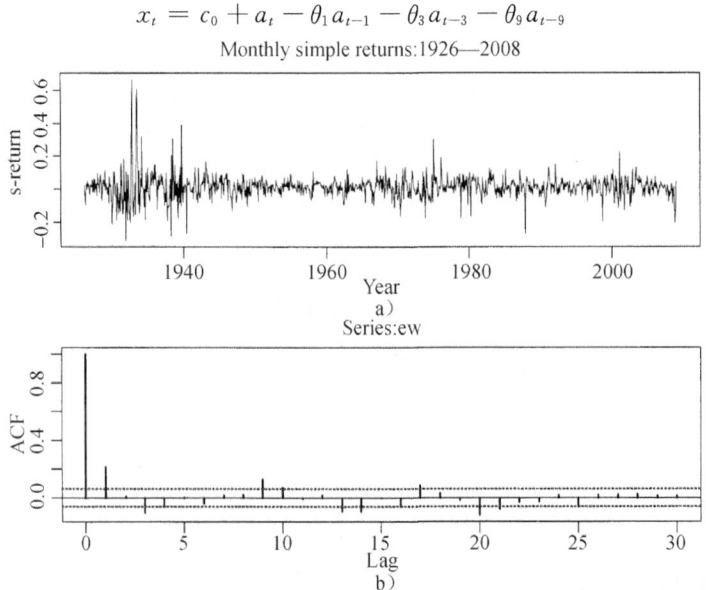

图 2-14　CRSP 等权重指数从 1926 年 1 月到 2008 年 12 月的月简单收益率的时序图和样本自相关函数图

注意，与 PACF 不同，样本 ACF 提供了模型非零 MA 滞后项的信息.

为了说明这一点，例如，考虑一个 $\theta_1=0$ 的简单 MA(2)模型. 模型为 $x_t=c_0+a_t-\theta_2 a_{t-2}$. 应用式(2-23)或者直接计算，得到模型的 ACF 为：

$$\rho_0=1, \quad \rho_1=0, \quad \rho_2=\frac{-\theta_2}{1+\theta_2^2} \text{ 并且当 } j>2 \text{ 时,有 } \rho_j=1.$$

因此对于这一特殊的例子，ACF 给出了模型结构的准确信息.

2.5.3 模型估计

估计 MA 模型通常用最大似然法. 有两种方法求 MA 模型的似然函数. 第一个方法是假设初始的"扰动"(即 a_t, $t\leqslant 0$)都是 0，这样由 $a_1=x_1-c_0$，$a_2=x_2-c_0+\theta_1 a_1$，可递推得到计算似然函数所需要的"扰动". 这种方法称为**条件似然法**(conditional likelihood method)，所得的估计是条件最大似然估计. 第二种方法是把初始"扰动" a_t，$t\leqslant 0$，当做模型的附加参数与其他参数一起估计出来，这种方法称为**精确似然法**(exact likelihood method). 精确似然估计优于条件似然估计，尤其是当 MA 模型接近于不可逆时. 然而，精确似然估计的计算会更复杂一些. 如果样本量较大，这两种似然估计是接近的. 关于 MA 模型精确似然估计和条件似然估计的细节讨论，可参阅 Box 等(1994)或 Tsay(2010，第 8 章).

作为例子，我们来考虑 CRSP 等权重指数的月简单收益率序列，建立一个 MA(9)模型. 用条件最大似然法拟合的模型为

$$x_t=0.012+a_t+0.189 a_{t-1}-0.121 a_{t-3}+0.122 a_{t-9}, \quad \hat{\sigma}_a=0.0714 \quad (2\text{-}24)$$

其中系数估计的标准误差分别为 0.003、0.031、0.031 和 0.031. 残差的 Ljung-Box 统计量为 $Q(12)=17.5$，基于自由度为 9 的 χ^2 分布的 p 值为 0.041. 由此可知，模型对于数据动态线性依赖关系的刻画是不充分的，还需要修正. 如果应用的自由度为 12，则 p 值为 0.132. 用精确最大似然法拟合的模型为

$$x_t=0.012+a_t+0.191 a_{t-1}-0.120 a_{t-3}+0.123 a_{t-9}, \quad \hat{\sigma}_a=0.0714 \quad (2\text{-}25)$$

其中各估计的标准误差为 0.003、0.031、0.031 和 0.031. 残差的 Ljung-Box 统计量为 $Q(12)=17.6$. 当自由度分别为 9 和 12 时，相应的 p 值分别为 0.040 和 0.128. 和前面一样，拟合的模型仅仅略微充分. 比较模型(式(2-24))和模型(式(2-25))，可见，对这样一个具体例子来说，条件似然法和精确似然法的差别是微不足道的.

注记：R 用精确似然法进行估计. 另外，MA 的多项式写为 $1+\theta_1 B+\cdots+\theta_q B^q$，而不是通常的参数化方式 $1-\theta_1 B-\cdots-\theta_q B^q$. 特别地，R 的 arima 命令的 ARMA(p, q)模型的形式为：

$$(1-\phi_1 B-\cdots-\phi_p B^p)(x_t-\mu)=(1+\theta_1 B+\cdots+\theta_q B^q)a_t$$

其中，μ 称为截距(intercept). 参见后面所附的 R 输出.

2.5.4 用 MA 模型预测

MA 模型的预测很容易实现. 因为模型具有有限记忆，它的点预测很快变为序列的均值. 为了说明这一点，设预测原点为 h，F_h 为在 h 时刻所能得到的信息集合. 对 MA(1)过

程的超前 1 步预测，由模型可知
$$x_{h+1} = c_0 + a_{h+1} - \theta_1 a_h$$
取条件期望，我们有
$$\hat{x}_h(1) = E(x_{h+1} | F_h) = c_0 - \theta_1 a_h$$
$$e_h(1) = x_{h+1} - \hat{x}_h(1) = a_{h+1}$$
超前 1 步预测误差的方差为 $\mathrm{Var}[e_h(1)] = \sigma_a^2$。在实际中，$a_h$ 这个量可由多种方式得到，例如可假定 $a_0 = 0$，则有 $a_1 = x_1 - c_0$。而当 $2 \leqslant t \leqslant h$ 时，a_t 可由公式 $a_t = x_t - c_0 + \theta_1 a_{t-1}$ 递推得到。另外，还可用 MA(1) 模型的 AR 表示来计算 a_t (参见 2.6.5 节)。当然，a_t 是拟合的 MA(1) 模型的残差序列，所以它可以自然地从估计中得到。

关于超前 2 步预测，由方程
$$x_{h+2} = c_0 + a_{h+2} - \theta_1 a_{h+1}$$
我们有
$$\hat{x}_h(2) = E(x_{h+2} | F_h) = c_0$$
$$e_h(2) = x_{h+2} - \hat{x}_h(2) = a_{h+2} - \theta_1 a_{h+1}$$
预测误差的方差为 $\mathrm{Var}[e_h(2)] = (1+\theta_1^2)\sigma_a^2$，这是模型的方差，它大于或等于超前 1 步预测误差的方差。上面的结果表明 MA(1) 的超前 2 步预测为模型的简单无条件均值，这一点对任意预测原点 h 都正确。更一般地，当 $\ell \geqslant 2$ 时，$\hat{x}_h(\ell) = c_0$。总而言之，对于一个 MA(1) 模型，以 h 为预测原点的超前 1 步预测为 $c_0 - \theta_1 a_h$，超前多步预测为模型的无条件均值 c_0。如果我们画出 $\hat{x}_h(\ell)$ 相对 ℓ 变化的图形，就会看到超前 1 步预测之后的预测值变成了一条水平直线。因此，对于 MA(1) 模型而言，均值回转只需要一个时间周期。

类似地，对于 MA(2) 模型，我们有
$$x_{h+\ell} = c_0 + a_{h+\ell} - \theta_1 a_{h+\ell-1} - \theta_2 a_{h+\ell-2}$$
由此得到
$$\hat{x}_h(1) = c_0 - \theta_1 a_h - \theta_2 a_{h-1}$$
$$\hat{x}_h(2) = c_0 - \theta_2 a_h$$
$$\hat{x}_h(\ell) = c_0 \quad \ell > 2$$
这样，在 2 步预测以后，MA(2) 模型的超前多步预测达到序列的均值，2 步以后预测误差的方差也是序列的方差。一般地，对一个 MA(q) 模型，前 q 步以后，超前多步预测就达到模型的均值。

表 2-3 给出的是为等权重指数的月简单收益率建立的形如式 (2-25) 中 MA(9) 模型的一些预测值，预测原点为 $h = 986$(2008 年 2 月)。应用前 986 个观测值重新估计模型的参数。序列观测值的样本均值和样本标准差分别是 0.0128 和 0.0736。正如所料，表 2-3 说明：1) 超前 10 步预测值即为样本均值；2) 当预测步数增加时，预测误差的标准差趋于序列的标准差。对这个具体的例子，由于次贷危机和雷曼兄弟倒闭而引起的世界范围的金融危机的影响，预测值显著地不同于观测的真实值。

表 2-3 为 CRSP 等权重指数月简单收益率拟合的 MA(9)模型的样本外预测

步数	1	2	3	4	5
预测值	0.0043	0.0136	0.0150	0.0144	0.0120
标准差	0.0712	0.0724	0.0729	0.0729	0.0729
实际值	−0.0260	0.0312	0.0322	−0.0871	−0.0010
步数	6	7	8	9	10
预测值	0.0019	0.0122	0.0056	0.0085	0.0128
标准差	0.0729	0.0729	0.0729	0.0729	0.0734
实际值	0.0141	−0.1209	−0.2060	−0.1366	0.0431

注：预测原点为 2008 年 2 月，即 $h=986$。模型由精确极大似然法来估计。

```
> da=read.table("m-ibm3dx2608.txt",header=T)
> head(da)
      date   ibmrtn     vwrtn     ewrtn     sprtn
1 19260130 -0.010381  0.000724  0.023174  0.022472
 ....
> ew=da$ewrtn
> m1=arima(ew,order=c(0,0,9))  % unrestricted model
> m1
arima(x = ew, order = c(0, 0, 9))
Coefficients:
         ma1     ma2      ma3     ma4     ma5      ma6     ma7      ma8
      0.2144  0.0374  -0.1203 -0.0425  0.0232  -0.0302  0.0482  -0.0276
s.e.  0.0316  0.0321   0.0328  0.0336  0.0319   0.0318  0.0364   0.0354
         ma9  intercept
      0.1350     0.0122
s.e.  0.0323     0.0028
sigma^2 estimated as 0.005043: log likelihood=1220.86, aic=-2419.72
%% Refined model
> m1=arima(ew,order=c(0,0,9),fixed=c(NA,0,NA,0,0,0,0,NA,NA))
> m1
arima(x=ew, order=c(0,0,9), fixed=c(NA,0,NA,0,0,0,0,NA,NA))
Coefficients:
        ma1 ma2      ma3 ma4 ma5 ma6 ma7 ma8     ma9  intercept
     0.1909   0  -0.1199   0   0   0   0   0  0.1227     0.0122
s.e. 0.0293   0   0.0338   0   0   0   0   0  0.0312     0.0027
sigma^2 estimated as 0.005097: log likelihood=1215.61, aic=-2421.22
> sqrt(0.005097)
[1] 0.07139328
>
> Box.test(m1$residuals,lag=12,type='Ljung')   % model checking
        Box-Ljung test
data: m1$residuals
X-squared = 17.604, df = 12, p-value = 0.1283

> pv=1-pchisq(17.6,9)  % compute p-value after adjusting the d.f.
> pv
[1] 0.04010828
%% To perform out of sample prediction at forecast origin 986.
> m1=arima(ew[1:986],order=c(0,0,9),fixed=c(NA,0,NA,0,0,0,0,NA,NA))
> m1
arima(x = ew[1:986], order=c(0,0,9), fixed=c(NA,0,NA,0,0,0,0,NA,NA))
```

```
Coefficients:
          ma1   ma2      ma3  ma4  ma5  ma6  ma7  ma8      ma9  intercept
        0.1844    0  -0.1206    0    0    0    0    0   0.1218     0.0128
s.e.    0.0295    0   0.0338    0    0    0    0    0   0.0312     0.0027

sigma^2 estimated as 0.005066:  log likelihood =1206.44, aic=-2402.88
> predict(m1,10) % prediction
$pred    % point forecast
Time Series:
Start = 987
End = 996
Frequency = 1
 [1] 0.0042826 0.0135589 0.0150242 0.0144534 0.0120463 0.0018056
 [7] 0.0122115 0.0055148 0.0085135 0.0127918
$se     % standard error of prediction
Time Series:
Start = 987
End = 996
Frequency = 1
 [1] 0.071175 0.072375 0.072375 0.072882 0.072882 0.072882
 [7] 0.072882 0.072882 0.072882 0.073396
```

小结

下面依次对 AR 模型和 MA 模型进行简要总结. 我们讨论了以下一些性质:

- 对 MA 模型, ACF 对模型的定阶是有用的, 因为 MA(q)序列的 ACF 是 q 步截尾的.
- 对 AR 模型, PACF 对模型定阶是有用的, 因为 AR(p)序列的 PACF 是 p 步截尾的.
- MA 序列总是平稳的, 而对 AR 序列, 当其特征根的模都小于 1 时, 它才是平稳的.
- 对一个平稳序列, 超前多步预测收敛于序列的均值, 预测误差的方差收敛于序列的方差.

2.6 简单 ARMA 模型

在有些应用中, 如果应用前面介绍的 2.4 节或者 2.5 节中的模型, 可能需要高阶的 AR 或 MA 模型才能充分地描述数据的动态结构, 这样就有很多参数要估计, 问题就变得繁琐了. 为了克服这个困难, 人们提出了 ARMA 模型, 参见 Box 等(1994). ARMA 模型的基本思想是把 AR 和 MA 模型的想法结合在一个紧凑的形式中, 将模型参数的个数保持很小, 使模型达到参数的简约化. 该模型在商业、经济和工程时间序列的建模中很有用. 然而, 对金融中的收益率序列, 直接应用 ARMA 模型的机会较少. 然而, ARMA 模型的概念与波动率建模有密切关系. 事实上, 广义自回归条件异方差(Generalized Autoregressive Conditional Heteroscedastic, GARCH)模型可以认为是序列 a_t^2 的 ARMA 模型, 尽管是非标准的, 详见第 4 章. 在本节中, 我们研究最简单的 ARMA(1, 1)模型.

称一个时间序列 x_t 服从 ARMA(1, 1)模型, 如果 x_t 满足

$$x_t - \phi_1 x_{t-1} = \phi_0 + a_t - \theta_1 a_{t-1} \tag{2-26}$$

其中$\{a_t\}$是白噪声序列. 式(2-26)的左边是模型的 AR 部分, 右边是 MA 部分, 常数项为 ϕ_0. 为了使这样一个模型有意义, 要求 $\phi_1 \neq \theta_1$; 否则, 在方程的两端消去一个公因子, 方程所决定的过程变为一个白噪声序列.

2.6.1 ARMA(1,1)模型的性质

ARMA(1,1)模型的性质是 AR(1)模型相应性质的推广,同时有一些小的修正来处理 MA(1)部分的影响. 首先讨论平稳性条件. 在式(2-26)两端取期望,得到

$$E(x_t) - \phi_1 E(x_{t-1}) = \phi_0 + E(a_t) - \theta_1 E(a_{t-1})$$

因为对所有的 i,都有 $E(a_i)=0$,所以假定序列是弱平稳的,则 x_t 的均值为

$$E(x_t) = \mu = \frac{\phi_0}{1-\phi_1}$$

这个结果和式(2-8)的 AR(1)模型的结果完全一样.

为了简单起见,假定 $\phi_0=0$. 下面我们考虑 x_t 的自协方差函数. 首先,在模型两端乘以 a_t 再取期望,我们有

$$E(x_t a_t) = E(a_t^2) - \theta_1 E(a_t a_{t-1}) = E(a_t^2) = \sigma_a^2 \tag{2-27}$$

把模型改写成

$$x_t = \phi_1 x_{t-1} + a_t - \theta_1 a_{t-1}$$

对上式两端取方差,得到

$$\mathrm{Var}(x_t) = \phi_1^2 \mathrm{Var}(x_{t-1}) + \sigma_a^2 + \theta_1^2 \sigma_a^2 - 2\phi_1 \theta_1 E(x_{t-1} a_{t-1})$$

这里我们用到 x_{t-1} 与 a_t 不相关这一事实. 利用式(2-27),我们得到

$$\mathrm{Var}(x_t) - \phi_1^2 \mathrm{Var}(x_{t-1}) = (1 - 2\phi_1\theta_1 + \theta_1^2)\sigma_a^2$$

从而,若序列 x_t 是弱平稳的,则 $\mathrm{Var}(x_t) = \mathrm{Var}(x_{t-1})$,且有

$$\mathrm{Var}(x_t) = \frac{(1 - 2\phi_1\theta_1 + \theta_1^2)\sigma_a^2}{1 - \phi_1^2}$$

因为方差是正的,所以我们需要 $\phi_1^2 < 1$(即 $|\phi_1| < 1$). 这又与 AR(1)模型的平稳性条件一样.

为了得到 x_t 的自协方差函数,我们假定 $\phi_0=0$,并在式(2-26)两端乘以 $x_{t-\ell}$,得到

$$x_t x_{t-\ell} - \phi_1 x_{t-1} x_{t-\ell} = a_t x_{t-\ell} - \theta_1 a_{t-1} x_{t-\ell}$$

对 $\ell=1$,在上式两端取期望并利用 $t-1$ 时的式(2-27),我们有

$$\gamma_1 - \phi_1 \gamma_0 = -\theta_1 \sigma_a^2$$

其中, $\gamma_\ell = \mathrm{Cov}(x_t, x_{t-\ell})$. 这个结果不同于 AR(1)情形,对 AR(1)模型有 $\gamma_1 - \phi_1 \gamma_0 = 0$. 然而,对 $\ell=2$,取期望后,可以得到

$$\gamma_2 - \phi_1 \gamma_1 = 0$$

这与 AR(1)情形一样. 事实上,用相同的方法可得到

$$\gamma_\ell - \phi_1 \gamma_{\ell-1} = 0 \quad \ell > 1 \tag{2-28}$$

对于 ACF,上述结果表明对平稳 ARMA(1,1)模型,有

$$\rho_1 = \phi_1 - \frac{\theta_1 \sigma_a^2}{\gamma_0} \quad \rho_\ell = \phi_1 \rho_{\ell-1} \quad \ell > 1$$

这样,ARMA(1,1)模型的 ACF 与 AR(1)模型的 ACF 很相似,不同之处仅在于它的指数衰减是从间隔 2 开始的. 因此,ARMA(1,1)模型的 ACF 不能在任意有限间隔后截尾.

现在来看偏自相关函数(PACF). 可以证明:ARMA(1,1)模型的 PACF 也不能在有限间隔后截尾. 它与 MA(1)模型的 PACF 表现很相似,只是指数衰减从间隔 2 开始,而不

是从间隔 1 开始.

综上所述,ARMA(1,1)模型的平稳性条件与 AR(1)模型的相同,ARMA(1,1)模型的 ACF 与 AR(1)模型的 ACF 有相似的模式,只是这种相似模式是从间隔 2 开始的.

2.6.2 一般 ARMA 模型

一般 ARMA(p, q)模型的形式为

$$x_t = \phi_0 + \sum_{i=1}^{p} \phi_i x_{t-i} + a_t - \sum_{i=1}^{q} \theta_i a_{t-i}$$

其中$\{a_t\}$是白噪声序列,p 和 q 都是非负整数. AR 模型和 MA 模型都是 ARMA(p, q)的特殊情形. 利用延迟算子, 上述模型可写成

$$(1 - \phi_1 B - \cdots - \phi_p B^p) x_t = \phi_0 + (1 - \theta_1 B - \cdots - \theta_q B^q) a_t \tag{2-29}$$

其中 $1 - \phi_1 B - \cdots - \phi_p B^p$ 是模型的 AR 多项式,类似地,$1 - \theta_1 B - \cdots - \theta_q B^q$ 为模型的 MA 多项式. 我们要求 AR 多项式和 MA 多项式没有公因子,否则模型的阶(p, q)会降低. 与 AR 模型一样,AR 多项式引进了 ARMA 模型的特征方程. 如果特征方程所有解的绝对值都小于 1,则该 ARMA 模型是弱平稳的. 这时,模型的无条件均值为 $E(x_t) = \phi_0 / (1 - \phi_1 - \cdots - \phi_p)$.

2.6.3 ARMA 模型的识别

在给 ARMA 模型定阶时,ACF 和 PACF 都不能提供足够的信息. Tsay 和 Tiao(1984)提出一个新方法,它利用推广的自相关函数(Extended Autocorrelation Function, EACF)来确定 ARMA 过程的阶. EACF 的基本思想相对比较简单. 如果我们能得到 ARMA 模型的 AR 部分的相合估计,则能推导出 MA 部分. 对所推导出的 MA 序列,我们可以应用 ACF 确定 MA 部分的阶.

EACF 的推导相对复杂一些,细节参见 Tsay 和 Tiao(1984). 但此函数用起来是容易的. EACF 的结果可以用一个二维表格表示,表的行对应于 AR 的阶 p, 列对应于 MA 的阶 q. ARMA(1, 1)模型的 EACF 的理论形式由表 2-4 给出. 这个表的主要特征是: 它包含由"O"组成的三角形,并且这个三角形左上角顶点位于阶(1, 1)处. 我们正是用这样的特征来识别 ARMA 过程的阶. 一般地,对 ARMA(p, q)模型, 由"O"组成的三角形的左上角顶点位于(p, q)处.

表 2-4 ARMA(1, 1)模型的理论 EACF 表,其中"X"代表非零,"O"代表零,
"*"代表零或者非零

AR	MA							
	0	1	2	3	4	5	6	7
0	X	X	X	X	X	X	X	X
1	X	O	O	O	O	O	O	O
2	*	X	O	O	O	O	O	O
3	*	*	X	O	O	O	O	O
4	*	*	*	X	O	O	O	O
5	*	*	*	*	X	O	O	O

注: 它在识别阶(1, 1)时不起任何作用.

作为例子,考虑 3M 公司股票从 1946 年 2 月到 2008 年 12 月的月对数收益率. 共有

755 个观测值,收益率序列和它的样本自相关函数如图 2-15 所示. 该 ACF 图表明在 1% 的水平下数据没有显著的前后相关性. 表 2-5 给出了序列的样本 EACF 值和对应的一张简化表, 该表由 SCA 软件包得到. 也可以用 R 的添加包 TSA 来计算 EACF, 具体参见下面的注记. 这张简化表是用如下记号来构造的:

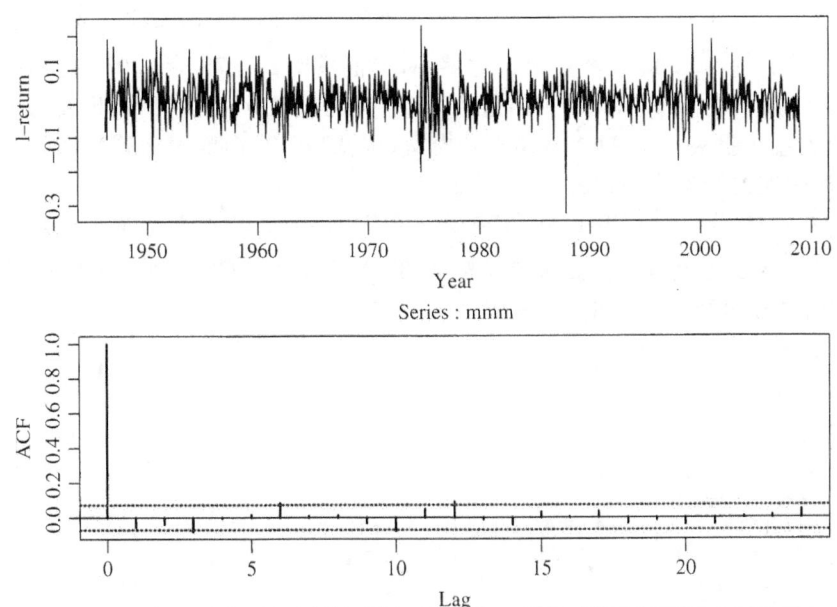

图 2-15 3M 公司股票从 1946 年 2 月到 2008 年 12 月的月对数收益率的时序图和样本自相关函数图

表 2-5 3M 公司股票从 1946 年 2 月到 1997 年 12 月的月对数收益率的样本 EACF 及其简表

a)样本推广的自相关函数												
	MA 的阶:q											
P	0	1	2	3	4	5	6	7	8	9	10	11	12
0	−0.06	−0.04	−0.08	−0.00	0.02	0.08	0.01	0.01	−0.03	−0.08	0.05	0.09	−0.01
1	−0.47	0.01	−0.07	−0.02	0.00	0.08	−0.03	0.00	−0.01	−0.07	0.04	0.09	−0.02
2	−0.38	−0.35	−0.07	0.02	−0.01	0.08	0.03	0.01	0.00	−0.03	0.02	0.04	0.04
3	−0.18	0.14	0.38	−0.02	0.00	0.04	−0.02	0.02	−0.00	−0.03	0.02	0.01	0.04
4	0.42	0.03	0.45	−0.01	0.00	0.00	−0.01	0.03	0.01	0.00	0.02	−0.00	0.01
5	−0.11	0.21	0.45	0.01	0.20	−0.01	−0.00	0.04	−0.01	−0.01	0.03	0.01	0.03
6	−0.21	−0.25	0.24	0.31	0.17	−0.04	−0.00	0.04	−0.01	−0.03	0.01	0.01	0.04
b)简化的 EACF 表												
	MA 的阶:q											
P	0	1	2	3	4	5	6	7	8	9	10	11	12
0	O	O	X	O	O	X	O	O	O	X	O	X	O
1	X	O	O	O	O	X	O	O	O	O	O	X	O
2	X	X	O	O	O	X	O	O	O	O	O	O	O
3	X	X	X	O	O	O	O	O	O	O	O	O	O
4	X	O	X	O	O	O	O	O	O	O	O	O	O
5	X	X	X	O	X	O	O	O	O	O	O	O	O
6	O	X	X	X	X	O	O	O	O	O	O	O	O

1) "X"表示对应的 EACF 的绝对值大于或等于 EACF 渐近标准误差的两倍.
2) "O"表示对应的 EACF 的绝对值小于 EACF 渐近标准误差的两倍.

可以应用 2.2 节中的 Bartlett 公式来计算 EACF 的标准误差, 或者简单地用 $2/\sqrt{T}$, 其中 T 为样本容量. 该简化表显示由"O"组成的三角形的左上角顶点位于阶 $(p, q) = (0, 0)$ 处. 当 $q = 2$、5、9 和 11 时, 有少数"X"是例外的. 然而, 该 EACF 表显示对应这些"X"的样本 ACF 值大约为 0.08 或者 0.09. 这些 ACF 值只比 $2/\sqrt{755} = 0.073$ 稍大一点. 事实上, 如果用 1% 的临界值, 简化表中的这些"X"将变为"O". 因此, EACF 表明 3M 公司股票的月对数收益率服从一个 ARMA(0, 0) 模型 (也就是一个白噪声序列). 这与图 2-15 中样本 ACF 所表明的结论是一致的.

注记: 可以用 Cryer 和 Chan(2010) 年开发的 R 添加包 TSA 来计算 EACF. SCA 软件包应用 Bartlett 公式来构建 EACF 简化表, 而 TSA 添加包则用 $2/\sqrt{T}$ 作为所有 EACF 的标准误差. 对 3M 股票的收益率序列, R 的输出如下所示. ∎

R 代码演示

```
> da=read.table("m-3m4608.txt",header=T)
> head(da)
      date       rtn
1 19460228 -0.077922
> mmm=log(da$rtn+1)
> library(TSA)           % Load the package
> m1=eacf(mmm,6,12)      % Simplified table
AR/MA
  0 1 2 3 4 5 6 7 8 9 10 11 12
0 o o x o o x o o o x  x  o
1 x o x o o x o o o o  x  o
2 x x x o o o o o o o  o  o
3 x x x o o o o o o o  o  o
4 x o o o o o o o o o  o  o
5 x x x o x o o o o o  o  o
6 x x x x o o o o o o  o  o
> names(m1)
[1] "eacf"     "ar.max"    "ma.ma"   "symbol"
> print(m1$eacf,digits=2)
       [,1]    [,2]    [,3]    [,4]    [,5]    [,6]    [,7]    [,8]    [,9]
[1,] -0.056 -0.038 -0.082 -0.005  0.018  0.0821  0.0080  0.0127 -0.0301
[2,] -0.474  0.010 -0.074 -0.021  0.002  0.0772 -0.0288  0.0026 -0.0068
[3,] -0.383 -0.348 -0.074  0.016 -0.006  0.0772  0.0269  0.0120  0.0004
[4,] -0.177  0.138  0.384 -0.022  0.002  0.0419 -0.0232  0.0154 -0.0044
[5,]  0.421  0.029  0.454 -0.008  0.001  0.0025 -0.0140  0.0305  0.0116
[6,] -0.114  0.214  0.449  0.010  0.202 -0.0063 -0.0038  0.0403 -0.0129
[7,] -0.208 -0.250  0.243  0.311  0.168 -0.0388 -0.0034  0.0429 -0.0101
      [,10]   [,11]   [,12]   [,13]
[1,] -0.078  0.0488  0.0909 -0.011
[2,] -0.069  0.0372  0.0938 -0.024
[3,] -0.027  0.0221  0.0428  0.042
[4,] -0.025  0.0185  0.0100  0.043
[5,]  0.004  0.0191 -0.0043  0.013
[6,] -0.012  0.0315  0.0117  0.028
[7,] -0.026  0.0078  0.0106  0.037
```

前面所讨论的信息准则也可以用来选择 ARMA 模型. 具体地说，对于事先指定的正整数 P 和 Q，计算 ARMA(p, q) 模型的 AIC(或 BIC)，其中 $0 \leqslant p \leqslant P$，$0 \leqslant q \leqslant Q$，选取使 AIC(或 BIC)取最小值的模型. 该方法需要许多模型的最大似然估计，在一些情形下可能会碰到在估计时过度拟合的困难.

一旦 ARMA(p, q) 模型的阶确定了，就可以用条件似然法或者精确似然法来估计模型的参数. 另外，残差的 Ljung-Box 统计量可以用来检验所拟合模型的充分性. 如果模型是正确的，$Q(m)$ 渐近地服从自由度为 $m-g$ 的 χ^2 分布，其中 g 表示所用模型的 AR 或者 MA 参数的个数.

2.6.4 用 ARMA 模型进行预测

和 ACF 的表现类似，只要将 MA 部分对低期数预测的影响进行调整，ARMA(p, q) 模型的预测与 AR(p) 模型的预测有相似的特征. 设预测原点为 h，F_h 为在 h 时刻所能得到的信息集合. 超前 1 步预测为

$$\hat{x}_h(1) = E(x_{h+1} | F_h) = \phi_0 + \sum_{i=1}^{p} \phi_i x_{h+1-i} - \sum_{i=1}^{q} \theta_i a_{h+1-i}$$

相应的预测误差为 $e_h(1) = x_{h+1} - \hat{x}_h(1) = a_{h+1}$. 超前 1 步预测误差的方差为 $\text{Var}[e_h(1)] = \sigma_a^2$. 对超前 ℓ 步预测，我们有

$$\hat{x}_h(\ell) = E(x_{h+\ell} | F_h) = \phi_0 + \sum_{i=1}^{p} \phi_i \hat{x}_h(\ell-i) - \sum_{i=1}^{q} \theta_i a_h(\ell-i)$$

其中，当 $\ell - i \leqslant 0$ 时，$\hat{x}_h(\ell-i) = x_{h+\ell-i}$；当 $\ell - i > 0$ 时，$a_h(\ell-i) = 0$；而当 $\ell - i \leqslant 0$ 时，$a_h(\ell-i) = a_{h+\ell-i}$. 这样，ARMA 模型的超前多步预测可以递推算得. 相应的预测误差为

$$e_h(\ell) = x_{h+\ell} - \hat{x}_h(\ell)$$

它可以用下一节给出的式(2-35)很容易地算出.

2.6.5 ARMA 模型的三种表示方式

在这一小节中，我们简单地讨论平稳 ARMA(p, q) 模型的三种表示. 这三种表示用于三种不同的目的. 了解这三种表示可以更好地理解 ARMA 模型. 第一种表示是式(2-29)给出的 ARMA(p, q) 模型，这个表示很紧凑并且在参数估计时有用. 另外，它在递推计算 x_t 的超前多步预测时也有用，见上一节的讨论.

对另外两种表示，我们用两个多项式的长除法. 给定两个多项式 $\phi(B) = 1 - \sum_{i=1}^{p} \phi_i B^i$ 和 $\theta(B) = 1 - \sum_{i=1}^{q} \theta_i B^i$，通过长除法，我们有

$$\frac{\theta(B)}{\phi(B)} = 1 + \psi_1 B + \psi_2 B^2 + \cdots \equiv \psi(B) \tag{2-30}$$

和

$$\frac{\phi(B)}{\theta(B)} = 1 - \pi_1 B - \pi_2 B^2 - \cdots \equiv \pi(B) \tag{2-31}$$

例如，若 $\phi(B)=1-\phi_1 B$，$\theta(B)=1-\theta_1 B$，则有

$$\psi(B) = \frac{1-\theta_1 B}{1-\phi_1 B} = 1 + (\phi_1 - \theta_1)B + \phi_1(\phi_1-\theta_1)B^2 + \phi_1^2(\phi_1-\theta_1)B^3 + \cdots$$

$$\pi(B) = \frac{1-\phi_1 B}{1-\theta_1 B} = 1 - (\phi_1 - \theta_1)B - \theta_1(\phi_1-\theta_1)B^2 - \theta_1^2(\phi_1-\theta_1)B^3 - \cdots$$

由定义知 $\psi(B)\pi(B)=1$，利用 $Bc=c$ 对任意常数 c 成立这个事实(因为常数是不随时间变化的)，我们有

$$\frac{\phi_0}{\theta(1)} = \frac{\phi_0}{1-\theta_1-\cdots-\theta_q} \quad \text{和} \quad \frac{\phi_0}{\phi(1)} = \frac{\phi_0}{1-\phi_1-\cdots-\phi_p}$$

AR 表示

利用式(2-31)的结果，ARMA(p, q)模型可写成

$$x_t = \frac{\phi_0}{1-\theta_1-\cdots-\theta_q} + \pi_1 x_{t-1} + \pi_2 x_{t-2} + \pi_3 x_{t-3} + \cdots + a_t \tag{2-32}$$

这个表示给出了当前收益率 x_t 对过去收益率 x_{t-i} 的依赖关系，这里 $i>0$。系数 $\{\pi_i\}$ 称为 ARMA 模型的 **π 权重**(π-weight)。为了说明滞后值 x_{t-i} 对 x_t 的贡献随 i 的增大而消失，系数 π_i 应随 i 增大而趋于零。一个具有这样性质的 ARMA(p, q)模型，称为可逆的。对纯 AR 模型，$\theta(B)=1$，故 $\pi(B)=\phi(B)$，这是一个有限阶的多项式。从而对 $i>p$ 有 $\pi_i=0$，模型是可逆的。对其他 ARMA 模型，可逆性的充分条件是：多项式 $\theta(B)$ 的所有零点的模大于 1。例如，对 MA(1)模型 $x_t=(1-\theta_1 B)a_t$，一次多项式 $1-\theta_1 B$ 的零点是 $B=1/\theta_1$。从而，如果 $|1/\theta_1|>1$（即 $|\theta_1|<1$），则 MA(1)是可逆的。

由式(2-32)的 AR 表示，一个可逆的 ARMA 序列 x_t 是当前的扰动 a_t 与序列过去值的加权平均的线性组合。对越来越遥远的过去值，权重呈指数衰减。

MA 表示

同样，利用式(2-30)长除法的结果，ARMA(p, q)模型也可以写成

$$x_t = \mu + a_t + \psi_1 a_{t-1} + \psi_2 a_{t-2} + \cdots = \mu + \psi(B)a_t \tag{2-33}$$

其中，$\mu=E(x_t)=\phi_0/(1-\phi_1-\cdots-\phi_p)$。该表示形式清楚地说明了过去的扰动 a_{t-i} ($i>0$)对当前收益 x_t 的影响。系数 $\{\psi_i\}$ 称为 ARMA 模型的**脉冲响应函数**(impulse response function)。对弱平稳序列，系数 ψ_i 随 i 的增加呈指数衰减。这一点是可以理解的，因为扰动 a_{t-i} 对收益率 x_t 的影响应该随时间的流逝而消失。这样，对平稳 ARMA 模型，扰动 a_{t-i} 不能对序列有永久的影响。如果 $\phi_0 \neq 0$，那么 MA 表示中就有一个常数项，它就是 x_t 的均值(即 $\phi_0/(1-\phi_1-\cdots-\phi_p)$)。

式(2-33)的 MA 表示在计算预测误差的方差时也有用。在预测原点 h，我们有扰动 a_h，a_{h-1}，$\cdots$。从而，超前 ℓ 步预测为

$$\hat{x}_h(\ell) = \mu + \psi_\ell a_h + \psi_{\ell+1} a_{h-1} + \cdots \tag{2-34}$$

相应的预测误差为

$$e_h(\ell) = a_{h+\ell} + \psi_1 a_{h+\ell-1} + \cdots + \psi_{\ell-1} a_{h+1}$$

因此，超前 ℓ 步预测误差的方差为

$$\text{Var}[e_h(\ell)] = (1 + \psi_1^2 + \cdots + \psi_{\ell-1}^2)\sigma_a^2 \tag{2-35}$$

正如所料，它是预测时间长度 ℓ 的非减函数.

最后，式(2-33)的 MA 表示还提供了平稳序列均值回转的一个简单证明. 平稳性意味着当 $i\to\infty$ 时 ψ_i 趋于零. 从而，由式(2-34)，我们有当 $\ell\to\infty$ 时，$\hat{x}_h(\ell)\to\mu$. 因为 $\hat{x}_h(\ell)$ 是 $x_{h+\ell}$ 在预测原点 h 的条件期望，所以上述结果说的是，从长期来看，收益率序列预期会趋于它的均值，也就是说，序列是均值回转的. 而且，由式(2-33)的 MA 表示，我们有 $\mathrm{Var}(x_t) = \left(1+\sum_{i=1}^{\infty}\psi_i^2\right)\sigma_a^2$. 从而，由式(2-35)，当 $\ell\to\infty$ 时，我们有 $\mathrm{Var}[e_h(\ell)]\to\mathrm{Var}(x_t)$. $\hat{x}_h(\ell)$ 趋于 μ 的速度决定了均值回转的速度.

2.7 单位根非平稳性

到目前为止，我们的注意力还是集中在平稳的收益率序列上. 在某些研究中，利率、汇率、资产的价格序列是研究的对象，这些序列往往是非平稳的. 对于资产价格序列，其非平稳性主要是由于价格没有固定的水平. 在时间序列文献中，这样的非平稳序列叫做单位根非平稳时间序列(unit-root nonstationary time serise). 单位根非平稳时间序列最著名的例子是随机游动模型.

2.7.1 随机游动

若时间序列 $\{p_t\}$ 满足
$$p_t = p_{t-1} + a_t \tag{2-36}$$
其中 p_0 是实数，它表示该过程的起始值，而 $\{a_t\}$ 是白噪声序列，则称 $\{p_t\}$ 为一个**随机游动**(random walk). 若 p_t 为一只股票在第 t 天的对数价格，则 p_0 可以是该股票最初上市(initial public offering)的对数价格(即**对数 IPO 价格**). 若 a_t 的分布关于零点对称，则给定 p_{t-1} 的条件下，p_t 上升或下降的机会各有 50%，即 p_t 将随机地上升或下降. 如果我们把随机游动模型看成一个特殊的 AR(1) 模型，那么 p_{t-1} 的系数是 1，这不满足 AR(1) 模型平稳性的条件. 从而，随机游动序列不是弱平稳的，我们称之为**单位根非平稳时间序列**.

随机游动模型被广泛地用来作为对数股票价格运动的统计模型. 在这样的模型下，股价是不可预测的或非均值回转的. 为说明这一点，下面写出式(2-36)所给模型在预测原点 h 的超前 1 步预测，如下所示：
$$\hat{p}_h(1) = E(p_{h+1}\,|\,p_h, p_{h-1}, \cdots) = p_h$$
它就是预测原点的对数股价，这样的预测没有实际意义. 超前 2 步预测为
$$\hat{p}_h(2) = E(p_{h+2}\,|\,p_h, p_{h-1}, \cdots) = E(p_{h+1} + a_{h+2}\,|\,p_h, p_{h-1}, \cdots)$$
$$= E(p_{h+1}\,|\,p_h, p_{h-1}, \cdots) = \hat{p}_h(1) = p_h$$
这又是预测原点的对数股价. 事实上，对任意的预测步长 $\ell>0$，都有
$$\hat{p}_h(\ell) = p_h$$
这样，对所有预测步长，随机游动模型的点预测都是序列在预测原点的值. 从而，该过程不是均值回转的.

式(2-36)给出的随机游动模型的 MA 表示为

$$p_t = a_t + a_{t-1} + a_{t-2} + \cdots$$

这个表示有几个重要的实际意义. 第一, 超前 ℓ 步预测误差为

$$e_h(\ell) = a_{h+\ell} + \cdots + a_{h+1}$$

从而 $\text{Var}[e_h(\ell)] = \ell \sigma_a^2$, 当 $\ell \to \infty$ 时, 该方差发散到 ∞. 因此, 随着预测步长的增大, $p_{h+\ell}$ 预测区间的长度将趋于无穷. 这表明, 随着 ℓ 的增大, 点预测 $\hat{p}_h(\ell)$ 变得没有用, 这也再次说明该模型不是可预测的. 第二, 因为当 ℓ 增大时, $\text{Var}[e_h(\ell)]$ 趋于无穷, p_t 的无条件方差是无界的. 从理论上讲, 这意味着对充分大的 t、p_t 可取到任何实值. 对个股的对数价格来说, 这一点还说得过去. 但对市场指数来讲, 负的对数价格即使有也是很罕见的. 从这个意义上讲, 随机游动模型对市场指数的适合性值得怀疑. 第三, 从上述表示看, 对所有 i 有 $\psi_i = 1$. 这就是说任何过去的扰动 a_{t-i} 对 p_t 的影响不随时间衰减. 从而, 该序列有强记忆性, 因为它记得所有过去的扰动. 从经济学上讲, 就是扰动对序列有持久的效应. 单位根时间序列的强记忆性也可以从所观测序列的样本 ACF 看出来. 当样本容量增大时, 样本 ACF 都趋于 1.

2.7.2 带漂移的随机游动

到目前为止, 前面考虑的一些实证例子中, 市场指数的对数收益率序列倾向于有一个较小的正均值. 这意味着对数价格的模型应为

$$p_t = \mu + p_{t-1} + a_t \tag{2-37}$$

其中 $\mu = E(p_t - p_{t-1})$, $\{a_t\}$ 是零均值的白噪声序列. 模型(式(2-37))中的常数项 μ 在金融研究中是很重要的. 它表示对数价格 p_t 的时间趋势, 通常称为模型的**漂移**(drift). 为了说明这一点, 我们假定初始价格为 p_0, 从而我们有

$$p_1 = \mu + p_0 + a_1$$
$$p_2 = \mu + p_1 + a_2 = 2\mu + p_0 + a_2 + a_1$$
$$\vdots = \vdots$$
$$p_t = t\mu + p_0 + a_t + a_{t-1} + \cdots + a_1$$

上式中最后一个等式表明对数价格由时间趋势 $t\mu$ 和一个纯随机游动过程 $\sum_{i=1}^{t} a_i$ 组成. 因为 $\text{Var}\left(\sum_{i=1}^{t} a_i\right) = t\sigma_a^2$, 其中 σ_a^2 为 a_t 的方差, p_t 的条件标准差为 $\sqrt{t}\sigma_a$, 所以它增长的速度比 p_t 的条件期望慢. 从而, 如果我们画出 p_t 随时间指标 t 变化的图形, 我们有一个斜率为 μ 的时间趋势. 正斜率 μ 意味着对数价格最终趋于 ∞; 相反, 负斜率 μ 意味着对数价格将趋于 $-\infty$. 基于这个讨论, CRSP 价值加权和等权重指数的对数收益率序列有小的、但统计显著的正均值这个现象就不足为奇了.

为了说明价格序列漂移参数的效应, 我们考虑 3M 公司股票从 1946 年 2 月到 2008 年 12 月的月对数收益率. 如表 2-5 中的样本 EACF 所示, 该序列无显著的前后相关性. 该序列服从下列简单模型

$$x_t = 0.0103 + a_t, \quad \hat{\sigma}_a = 0.0637 \tag{2-38}$$

其中 0.0103 是 x_t 的样本均值,其标准误差为 0.0023. 3M 公司股票的月对数收益率在 1% 的水平下是显著不等于 0 的. 事实上,应用单样本的零均值检验,t 比的值为 4.44,相应的 p 值接近于 0. 我们利用对数收益率序列来构造两个对数价格序列:

$$p_t = \sum_{i=1}^{t} x_i \quad \text{和} \quad p_t^* = \sum_{i=1}^{t} a_i$$

其中 a_i 是式(2-38)中的均值修正对数收益率(即 $a_t = x_t - 0.0103$). p_t 是 3M 公司股票的对数价格,假设初始价格为 0(即 1946 年 1 月的对数价格为 0). p_t^* 是当对数收益率的均值为 0 时对应的对数价格. 图 2-16 显示了 p_t 和 p_t^* 的时序图和直线 $y_t = 0.0103 \times t + 1946$,其中 t 是收益率序列对应的时间区间,而 1946 则是该股票的首次上市日期. 从图 2-16 中可以看出,式(2-38)中常数 0.0103 的重要性是明显的. 另外,如我们所料,该常数代表 p_t 上升趋势的斜率.

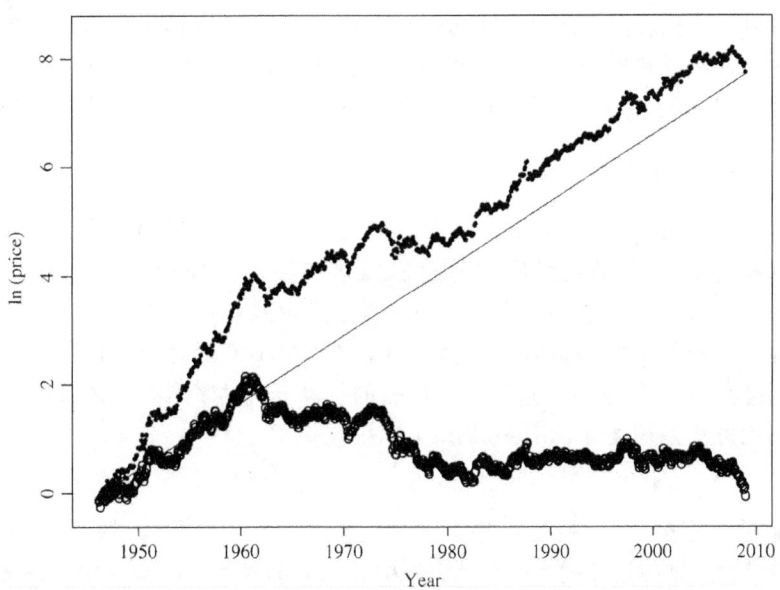

图 2-16 3M 公司股票从 1946 年 2 月到 2008 年 12 月的对数价格时序图. 假定 1946 年 1 月的对数价格为 0. "o"为没有时间趋势的对数价格,直线为 $y_t = 0.0103 \times t + 1946$

常数项的解释

从前面几节的讨论中可以看出,理解时间序列模型中常数项的意义是重要的. 第一,对式(2-22)中 MA(q)模型,常数项就是序列的均值;第二,对式(2-9)中的平稳 AR(p)模型或式(2-29)中的平稳 ARMA(p, q)模型,常数项与均值有关,其关系为 $\mu = \phi_0/(1-\phi_1-\cdots-\phi_p)$;第三,对带漂移的随机游动模型,常数项则变为序列的时间斜率. 这些关于时间序列模型中常数项的不同解释,清楚地阐明了动态模型与通常的线性回归模型之间的不同.

动态模型与回归模型之间的另一个重要差别可以用 AR(1)模型和简单线性回归模型来说明:

$$x_t = \phi_0 + \phi_1 x_{t-1} + a_t \quad \text{和} \quad y_t = \beta_0 + \beta_1 x_t + a_t$$

要使 AR(1)模型有意义,其系数 ϕ_1 必须满足 $|\phi_1|\leqslant 1$. 然而,系数 β_1 可以是任何固定的实数.

2.7.3 趋势平稳时间序列

与带有线性趋势的模型紧密相关的模型是如下的趋势平稳时间序列模型:
$$p_t = \beta_0 + \beta_1 t + x_t$$
其中 x_t 是一个平稳时间序列,例如平稳 AR(p)序列. 这里,p_t 随时间以 β_1 的速率线性增长,因此它呈现出类似于带漂移的随机游动模型的行为. 然而,这两个模型有一个主要的区别. 为了说明这一点,假定 p_0 是固定的. 带漂移的随机游动模型假定均值是 $E(p_t)=p_0+\mu t$,方差是 $\text{Var}(p_t)=t\sigma_a^2$,这两者都依赖于时间. 另一方面,趋势平稳时间序列模型假定均值是 $E(p_t)=\beta_0+\beta_1 t$,它依赖于时间;而方差是 $\text{Var}(p_t)=\text{Var}(x_t)$,它是有限的并且不随时间变化. 趋势平稳时间序列模型可以通过简单的线性回归分析移除掉时间趋势而转换为平稳时间序列. 关于趋势平稳时间序列模型的分析,参见 2.10 节中的方法.

2.7.4 一般单位根非平稳模型

考虑 ARMA 模型. 如果我们把 ARMA 模型进行推广,允许其特征多项式以 1 作为它的特征根,则模型就变成了众所周知的**自回归求和移动平均**(Autoregressive Integrated Moving Average,ARIMA)**模型**. 因为其 AR 特征多项式有单位根,所以该 ARIMA 模型称为是单位根非平稳的. 像随机游动模型一样,ARIMA 模型有强记忆性,因为它的 MA 表示中的 ψ_i 系数不随时间衰减,这意味着过去的扰动 a_{t-i} 对序列有持久效应. 处理单位根非平稳性的惯用方法是用**差分**(differencing)方法.

差分

如果一个时间序列 y_t 变换后的序列 $c_t=y_t-y_{t-1}=(1-B)y_t$ 服从一个平稳可逆的 ARMA(p,q)模型,则称该序列为一个 ARIMA($p,1,q$)过程. 在金融中,通常认为价格序列是非平稳的,而对数收益率序列 $x_t=\ln(p_t)-\ln(p_{t-1})$ 是平稳的. 这时,对数价格序列是单位根非平稳的,从而可当做 ARIMA 过程对待. 在时间序列文献中,通过考虑时间序列相邻两值的变化量所构成的序列,把一个非平稳序列变换成一个平稳序列,这样的思想称为**差分方法**. 更形式化地说,称 $c_t=y_t-y_{t-1}$ 为 y_t 的一阶差分序列. 在某些科学领域,时间序列 y_t 可能会有多重单位根,需要做多次差分才能变成平稳序列. 例如,若 y_t 和它的一阶差分序列 $c_t=y_t-y_{t-1}$ 都是单位根非平稳的,但 $s_t=c_t-c_{t-1}=y_t-2y_{t-1}+y_{t-2}$ 是弱平稳的,则 y_t 就有双重单位根,s_t 是 y_t 的二阶差分序列. 另外,若 s_t 服从 ARMA(p,q)模型,则 y_t 是 ARIMA($p,2,q$)过程. 对这样一个时间序列,若 s_t 有非零的均值,则 y_t 有一个二次时间函数,该二次时间函数的系数与 s_t 的均值有关. 经过季节调节后的美国季度国内生产总值(GDP)暗含的通货紧缩(implicit price deflator)序列可能有双重单位根. 然而,该序列的二阶差分序列的均值不是显著地不同于零,具体内容参见本章的习题. Box 等(1994)讨论了一般 ARIMA 模型的很多性质.

2.7.5 单位根检验

为了检验资产的对数价格 p_t 是否服从随机游动或带漂移的随机游动，我们利用如下两个模型

$$p_t = \phi_1 p_{t-1} + e_t \tag{2-39}$$
$$p_t = \phi_0 + \phi_1 p_{t-1} + e_t \tag{2-40}$$

其中 e_t 为误差项，考虑原假设 $H_0:\phi_1=1$ 和备择假设 $H_a:\phi_1<1$．这就是著名的单位根检验问题(Dickey 和 Fuller，1979)．一个方便的检验统计量就是在原假设下 ϕ_1 的最小二乘估计的 t 比．对式(2-39)，最小二乘法给出

$$\hat{\phi}_1 = \frac{\sum_{t=1}^{T} p_{t-1} p_t}{\sum_{t=1}^{T} p_{t-1}^2}, \quad \hat{\sigma}_e^2 = \frac{\sum_{t=1}^{T}(p_t - \hat{\phi}_1 p_{t-1})^2}{T-1}$$

其中 $p_0=0$，T 为样本容量．t 比为

$$\mathrm{DF} \equiv t\text{ 比} = \frac{\hat{\phi}_1 - 1}{\hat{\phi}_1 \text{ 的标准差}} = \frac{\sum_{t=1}^{T} p_{t-1} e_t}{\hat{\sigma}_e \sqrt{\sum_{t=1}^{T} p_{t-1}^2}}$$

这个 t 比通常称为 Dickey-Fuller 检验．若 $\{e_t\}$ 是一个白噪声序列，其稍高于二阶的矩是有限的，则当 $T\to\infty$ 时 DF 统计量收敛到标准布朗运动的一个函数，更多的信息参见 Chan 和 Wei (1988)以及 Phillips(1987)．如果 $\phi_0=0$，但我们采用式(2-40)，则所得的检验 $\phi_1=1$ 的 t 比将趋于另一种非标准的渐近分布．在上述两种情形下，都是用模拟方法来得到检验统计量的临界值，部分临界值可参见 Fuller(1976，第 8 章)．然而，如果 $\phi_0\ne 0$ 且使用的是式(2-40)，则用来检验 $\phi_1=1$ 的 t 比是渐近正态的，但这需要很大的样本容量来保证渐近正态分布的成立．

对许多经济时间序列而言，ARIMA(p,d,q) 可能比式(2-40)给出的简单模型更适合．在计量经济学文献中，经常使用的是 AR(p) 模型．用 x_t 表示该序列，为了验证在 AR(p) 过程中是否存在单位根，可以通过下列回归来检验原假设 $H_0:\beta=1$ 和备择假设 $H_1:\beta<1$

$$x_t = c_t + \beta x_{t-1} + \sum_{i=1}^{p-1} \phi_i \Delta x_{t-i} + e_t \tag{2-41}$$

其中 c_t 是关于时间指标 t 的确定性函数，$\Delta x_j = x_j - x_{j-1}$ 是 x_t 的差分序列．在实际中，c_t 可以是零，或者常数，或者 $c_t=\omega_0+\omega_1 t$．$\hat{\beta}-1$ 的 t 比为

$$\mathrm{ADF}\text{ 检验} = \frac{\hat{\beta}-1}{\hat{\beta}\text{ 的标准差}}$$

其中 $\hat{\beta}$ 为 β 的最小二乘估计，上述 t 比就是著名的扩展 DF 单位根(Augmented Dickey-Fuller，ADF)检验．注意，由于一阶差分，式(2-41)等价于一个带确定性函数 c_t 的 AR(p) 模型．式(2-41)还可以改写为

$$\Delta x_t = c_t + \beta_c x_{t-1} + \sum_{i=1}^{p-1} \phi_i \Delta x_{t-i} + e_t$$

其中，$\beta_c = \beta - 1$．我们可以等价地检验原假设 $H_0:\beta_c=0$ 对 $H_a:\beta_c<0$．

例 2.4 考虑美国从 1947 年第 1 季度到 2008 年第 4 季度的季度 GDP 对数序列. 该序列表现出上升趋势, 这表明美国经济的增长, 同时它呈现高度的样本序列相关性, 参见图 2-17 的左侧下方图形. 该序列的 1 阶差分序列代表了美国 GDP 的增长率, 图 2-17c 给出了差分序列的时序图, 该差分序列看起来在一个固定的均值水平附近波动, 尽管在最近几年这种波动性比较小. 为了证实所观察到的现象, 我们对该对数序列进行扩展的 Dickey-Fuller 单位根检验. 基于图 2-17 给出的差分序列的样本 PACF, 我们选择 $p=10$. 我们还选用了一些其他的 p 的值, 然而都没有改变检验的结论. 当 $p=10$ 时, ADF 检验统计量是 -1.611, p 值是 0.457, 这表明单位根假设不能被拒绝. ∎

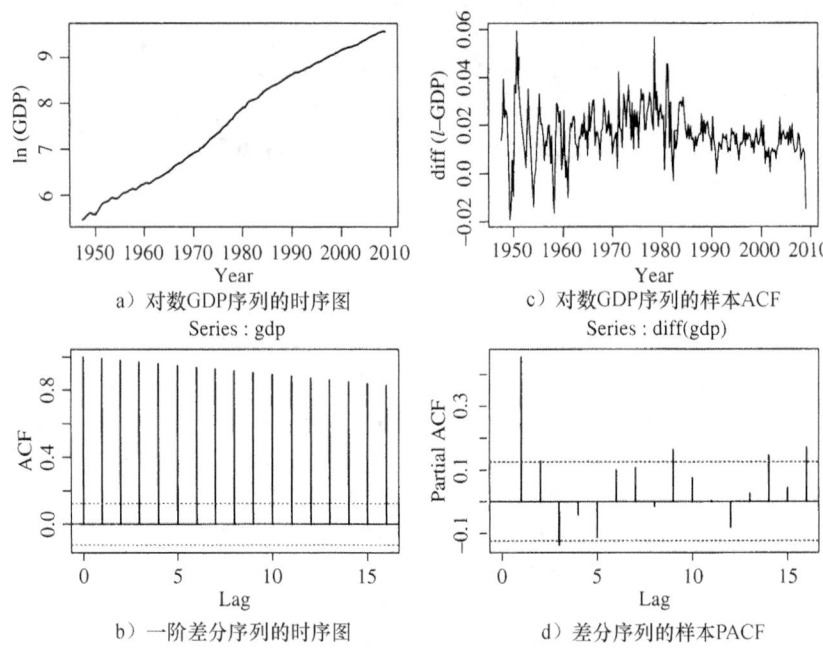

图 2-17 美国从 1947 年第 1 季度到 2008 年第 4 季度的季度 GDP 对数序列

R 代码演示

```
> library(fUnitRoots)
> da=read.table("q-gdp4708.txt",header=T)
> gdp=log(da[,4])
> m1=ar(diff(gdp),method='mle')
> m1$order
[1] 10
> adfTest(gdp,lags=10,type=c("c"))
Title:
 Augmented Dickey--Fuller Test

Test Results:
  PARAMETER:
    Lag Order: 10
  STATISTIC:
    Dickey-Fuller: -1.6109
  P-VALUE:   0.4569
```

另外一个例子，考虑标普500(S&P500)指数从1950年1月3日到2008年4月16日的日对数收益率序列，共有14 462个观测值. 图2-18给出了该序列的时序图. 如果想从实证的角度去验证该指数是否服从带漂移的随机游动，那么就有必要检验该指数序列是否有单位根. 为此，应用扩展的Dickey-Fuller检验时，我们采用$c_t = \omega_0 + \omega_1 t$. 而且，基于一阶差分序列的样本PACF，我们选择$p=15$. 检验统计量的值为-1.995，p值为0.581. 因此，在任何合理的显著性水平下，单位根的原假设都不能被拒绝. 进一步的分析表明，常数项是统计显著的，尽管对时间趋势的估计不是在通常的5%的显著性水平下. 综上所述，从1950年1月到2008年4月，标普500指数的对数序列包含一个单位根和一个正的漂移项，但是没有很强的证据表明该序列有时间趋势.

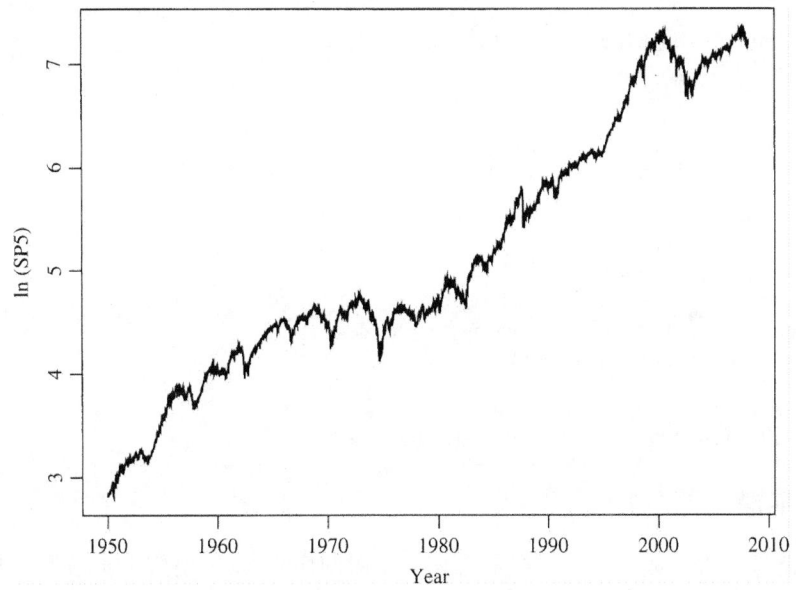

图2-18 标普500指数从1950年1月3日到2008年4月16日的对数日收益率的时序图

R代码演示

```
> library(fUnitRoots)
> da=read.table("d-sp55008.txt",header=T)
> sp5=log(da[,7])
> m2=ar(diff(sp5),method='mle')  % Based on AIC
> m2$order
[1] 2
> adfTest(sp5,lags=2,type=("ct"))
Title:
 Augmented Dickey-Fuller Test

Test Results:
  PARAMETER:
    Lag Order: 2
  STATISTIC:
    Dickey-Fuller: -2.0179
  P-VALUE:  0.5708
```

```
> adfTest(sp5,lags=15,type=("ct")) % Based on PACF
Title:
 Augmented Dickey-Fuller Test

Test Results:
  PARAMETER:
    Lag Order: 15
  STATISTIC:
    Dickey-Fuller: -1.9946
  P-VALUE:    0.5807

> dsp5=diff(sp5)
> tdx=c(1:length(dsp5))
> m3=arima(dsp5,order=c(2,0,0),xreg=tdx)
> m3
Call: arima(x = dsp5,order=c(2,0,0),xreg = tdx)
Coefficients:
         ar1      ar2    intercept     tdx
       0.0721  -0.0387     4e-04        0
s.e.   0.0083   0.0083     2e-04        0
sigma^2 estimated as 8.1e-05:log likelihood=48287,aic=-96564
> m3$coef
         ar1           ar2         intercept         tdx
 7.214122e-02 -3.868823e-02   3.513995e-04   -7.165372e-09
> sqrt(diag(m3$var.coef))
         ar1           ar2         intercept         tdx
 8.307510e-03 8.285669e-03   1.537309e-04   8.349685e-06
> tratio=m3$coef/sqrt(diag(m3$var.coef))
> tratio
         ar1       ar2     intercept         tdx
  8.6838549 -4.6692947    2.2858091   -0.0008582
```

2.8 指数平滑

预测中经常使用指数平滑法. 我们考虑一个时间序列 x_t 的超前 1 步预测. 假设预测原点是 h, 所有历史数据是可知的. 不失一般性, 我们假设时间序列 x_t 的序列相关性以指数衰减, 用历史数据的加权平均来预测 x_{h+1}, 且权重的贡献是指数衰减的. 我们引入一个数, 使得

$$\hat{x}_{h+1} \propto wx_h + w^2 x_{h-1} + w^3 x_{h-2} + \cdots = \sum_{j=1}^{\infty} w^j x_{h+1-j}$$

其中 w 是 $(0,1)$ 上的一个正实数, 称为**贴现因子** (discounting rate). 然而, 要想不改变 x_t 的范围, 我们有必要假设权重之和为 1. 利用几何序列的性质, 很容易发现 $\sum_{j=1}^{\infty} w^j = \dfrac{1}{1-w}$. 因此, 一种更合适的加权平均的方式为:

$$\hat{x}_h(1) = (1-w)[wx_h + w^2 x_{h-1} + w^3 x_{h-2} + \cdots] \tag{2-42}$$

这种预测方法叫做**指数平滑法** (exponential smoothing method). 应用这种方法, 数据越新对预测 x_{h+1} 的影响就越大, 所以它在实际中的应用很广泛.

实际上, 指数平滑法是 ARIMA 模型的特殊情形, 考虑 ARIMA(0,1,1) 模型:

$$(1-B)x_t = (1-\theta B)a_t$$

其中 $\theta \in (0,1)$. 用 2.6.5 节中 AR 模型的表示方式，该模型表明

$$x_{h+1} = (1-\theta)[\theta x_h + \theta^2 x_{h-1} + \theta^3 x_{h-2} + \cdots] + a_{h+1}$$

因此，超前 1 步预测是

$$\hat{x}_h(1) = (1-\theta)[\theta x_h + \theta^2 x_{h-1} + \theta^3 x_{h-2} + \cdots]$$

令 $\theta = w$，就恰好得到式 (2-42) 所给出的指数平滑法.

把指数平滑法看成是 ARIMA(0,1,1) 模型的特殊情形有很多优点. 首先，贴现因子 θ 可以用最大似然法估计出来；其次，可以用 ARIMA 模型的建模过程来识别和检验指数平滑法的充分性.

例 2.5 考虑芝加哥期权交易所（CBOE）从 2008 年 5 月 1 日到 2010 年 4 月 19 日的 VIX 数据. 数据来源于 CBOE 网站. 图 2-19 是对数 VIX 指数的时序图和对数 VIX 差分序列的样本 ACF. 在 5% 的水平下，只有 1 阶滞后 ACF 显著不等于 0，因此可以为该差分序列建立 MA(1) 模型. 令 $x_t = \ln(\text{VIX}_t)$，拟合的模型为：

$$(1-B)x_t = (1-0.163B)a_t, \quad \tilde{\sigma}_a^2 = 0.0044$$

残差的 Ljung-Box 统计量表明拟合的 ARIMA(0,1,1) 模型是充分的. 比如，对于自由度为 9 的 χ^2 分布来说，我们有 $Q(10) = 14.25$，$p = 0.11$ 时. 因此，在本例中，我们可以用指数平滑法来预测日 VIX 指数的对数序列. ■

a）对数VIX的时序图

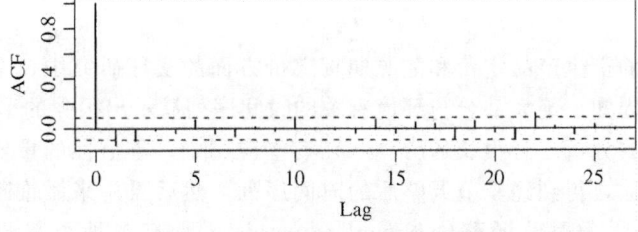

b）对数VIX序列的差分序列样本ACF

图 2-19 芝加哥期权交易所从 2008 年 5 月 1 日到 2010 年 4 月 19 日的日 VIX 指数的对数序列

R 代码演示

```
> da=read.table("d-vix0810.txt",header=T)
> vix=log(da$Close)
```

```
> length(vix)
[1] 496
> m1=arima(vix,order=c(0,1,1))
> m1
Call:
arima(x = vix, order = c(0, 1, 1))

Coefficients:
          ma1
       -0.1629
s.e.    0.0497

sigma^2 estimated as 0.004429:  log likelihood=638.97,  aic=-1273.94
>
> Box.test(m1$residuals,lag=10,type='Ljung')
         Box-Ljung test

data:  m1$residuals
X-squared = 14.2536, df = 10, p-value = 0.1617

> pp=1-pchisq(14.25,9)
> pp
[1] 0.1137060
```

最后, 本节的方法可以进行推广, 可以证明双指数平滑预测分析方法是 ARIMA(0, 1, 1) 模型的一个特例.

2.9 季节模型

有些金融时间序列, 如公司股票的每股季度盈利, 呈现出一定的循环或周期性. 这样的时间序列叫做**季节时间序列** (seasonal time series). 回顾图 2-2 所示的可口可乐公司股票从 1983 年第 1 季度到 2009 年第 3 季度的每股季度盈利时序图. 图 2-2 中有明显的季节性, 仔细检查该时序图, 可以看到该季度盈利数据有很强的季节性, 在样本周期内盈利呈指数上升; 另外, 盈利在 20 世纪 90 年代末期有一些波动. 上述的季节模式每年重复一次, 从而该序列的周期是 4. 如果我们考虑月数据 (如 Wal-Mart 商店的月销售额), 则周期是 12.

在与天气有关的衍生产品定价和能源期货定价方面的实证研究中, 季节时间序列模型也是有用的. 众所周知, 绝大部分与环境有关的时间序列显示出很强的季节性.

季节时间序列的分析已有很长的历史. 在有些应用中, 季节性的重要性是次要的, 可以把它从数据中移除, 得到经季节调整后的时间序列, 然后再用来做推断. 从时间序列中移除季节性的过程叫做**季节调整** (seasonal adjustment). 有多种季节调整的方法, 例如 Peña 等 (2001, 第 8 章) 以及它的引用文献. 美国政府公布的大多数经济数据是经季节调整的 (如 GDP 增长率和失业率). 在另一些应用中, 如进行预测时, 数据的季节性和其他特征一样重要, 必须进行相应的处理. 因为预测是金融时间序列分析的一个主要目的, 所以我们着重于直接分析季节时间序列. 我们的目的是讨论一些在季节时间序列建模中有用的计量经济模型和方法.

2.9.1 季节差分

图 2-20 所示的是可口可乐公司的每股股票对数盈利的时序图. 这里进行对数变换有两个原因: 一是处理序列的指数增长. 事实上, 该时序图证实了取对数后的序列的确是线性增长的, 这个线性增长趋势甚至在 1998 年的波动后仍然以不同的速率持续. 二是对数变换可用来稳定序列的波动性. 和图 2-2 比较, 图 2-2 中的原始季度盈利序列有波动性增加的趋势; 而在对数变换后序列的时序图中, 这种增加趋势就消失了. 事实上, 对数变换在金融、经济时间序列分析中是常用的. 在这个具体例子中, 因为盈利是正的, 所以在变换之前不需要做调整. 而在有些情况下, 我们需要对每个数据点加上一个正常数后再做对数变换.

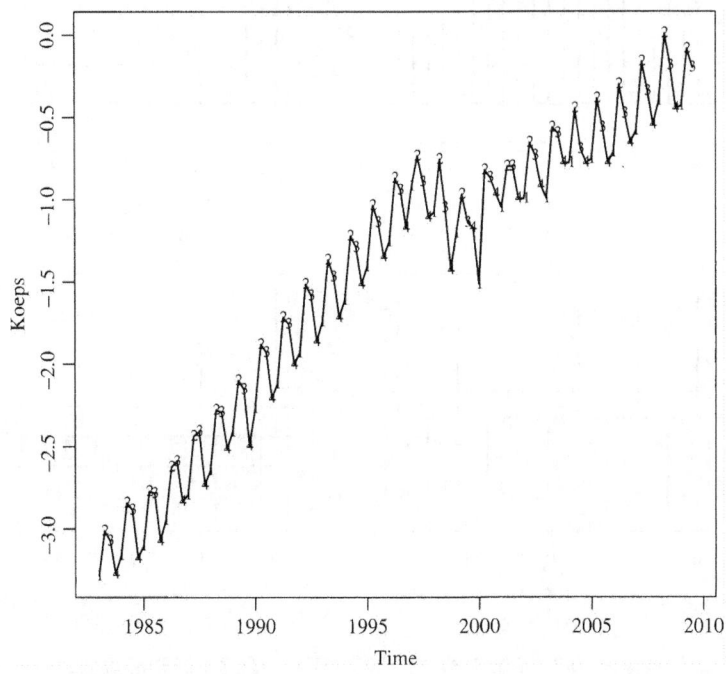

图 2-20 可口可乐公司股票从 1983 年 1 季度到 2009 年 3 季度每股季度对数盈利时序图

令对数盈利为 x_t. 图 2-21a 是 x_t 的样本自相关函数图, 它表明每股季度对数盈利具有强的前后相关性. 处理序列强前后相关性的一个惯用方法是考虑 x_t 的一阶差分序列(即 $\Delta x_t = x_t - x_{t-1} = (1-B)x_t$). 在时间序列分析中, 通过差分来得到平稳性是一种惯用手法. 图 2-22a 是 Δx_t 的时序图, 从图 2-22a 中可知: 1)通过差分, 成功地移除了数据的向上趋势; 2)差分后序列显示很强的季节性. 图 2-21c 给出了 Δx_t 的样本自相关函数图, 可见当滞后阶数是周期 4 的倍数时自相关函数较大. 另外, 这种季节样本自相关函数慢慢衰减. 这里我们观测到了季节时间序列的样本自相关函数的典型表现. 按照 Box 等(1994, 第 9 章)的内容, 我们对 Δx_t 做季节差分来处理强季节模式. 具体地, 考虑

$$\Delta_4(\Delta x_t) = (1-B^4)\Delta x_t = \Delta x_t - \Delta x_{t-4} = x_t - x_{t-1} - x_{t-4} + x_{t-5}$$

运算 $\Delta_4 = 1 - B^4$ 叫做**季节差分**(seasonal differencing). 一般地, 对一个周期为 s 的季节时间序列 y_t, 季节差分意指

$$\Delta_s y_t = y_t - y_{t-s} = (1 - B^s) y_t$$

季节差分在商业和金融中常见. 例如, 在报告一家公司的季度盈利时, 新闻媒体通常把该盈利与该公司一年前的同一季度的盈利相比较. 通常的差分 $\Delta y_t = y_t - y_{t-1} = (1 - B) y_t$ 叫做**正规差分**(regular differencing).

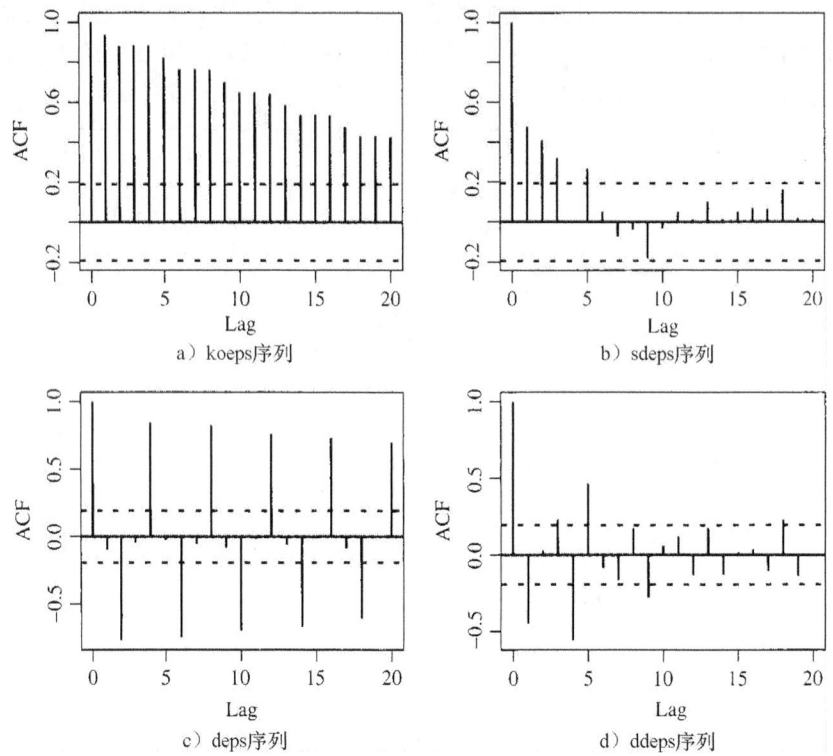

图 2-21 可口可乐公司股票从 1983 年第 1 季度到 2009 年第 3 季度每股季度盈利的对数序列的样本自相关函数图, 其中 "koeps" 是对数盈利, "deps" 是一阶差分序列, "sdeps" 是季节差分序列, "ddeps" 表示正规差分和季节差分后的序列

图 2-22c 给出了 $\Delta_4 \Delta x_t$ 的时序图. 从图 2-22c 中可见, 序列 Δx_t 的强季节性消失了. 图 2-21d 给出了 $\Delta_4 \Delta x_t$ 的样本自相关函数 ACF 图, 从该 ACF 图可以看出:

1) 自相关函数在滞后阶数为 1 和 4 时统计显著且为负值. 也就是说, 序列在常规滞后和季节滞后上的自相关系数不同于 0 值.

2) 在滞后阶数为 5 时 ACF 为正且统计显著.

3) 在滞后阶数为 3 时 ACF 为正且略微统计显著.

观测到的这些现象在实证季节时间序列中是常见的, 这导致了下一节要介绍的多重季节模型的引入. 为了完整性, 图 2-21 还给出了季节差分序列 $\Delta_4 x_t$ 的样本自相关函数图, 图 2-22b 则给出了相应的时序图.

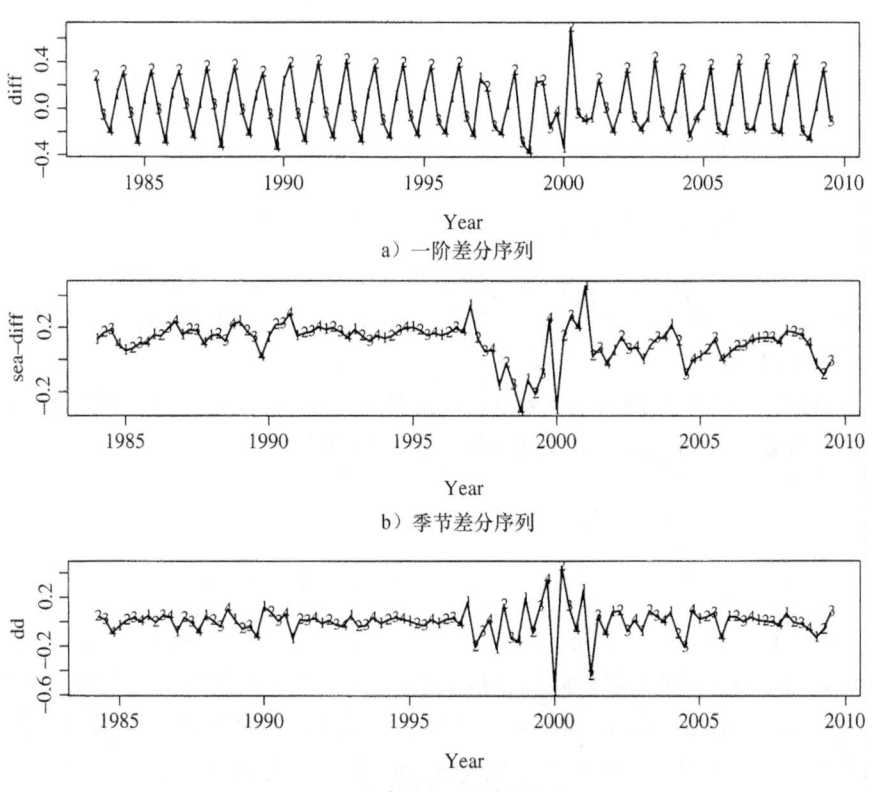

图 2-22 可口可乐公司股票从 1983 年第 1 季度到 2009 年第 3 季度每股季度盈利的对数序列的时序图

2.9.2 多重季节模型

如果一个统计模型的自相关函数具有图 2-21 中 $(1-B^4)(1-B)x_t$ 的样本 ACF 的表现,则该模型称为多重季节模型,即

$$(1-B)(1-B^s)x_t = (1-\theta B)(1-\Theta B^s)a_t \tag{2-43}$$

其中 s 是序列的周期,a_t 是白噪声序列,$|\theta|<1$,$|\Theta|<1$. 此模型在文献中称为**航空模型**(airline model),见 Box 等(1994,第 9 章). 它广泛地应用于季节时间序列的建模. 此模型的 AR 部分由正规差分和季节差分两部分组成,而 MA 部分包括两个参数. 下面着重讨论该模型的 MA 部分:

$$w_t = (1-\theta B)(1-\Theta B^s)a_t = a_t - \theta a_{t-1} - \Theta a_{t-s} + \theta\Theta a_{t-s-1}$$

其中 $w_t=(1-B^s)(1-B)x_t$,且 $s>1$. 容易得到 $E(w_t)=0$,并且

$$\text{Var}(w_t) = (1+\theta^2)(1+\Theta^2)\sigma_a^2$$
$$\text{Cov}(w_t,w_{t-1}) = -\theta(1+\Theta^2)\sigma_a^2$$
$$\text{Cov}(w_t,w_{t-s+1}) = \theta\Theta\sigma_a^2$$

$$\text{Cov}(w_t, w_{t-s}) = -\Theta(1+\theta^2)\sigma_a^2$$
$$\text{Cov}(w_t, w_{t-s-1}) = \theta\Theta\sigma_a^2$$
$$\text{Cov}(w_t, w_{t-\ell}) = 0, \quad \text{其中 } \ell \neq 0, 1, s-1, s, s+1$$

因此，序列 w_t 的 ACF 为

$$\rho_1 = \frac{-\theta}{1+\theta^2}, \quad \rho_s = \frac{-\Theta}{1+\Theta^2}, \quad \rho_{s-1} = \rho_{s+1} = \rho_1\rho_s = \frac{\theta\Theta}{(1+\theta^2)(1+\Theta^2)}$$

对 $\ell>0$ 且 $\ell \neq 1, s-1, s, s+1$，有 $\rho_\ell = 0$. 例如，如果 w_t 是季度时间序列，那么 $s=4$ 且它的 ACF 只在滞后阶数为 1、3、4、5 时非零. 事实上，这就是可口可乐公司股票季度对数盈利序列的情况.

把上述 ACF 与 MA(1) 模型 $y_t = (1-\theta B)a_t$ 和 MA(s) 模型 $z_t = (1-\Theta B^s)a_t$ 的 ACF 相比较，会看到有意思的结论. y_t 和 z_t 序列的 ACF 分别是

$$\rho_1(y) = \frac{-\theta}{1+\theta^2}, \quad \text{且 } \rho_\ell(y) = 0, \quad \ell > 1$$

$$\rho_s(z) = \frac{-\Theta}{1+\Theta^2}, \quad \text{且 } \rho_\ell(z) = 0, \quad \ell > 0, \quad \ell \neq s$$

我们看到：1) $\rho_1 = \rho_1(y)$；2) $\rho_s = \rho_s(z)$；3) $\rho_{s-1} = \rho_{s+1} = \rho_1(y) \times \rho_s(z)$. 因此，序列 w_t 在滞后阶数为 $s-1$ 和 $s+1$ 时 ACF 可以认为是滞后阶数为 1 和间隔为 s 的序列相关性的交互作用（interaction）的结果. w_t 的模型称为**多重**（multiplicative）**季节 MA 模型**. 在实际中，多重季节模型意味着序列的正规部分与季节部分的动态结构是近似正交的.

为说明航空模型的有用性，重新改写式(2-43)所表示的航空模型为下式：

$$\frac{1-B}{1-\theta B}\left(\frac{1-B^s}{1-\Theta B^s}x_t\right) = a_t$$

设 $y_t = (1-B^s)/(1-\Theta B^s)x_t$，那么有

$$(1-B)y_t = (1-\theta B)a_t, \quad (1-B^s)x_t = (1-\Theta B^s)y_t$$

这里，y_t 是 2.8 节中的指数平滑模型，而 x_t 为另一个带有季节成分的指数平滑模型. 所以，航空模型可以认为是作用于另一个指数平滑模型的指数平滑模型. 其中的一个指数平滑用于通常的序列相关性，而另一个指数平滑用于季节相关性.

例 2.6 在本例中，我们把航空模型应用到可口可乐公司股票从 1983 年 1 季度到 2009 年 3 季度每股季度盈利的对数序列. 基于精确似然法所拟合的模型为

$$(1-B)(1-B^4)x_t = (1-0.4096B)(1-0.8203B^4)a_t, \quad \hat{\sigma}_a^2 = 0.00724$$

其中两个 MA 参数的标准误差分别为 0.0866 和 0.0743，残差的 Ljung-Box 统计量为 $Q(12) = 13.2$，当自由度为 12 时，其 p 值为 0.35. 当调整自由度为 10 时，相应的 p 值为 0.21. 图 2-23 给出了拟合的航空模型的诊断图. 图 2-23a 是标准化残差，该图可以用于检查残差的 iid 假设，并找出数据中可能存在的异常值. 图 2-23b 给出了残差的 ACF 图. 理想情况下，所有的残差 ACF 应该在两倍的标准误差上下限内. 图 2-23c 给出了几个不同 m 值对应的 Ljung-Box 统计量的 p 值. 如果拟合的模型能充分描述数据中的序列相关性，那

么所有这些 p 值应该大于第Ⅰ类错误值. 图 2-23 中的虚线给出了默认的第Ⅰ类错误值 0.05. m 的具体数值可以通过命令 `tsdiag` 的子命令 `gof` 来指定. 基于图 2-23 给出的 3 幅图形, 除了在 1999 年年末可能有异常值外, 模型看起来充分拟合了可口可乐公司股票的季度对数盈利数据. ∎

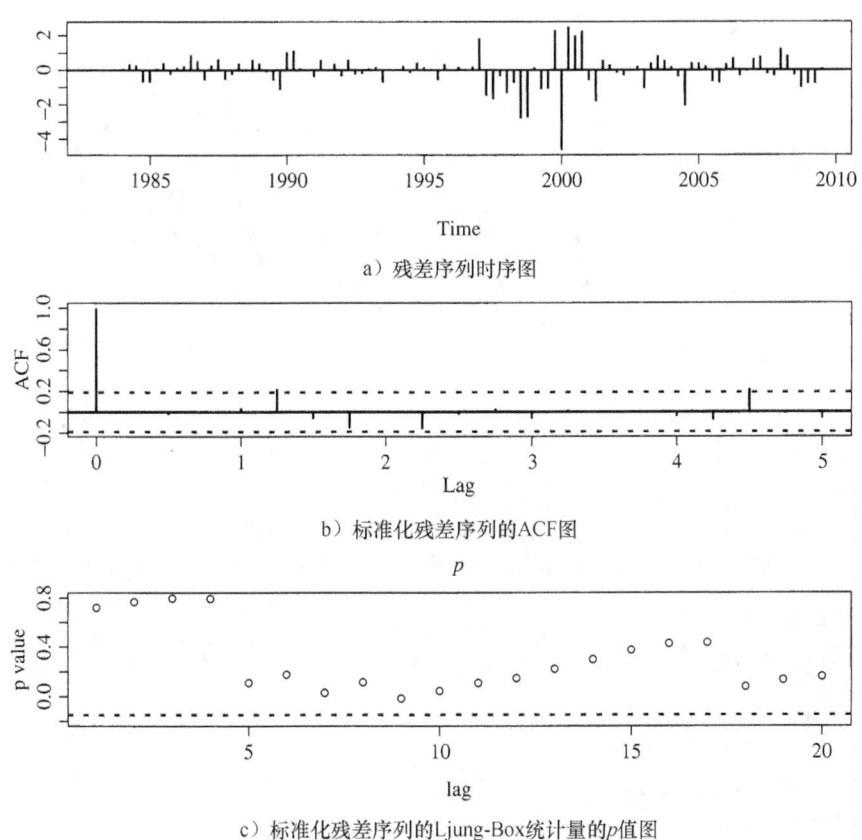

a) 残差序列时序图

b) 标准化残差序列的ACF图

c) 标准化残差序列的Ljung-Box统计量的p值图

图 2-23 可口可乐公司股票从 1983 年第 1 季度到 2009 年第 3 季度每股季度盈利对数序列的拟合的航空模型诊断图

为了说明上述拟合的季节模型的预测性能, 我们利用前 100 个观测值, 即从 1983 年到 2007 年的数据, 重新估计模型的参数, 而把最后 7 个数据点用来进行预测评价. 重新拟合的模型为: $(1-B)(1-B^4)x_t=(1-0.4209B)(1-0.8099B^4)a_t$, $\hat{\sigma}_a^2=0.00743$, 以 $h=100$ 为预测原点, 计算超前 1~7 步预测值和它们的标准误差. 为了得到每股盈利的预测值, 利用第 1 章中给出的正态分布与对数正态分布之间的关系, 先进行反对数变换. 图 2-24 给出了模型的预测表现, 其中实线表示原始序列数据, 预测期的真实观测值用"o"标识, 点预测值用"*"标识. 虚线表示 95% 的区间预测. 从图 2-24 中可看出, 预测显示出强烈的季节性, 并与实际观测值相近. 真实的盈利都位于区间预测内.

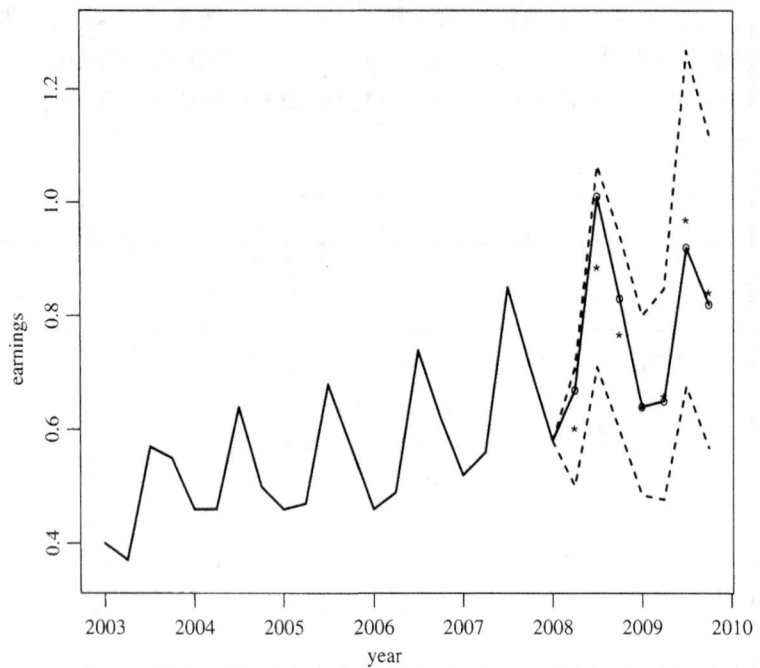

图 2-24 可口可乐公司股票季度盈利的样本外点预测和区间预测. 预测原点为 2007 年. 预测期的真实观测值用"o"标识, 点预测值用"∗"标识, 虚线表示 95% 的区间预测

R 代码演示

```
> da=read.table("q-ko-earns8309.txt",header=T)
> head(da)
    pends  anntime  value
1 19830331 19830426 0.0375
...
6 19840630 19840720 0.0583
> eps=log(da$value)
> koeps=ts(eps,frequency=4,start=c(1983,1))
> plot(koeps,type='l')
> points(koeps,pch=c1,cex=0.6)
% Obtain ACF plot
> par(mfcol=c(2,2))
> koeps=log(da$value)
> deps=diff(koeps)
> sdeps=diff(koeps,4)
> ddeps=diff(sdeps)
> acf(koeps,lag=20)
> acf(deps,lag=20)
> acf(sdeps,lag=20)
> acf(ddeps,lag=20)
% Obtain time plots
> c1=c("2","3","4","1")
> c2=c("1","2","3","4")
> par(mfcol=c(3,1))
```

```
> plot(deps,xlab='year',ylab='diff',type='l')
> points(deps,pch=c1,cex=0.7)
> plot(sdeps,xlab='year',ylab='sea-diff',type='l')
> points(sdeps,pch=c2,cex=0.7)
> plot(ddeps,xlab='year',ylab='dd',type='l')
> points(ddeps,pch=c1,cex=0.7)
% Estimation
> m1=arima(koeps,order=c(0,1,1),seasonal=list(order=c(0,1,1),period=4))
> m1
Call:
arima(x=koeps,order=c(0,1,1),seasonal=list(order=c(0,1,1),period=4))
Coefficients:
          ma1      sma1
       -0.4096  -0.8203
s.e.    0.0866   0.0743

sigma^2 estimated as 0.00724:  log likelihood = 104.25,   aic = -202.5

> tsdiag(m1,gof=20)    % model checking
> Box.test(m1$residuals,lag=12,type='Ljung')
        Box-Ljung test
data:  m1$residuals
X-squared = 13.3034, df = 12, p-value = 0.3474
> pp=1-pchisq(13.30,10)
> pp
[1] 0.2073788     % p-value
% Out-of-sample forecasting
> koeps=log(da$value)
> length(koeps)
[1] 107
> y=koeps[1:100]
> m1=arima(y,order=c(0,1,1),seasonal=list(order=c(0,1,1),period=4))
> m1
Coefficients:
          ma1      sma1
       -0.4209  -0.8099
s.e.    0.0874   0.0767

sigma^2 estimated as 0.007432:  log likelihood = 95.78,   aic = -185.57
% Prediction
> pm1=predict(m1,7)
> names(pm1)
[1] "pred" "se"
> pred=pm1$pred
> se=pm1$se
% Anti-log transformation
> ko=da$value
> fore=exp(pred+se^2/2)
> v1=exp(2*pred+se^2)*(exp(se^2)-1)
> s1=sqrt(v1)
> eps=ko[80:107]
> length(eps)
[1] 28
> tdx=(c(1:28)+3)/4+2002
> upp=c(ko[100],fore+2*s1)
> low=c(ko[100],fore-2*s1)
```

```
> min(low,eps)
[1] 0.37
> max(upp,eps)
[1] 1.267623
> plot(tdx,eps,xlab='year',ylab='earnings',type='l',ylim=c(0.35,1.3))
> points(tdx[22:28],fore,pch='*')
> lines(tdx[21:28],upp,lty=2)
> lines(tdx[21:28],low,lty=2)
> points(tdx[22:28],ko[101:107],pch='o',cex=0.7)
```

在某些应用中，需要应用如下的多重季节模型：
$$(1-B)(1-B^s)x_t = (1-\theta_1 B - \theta_2 B^2)(1-\Theta B^s)a_t$$
特别是，当 $s > 4$ 时. 这里，差分序列 $w_t = (1-B)(1-B^s)x_t$ 的 ACF 可能在滞后阶数为 1、2、$s-2$、$s-1$、s、$s+1$ 和 $s+2$ 时非零. w_t 的样本 ACF 可以用来识别这样的模型.

模型
$$w_t = (1-\theta B - \Theta B^s)a_t \tag{2-44}$$

其中，$|\theta| < 1$ 和 $|\Theta| < 1$，是一个非乘积季节 MA 模型. 显而易见，在式(2-44)的模型中有 $\rho_{s+1} = 0$. 乘积模型比对应的非乘积模型更节省，因为虽然两个模型都用了相同数目的参数，但是乘积模型有更多非零的 ACF.

2.9.3 季节哑变量

当一个时间序列的季节模式是随时间稳定（即，近似于确定性函数）时，可用哑变量（dummy variable）来处理季节性. 这里所谓的季节哑变量，是指用指示变量来代表一年中的各个季节. 对于季度数据，哑变量分别代表春季、夏季、秋季和冬季，其中的 3 个哑变量将用于分析中. 许多分析师采用这种分析方法. 然而，确定性的季节只是前面讨论的多重季节模型的一个特殊情形. 特别地，如果 $\Theta = 1$ 时，模型（式(2-43)）包含一个确定性的季节成分. 因此，当季节模式是确定性时，用哑变量或者多重季节模型都能得到相同的预测结果. 但是，当季节模式不是确定性的时候，哑变量方法会导致较差的预测. 在实际中，我们建议用精确似然法去估计一个多重季节模型，特别是当样本容量较小或可能存在一个确定性的季节成分时.

例 2.7 为了说明确定性的季节性，考虑 CRSP 第 1 个 10 分位（市值最大的公司）指数从 1970 年 1 月到 2008 年 12 月的月简单收益率，共有 468 个观测值. 图 2-25a 给出了序列的时序图，该时序图并没有显示出序列有明显的季节性. 然而，图 2-25b 给出的样本 ACF 在滞后阶数为 12、24、36 以及滞后阶数为 1 处显著不为零. 如果选用季节 ARMA 模型，则模型具有以下形式：
$$(1-\phi_1 B)(1-\phi_{12} B^{12})X_t = (1-\theta_{12} B^{12})a_t$$
其中 X_t 表示月简单收益率. 去除不显著的参数后，拟合的模型为：
$$(1-0.179B)(1-0.989B^{12})X_t = (1-0.913B^{12})a_t, \quad \tilde{\sigma}_a^2 = 0.00472$$
从拟合的模型中可以清楚地看到，季节 AR 和 MA 因子近乎相互抵消. 这表明精确似然方法应用的有效性，并且估计的结果说明可能存在确定性的季节性. 为了进一步证实确定性

的季节性存在的论断, 我们定义关于1月的哑变量, 即

$$\text{Jan}_t = \begin{cases} 1 & t \text{ 是一月} \\ 0 & \text{其他月} \end{cases}$$

并应用简单线性回归

$$X_t = \beta_0 + \beta_1 \text{Jan}_t + e_t$$

拟合的模型为 $X_t = 0.0029 + 0.1253\text{Jan}_t + e_t$, 其中估计的标准误差分别为 0.0033 和 0.0115. 图 2-25a、b 分别给出了上述简单线性回归残差的时序图和残差的样本 ACF. 从样本 ACF 来看, 在滞后阶数为 12、24 和 36 处的序列相关性大大消除了. 这表明通过 1 月哑变量, 已经成功地消除了第 1 个 10 分位收益率的季节模式. 因此, 第 1 个 10 分位的月简单收益率的季节性主要是由于**1月效应**(January effect)导致的. ∎

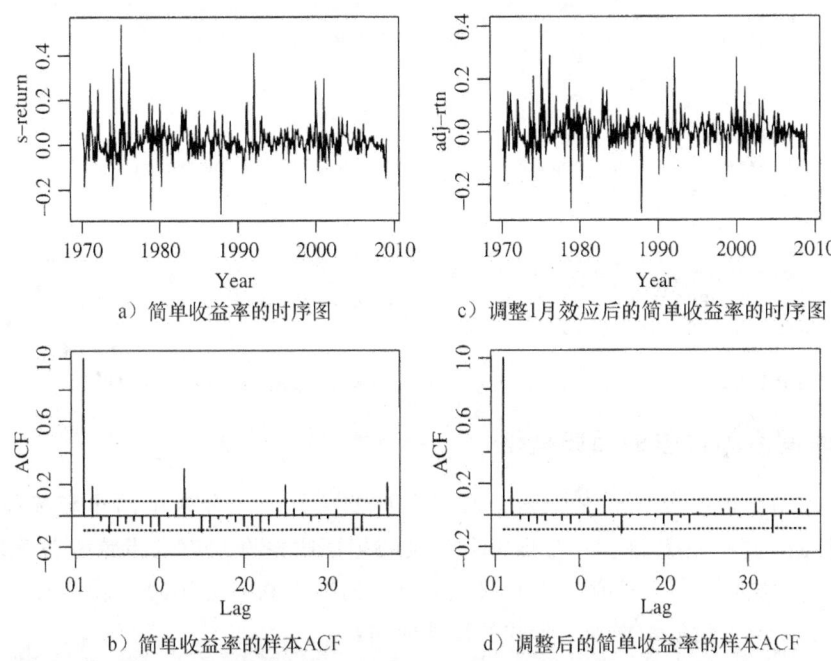

a) 简单收益率的时序图　　c) 调整1月效应后的简单收益率的时序图

b) 简单收益率的样本ACF　　d) 调整后的简单收益率的样本ACF

图 2-25　CRSP 第 1 个 10 分位指数从 1970 年 1 月到 2008 年 12 月的月简单收益率

R 代码演示(输出经过编辑, %表示注解)

```
> da=read.table("m-deciles08.txt",header=T)
> d1=da[,2]
> jan=rep(c(1,rep(0,11)),39) % Create January dummy.
> m1=lm(d1 ~ jan)
> summary(m1)
lm(formula = d1 ~ jan)

Coefficients:
            Estimate Std. Error t value Pr(>|t|)
(Intercept) 0.002864   0.003333   0.859    0.391
jan         0.125251   0.011546  10.848   <2e-16 ***
```

```
---

Residual standard error: 0.06904 on 466 degrees of freedom
Multiple R-squared: 0.2016,    Adjusted R-squared: 0.1999

> m2=arima(d1,order=c(1,0,0),seasonal=list(order=c(1,0,1),
+ period=12))
> m2
Coefficients:
        ar1     sar1      sma1     intercept
      0.1769   0.9882   -0.9144    0.0118    % insignificant intercept
s.e.  0.0456   0.0093    0.0335    0.0129

sigma^2 estimated as 0.004717: log likelihood=584.07, aic=-1158.14
> tsdiag(m2,gof=36)    % plot not shown.

> m2=arima(d1,order=c(1,0,0),seasonal=list(order=c(1,0,1),
+ period=12),include.mean=F)
> m2
Call:
arima(x=d1,order=c(1,0,0),seasonal=list(order=c(1,0,1),period=12),
    include.mean = F)

Coefficients:
        ar1     sar1      sma1
      0.1787   0.9886   -0.9127   % All estimates are significant.
s.e.  0.0456   0.0089    0.0335

sigma^2 estimated as 0.00472: log likelihood=583.68, aic=-1159.36
```

2.10 带时间序列误差的回归模型

在许多应用中，主要兴趣在于两个时间序列的关系上．金融中的**市场模型**(Market Model)显然就是其中一个例子，它要找出个股的超额收益率与市场指数收益率之间的关系．利率的期限结构是另一个例子，它研究的是不同期限利率之间的关系是怎样随时间演变的．这些例子导致我们考虑如下形式的线性回归：

$$y_t = \alpha + \beta x_t + e_t \tag{2-45}$$

其中 y_t 和 x_t 是两个时间序列，e_t 表示误差项．经常用最小二乘(LS)法来估计模型(式(2-45))．若 $\{e_t\}$ 是白噪声序列，则 LS 给出的估计是相合的．然而，在实际中经常遇到误差 e_t 是前后相关的情形．这时，模型(式(2-45))就是一个带时间序列误差的回归模型，最小二乘法(LS)所产生的 α 和 β 的估计可能是不相合的．

带时间序列误差的回归模型在经济、金融中有广泛应用．然而，应用该模型必须小心，不要忽视 e_t 的前后相关性．此模型值得我们仔细研究．

我们通过考虑如下两个美国周利率序列之间的关系来介绍该模型：

1) x_{1t}：一年期固定期限国库券利率．
2) x_{3t}：三年期固定期限国库券利率．

这两个序列都是以百分数给出,观测时间都是从 1962 年 1 月 5 日至 2009 年 10 月 4 日,都有 2467 个观测值,数据是从圣路易斯联邦储备银行得到的. 严格地讲,应该利用多元时间序列分析对这两个利率序列联合建模(Tsay,2010,第 8 章). 然而,为了简单起见,我们将注意力放在回归类型的分析上,并且忽略它们的同时性.

图 2-26 是上述两个利率序列的时序图,实线是一年期的利率,虚线是三年期的利率. 图 2-27a 是 x_{1t} 和 x_{3t} 的散点图,正好与预期的一样,这两种利率是高度相关的. 描述这两种利率之间关系的一个简单方式是利用简单模型 $x_{3t}=\alpha+\beta x_{1t}+e_t$,所拟合的模型是

$$x_{3t} = 0.832 + 0.930 x_{1t} + e_t, \quad \hat{\sigma}_e = 0.523 \tag{2-46}$$

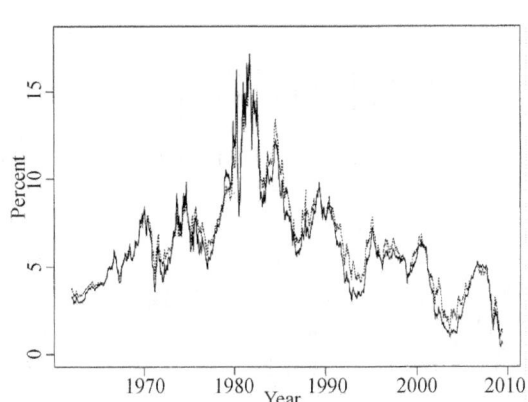

图 2-26 从 1962 年 1 月 5 日到 2009 年 4 月 10 日美国周利率(百分比)的时序图:实线是一年期固定期限国债利率,虚线是三年期固定期限国债利率

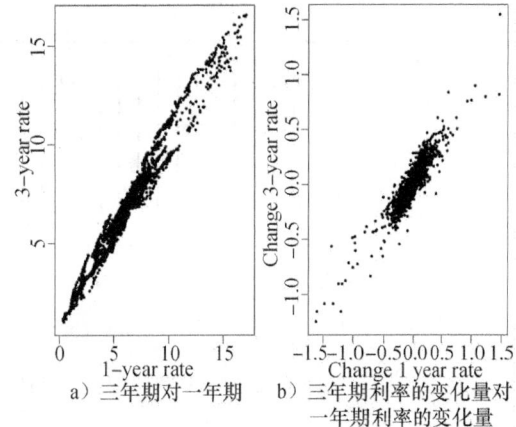

a) 三年期对一年期　　b) 三年期利率的变化量对一年期利率的变化量

图 2-27 从 1962 年 1 月 4 日到 2009 年 4 月 10 日美国周利率的散点图

其中 $R^2=96.5\%$,两个系数的标准误差分别为 0.024 和 0.004. 模型(式(2-46))证实了两种利率之间的高度相关性. 然而,由图 2-28 所示的该模型残差时序图及残差 ACF 可见,该模型是严重不充分的. 特别地,残差的样本 ACF 是高度显著的,并且缓慢衰减,显示出单位根非平稳时间序列的特点. 残差的表现说明两种利率间存在明显的差异. 利用现代计量经济学方法,如果我们假定两个利率序列都是单位根非平稳的,那么式(2-46)中残差的表现说明这两种利率序列不是**协整的**(cointegrated),见 Tsay,(2010,第 8 章)关于协整的讨论). 换言之,数据不支持关于两种利率间存在长期均衡关系的假设. 从某种意义上讲,这不意外,因为"逆收益曲线"(inverted yield curve)在数据所在的时间段内出现了. "逆收益曲线"指的是利率与它们离到期日的时间长短逆相关.

两个利率序列和式(2-46)中的残差的单位根表现使我们想到考虑利率变化量序列. 令

1) $c_{1t}=x_{1t}-x_{1,t-1}=(1-B)x_{1t}$,$t\geqslant 2$:一年期利率的变化量.
2) $c_{3t}=x_{3t}-x_{3,t-1}=(1-B)x_{3t}$,$t\geqslant 2$:三年期利率的变化量.

并考虑线性回归 $c_{3t}=\beta c_{1t}+e_t$. 图 2-29 所示的是两个变化量序列的时序图,而图 2-27b 所示的是它们之间的散点图. 这两个变化量序列仍然是高度相关的,对它们拟合的线性回归模型为

$$c_{3t} = 0.792c_{1t} + e_t, \quad \hat{\sigma}_e = 0.0690 \tag{2-47}$$

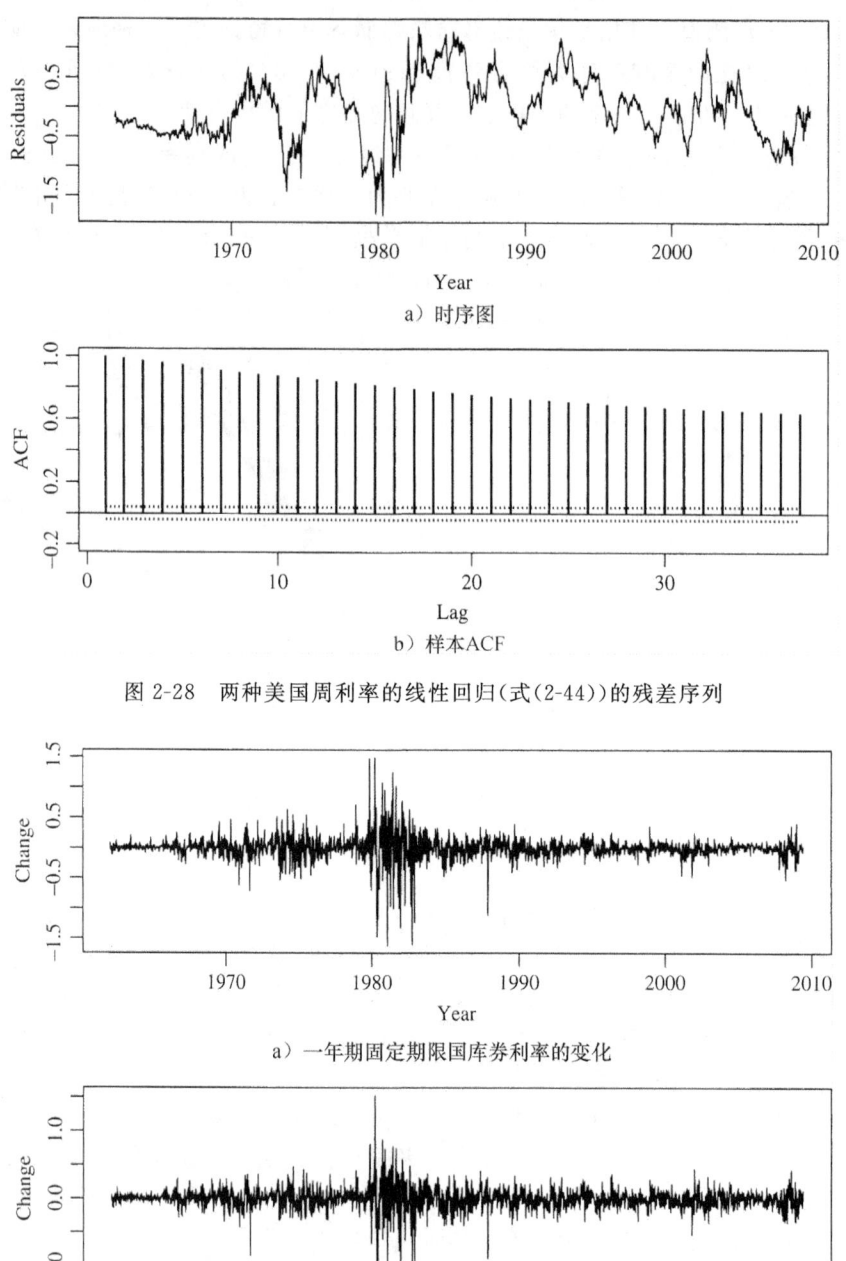

图 2-28 两种美国周利率的线性回归(式(2-44))的残差序列

图 2-29 从 1962 年 1 月 12 日到 1999 年 9 月 10 日美国周利率变化量序列的时序图

其中 $R^2=82.5\%$，系数的标准误差是 0.0073. 此模型进一步证实了两种利率间很强的线性相关性. 图 2-30 给出了式(2-47)残差的时序图和样本 ACF. 该样本 ACF 又表明残差中有一些显著的前后相关性，但相关系数的绝对值很小. 残差的这种弱前后相关性能用前面几节中讨论的简单时间序列模型来描述，从而得到一个带时间序列误差的线性回归.

这一节的主要任务是讨论用一个简单方法来建立带时间序列误差的线性回归模型. 这种方法是直接的. 我们对残差序列选用一个本章所讨论过的简单时间序列模型，然后联合估计整个模型. 为了说明，考虑式(2-47)中的简单线性回归. 因为模型的残差是前后相关的，所以我们给残差识别一个简单的 ARMA 模型. 从图 2-30 的样本 ACF 看出，MA(1)模型对残差序列是适合的，把线性回归模型修改为

$$c_{3t} = \beta c_{1t} + e_t, \quad e_t = a_t - \theta_1 a_{t-1} \tag{2-48}$$

其中$\{a_t\}$是一个白噪声序列. 换句话说，我们简单地用不带常数项的 MA(1)模型来刻画式(2-47)中误差项的前后相关性. 结果得到的模型是带时间序列误差的线性回归模型的简单例子. 在实际应用中，可把更复杂的时间序列模型加到线性回归方程上去，形成通用的带时间序列误差的回归模型.

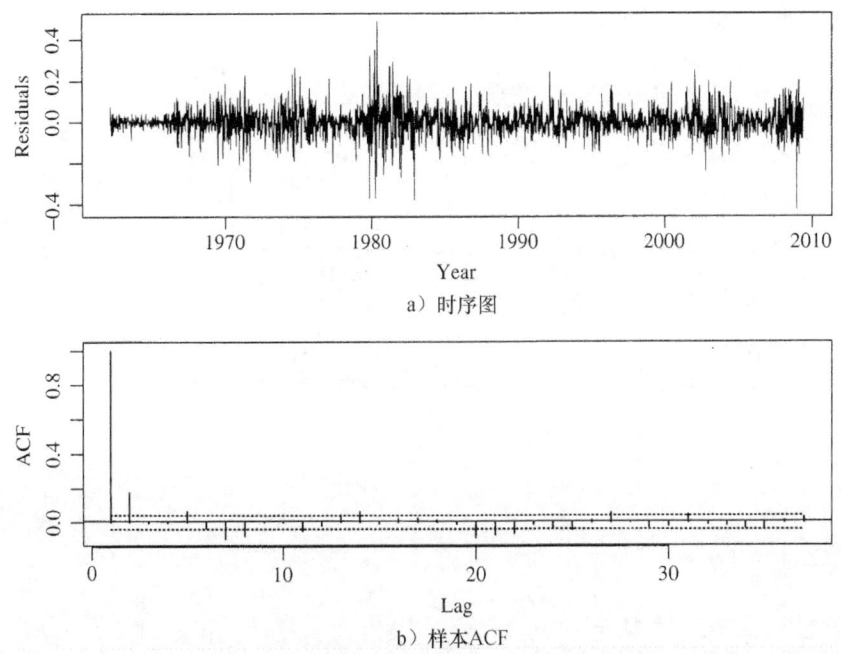

图 2-30 两种美国周利率变化的线性回归(式(2-45))的残差序列

在现代计算机出现之前，估计带时间序列误差的回归模型不是一件容易的事. 人们提出一些特殊的方法，如 Cochrane-Orcutt 估计量，来处理残差中的前后相关性(Greene, 2003, 第 273 页). 但现在这种估计与其他时间序列模型的估计一样容易. 若所用的时间序列模型是平稳的、可逆的，则可用最大似然法把模型一起估计出来. 这就是我们应用 R 的命令 arima 时所应用的方法. 对美国的周利率数据，所拟合的模型(式(2-48))为

$$c_{3t} = 0.794c_{1t} + e_t, \quad e_t = a_t + 0.1823a_{t-1}, \quad \hat{\sigma}_a = 0.0678 \tag{2-49}$$

其中 $R^2 = 83.1\%$，参数的标准误差分别为 0.0075 和 0.0196. 此模型不再有显著的滞后阶数为 1 的残差 ACF，虽然在滞后阶数为 4、6 和 7 时残差有较小的前后自相关性，但是，如果在残差方程中加上滞后阶数为 4、6 和 7 的 MA 系数，结果改进并不大，这里没有给出具体结果.

比较式(2-46)、式(2-47)和式(2-49)这三个模型，我们观察到如下几点：第一，模型(式(2-46))的高 R^2 (96.5%) 和系数(0.930)导致人们的错误认识，因为该模型的残差有强烈的前后相关性. 第二，对于利率变化量序列，式(2-47)和式(2-49)对应模型的 R^2 和 c_{1t} 的系数都很接近. 这说明对这个具体例子来说，给变化量序列加上一个 MA(1) 模型所得到的改进不大. 这一点不出乎意料，因为估计出的 MA 系数不是较大的数值，尽管它是高度统计显著的. 第三，上述分析表明在线性回归分析中检验残差的前后相关性是很重要的.

从式(2-49)，该模型表明前述两个周利率序列有如下关系：

$$x_{3t} = x_{3,t-1} + 0.794(x_{1t} - x_{1,t-1}) + a_t + 0.182a_{t-1}$$

这两种利率是相互影响并前后相关的.

R 代码演示（输出经过编辑）

```
> r1=read.table("w-gs1yr.txt",header=T)[,4]
> r3=read.table("w-gs3yr.txt",header=T)[,4]
> m1=lm(r3~r1)
> summary(m1)
Call:
lm(formula = r3 ~ r1)
Coefficients:
            Estimate Std. Error t value Pr(>|t|)
(Intercept)  0.83214    0.02417   34.43   <2e-16 ***
r1           0.92955    0.00357  260.40   <2e-16 ***
---
Residual standard error: 0.5228 on 2465 degrees of freedom
Multiple R-squared: 0.9649,    Adjusted R-squared: 0.9649

> plot(m1$residuals,type='l')
> acf(m1$residuals,lag=36)
> c1=diff(r1)
> c3=diff(r3)
> m2=lm(c3~-1+c1)
> summary(m2)
Call:
lm(formula = c3 ~ -1 + c1)
Coefficients:
   Estimate Std. Error t value Pr(>|t|)
c1 0.791935   0.007337   107.9   <2e-16 ***
---
Residual standard error: 0.06896 on 2465 degrees of freedom
Multiple R-squared: 0.8253,    Adjusted R-squared: 0.8253

> acf(m2$residuals,lag=36)

> m3=arima(c3,order=c(0,0,1),xreg=c1,include.mean=F)
> m3
```

```
Call:
arima(x = c3, order = c(0, 0, 1), xreg = c1, include.mean = F)
Coefficients:
         ma1      c1
      0.1823   0.7936
s.e.  0.0196   0.0075

sigma^2 estimated as 0.0046: log likelihood=3136.62, aic=-6267.23
>
> rsq=(sum(c3^2)-sum(m3$residuals^2))/sum(c3^2)
> rsq
[1] 0.8310077
```

小结

我们给出分析带时间序列误差的线性回归模型的一般步骤：

1) 拟合一个线性回归模型并检验其残差的前后相关性.

2) 如果残差序列是单位根非平稳的，则对因变量和解释变量都做一阶差分. 然后对两个差分后的序列进行第 1 步. 若这时的残差序列是平稳的，则对残差识别一个 ARMA 模型并相应地修改线性回归模型.

3) 用最大似然法进行联合估计，并对模型进行检验，查看是否需要进一步改进.

为检验残差的前后相关性，我们推荐使用 Ljung-Box 统计量，而不使用 Durbin-Watson(DW)统计量，因为后者只考虑滞后阶数为 1 的前后相关性. 有时残差的前后相关性表现在高阶间隔上，尤其是在所涉及的时间序列呈现某种季节性的时候.

注记：设有残差序列 e_t 的 T 个观察值，Durbin-Watson 统计量是

$$\mathrm{DW} = \frac{\sum_{t=2}^{T}(e_t - e_{t-1})^2}{\sum_{t=1}^{T} e_t^2}$$

直接计算表明 DW$\approx 2(1-\hat{\rho}_1)$，其中 $\hat{\rho}_1$ 是 $\{e_t\}$ 的滞后阶数为 1 的 ACF. ∎

注记：在一些应用中，人们可能着重于对线性回归模型做出推断，而不是直接对残差序列的相关性结构感兴趣. 这时候，得到回归系数的协方差矩阵的相合估计就足够了. 在出现相关性和条件异方差时，文献中有多个方法可以用来估计回归系数的协方差矩阵. 感兴趣的读者可以参阅 Tsay(2010, 2.10 节). ∎

2.11 长记忆模型

我们已经讨论过，平稳序列的 ACF 在滞后阶数增加时呈指数衰减. 但是，对单位根非平稳时间序列，可以证明对任意固定的滞后阶数，当样本容量增加时，样本 ACF 收敛于 1(Chan 和 Wei(1988)；Tiao 和 Tsay(1983)). 另外也存在一些时间序列，随着滞后阶数的增加它们的 ACF 以多项式的速度缓慢衰减到 0. 这些时间序列称为**长记忆时间序列**(long-memory time series). 长记忆时间序列的一个例子就是如下定义的**分数差分序列**：

$$(1-B)^d x_t = a_t \quad -0.5 < d < 0.5 \tag{2-50}$$

其中$\{a_t\}$是一个白噪声序列. 模型(式(2-50))的性质已在文献中得到广泛的研究(Hosking, 1981). 我们把它的一些性质概括如下:

1) 若$d<0.5$, 则x_t是弱平稳过程并有无穷阶 MA 表示:

$$x_t = a_t + \sum_{i=1}^{\infty} \psi_i a_{t-i}$$

其中

$$\psi_k = \frac{d(1+d)\cdots(k-1+d)}{k!} = \frac{(k+d-1)!}{k!(d-1)!}$$

2) 若$d>-0.5$, 则x_t是可逆的并有无穷阶 AR 表示:

$$x_t = \sum_{i=1}^{\infty} \pi_i x_{t-i} + a_t$$

其中

$$\pi_k = \frac{-d(1-d)\cdots(k-1-d)}{k!} = \frac{(k-d-1)!}{k!(-d-1)!}$$

3) 对$-0.5<d<0.5$, x_t的 ACF 为

$$\rho_k = \frac{d(1+d)\cdots(k-1+d)}{(1-d)(2-d)\cdots(k-d)}, \quad k=1,2,\cdots$$

特别地, $\rho_1 = d/(1-d)$, 且当$k\to\infty$时

$$\rho_k \approx \frac{(-d)!}{(d-1)!} k^{2d-1}$$

4) 对$-0.5<d<0.5$, x_t的偏自相关函数(PACF)为$\phi_{k,k}=d/(k-d)$, $k=1,2,\cdots$.

5) 对$-0.5<d<0.5$, 作为x_t的 ACF 的傅里叶变换的x_t的谱密度函数$f(\omega)$, 它满足

$$f(\omega) \sim \omega^{-2d}, \quad \omega \to 0 \tag{2-51}$$

其中$\omega \in [0, 2\pi]$表示频率.

当$d<0.5$时, 我们对x_t的 ACF 的性质特别感兴趣. 这个性质表明$\rho_k \sim k^{2d-1}$是以多项式速度衰减, 而不是以指数速度衰减. 正因为这个原因, 这样的x_t过程称为长记忆时间序列. 式(2-51)中的谱密度的特殊特征是, 当$\omega \to 0$时谱发散到无穷. 然而, 平稳 ARMA 过程的谱密度函数对所有$\omega \in [0, 2\pi]$是有界的.

前面我们用到了非整数幂的二项式定理:

$$(1-B)^d = \sum_{k=0}^{\infty} (-1)^k \binom{d}{k} B^k, \quad \binom{d}{k} = \frac{d(d-1)\cdots(d-k+1)}{k!}$$

若分数差分序列$(1-B)^d x_t$服从一个 ARMA(p, q)模型, 则称x_t为一个 ARFIMA(p, d, q)过程, 它是 ARIMA 模型的推广, 这里允许d为非整数.

在实际中, 如果一个时间序列的样本 ACF 在数值上不大, 但衰减得很慢, 则该序列可能有长记忆. 作为说明, 图 2-31 所示的是 1970 年 1 月 2 日至 2008 年 12 月 31 日的 CRSP 价值加权指数和等权重指数的日简单收益率的绝对值序列的样本 ACF 值. 可见 ACF 的数值相对较小, 但衰减得很慢, 甚至在滞后阶数为 300 之后还是在 5% 的水平下是显著的. 对于绝对值收益率序列的样本 ACF 的表现, 更多的讨论参见 Ding 等(1993). 对式(2-50)中的纯分数差分模型, 我们可以用最大似然法或带低频对数周期图的回归方法来估计d.

可以参考，例如 Geweke 和 Porter-Hudak(1982)的工作．最后，长记忆模型在金融文献中受到关注，部分原因是由于在连续时间模型中关于分形布朗运动的工作．

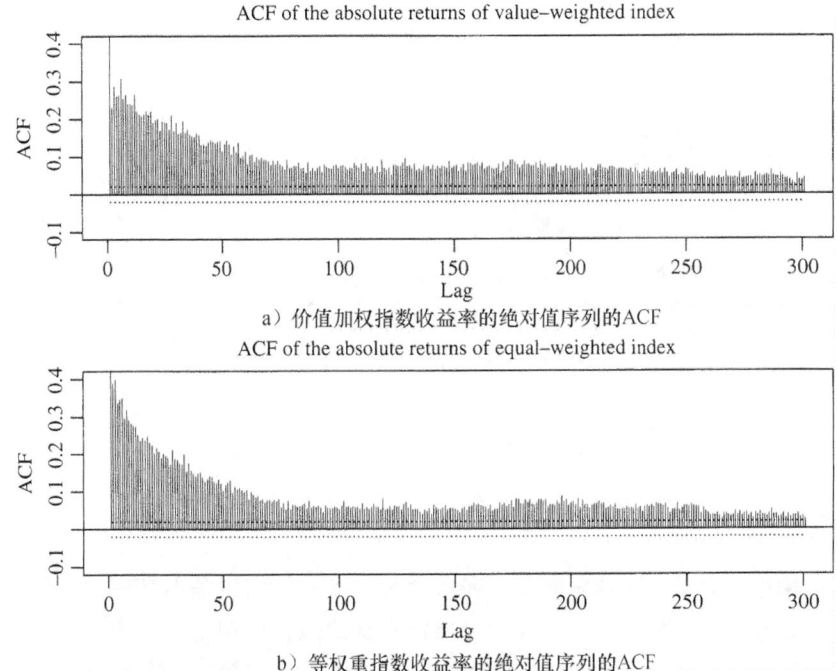

图 2-31　CRSP 价值加权指数和等权重指数的日简单收益率的绝对值序列的样本
ACF．样本周期为 1970 年 1 月 2 日到 2008 年 12 月 31 日

例 2.8　为了说明长记忆时间序列的建模，我们考虑 CRSP 价值加权指数从 1970 年 1 月 2 日到 2008 年 12 月 31 日的绝对日收益率．图 2-31a 给出了序列的样本 ACF 图．把该序列作为纯分数差分过程并应用 Geweke-Porter-Hudak 方法，我们得到 $\hat{d}=0.372$，标准误差为 0.070．该估计值的确在平稳和可逆的区间(0，0.5)内．如果我们应用 AFRIMA(1，d，1)模型，并应用最大似然估计法，我们得到拟合的模型为

$$(1-0.113B)(1-B)^{0.491}y_t = (1-0.576B)a_t$$

其中 y_t 是绝对收益，估计的标准误差按照出现顺序分别为 0.006、0.008 和 0.006．这些估计是高度显著的．特别地，分数参数的估计接近非平稳的边界 0.5．最后，可以应用 R 的 fracdiff 添加包来估计 AFRIMA(p，d，q)模型．∎

R 代码演示

```
> library(fracdiff)
> da=read.table("d-ibm3dx7008.txt",header=T)
> head(da)
      Date       rtn     vwretd    ewretd    sprtrn
1 19700102  0.000686  0.012137  0.033450  0.010211
 ....
6 19700109 -0.001353 -0.002797 -0.002923 -0.003021
> ew=abs(da$vwretd)
% obtain Geweke-Port-Hudak estimate using command fdGPH
```

```
> m3=fdGPH(ew)
> m3
$d
[1] 0.3722260
$sd.as
[1] 0.0698385
$sd.reg
[1] 0.06868857
% Maximum likelihood estimation of an AFRIMA(1,d,1) model.
> m2=fracdiff(ew,nar=1,nma=1)
> summary(m2)
Call:
  fracdiff(x = ew, nar = 1, nma = 1)

Coefficients:
    Estimate Std. Error z value Pr(>|z|)
d   0.490938   0.007997   61.39   <2e-16 ***
ar  0.113389   0.005988   18.94   <2e-16 ***
ma  0.575895   0.005946   96.85   <2e-16 ***
---
[d.tol = 0.0001221, M = 100, h = 0.0003742]
Log likelihood: 3.551e+04 ==> AIC = -71027.02 [1 deg.freedom]
```

2.12 模型比较和平均

在实际应用中,对于一个给定时间序列来说完全正确的模型是不存在的. 所有的统计模型都只能估计数据的动态相关性, 而且适合给定数据的拟合模型不止一个. 这样, 就会产生多个模型如何比较的问题. 本节中, 我们将介绍比较时间序列模型的两种方法. 这两种方法都属于统计准则, 它们提供了模型选择的一些规则. 然而, 它们也只是一些参考规则, 事实上, 在选择模型时数据分析的目的和所考虑问题的实际信息都是要考虑的重要因素.

2.12.1 样本内比较

如果数据分析的目的是为了研究一个时间序列的动态结构, 那么我们可以用样本内方法来比较不同的模型. 样本内法就是利用所有数据来进行模型估计和比较. 这样, 信息准则(如 AIC 和 BIC)和残差方差的估计都可用来进行模型比较. 如果选定其中一个准则, 那么它的值越小, 模型就越好. 例如, 考虑 CRSP Decile 1 指数从 1970 年 1 月到 2008 年 12 的数据, 我们利用例 2.7 中的季节 ARMA 模型和 1 月为哑变量的回归模型. 对于该回归模型, 残差的标准误差是 0.069, 而在季节 ARMA 模型中该值为 $\sqrt{0.00472}=0.0687$. 如果样本内比较法把残差的标准误差作为模型选择标准, 那么就会选择季节 ARMA 模型. 对于这个例子, 这两个模型间的差别很小.

2.12.2 样本外比较

若建立时间序列模型是为了预测, 那么进行模型比较就要考虑模型的预测能力. 在进行样本外比较时, 一般用预测误差的均方(Mean Square of Forecast Error, MSFE)来量化模型的预测能力. 这种模型比较的方法在金融文献中叫做**回测检验**(backtesting). 我们利用超前1步预测来介绍这种方法. 不过, 该方法对超前多步预测也适用.

回测检验

统计模型回测检验的步骤如下:

1) 将数据集分割为估计子样本和预测子样本. 这里没有具体的指导准则, 但是每一个子样本要包含足够多的数据点, 确保估计和 MSFE 的计算尽可能准确.

2) 用估计子样本中的数据进行估计, 利用拟合模型得到超前1步预测和它的预测误差. 具体地, 我们假设估计子样本是 $\{x_t|t=1,\cdots,h\}$. 用前 h 个数据点来计算超前1步预测 $\hat{x}_h(1)$ 和它的预测误差 $e_h(1)=x_{h+1}-\hat{x}_h(1)$. 模型估计过程中没有用到数据点 x_{h+1}.

3) 对估计子样本添加一个新的数据点, 变为 $\{x_t|t=1,\cdots,h+1\}$. 用前 $h+1$ 个数据点重新估计模型, 计算超前1步预测和它的预测误差. 也就是, 计算 $e_{h+1}(1)=x_{h+2}-\hat{x}_{h+1}(1)$, 其中 $\hat{x}_{h+1}(1)$ 是以 $h+1$ 为预测原点的新拟合模型的超前1步预测.

4) 重复步骤3), 直到超前1步预测误差为 $e_{T-1}(1)=x_T-\hat{x}_{T-1}(1)$, T 为样本量.

那么, 模型的 MSFE 是

$$\text{MSFE}(m)=\frac{\sum_{j=h}^{T-1}[e_j(1)]^2}{T-h}$$

其中 m 表示所用的模型. 我们把最小 MSFE 对应的模型作为这组数据的最好模型. 在实际中, 我们用 MSFE 的平方根, 而不是 MSFE 本身. 度量模型预测能力的其他度量有平均绝对预测误差(Mean absolute Forecast Error, MAFE)和偏差(Bias), 它们分别定义为:

$$\text{MAFE}(m)=\frac{\sum_{j=h}^{T-1}|e_j(1)|}{T-h}, \quad \text{Bias}(m)=\frac{\sum_{j=h}^{T-1}e_j(1)}{T-h}$$

例 2.9 考虑从1947年第1季度到2010年第2季度的美国季度实际GDP. GDP 数据来源于圣路易斯(St Loius)联邦储备银行(Federal Reserve Bank), 已做了季度调整, 以2005年 GDP 为基础进行通胀调整, 以10亿美元为单位(billions of chained 2005 dollars). 图2-32表明

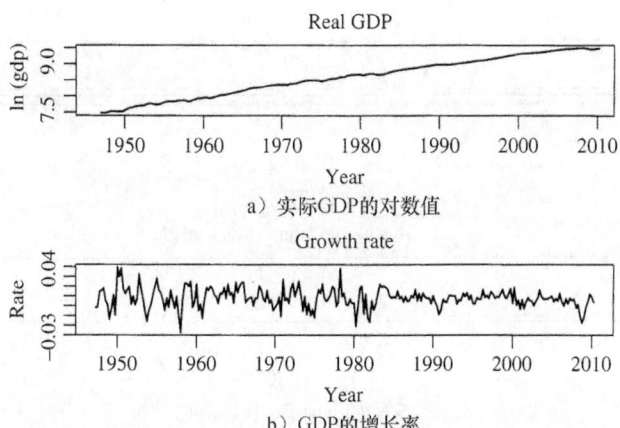

a) 实际GDP的对数值

b) GDP的增长率

图2-32 从1947年第1季度到2010年第2季度美国实际季度GDP的时序图

实际季度 GDP 的对数值和增长率序列. 我们关注的是增长率序列, 记为 x_t. 图 2-33 显示了 x_t 的样本 ACF 和 PACF. 从这个图可以看出, 它们衰减的速度很快. PACF 说明该数据可以用 AR(3) 模型. 利用 R 语言中的 ar 命令获取的 AIC 值也表明, AR(3) 模型较好. 拟合的模型为:

$$(1 - 0.346B - 0.130B^2 + 0.123B^3)(x_t - 0.0079) = a_t, \quad \hat{\sigma}_a^2 = 8.32 \times 10^{-5} \quad (2\text{-}52)$$

其中估计的标准误差依次分别是 0.062、0.066、0.062 和 0.0009. 拟合的 AR(3) 模型的 AIC 是 -1648.45. 图 2-34 表明 AR(3) 模型的模型检验统计量. 这些图可以说明 AR(3) 模型是充分的.

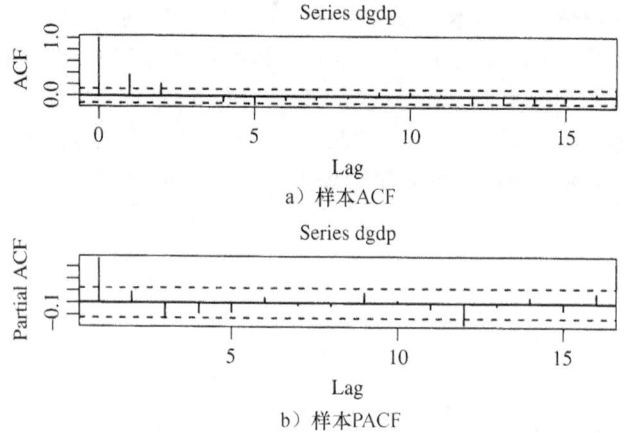

图 2-33 美国从 1947 年第 2 季度到 2010 年第 2 季度的季度实际 GDP 增长率的样本 ACF 和 PACF. 虚线表示两个标准误差的上下限

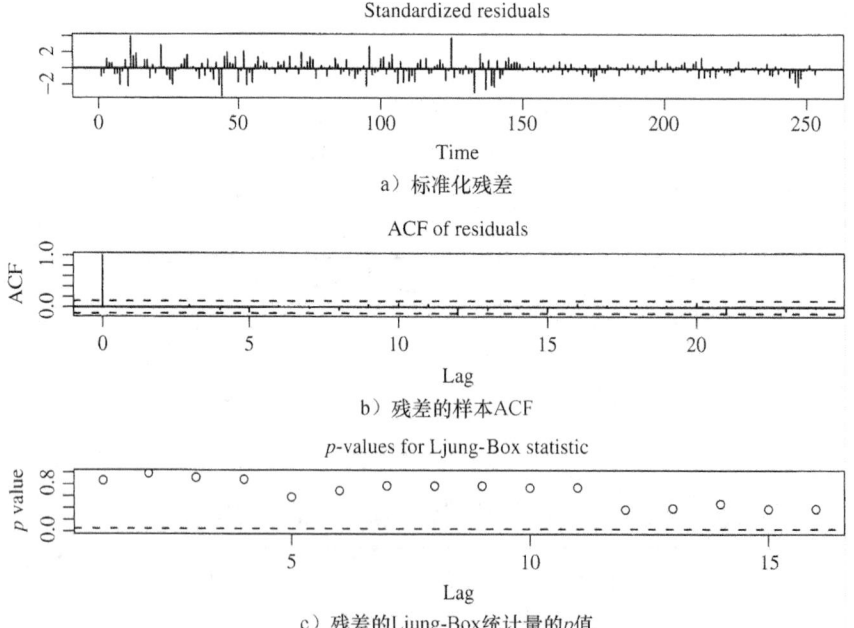

图 2-34 从 1947 年第 2 季度到 2010 年第 2 季度美国的实际季度 GDP 增长率的拟合 AR(3) 模型的检验

由于数据已做了季节调整，所以为了进行模型比较，我们也使用季节模型
$$(1-0.331B-0.152B^2+0.110B^3)(1-0.497B^4)(x_t-0.0079)=(1-0.587B^4)a_t \tag{2-53}$$
其中估计的标准误差分别是 0.063、0.067、0.064、0.258、0.0008 和 0.236，残差方差是 $\widetilde{\sigma}_a^2 = 8.24 \times 10^{-5}$. 季节 AR 参数仅仅略微显著. 模型检验不能说明拟合的季节模型不充分性. 模型(式(2-53))的 AIC 是 -1646.93. ∎

现在，我们对式(2-52)和式(2-53)的模型进行比较. 用样本内比较法，AIC 选择 AR(3)模型. 用样本外法进行比较，以 2000 年第四季度为预测原点，按照回测检验的步骤，在预测时间段内有 38 个季度. 对于超前 1 步预测来说，AR(3)模型和季节模型的预测误差的平方根分别为 0.006 15 和 0.006 32，这说明 AR(3)模型更好. 平均绝对预测误差分别是 0.004 43 和 0.004 55，这也说明 AR(3)模型比季节模型好.

最后，上例中，对于实际 GDP 增长率序列来说，样本内和样本外法都选择了同一个 AR(3)模型. 在实际应用中，样本内和样本外法可能会选择不同的模型，初始预测原点的选取也可能影响模型的选择结果. 因此，我们建议选取不同的初始预测原点进行比较，以便更好地理解模型比较的结果.

注记：例 2.9 的回测检验是用 R 脚本 backtest 来实现的，可以在本书的网站下载. ∎

R 代码演示

```
> da=read.table("q-gdpc96.txt",header=T)
> head(da)
  Year Mon Day      gdp
1 1947   1   1 1772.204
....
6 1948   4   1 1856.930
> gdp=log(da$gdp)
> dgdp=diff(gdp)

> m1=ar(dgdp,method='mle')
> m1$order
[1] 3
> m2=arima(dgdp,order=c(3,0,0))
> m2
Coefficients:
         ar1     ar2      ar3  intercept
      0.3462  0.1299  -0.1225     0.0079
s.e.  0.0623  0.0655   0.0624     0.0009

sigma^2 estimated as 8.323e-05: log likelihood=829.23, aic=-1648.45

> m3=arima(dgdp,order=c(3,0,0),season=list(order=c(1,0,1),period=4))
> m3
Coefficients:
         ar1     ar2      ar3    sar1     sma1  intercept
      0.3305  0.1521  -0.1103  0.4966  -0.5865     0.0079
s.e.  0.0633  0.0668   0.0635  0.2578   0.2357     0.0008
```

```
sigma^2 estimated as 8.24e-05: log likelihood=830.47, aic=-1646.93
>
> source("backtest.R")      % Perform backtest
> mm2=backtest(m2,dgdp,215,1)
[1] "RMSE of out-of-sample forecasts"
[1] 0.006153102
[1] "Mean absolute error of out-of-sample forecasts"
[1] 0.004430387
> mm3=backtest(m3,dgdp,215,1)
[1] "RMSE of out-of-sample forecasts"
[1] 0.006322009
[1] "Mean absolute error of out-of-sample forecasts"
[1] 0.004553896
```

2.12.3 模型平均

当有多个模型可以很好地拟合给定的时间序列数据时,我们除了从中选择某个模型外,也可以利用所有这些模型产生一个组合预测.这种技术在统计文献中叫做模型平均(model averaging).假设有 m 个可用模型,它们都能给出一个时间序列的无偏预测.这里无偏预测是指相关联的预测误差的期望为 0. 令 $\hat{x}_{i,h+1}$ 是模型 i 在预测原点 h 的超前 1 步预测,那么组合预测可定义为

$$\hat{x}_{h+1} = \sum_{i=1}^{m} w_i \, \hat{x}_{i,h+1}$$

其中 w_i 是一个非负实数,表示模型 i 的权重,满足 $\sum_{i=1}^{m} w_i = 1$. 权重 w_i 可以通过多种方式来确定. 比如,在贝叶斯推断中,w_i 是模型 i 的后验概率. 这里,我们采用简单平均,即 $w_i = \dfrac{1}{m}$. 有限的经验表明,这种简单平均在实际中很有效.

习题

除非特别声明,在以下习题中都用 5% 的显著性水平来得出结论.

1. 考虑从 1948 年 1 月到 2011 年 11 月美国失业率的月数据(见文件 m-unrate-4811.txt),数据来自美国圣路易斯的联邦储备银行.
   (a) 该失业率的月数据是否存在单位根?为什么?
   (b) 根据该数据建立一个时间序列模型并检验模型是否已充分拟合数据.然后,根据所建立的模型对美国 2011 年 12 月和 2012 年前 3 个月的失业率进行预测.(注意:适合该数据的模型不止一个,只要模型充分即可.)
   (c) 拟合的模型是否存在商业周期?为什么?

2. 以 NYSE/AMEX/NASDAQ 的市场资本为基础考虑 CRSP Decile 1、2、5、9、10 投资组合的月简单收益率.该数据的时间区间是从 1961 年 1 月到 2011 年 9 月.
   (a) 对于 Decile 2 和 Decile 10 的收益序列,在 5% 的显著性水平下检验:原假设是滞后阶数为 1~12 的自相关系数均为 0. 给出你的结论.
   (b) 对于 Decile 2 的收益率序列建立一个 ARMA 模型,对模型进行检验并写出拟合的模型.
   (c) 利用拟合的 ARMA 模型对序列进行超前 1~12 步预测,并给出预测的相关标准误差.

3. 考虑在 2007 年 1 月 2 日到 2011 年 12 月 23 日期间,苹果公司股票每天的股价波动幅度(即当天的最高价减去当天的最低价). 这个数据可以用 R 添加包 quantmod 从雅虎财经获得. 计算这个时间序列开始 100 滞后期数的 ACF 值,存在长范围相依的证据吗? 为什么? 如果这个数据存在长记忆,请建立该数据的 ARIMA 模型.

4. 考虑 Moody 公司 Aaa 和 Baa 级季度债券从 1919 年 1 月到 2011 年 11 月的月收益率. 该数据源于美国圣路易斯联邦储备银行的 FRED. 考虑 Aaa 债券的月对数收益率序列,建立时间序列模型并对模型进行检验.

5. 继续考虑 Aaa 债券的月对数收益序列,利用指数平滑法求超前 1~12 步的样本外预测,预测原点是 2010 年 11 月.

6. 考虑前面所讨论的两个债券的收益率序列,它们之间存在什么关系? 为了回答这个问题,首先对数据取对数,然后利用 Baa 级债券的收益率作为解释变量,建立 Aaa 级债券收益率数据的时间序列模型. 写出拟合的模型并对模型进行检验.

7. 考虑强生(Johnson&Johnson)公司股票从 1992 年第 1 季度到 2011 年第 2 季度每股季度收益数据. 文本文件 q-jnj-earns-9211.txt 中的数据来源于 Thomson Reuters 的 Fisrt Call Historical Database. 如果需要可以对数据取对数. 建立时间序列模型并进行模型检验,写出所拟合的模型. 利用 1992 年到 2008 年的数据重新进行拟合,并写出季度收益的超前 1~10 步预测,画出预测值的时序图.

8. 考虑美国从 1947 年第 1 季度到 2011 年第 3 季度的季度实际 GNP,该数据存放于文件 q-GNPC96.txt 中,数据已做了季节调整,以 2005 年 GNP 为基础进行了通胀调整,以 10 亿美元为单位(billions of chained 2005 dollars). 假设 x_t 代表 GNP 增长率的时间序列数据.

    (a) 通过 ar 命令,应用 AIC 准则,可以为 x_t 识别一个 AR(4)模型. 拟合这个模型,拟合的模型充分吗? 为什么?

    (b) 数据 x_t 的样本 PACF 识别的是 AR(3)时间序列模型. 拟合这个模型,拟合的模型充分吗? 为什么?

    (c) 如果用样本内法进行比较,哪个模型好? 为什么?

    (d) 以 2004 年第 4 季度为预测原点,把数据分为估计样本和预测样本,应用回测检验,并以 MSFE 为标准,为 x_t 选择一个模型,并给出选择该模型的理由.

参考文献

Akaike H. Information theory and an extension of the maximum likelihood principle. In: Petrov BN, Csaki F, editors. 2nd International Symposium on Information Theory. Budapest: Akademia Kiado; 1973. p 267-281.

Box GEP, Jenkins GM, Reinsel GC. Time Series Analysis: Forecasting and Control. 3rd ed. Englewood Cliffs (NJ): Prentice Hall; 1994.

Box GEP, Pierce D. Distribution of residual autocorrelations in autoregressive-integrated moving average time series models. J Am Stat Assoc 1970; 65: 1509-1526.

Brockwell PJ, Davis RA. Introduction to Time Series and Forecasting. 2nd ed. New York: Springer; 2002.

Brockwell PJ, Davis RA. Time Series: Theory and Methods. 2nd ed. New York: Springer; 2009.

Chan NH, Wei CZ. Limiting distributions of least squares estimates of unstable autoregressive processes. Ann Stat 1988; 16: 367-401.

Cryer JD, Chan KS. Time Series Analysis: With Applications in R. New York: Springer-Verlag; 2010.

Dickey DA, Fuller WA. Distribution of the estimates for autoregressive time series with a unit root. J Am Stat Assoc 1979; 74: 427–431.

Ding Z, Granger CWJ, Engle RF. A long memory property of stock returns and a new model. J Empir Finance 1993; 1: 83–106.

Fuller WA. Introduction to Statistical Time Series. 2nd ed. Hoboken (NJ): John Wiley & Sons; 1995.

Geweke J, Porter-Hudak S. The estimation and application of long memory time series models. J Time Anal 1982; 4: 221–238.

Greene WH. Econometric Analysis. 5th ed. Upper Saddle River (NJ): Prentice-Hall; 2003.

Hosking JRM. Fractional differencing. Biometrika 1981; 68: 165–176.

Ljung G, Box GEP. On a measure of lack of fit in time series models. Biometrika 1978; 66: 67–72.

Peña D, Tiao GC, Tsay RS. A Course in Time Series Analysis. Hoboken (NJ): Wiley & Sons; 2001.

Phillips PCB. Time series regression with a unit root. Econometrica 1987; 55: 277–301.

Shumway RH, Stoffer DS. Time Series Analysis and its Applications. New York: Springer; 2000.

Tiao GC, Tsay RS. Consistency properties of least squares estimates of autoregressive parameters in ARMA models. Ann Stat 1983; 11: 856–871.

Tsay RS. Analysis of Financial Time Series. 3rd ed. Hoboken (NJ): Wiley & Sons; 2010.

Tsay RS, Tiao GC. Consistent estimates of autoregressive parameters and extended sample autocorrelation function for stationary and nonstationary ARMA models. J Am Stat Assoc 1984; 79: 84–96.

Woodward WA, Gray HL, Elliott AC. Applied Time Series Analysis. Baca Raton (FL): CRC Press, Taylor & Francis Group; 2012.

第3章 线性时间序列分析案例学习

这一章，我们研究线性时间序列分析的三个案例．研究的目标是：1)举例说明第 2 章所讨论方法的应用；2)说明线性时间序列模型的有用性和局限性；3)获得应用 R 进行时间序列数据分析的更多经验．这三个案例是：1)从 1880 年 1 月到 2010 年 8 月，全球温度的月异常数值；2)包括或者不包括每周首次申请失业救济金人数的美国失业率月数据；3)从 1997 年 1 月 6 日到 2010 年 9 月 27 日美国普通汽油价格周数据，以及从 1997 年 1 月 3 日到 2010 年 9 月 24 日美国原油价格数据．选择这三个案例的原因，一是这些数据是适时的，它们对美国经济有重要的启示作用；二是它们可以提供本章分析目的的更多信息．

时间序列分析初学者遇到的主要困难是为给定的序列寻找一个适当的模型，尤其是当数据动态相依关系很复杂或者有多个看起来拟合较好的模型时．这一章我们通过实际的案例来解决这些困难．我们的目标就是希望这三个案例对读者有所帮助．

George Box 教授有句关于统计模型的名言：所有的模型都是错误的，但其中有一些是有用的 (Box, 1976)．我们的目的是找到一个适当的模型，它有助于我们数据分析的目标．因此，最终选择的模型常常依赖于这些数据分析的目标．读者对于本章的三个时间序列数据可以找到其他可替代的模型是不惊奇的．

对于时间序列数据建模，有一些常用的指导原则．首先，在应用中，数据仅仅是可利用信息的一部分．我们也可能有所研究问题的一些先验知识．在这种情况下，重要的是在选择模型时利用这些大量的信息．把先验知识和数据进行结合并进行交叉验证，可以得到改进的模型选择．第二，在有些情况下，有很多模型可以使用，而这些竞争模型之间的区别是很小的．因而，模型选择问题变得不重要，人们可以方便地使用这些模型中的任一个．第三，在应用中，尤其在预测中，我们可以结合多个竞争模型来进行预测．第四，建模的一般性原则是先从一个简单的模型开始．我们可以使用 Box 和 Jenkins 的模型建立步骤来改进模型，也就是说，对模型进行估计、识别和检验的循环过程，具体参见 Box 等 (2008)．最后，统计建模的另一个常用原则是模型简洁，这是我的已故同事 Arnold Zellner 教授经常提到的一个概念，即保持模型尽可能简洁 (Keeping It Sophisticatedly Simple, KISS)．读者通过这些案例可以发现，简单的模型也可以捕捉到数据中涵盖的基本信息．

3.1 每周普通汽油价格

从 20 世纪 70 年代初期石油危机以来，原油价格对全球经济存在着重要的影响．2008 年，很高的汽油价格进一步证实了汽油价格对居民日常生活的影响．很高的原油价格导致很高的交通成本和供热成本，因而导致食品和服务也具有很高的价格．它反过来导致通货膨胀，降低消费者在其他商品上的可支配收入．在某些情况下，它甚至能导致经济萧条．因此，分析汽油价格是令人感兴趣的，也是很重要的．这里，我们利用美国普通汽油的周零售价格，分析汽油价格对原油价格的依赖关系，用原油价格来提高对汽油价格的预测．数据来自美国能源信息管理局(US Energy Information Administration, U.S.E.I.A)网站,网址为: http://www.eia.gov, 时间区间是从1997年1月到2010年9月. 所有零售普通汽油每周价格(美元/加仑)是从1997年1月6日到2010年9月27日的数据. 每周原油价格是以估计的进口数量为权重的现货离岸价格(FOB)(美元/桶), 时间是从1997年1月3日到2010年9月24日. 因此, 原油价格比汽油价格提前3天获得, 也就是说报价从星期五提前到星期一. 离岸价格表示由卖方根据协议在合同规定的装运港和规定的期限内提供产品, 买方负责派船接运货物, 卖方将货物装上买方指定的船只, 并及时通知买方. 由于价格变化很大, 分析中我们使用其对数价格序列.

图3-1 显示了美国普通汽油和原油周对数价格的时序图. 如预期的那样, 这两种价格高度相关, 同向运动, 其对数价格也呈现出递增的趋势. 我们使用一阶差分得到平稳序列, 主要考虑周普通汽油和原油价格的对数收益率(或增长率).

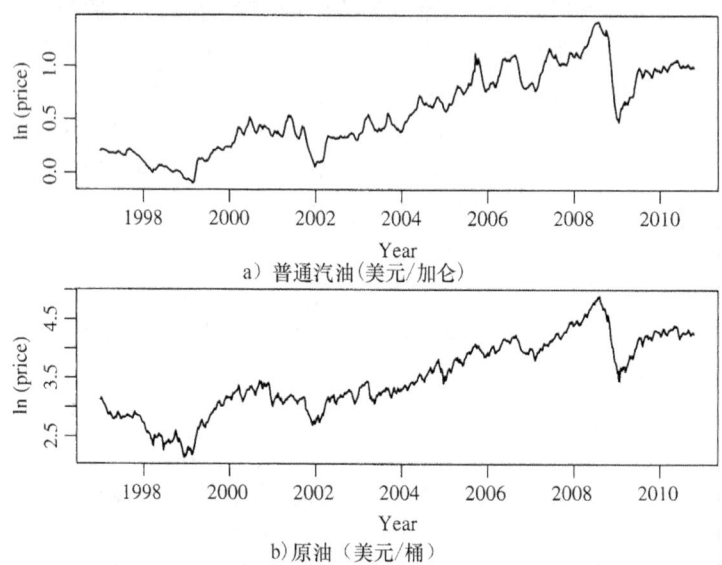

图 3-1 1997年1月到2010年9月美国周汽油对数价格时序图. 数据来自美国能源信息管理局

3.1.1 纯时间序列模型

下面从一个纯时间序列模型来开始我们的分析. 设 x_t 为美国周普通汽油价格的增长率. 图3-2 给出了 x_t 的时序图. 可见, 2005年汽油价格有一个跳跃, 2008年上半年汽油价格的增加导致之后汽油价格有较大的下降. 这些特征经常给后续的分析带来一些大的异常值. 图3-3 给出了 x_t 的样本自相关函数和偏自相关函数图. 可见其自相关和偏自相关衰减得很快, 这证实该序列是弱平稳的. 由图3-3 可知, 偏自相关函数在前5阶滞后时显著异于零. 因此, 对于 x_t 序列, 选择 AR(5) 模型可能是适当的. 确实, R 软件的 ar 命令也选择了 AR(5) 模型.

而且, 对于序列 x_t, 单样本的 t 检验给出的 t 比为 1.306, 其 p 值为 0.192, 表明该增长率的均值不是显著异于零的. 因此, 对于周普通汽油价格的增长率, 我们设定不带常数项的 AR(5)模型. 拟合的模型为：
$$(1 - 0.507B - 0.079B^2 - 0.136B^3 + 0.036B^4 + 0.086B^5)x_t = a_t$$
$$\sigma_a^2 = 3.26 \times 10^{-4}$$

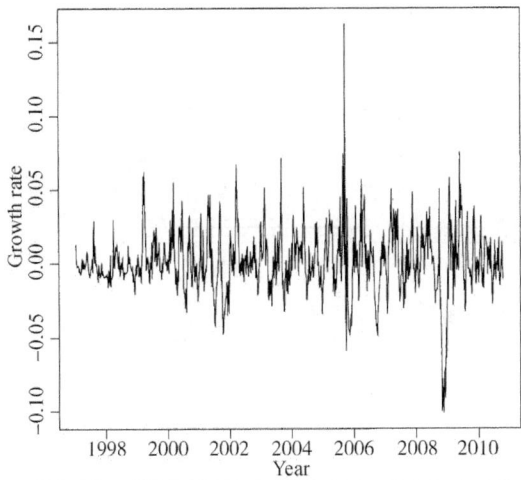

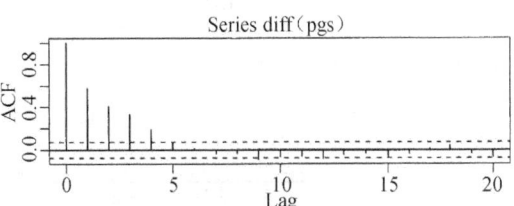

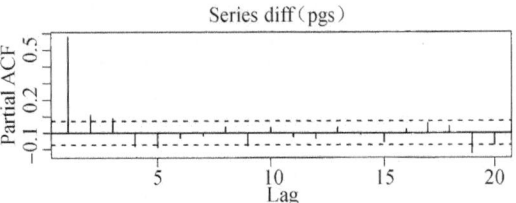

图 3-2　1997 年 1 月到 2010 年 9 月美国每周普通汽油价格增长率的时序图

图 3-3　1997 年 1 月 6 日到 2010 年 9 月 27 日美国普通汽油周价格增长率的样本自相关和偏自相关函数图

由于 4 阶滞后系数的 t 比小于 1，其系数不显著. 我们的改进模型如下：
$$(1 - 0.504B - 0.079B^2 - 0.122B^3 + 0.101B^5)x_t = a_t$$
$$\sigma_a^2 = 3.265 \times 10^{-4} \tag{3-1}$$

这里，系数的标准误差分别为 0.037、0.042、0.039 和 0.033. 它的 2 阶滞后系数的 t 比为 1.89，模型的 AIC 为 -3704.96. 我们可以进一步去掉 2 阶滞后系数，但是 AIC 值变为 -3703.4，比式(3-1)的模型大. 因此，我们更偏好式(3-1)中的 AR(5)模型. 图 3-4 给出了式(3-1)中所拟合模型的诊断图. 正如所料，标准化残差显示出数据中一些可能的异常值，即一些大的残差. 残差序列的样本自相关函数和 Ljung-Box 统计量的 p 值都表明拟合的这个 AR(5)模型是充分的.

图 3-3 中 x_t 的样本偏自相关函数显示在滞后 1 阶有一个主要的相关关系. 同一幅图中的自相关函数以指数衰减. 这两个特点表明应选择 $p=1$. 另一方面，自相关函数和偏自相关函数在高阶是显著的，这表明 $p=1$ 是不充分的. 因此，另一个可能的选择是使用 ARMA 模型. 为了这个目的，我们考虑 ARMA(1, 3)模型，移去不显著的系数，得到的模型为：
$$(1 - 0.633B)x_t = (1 - 0.127B + 0.141B^3)a_t$$
$$\sigma_z^2 = 3.276 \times 10^{-4}$$

这里，系数估计的标准误差分别是 0.051、0.060 和 0.0041，模型检验表明该模型是充分的. 因此，ARMA(1, 3)模型对于周普通汽油价格的增长率来说是充分的. 然而，模型的 AIC 是 -3704.6，比式(3-1)中的 AR(5)模型大. 因此，我们选择式(3-1)中的 AR(5)模型作为序列 x_t 的纯时间序列模型.

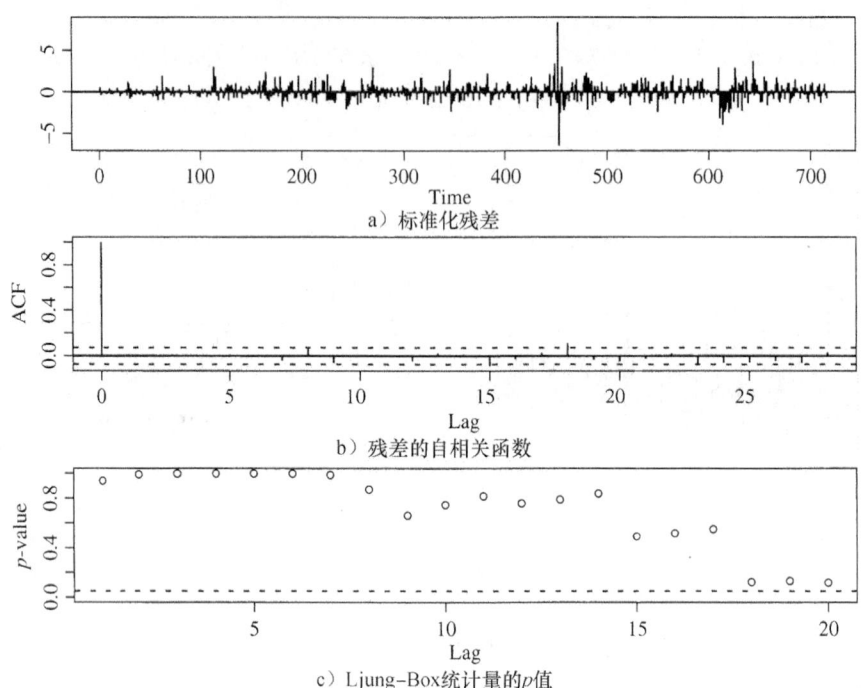

图 3-4 式(3-1)中给出的 1997 年 1 月 6 日到 2010 年 9 月 27 日美国普通汽油周价格增长率的 AR(5)模型的检验

3.1.2 原油价格的使用

接下来，由于汽油价格高度依赖于原油的现货价格，我们使用一个具有时间序列误差的回归模型来提高周汽油价格的预测精度. 假设 z_t 为周原油价格增长率. 简单线性回归模型为：

$$x_t = 0.287 z_t + \varepsilon_t \tag{3-2}$$

这里，系数的标准误差为 0.015，式(3-2)中模型的调整 R^2 为 33.57%，式(3-2)中残差 ε_t 的样本自相关和偏自相关函数与 x_t 相似. 因此，z_t 的使用不能改变 x_t 模型的设定. 事实上，在 R 中的 ar 命令对式(3-2)中的残差 ε_t 设定了一个 AR(6)模型. 拟合的模型为：

$$(1 - 0.40B - 0.16B^2 - 0.09B^3 - 0.03B^4 + 0.09B^5 + 0.05B^6)(x_t - 0.193 z_t) = a_t$$

这里，在 5% 水平下，4 阶滞后和 6 阶滞后的系数不显著. 因此，我们把模型简化为

$$(1 - 0.404B - 0.164B^2 - 0.096B^3 + 0.101B^5)(x_t - 0.191 z_t) = a_t$$

$$\sigma_a^2 = 2.53 \times 10^{-4} \tag{3-3}$$

这里，系数估计的标准误差分别是 0.039、0.040、0.039、0.035 和 0.014. 图 3-5 是带有时间序列误差的回归模型的检验图. 可见，仍然存在很大的标准化残差，但样本的自相关函数和 Ljung-Box 统计量的 p 值说明该模型是充分的. 模型的 AIC 为 −3884.95.

下面试着比较式(3-1)和式(3-3)中的模型，这个比较是不公平的．因为回归模型使用原油价格增长率这一额外的信息．考虑到这两种油价具有很高的相关性，我们期望式(3-3)中具有时间序列误差的回归模型是一个更好的模型．这里的确如此．因为原油价格信息使残差的方差从 3.265×10^{-4} 下降到 2.532×10^{-4}，降低了 22.5%. 同样，模型的 AIC 值从 -3704.96 下降到 -3884.95. 后面将看到，回归模型也给出更精确的样本外预测.

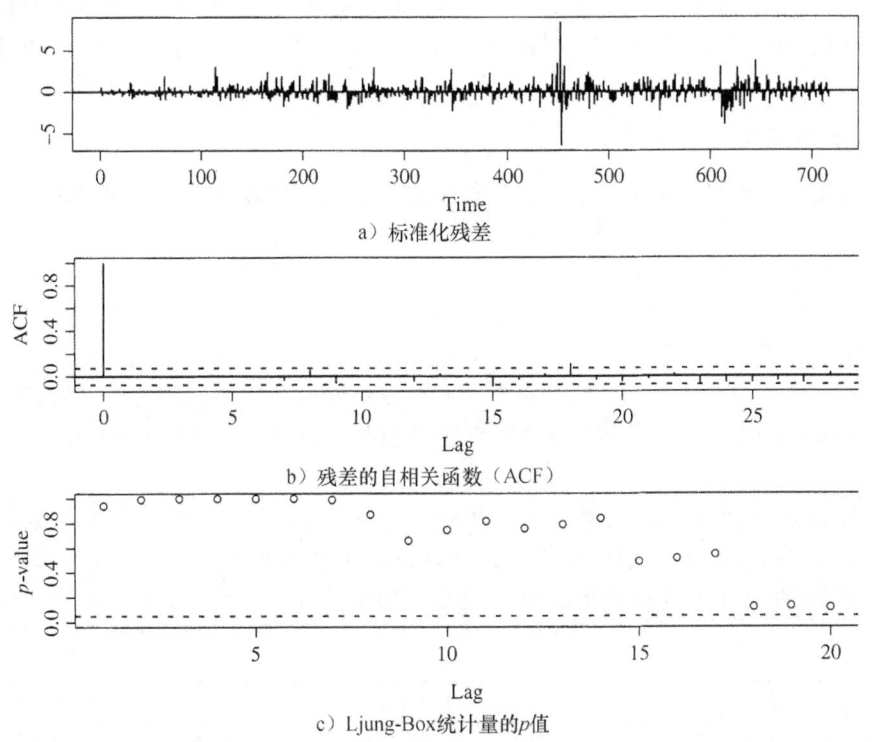

图 3-5 式(3-3)给出的 1997 年 1 月 6 日到 2010 年 9 月 27 日美国普通汽油周价格增长率的带 AR(5)新息的回归模型的模型检验

3.1.3 应用滞后期的原油价格数据

式(3-3)中改进模型的使用限制为 3 天．因为它使用了提前 3 天的原油价格的增长率．为了加大预测的超前时间，这里我们使用原油价格增长率的滞后项．例如，假设模型为

$$x_t = \beta z_{t-1} + \varepsilon_t$$

它将给出分析师对周汽油价格提前 10 天的预测，拟合的模型为

$$x_t = 0.186 z_{t-1} + \varepsilon_t, \quad \sigma_\varepsilon = 0.0209 \tag{3-4}$$

这里，系数估计的标准误差为 0.0172，调整的 R^2 为 14.1%，正如所料，比式(3-2)的回归模型低很多．这是可以理解的，因为 z_{t-1} 与 x_t 之间的相关性比 z_t 与 x_t 之间的相关性小．

式(3-4)中的模型残差存在序列相关．的确，残差的样本自相关和偏自相关函数与式(3-2)残差的自相关和偏自相关函数类似,尽管有点儿复杂. R 的 ar 命令为残差识别了一个 AR(9)模型,去掉不显著的估计,得到的模型为:

$$(1-0.454B-0.088B^2-0.142B^3+0.083B^5+0.064B^9)(x_t-0.041z_{t-1})=a_t \quad (3-5)$$

这里,$\sigma_a^2=3.23\times10^{-4}$. 估计的标准误差依次分别为 0.043、0.041、0.039、0.035、0.032 和 0.018. 模型的 AIC 为 -3703.4,这与式(3-1)中的纯时间序列模型比较接近,比式(3-3)中的模型大很多. 严格地说,该模型的 AIC 与前面模型的 AIC 是不能直接比较的,因为该模型使用滞后项使得样本观测值数目少了一个. 总之,z_{t-1} 对于 x_t 的贡献较小. 系数 0.041 统计上是显著的,但其贡献较小. 模型(式(3-5))的统计检验和模型(式(3-1))相类似,这里忽略. 该模型也是充分的.

3.1.4 样本外预测

在本节中,我们考虑前面为普通汽油价格增长率数据所建立的三个模型的样本外预测性能. 为了这个目的,我们使用第 2 章的回测检验方法. 该方法将数据分为建模和预测两个子样本,利用迭代计算预测值. 迭代过程包含一个从估计到预测的循环,它将建模子样本中最后一个数据点作为初始预测的起点. 一旦得到了一个预测,该过程就把预测原点提前 1 个单位,再重复这个估计—预测循环. 在预测子样本中,递归超前 1 步预测的误差用来测量预测的精度. 两个经常使用的衡量预测精度的度量是预测误差的均方根(Root Mean Square of Forecast Error, RMSFE)和平均绝对预测误差(Mean Absolute Forecast Error, MAFE).

对于周普通汽油价格增长率,我们将数据分成建模子样本和预测子样本,其中预测子样本包含最近的 400 个样本点. 换句话说,预测原点从 2003 年 1 月 24 日开始. 预测子样本中的 400 个观测值应该可以提供 RMSFE 和 MAFE 的可靠估计. 估计结果如下:

模型	RMSFE	MAFE
式(3-1)的 AR(5)模型	0.021 71	0.015 38
式(3-3)的回归模型	0.019 26	0.012 85
式(3-5)的回归模型	0.021 66	0.015 48

从表中可知:第一,提前 3 天原油价格的回归模型的性能最好. 这和样本内比较的结果相一致,这是可以理解的. 它表明普通汽油价格迅速地反映了原油价格变化. 第二,其他两个模型样本外预测很类似. 如果提前 10 天的原油价格对模型有贡献,其贡献也是很小的. 如果一个人想提前预测超过 10 天之后的汽油价格,可以简单地考虑式(3-1)中的纯时间序列模型. 另一方面,如果提前预测天数不超过 3 天,应该应用式(3-3)中的回归模型.

最后,图 3-6 给出了基于式(3-1)中纯时间序列模型对预测子样本的递归超前 1 步预测的时序图. 其中,实线表示观测值,星号表示预测值. 图 3-7 给出了式(3-3)中回归模型同样的预测,这两幅图提供了两个模型在每个预测值上的直接比较.

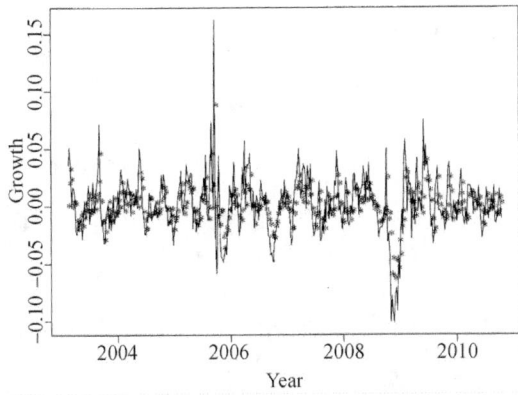 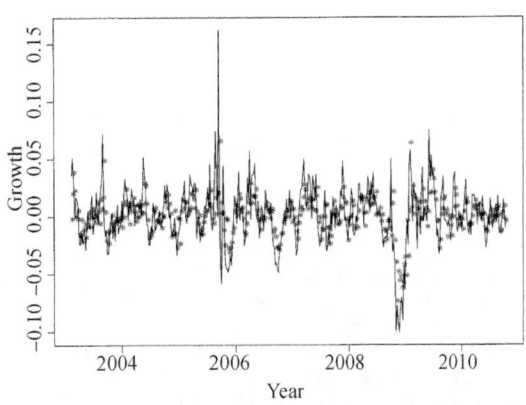

图 3-6 应用式(3-1)对 2003 年 1 月 24 日到 2010 年 9 月 27 日美国普通汽油周价格增长率建立模型得到的超前 1 步样本外预测值的时序图. 实线表示观测值,星号表示预测值

图 3-7 应用式(3-3)对 2003 年 1 月 24 日到 2010 年 9 月 27 日美国普通汽油周价格增长率建立模型得到的超前 1 步样本外预测值的时序图. 实线表示观测值,星号表示预测值

R 代码演示(输出经过编辑)

```
> da=read.table("w-petroprice.txt",header=T)
> da1=read.table("w-gasoline.txt")
> pgs=log(da1[,1])
> pus=log(da$US)
> tdx=c(1:717)/52+1997    % calendar time
> par(mfcol=c(2,1))
> plot(tdx,pgs,xlab='year',ylab='ln(price)',type='l')
> title(main='(a) Gasoline')
> plot(tdx,pus,xlab='year',ylab='ln(price)',type='l')
> title(main='(b) Crude oil')
> dpgs=diff(pgs)
> acf(dpgs,lag=20)
> pacf(dpgs,lag=20)
> m1=ar(diff(pgs),method='mle')
> m1$order
[1] 5
> t.test(dpgs)
         One Sample t-test
data: dpgs
t = 1.3062, df = 715, p-value = 0.1919
alternative hypothesis: true mean is not equal to 0
> m1=arima(dpgs,order=c(5,0,0),include.mean=F)
> m1
arima(x = dpgs, order = c(5, 0, 0), include.mean = F)
Coefficients:
         ar1     ar2     ar3      ar4      ar5
      0.5073  0.0788  0.1355  -0.0360  -0.0862
s.e.  0.0372  0.0417  0.0415   0.0417   0.0372

sigma^2 estimated as 0.0003262: log likelihood=1857.85,aic=-3703.71
> m1=arima(dpgs,order=c(5,0,0),include.mean=F,fixed=c(NA,NA,NA,0,NA))
> m1
```

```
arima(x=dpgs,order=c(5,0,0),include.mean=F,fixed=c(NA,NA,NA,0,NA))

Coefficients:
          ar1     ar2     ar3   ar4      ar5
       0.5036  0.0789  0.1220    0  -0.1009
s.e.   0.0370  0.0418  0.0385    0   0.0330

sigma^2 estimated as 0.0003265:  log likelihood = 1857.48,  aic = -3704.96
> tsdiag(m1,gof=20)
> dpus=diff(pus)
> m3=lm(dpgs~-1+dpus)
> summary(m3)
Call:
lm(formula = dpgs ~ -1 + dpus)
Coefficients:
     Estimate Std. Error t value Pr(>|t|)
dpus  0.28703    0.01507   19.05   <2e-16 ***
---
Residual standard error: 0.01839 on 715 degrees of freedom
Multiple R-squared: 0.3366,    Adjusted R-squared: 0.3357
F-statistic: 362.8 on 1 and 715 DF,  p-value: < 2.2e-16

> acf(m3$residuals,lag=20)
> pacf(m3$residuals,lag=20)
> m4=ar(m3$residuals,method='mle')
> m4$order
[1] 6
> m4=arima(dpgs,order=c(6,0,0),include.mean=F,xreg=dpus)
> m4
arima(x=dpgs,order=c(6, 0, 0), xreg = dpus, include.mean = F)

Coefficients:
          ar1     ar2     ar3     ar4      ar5      ar6    dpus
       0.3953  0.1634  0.0946  0.0297  -0.0873  -0.0525  0.1927
s.e.   0.0389  0.0400  0.0404  0.0405   0.0400   0.0373  0.0136

sigma^2 estimated as 0.0002524: log likelihood=1949.6,aic=-3883.21
>
> m4=arima(dpgs,order=c(5,0,0),include.mean=F,xreg=dpus)
> m4
arima(x=dpgs,order=c(5,0,0),xreg=dpus,include.mean=F)
Coefficients:
          ar1     ar2     ar3     ar4      ar5    dpus
       0.4022  0.1621  0.0899  0.0209  -0.1086  0.1914
s.e.   0.0387  0.0401  0.0403  0.0400   0.0371  0.0136

sigma^2 estimated as 0.0002531: log likelihood=1948.6,aic=-3883.23
>
> m4=arima(dpgs,order=c(5,0,0),include.mean=F,xreg=dpus,fixed=c(NA,NA,NA,0,NA,NA))
> m4
arima(x=dpgs,order=c(5,0,0),xreg=dpus,include.mean=F,fixed=c(NA,NA,NA,0,NA,NA))

Coefficients:
```

```
            ar1      ar2      ar3    ar4      ar5     dpus
          0.4037   0.1642   0.0961     0  -0.1014   0.1911
     s.e. 0.0386   0.0399   0.0386     0   0.0345   0.0136

sigma^2 estimated as 0.0002532: log likelihood=1948.5, aic=-3884.95
> tsdiag(m4,gof=20)

> c1=c(NA,NA,NA,0,NA)
> pm1=backtest(m1,dpgs,316,1,fixed=c1,inc.mean=F)
[1] "RMSE of out-of-sample forecasts"
[1] 0.02171235
[1] "Mean absolute error of out-of-sample forecasts"
[1] 0.01537881
> c4=c(NA,NA,NA,0,NA,NA)
> pm4=backtest(m4,dpgs,316,1,xre=dpus,inc.mean=F,fixed=c4)
[1] "RMSE of out-of-sample forecasts"
[1] 0.01925732
[1] "Mean absolute error of out-of-sample forecasts"
[1] 0.01285104
> tdx=tdx[2:717]
> pm4fit=dpgs[317:716]-pm4$error
> pm1fit=dpgs[317:716]-pm1$error
> plot(tdx[317:716],dpgs[317:716],xlab='year',ylab='growth',type='l')
> points(tdx[317:716],pm1fit,pch='*')
> plot(tdx[317:716],dpgs[317:716],xlab='year',ylab='growth',type='l')
> points(tdx[317:716],pm4fit,pch='*')
% Use lagged growth rate of crude oil price
> m6=lm(dpgs[2:716]~-1+dpus[1:715])
> summary(m6)
lm(formula=dpgs[2:716]~-1+dpus[1:715])
Coefficients:
            Estimate Std. Error t value Pr(>|t|)
  dpus[1:715]  0.18560    0.01716   10.81   <2e-16 ***
---
Residual standard error: 0.02093 on 714 degrees of freedom
Multiple R-squared: 0.1408,    Adjusted R-squared: 0.1395
> acf(m6$residuals,lag=20)
> pacf(m6$residuals,lag=20)
> m7=ar(m6$residuals,method='mle')
> m7$order
[1] 9
> m7=arima(dpgs[2:716],order=c(9,0,0),include.mean=F,xreg=dpus[1:715])
> m7
arima(x=dpgs[2:716],order=c(9,0,0),xreg=dpus[1:715],include.mean=F)

Coefficients:
         ar1     ar2    ar3      ar4      ar5      ar6      ar7     ar8
      0.4559  0.0888 0.1679  -0.0468  -0.0653  -0.0195  -0.0362  0.0797
s.e.  0.0425  0.0410 0.0423   0.0415   0.0416   0.0414   0.0410  0.0408
          ar9  dpus[1:715]
      -0.0882       0.0454
s.e.   0.0373       0.0174

sigma^2 estimated as 0.0003204: log likelihood=1861.55, aic=-3701.1
```

```
> m7=arima(dpgs[2:716],order=c(9,0,0),include.mean=F,xreg=dpus[1:715],
 fixed=c(NA,NA,NA,0,NA,0,0,0,NA,NA))
> m7
arima(x=dpgs[2:716],order=c(9,0,0),xreg=dpus[1:715],include.mean=F,
    fixed = c(NA,NA,NA,0,NA,0,0,0,NA,NA))

Coefficients:
        ar1     ar2    ar3  ar4     ar5  ar6 ar7 ar8     ar9  dpus[1:715]
     0.4544  0.0877 0.1415    0  -0.0830    0   0   0  -0.0640       0.0406
s.e. 0.0427  0.0413 0.0393    0   0.0345    0   0   0   0.0318       0.0176

sigma^2 estimated as 0.000323: log likelihood=1858.7, aic=-3703.4
> tsdiag(m7,gof=20)
> c7=c(NA,NA,NA,0,NA,0,0,0,NA,NA)
> pm7=backtest(m7,dpgs[2:716],315,1,xre=dpus[1:715],inc.mean=F,fixed=c7)
[1] "RMSE of out-of-sample forecasts"
[1] 0.0216638
[1] "Mean absolute error of out-of-sample forecasts"
[1] 0.01548401
```

3.2 全球温度异常值

最近，全球气候变暖是一个相当重要的课题，吸引了很多人的注意，研究者从环境工程师到科学家再到经济学家。如果全球温度持续增长，它将对全球经济有很大的影响。这一节，我们分析全球温度异常值的月数据，时间从1880年1月到2010年8月。我们的目的不是辩论全球温度变暖的证据，而是说明时间序列的实证分析。特别地，我们的目标是：1)演示第2章中关于时间序列的建模和预测方法；2)比较不同的模型；3)了解时间序列模型在长期预测中的局限性；4)表明纯粹基于时间序列数据来区分趋势平稳和单位根平稳所遇到的困难。当然，全球温度变化也存在其他的许多影响因素。

对于全球温度异常值，有多个数据集可供使用。参见美国戈达德空间科学研究所(Goddard Institute for Space Studies，GISS)的网站⊖，美国国家航空航天局(National Aeronautics and Space Administration，NASA)网站，以及全球海洋和气候管理局(National Oceanic and Atmospheric Administration，NOAA)的国家气候数据中心(National Climatic Data Center，NCDC)网站⊖。我们利用戈达德空间科学研究所(GISS)和美国国家航空航天(NASA)的地面空气温度异常值的月均值作为本案例的时间序列数据。然而，从全球海洋和气候管理局(NOAA)的数据中，我们得到了相似的结果。事实上，同一个模型可以应用到这两个时间序列中。

⊖ http:/data.giss.nasa.gov/gistemp/.

⊖ http://www.ncdc.noaa.gov/cmb-faq/anomalies.html.

图 3-8 显示了全球温度异常值的时序图，时间是从 1880 年 1 月到 2010 年 8 月，跨度超过 131 年，共 1568 个观测值。GISS 数据以 0.01℃为单位，从图 3-8 中清晰可见序列具有向上的趋势。尤其是，在 20 世纪 80 年代早期，趋势的斜率看起来是增加的。同时，温度的波动性在 131 年中保持相对平稳。

3.2.1 单位根平稳

用 G_t 表示全球温度异常值的月数据。为了设定序列 G_t 的模型，我们首先检验该序列的动态相依关系。图 3-9 给出了序列 G_t 的样本自相关函数(ACF)。如预期的那样，该样本自相关函数具有很大的数值，且衰减缓慢。仔细检查该样本自相关函数，发现峰值在滞后 24 期和 36 期时具有循环模式。这个特征并不奇怪，因为气温经常存在着季节特征。

由于存在很强的序列相关性，我们考虑其差分数据，$x_t = (1-B)G_t$。图 3-10 给出了

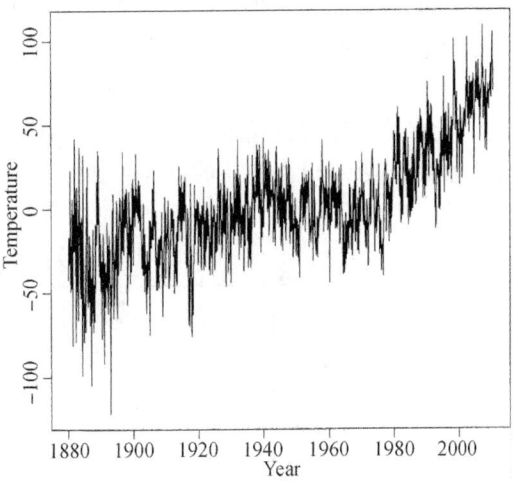

图 3-8 从 1880 年 1 月到 2010 年 8 月全球温度异常值月度数据时序图

x_t 的样本自相关函数(ACF)和偏自相关函数(PACF)。这些函数值都变小了，这表明可以用一个平稳时间序列模型来对 x_t 进行近似。由于样本数据很多，共有 1568 个，所以我们可以使用相对复杂的模型来建模。仔细地检查序列 x_t 的样本自相关函数和偏自相关函数，可以看出：1)自相关函数在滞后阶数为 1、2、4、5 和 8 时，或者数值显著较大，或者略微显著；2)自相关函数在滞后阶数为 24 时也是显著的。另一方面，样本偏自相关函数也存在几个显著的数值。尤其是，1 阶滞后偏自相关函数远远大于其他阶的偏自相关函数，并且偏自相关函数并不以指数衰减。根据上述所有信息，结合前面给出的一般性指导原则，对于序列 G_t 选择 ARIMA(1,1,2)模型：

$$(1-\phi B)(1-B)G_t = (1-\theta_1 B - \theta_2 B^2)a_t \tag{3-6}$$

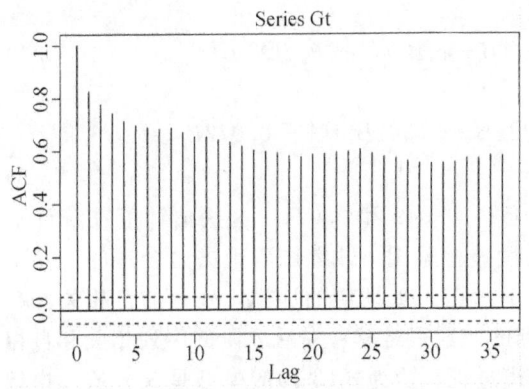

图 3-9 全球温度异常值月数据的样本自相关函数

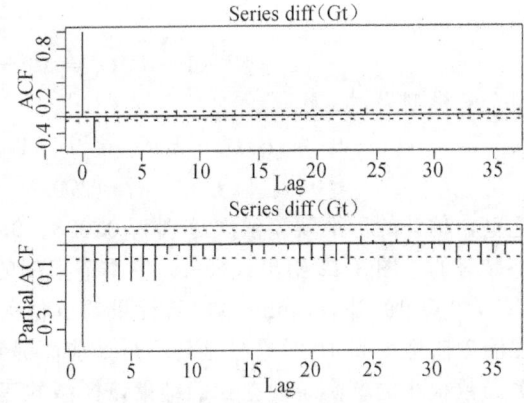

图 3-10 全球温度异常值月数据差分序列的样本自相关函数和偏自相关函数

这里，因为差分序列 x_t 的偏自相关函数在滞后阶数为 1 时较大，所以选择 $p=1$，并且因为 x_t 的自相关函数的前 2 阶是显著的，所以选择 $q=2$。由于设定 MA(2) 模型可以有低阶滞后上显著的偏自相关函数，所以这里决定保持 $p=1$。为了尽可能保持模型简化，自相关函数(ACF)的高阶项暂时忽略，模型的拟合为：

$$(1-0.739B)(1-B)G_t = (1-1.297B+0.318B^2)a_t, \quad \sigma_a^2 = 272.1 \quad (3-7)$$

这里，所有的估计都是显著的。图 3-11 给出了式(3-7)中 ARIMA(1，1，2)模型的残差的样本自相关函数。根据残差的自相关函数，该模型是不充分的，因为自相关函数在滞后阶数 8 和 24 上是显著的。

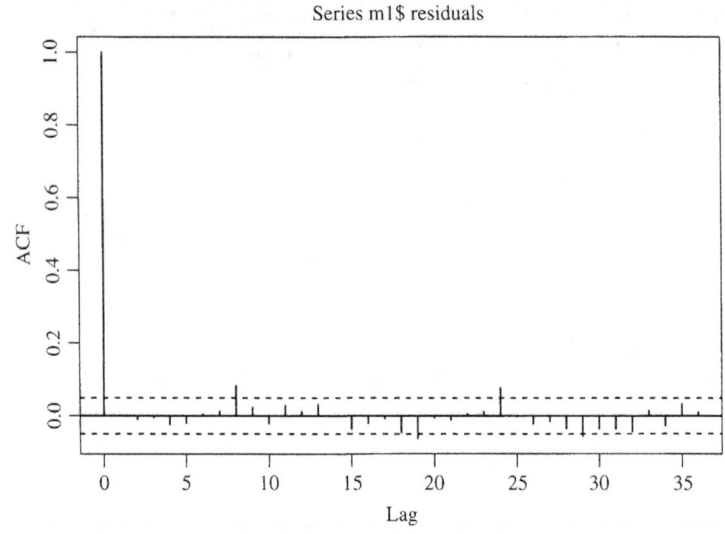

图 3-11 对全球温度异常值拟合的 ARIMA(1，1，2)模型的残差的样本自相关函数

下面进行模型的改进。由于温度具有季节特征，所以自相关函数在滞后阶数为 24 时显著是可以理解的。另一方面，在滞后阶数为 8 时存在着序列相关是不容易解释的。因此，我们改进模型：

$$(1-\phi B)(1-B)G_t = (1-\theta_1 B - \theta_2 B^2)(1-\theta_{24}B^{24})a_t \quad (3-8)$$

拟合的模型为：

$$(1-0.761B)(1-B)G_t = (1-1.324B+0.342B^2)(1-0.072B^{24})a_t$$
$$\sigma_a^2 = 270.6 \quad (3-9)$$

这里，估计的标准误差依次分别为 0.038、0.052、0.049 和 0.024。这些估计值在统计上是显著的。图 3-12 给出式(3-19)中季节模型的残差检验图。残差图看上去是合理的，除了 $Q(8)$ 和 $Q(19)$ 外，Ljung-Box 统计量的 p 值大于 0.05。如期望的那样，残差的自相关函数在滞后阶数 8 和 19 时略微显著。正如前面提到的，这很难解释滞后 8 阶的序列相关和自相关函数很小的事实。现在我们结束该模型的建模过程，认为式(3-9)的模型是充分的。模型(式(3-9))的 AIC 是 13 234.4，它比模型(式(3-7))的 13 241.1 小。

式(3-9)中的模型称为单位根非平稳模型，因为它通过一阶差分将全球温度序列转换为一个平稳序列．时间序列 G_t 称为差分平稳序列．

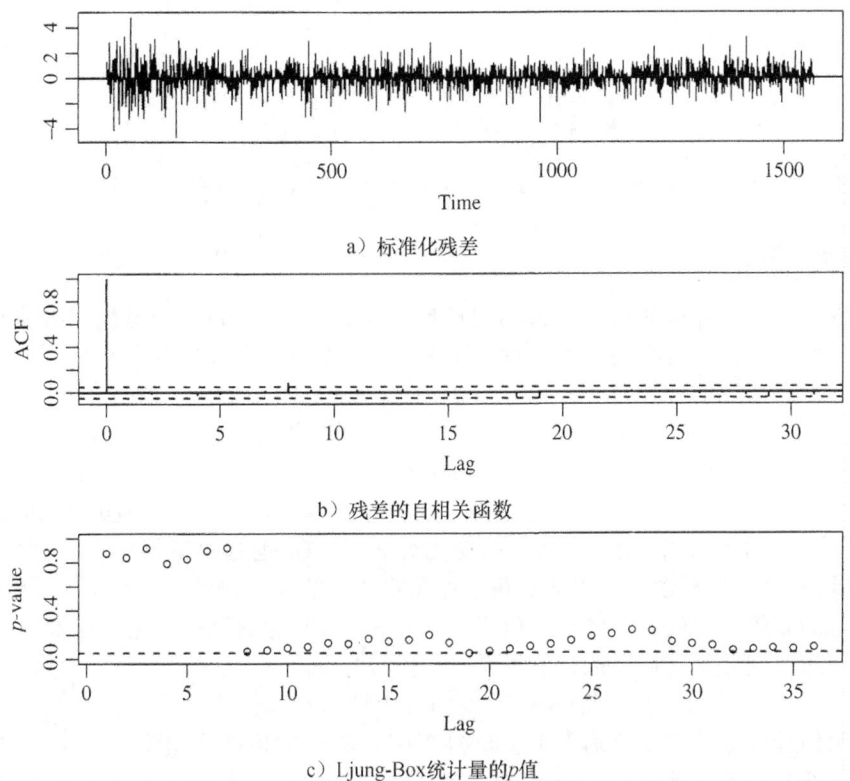

a）标准化残差

b）残差的自相关函数

c）Ljung-Box 统计量的 p 值

图 3-12　式(3-9)对月全球温度异常值所建模型的检验图

R 代码演示

```
> Gt=scan(file='m-GLBTs.txt')
> Gtemp=ts(Gt,frequency=12,start=c(1880,1))
> plot(Gtemp,xlab='year',ylab='temperature',type='l') % Plot the data
> acf(diff(Gt),lag=36)
> pacf(diff(Gt),lag=36)

> m1=arima(Gt,order=c(1,1,2))
> m1
arima(x = Gt, order = c(1, 1, 2))

Coefficients:
          ar1      ma1     ma2
       0.7387  -1.2973  0.3183
s.e.   0.0406   0.0533  0.0492

sigma^2 estimated as 272.1:  log likelihood=-6616.6,  aic=13241.1
> acf(m1$residuals,lag=36)
```

```
> m1=arima(Gt,order=c(1,1,2),seasonal=list(order=c(0,0,1),period=24))
> m1
arima(x=Gt,order=c(1,1,2),seasonal=list(order=c(0,0,1),period=24))

Coefficients:
         ar1      ma1     ma2    sma1
      0.7612  -1.3241  0.3416  0.0717
s.e.  0.0379   0.0519  0.0485  0.0243

sigma^2 estimated as 270.6: log likelihood=-6612.2, aic=13234.4
> tsdiag(m1,gof=36)
```

3.2.2 趋势非平稳

在文献中,有些分析师和科学家利用时间趋势(time trend)对全球温度异常值进行建模. 所谓时间趋势,是指我们利用时间指标作为解释变量. 考虑如下模型:

$$G_t = \beta_0 + \beta_1 t + z_t \tag{3-10}$$

这里 z_t 是一个新息序列,表示全球温度异常值与时间趋势之间的偏差. 如果 z_t 是平稳时间序列,则 G_t 称为趋势平稳时间序列(trend-stationary time series),也就是说通过移除时间趋势的影响,把序列转换为一个平稳序列. 在模型(式(3-10))中,β_1 是时间趋势的斜率. 正的 β_1 表示 G_t 是随着时间增加,当 t 趋向无穷大时,G_t 也趋向正无穷大. 对月数据,β_1 是 G_t 的月增长率. 从概念上,趋势平稳序列和差分平稳序列有很大的不同,因为差分序列不包含固定的趋势. 当我们考虑长期预测时,将进一步讨论这两个模型的区别.

对于全球温度异常数据,拟合的线性回归模型为:

$$G_t = -38.04 + 0.05156t + z_t \tag{3-11}$$

这里,系数估计的标准误差分别为 1.135 和 0.0013. z_t 的标准误差为 22.46. 时间变量的斜率为正,并且高度显著. 图 3-13 给出式(3-11)式中新息序列 z_t 的样本自相关函数和偏自相关函数. 可见偏自相关函数快速衰减,而自相关函数也没有表现出很大的数值. 因此,有理由假设 z_t 没有单位根. 也是就说,z_t 是平稳的,因此,G_t 是一个趋势平稳序列.

接下来,我们为新息序列 z_t 设定模型. 因为图 3-13 中它的自相关函数在有限滞后阶数内没有截断,所以 z_t 不能用一个简单的 MA 模型描述. 换句话说,还需要某些 AR 成分,即 $p>0$. 图 3-13 中偏自相关函数有两个显著特征. 第一,偏自相关函数的第 8 阶滞后是显著的,表明 z_t 不遵从一个低阶 AR 模型,即 $q>0$. 第二,偏自相关函数没有遵从一个简单的指数衰减模式,这表示 $p>1$. 把这两个特征放在一起,尽可能简化模型阶数,对于新息序列 z_t,我们选择模型 ARMA(2,1),即设定模型为:

$$(1 - \phi_1 B - \phi_2 B^2) z_t = (1 - \theta_1 B) a_t$$

则 G_t 的模型变为:

$$(1 - \phi_1 B - \phi_2 B^2)(G_t - \beta_0 - \beta_1 t) = (1 - \theta_1 B) a_t \tag{3-12}$$

拟合的模型为:

$$(1 - 1.239B + 0.272B^2)(G_t + 38.72 - 0.053t) = (1 - 0.78B) a_t$$
$$\sigma_a^2 = 272.9 \tag{3-13}$$

这里,所有的估计都是高度显著的. 然而,残差的偏自相关函数在滞后 24 阶时是显著的.

线性时间序列分析案例学习

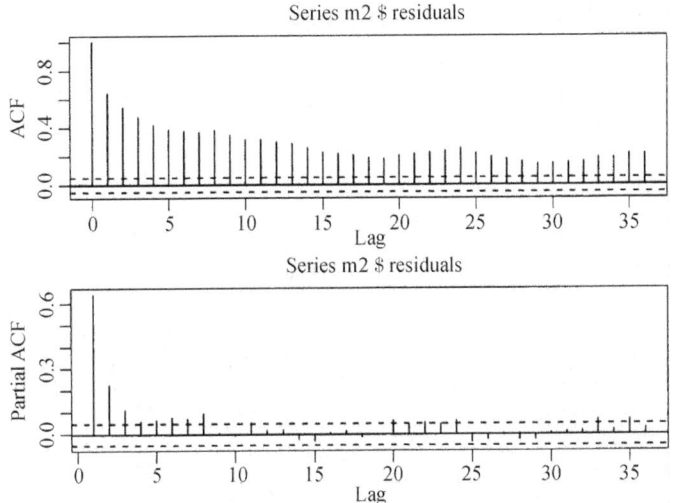

图 3-13 式(3-11)中的月全球温度异常值模型的新息序列 z_t 的样本自相关函数和偏自相关函数图

根据前面提到过的 ARIMA 模型,这并不奇怪. 我们进一步改进模型,得到

$$(1-1.196B+0.239B^2)(G_t+38.72-0.0529t)$$
$$=(1-0.745B)(1-0.0856B^{24})a_t \qquad (3-14)$$

这里,$\sigma_a^2=270.8$,所有系数估计在 5% 水平上都是显著的. 系数估计的标准误差依次是 0.059、0.048、5.18、0.006、0.049 和 0.024. 图 3-14 是式(3-14)为月全球温度异常值所建模型的残差检验时序图. 除了在第 8 阶滞后有一个小的残差自相关函数值以外,检验统计量不能表明拟合的模型有任何不充分. 因此,在趋势平稳下,对于 G_t 我们选择式(3-14)中的模型作为最终模型.

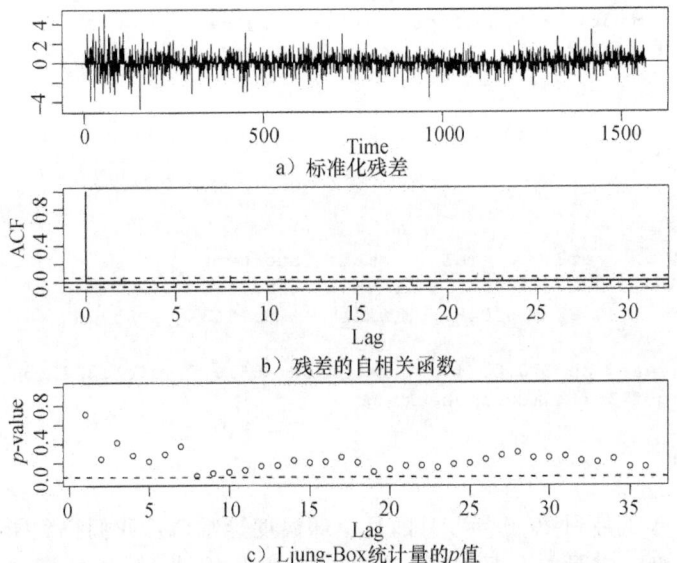

图 3-14 式(3-14)对月全球温度异常值拟合模型的残差检验时序图

根据式(3-14)中的模型,全球温度每月平均增加 0.0529/100℃. 也就是说,全球温度每年平均增加 0.006 35℃. 这是非常显著的,因为这意味着全球温度平均每 157 年增加 1℃. 式(3-14)中模型的 AIC 为 13 247.5,它比式(3-9)中的差分平稳模型的 AIC 大.

R 代码演示

```
> time=c(1:1568) % time index
> m2=lm(Gt~time)
> summary(m2)
lm(formula = Gt ~time)

Coefficients:
            Estimate Std. Error t value Pr(>|t|)
(Intercept) -38.039763  1.134960  -33.52  <2e-16 ***
time          0.051560  0.001253   41.15  <2e-16 ***
---
Residual standard error: 22.46 on 1566 degrees of freedom
Multiple R-squared: 0.5195,    Adjusted R-squared: 0.5192
> par(mfcol=c(2,1))
> acf(m2$residuals,lag=36)
> pacf(m2$residuals,lag=36)
> m2=arima(Gt,order=c(2,0,1),xreg=time)
> m2
arima(x = Gt, order = c(2, 0, 1), xreg = time)

Coefficients:
         ar1      ar2     ma1  intercept    time
      1.2385  -0.2719  -0.7802   -38.8493  0.0530
s.e.  0.0567   0.0477   0.0460     5.3548  0.0059

sigma^2 estimated as 272.9: log likelihood=-6623.0, aic=13257.97
> tsdiag(m2,gof=36)   % Significant ACF at lag 24.
> m2=arima(Gt,order=c(2,0,1),seasonal=list(order=c(0,0,1),
    period=24),xreg=time)
> m2
arima(x=Gt,order=c(2,0,1),seasonal=list(order=c(0,0,1),period=24),
    xreg = time)

Coefficients:
         ar1      ar2     ma1    sma1  intercept    time
      1.1960  -0.2394  -0.7451  0.0856   -38.7150  0.0529
s.e.  0.0587   0.0482   0.0486  0.0241     5.1843  0.0057

sigma^2 estimated as 270.8: log likelihood=-6616.7, aic=13247.5
> tsdiag(m2,gof=36) % model checking
```

3.2.3 模型比较

对于从 1880 年 1 月到 2010 年 8 月的月全球温度异常值,我们得到了两个模型. 第一个是式(3-9)的模型,它是差分平稳的;第二个模型是式(3-14)中的模型,它是趋势平稳的. 经过严格检验可知,这两个模型都是充分的. 一个很自然的问题是,我们要选择哪一个模型？本节将解决这个问题.

样本内比较

第2章提到，比较给定时间序列模型的方法之一是考虑它们样本内拟合的好坏. 这里常用的是 AIC 或 BIC 信息准则. 对于全球温度数据，根据 AIC 准则，我们选择式(3-9)的差分平稳模型，因为它有一个较小的 AIC 值 13 234. 然而，这两个模型在很多方面很接近. 例如，图 3-15 给出了两个竞争模型的残差时序图，其中上图是差分平稳模型. 这两个模型的残差实质上是相同的.

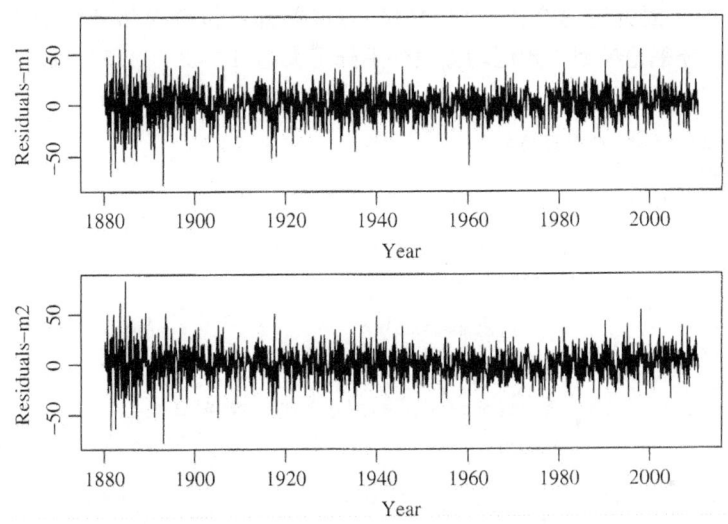

图 3-15　式(3-9)和式(3-14)中对月全球温度异常值所建模型的残差图. 上图是式(3-9)中的模型

样本内模型比较的另一个方法是研究两个竞争模型的应用. 这里，对于全球温度异常值，两个拟合的模型存在显著的不同. 正如前面提到的，式(3-14)中的趋势平稳模型对温度加入了一个**先验**时间趋势. 时间趋势的斜率估计值为 0.052 9，该值为正且高度显著. 因此，该模型表明，在当前环境下，全球温度每年以 0.006 35℃ 的速度上升. 另一方面，式(3-9)的差分平稳模型没有对全球温度变暖提供明确的证据. 和股票市场的随机游走模型相类似，因为随机游走没有一个固定的方向，所以将来的温度可能上升也可能下降. 该模型实质上表明未来的全球温度存在不确定性. 它可能取从正无穷到负无穷的任何值. 这里尽管有超过 131 年的观测数据，但它对于未来全球温度提供极少的指导信息. 乍看起来，这似乎难以相信. 但是，相对于未来成百上千年之后的推断而言，131 年的数据还不够长. 简而言之，我们的数据不含有区分趋势平稳和差分平稳的充分证据.

样本外比较

如果时间序列分析的目标是预测，则可以使用样本外预测来比较两个竞争模型. 而且，我们利用第2章的回测检验方法来评价样本外预测. 把全球温度数据分成建模和预测两个子样本，其中预测子样本包含 200 个观测值. 然后，我们使用回测检验方法来计算式(3-9)和式(3-14)给出的两个竞争模型的超前1步预测. 对于全球温度数据，共有200个超前1步样本外预测值，我们得到的数据如下：

模型	RMSFE	MAFE
式(3-9)的差分平稳模型	14.526	11.167
式(3-14)的趋势平稳模型	15.341	11.966

很显然，差分平稳模型的超前1步预测更好. 它的预测均方误差比式(3-14)的模型有相当大的下降，下降了$(15.341-14.526)/14.526=5.6\%$. 这个练习也表明，时间序列模型的短期预测是有用的，因为这两个模型的预测均方误差都比拟合模型新息的无条件标准误差16.43小. 对于差分平稳模型，预测均方误差下降了大约$(16.43-14.53)/14.53=13.1\%$.

R 代码演示

```
> source("backtest.R")
> pm1=backtest(m1,Gt,1368,1)
[1] "RMSE of out-of-sample forecasts"
[1] 14.52598
[1] "Mean absolute error of out-of-sample forecasts"
[1] 11.16746
> time=as.matrix(time)
> pm2=backtest(m2,Gt,1368,1,xre=time)
[1] "RMSE of out-of-sample forecasts"
[1] 15.34131
[1] "Mean absolute error of out-of-sample forecasts"
[1] 11.96595
```

3.2.4 长期预测

全球气候变暖与长期预测有关. 在本节中，我们用长期预测来考虑与比较式(3-9)和式(3-14)中两个竞争模型的性能. 特别地，这里应用最近的样本点，即2010年8月，作为预测原点来计算月全球温度异常值的超前1步预测到超前1200步预测. 换句话说，我们使用基于过去131年的数据建立的模型来预测下一个100年的全球温度. 为了计算式(3-14)中趋势平稳模型的预测，这里给定时间指数. 图3-16给出了全球温度异常值的点预测和相应的95%区间预测，这个预测是根据式(3-9)的差分平稳模型得出的. 图3-16突出了模型的几个特性. 第一，和其他的单位根模型相类似，该长期预测收敛到一个常数值，如图3-16中的水平线. 水平线的高度取决于预测的初始值. 第二，95%区间预测的长度是随着预测时间幅度增长. 事实上，预测区间的长度最终趋向于无穷. 这两个特征对预测有重要的启示. 第一，它们表示长期预测是相当不确定的. 因为模型的长期预测被随机游走成分决定，而随机游走的当前值包含很少有

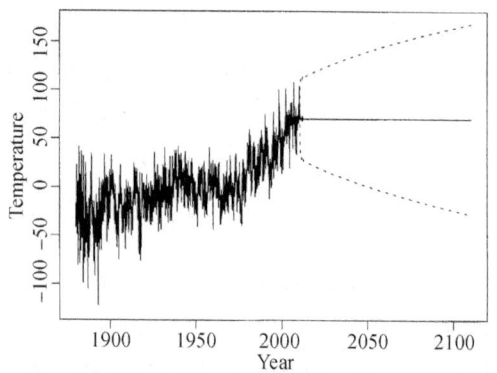

图 3-16　基于式(3-9)的差分平稳模型对月全球温度异常值的长期点预测和区间预测. 预测原点为2010年8月，预测时间为100年

关未来的信息. 第二, 它们清楚地表明, 模型只对短期预测提供了有用的信息. 对于本书讨论的大部分时间序列模型来说, 这些启示在很大程度上是适用的.

下面考虑式(3-14)中的趋势平稳模型. 图 3-17 给出了该模型对全球温度异常值的点预测和相应的 95% 区间预测, 预测原点为 2010 年 8 月, 预测时间跨度为 100 年. 该图也突出了模型的很多关键特征. 第一, 因为时间斜率为正, 所以预测随预测时间幅度增长而变大. 第二, 区间预测的长度随着时间是稳定的. 事实上, 区间的长度很快收敛到一个常数, 该常数大约为 $4\sigma_z$, 这里 σ_z 是新息序列 z_t 的样本标准误差. 正如式(3-11)中模型所示, 这个新息序列 z_t 为平稳序列. 因此, 当预测时间幅度增长时, z_t 预测的方差收敛到它自身的方差 σ_z^2. 对于式(3-14)中的趋势平稳模型来说, 在系数 β_0 和 β_1 固定的条件下, 时间趋势的预测是确定的. 预测的不确定性由 z_t 来决定. 因此, 在式(3-14)中, 模型预测误差的方差收敛到 z_t 的方差. 事实上, 预测区间的长度和数据的范围之间存在着很好的匹配. 这两点对模型有很好的启示. 第一, 通过增加一个时间趋势, 模型的预测随着预测时间幅度的增加收敛到无穷. 这是合理的吗? 对于全球温度异常值来说, 我们有多少把握说该模型是全球温度异常值的真正模型? 该类型的不确定性没有在模型或模型的预测中表现出来. 第二, 有限区间预测进一步证实了在该模型下, 全球温度在持续地上升. 这与式(3-9)中的差分平稳模型存在很大的不同.

最后, 把这两个竞争模型放在一起, 画出它们长期预测的图形, 可以提供一个直接的比较. 见图 3-18, 这两个模型的区别清晰可见. 另一方面, 对于这些数据来说, 哪个模型更适当, 图中没有提供任何信息. 因此, 导致了这样的论断: 对于长期预测, 这两个模型都是没有用的.

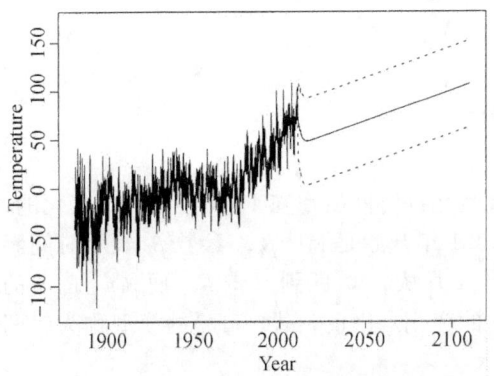

图 3-17 根据式(3-14)中的全球温度异常值的趋势平稳时间序列模型得到的点预测和区间预测. 预测原点为 2010 年 8 月, 预测时间跨度为 100 年

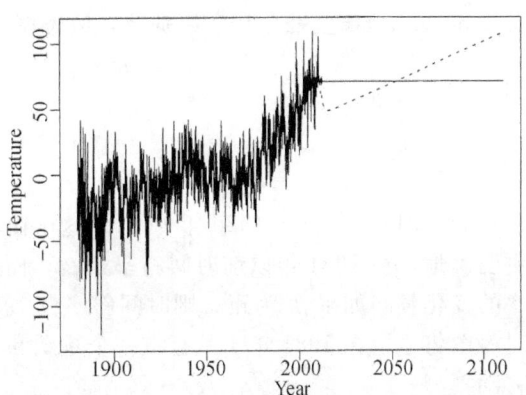

图 3-18 根据式(3-9)和式(3-14)中的竞争模型得到月全球温度异常值的点预测. 预测原点为 2010 年 8 月, 预测时间跨度为 100 年

3.2.5 讨论

在这个案例学习中, 我们利用两个模型说明线性时间序列分析中的几个重要问题. 我

们演示了模型建立和模型选择的过程. 建立的模型对于短期预测来说是有用的, 因为它们样本外预测误差的均方根比它们的残差标准误差小. 对于全球温度异常值来说, 样本内的 AIC 准则和超前 1 步回测检验这两个选择方法都选择了差分平稳模型. 另一方面, 选择的模型对于长期预测来说没有任何信息. 通过案例学习, 对于其他重要的事项总结如下.

模型的不确定性

所有统计模型都是错误的, 它们仅仅提供了所分析过程的一个简单近似. 因此, 统计模型包含的不确定性, 不仅仅在于参数的估计, 而且也在于模型自身的选择. 只要有可能, 我们在做统计推断时, 需要考虑这些不确定性. 对于时间序列分析来说, 模型的不确定性可以通过对模型平均来化解. 例如, 组合预测. 预测中简单的模型平均方法是在竞争模型的预测中使用简单平均. 对于月全球温度异常值, 我们利用两个模型预测的平均得到一个组合预测. 同样, 这个组合预测主要对短期预测有用.

短期预测与长期预测

短期预测和长期预测的不同表明, 在时间序列分析中, 对模型的选择可能依赖于预测时间幅度. 对于超前 1 步预测的最优模型可能不同于超前 2 步预测的最优模型. 这类问题在文献中已有研究, 并导致自适应预测(adaptive forecast)的发展. 参见 Tiao 和 Tsay (1994)及其中的参考文献.

趋势移动模型

为了证明使用线性时间序列模型的随意性(主观性), 我们考虑可替代的模型. 回顾图 3-8 中的时序图, 它表明 1980 年前后时间斜率是增加的. 这个特征导致可以利用时间移动(time-shift)模型来分析. 特别地, 考虑模型

$$G_t = \beta_0 + \beta_1 t + \beta_2 x_t + n_t \tag{3-15}$$

其中, x_t 定义为:

$$x_t = \begin{cases} 0 & t \leqslant 1212 \\ t & 1212 < t \leqslant 1568 \end{cases} \tag{3-16}$$

这里 $t=1212$, 相当于 1980 年 12 月. 这个简单模型允许时间斜率在 1981 年年初是变化的. 更明确地, 在 1981 年以前时间斜率是 β_1, 而从 1981 年开始是 $\beta_1+\beta_2$. 参数 β_2 表示时间斜率的变化量. 如果 β_2 为正, 则时间斜率在 1981 年 1 月从 β_1 跳跃到 $\beta_1+\beta_2$. 而 $\beta_1 t + \beta_2 x_t$ 的时序图将显示在 1981 年 1 月存在一个跳跃和方向的变化. 因此, 式(3-15)的模型称为时间移动模型.

对于全球温度异常数值, 我们得到模型

$$G_t = -28.92 + 0.0313t + 0.0214 x_t + n_t$$

这里, 所有的估计高度显著. 对于月全球温度, 该回归模型的时间斜率在 1981 年 1 月以前为 0.0313, 随后增加到 0.0527. 这个增量是统计显著的. 前面回归模型的新息序列 z_t 和式(3-11)的模型相比, 它们的样本自相关函数和偏自相关函数是类似的. 因此, 对于 z_t 我们使用相同的 ARMA 模型. 得到的月全球温度异常值的模型为:

$$(1 - 1.122B + 0.197B^2)(1-B)z_t = (1-0.684B)(1+0.0823B^{24})a_t \tag{3-17}$$

这里，$z_t = G_t + 29.263 - 0.317t - 0.0219x_t$，$\sigma_a^2 = 267.5$. 所有的系数估计都显著不同于 0. 模型的 AIC 为 13 230，比前面建立的两个竞争模型小. 趋势移动模型的检验图和式(3-14)模型的检验图类似，它表明对于月全球温度异常值，模型(式(3-17))也是充分的. 注意，这个改进的模型比式(3-14)的模型有一些改进，其残差减小到 267.5.

1981 年 1 月的斜率变化为 0.0219，它是显著的，这就表明，在上述给出的趋势移动模型下，最近几年全球温度在加速变暖. 从 1981 年 1 月始，每月温度变化从 0.017 增加到 0.0536.

最后，根据 AIC 准则，式(3-17)中趋势移动模型优于前面讨论的两个竞争模型并不奇怪. 因为在仔细检查完数据以后，我们在模型中强加了一个趋势移动. 通过利用一个灵活的二项式趋势，提高了样本内的数据拟合. 然而，这种形式的提高一般不推荐，因为在实际应用中，很容易导致过度拟合. 而且，该模型长期预测也没有考虑将来存在斜率变化的可能.

R 代码演示

```
> Gt=scan(file='m-GLBTs.txt')
> time=c(1:1568)
> time1=c(rep(0,1212),time[1213:1568])
> mm1=lm(Gt~time+time1)
> summary(mm1)
lm(formula = Gt ~time + time1)

Coefficients:
            Estimate Std. Error t value Pr(>|t|)
(Intercept) -28.924419  1.191061  -24.29   <2e-16 ***
time          0.031330  0.001702   18.40   <2e-16 ***
time1         0.021397  0.001318   16.23   <2e-16 ***
---
Residual standard error: 20.79 on 1565 degrees of freedom
Multiple R-squared: 0.5887,    Adjusted R-squared: 0.5882
F-statistic: 1120 on 2 and 1565 DF,  p-value: < 2.2e-16

> x1=cbind(time,time1)
> mm1=arima(Gt,order=c(2,0,1),seasonal=list(order=c(0,0,1),period=24),
  xreg=x1)
> mm1
arima(x=Gt,order=c(2,0,1),seasonal=list(order=c(0,0,1),period=24),xreg=x1)

Coefficients:
          ar1      ar2      ma1     sma1   intercept     time    time1
       1.1220  -0.1973  -0.6835   0.0823   -29.2630   0.0317   0.0219
s.e.   0.0727   0.0542   0.0643   0.0239     4.1411   0.0058   0.0044

sigma^2 estimated as 267.5:  log likelihood = -6607,  aic = 13230
> tsdiag(mm1,gof=36)
> Box.test(mm1$residuals,lag=8,type='Ljung')
        Box-Ljung test

data:  mm1$residuals
X-squared = 15.4598, df = 8, p-value = 0.0508
```

其他的数据集

还存在其他度量月全球温度异常值的时间序列. 例如, 在前文提到的 NCDC 和 NOAA 中给出的时间序列. 该序列以摄氏度为单位, 它和本案例的 GISS 数据类似, 但是不完全一样. 然而, 这两个数据的基本特征是相同的. 事实上, 同样的模型可以应用到这个新的序列上. 因此数据集的选择不影响分析的一般性结论. 例如, 考虑趋势平稳模型, 我们有

$$(1 - 1.298B + 0.306B^2)(y_t + 0.495 - 0.000\,661t) = (1 - 0.934B)(1 - 0.083B^{24})a_t$$

这里 y_t 表示月全球温度异常值, $\sigma_a^2 = 0.0883$, 所有的系数估计在 5% 水平上都是显著的. 时间斜率为 $0.000\,661$, 意味着全球温度每年平均增加 $0.007\,93°C$. 这比 GISS 数据集建议的 $0.006\,35°C$ 稍高一些. 然而, 这个差别看起来在统计上不显著.

R 代码演示

```
> da=read.table("m-ncdc-noaa-glbtemp.txt")
> head(da)
    V1 V2      V3
1 1880  1 -0.0405
2 1880  2 -0.6112
  ...
> tail(da)
       V1 V2        V3
1568 2010  8    0.8970
1569 2010  9 -999.0000
  ....
1572 2010 12 -999.0000
> da=da[1:1568,]
> temp=da[,3].
> m3=arima(temp,order=c(1,1,2),seasonal=list(order=c(0,0,1),period=24))
> m3
arima(x=temp,order=c(1,1,2),seasonal=list(order=c(0,0,1),period=24))

Coefficients:
         ar1      ma1     ma2    sma1
      0.5817  -1.2414  0.2639  0.0854
s.e.  0.0704   0.0827  0.0781  0.0243

sigma^2 estimated as 0.0881:  log likelihood = -321.11,   aic = 652.21
> tsdiag(m3,gof=36)
> m4=arima(temp,order=c(2,0,1),seasonal=list(order=c(0,0,1),period=24),
    xreg=time)
> m4
arima(x=temp,order=c(2,0,1),seasonal=list(order=c(0,0,1),period=24),
    xreg = time)

Coefficients:
         ar1      ar2      ma1    sma1  intercept    time
      1.2975  -0.3057  -0.9344  0.0827    -0.4952   7e-04
s.e.  0.0562   0.0480   0.0430  0.0255     0.1178   1e-04

sigma^2 estimated as 0.08825: log likelihood=-322.2, aic=658.4
> m4$coef
          ar1              ar2             ma1            sma1      intercept
```

```
        1.2974716910 -0.3056922789 -0.9343898897   0.0826971  -0.4952302
                time
          0.0006613375
> sqrt(diag(m4$var.coef))
         ar1          ar2          ma1         sma1     intercept         time
   0.0561629     0.048026    0.0429865   0.02545154   0.11775435   0.00013652
> m4$coef/sqrt(diag(m4$var.coef))   % Compute t-ratios
         ar1          ar2          ma1         sma1     intercept         time
   23.101928    -6.365140   -21.736831     3.249198     -4.205621       4.8441
> tsdiag(m4,gof=36)
> %%% Backtesting
> pm3=backtest(m3,temp,1368,1)
[1] "RMSE of out-of-sample forecasts"
[1] 0.3160872
[1] "Mean absolute error of out-of-sample forecasts"
[1] 0.2361009
> pm4=backtest(m4,temp,1368,1,xre=time)
[1] "RMSE of out-of-sample forecasts"
[1] 0.3270271
[1] "Mean absolute error of out-of-sample forecasts"
[1] 0.241655
```

3.3 美国月失业率

近年来，持续高的失业率是一个严重的问题，很多国家都面对该问题。2011 年，美国季节调整的失业率每月大约在 9% 左右，并缓慢地下降。在这个案例学习中，我们对美国月失业率进行建模和预测，并分别考虑使用和不使用周首次申请失业救济金的人数信息（两种情况）。数据来自美国劳工统计局劳动部（US Bureau of Labor Statistics, Department of Labor），数据已经进行了季节调整。失业率是用百分数表示的，它是指 16 周岁及 16 周岁以上失业人口的比例。每周首次申请失业救济金人数是指每周新的申请失业保险的人数。失业率数据从 1948 年 1 月到 2010 年 9 月，每月的第一天报告。周首次申请失业救济金人数的有效数据是从 1967 年 1 月 7 日到 2010 年 8 月 28 日，每星期六报告。

本案例学习的目的是：1) 说明混合频率的时间序列分析，即月数据和周数据；2) 强调在应用季节调整数据时潜在的模型设置错误；3) 说明基于先验经验的试错法在模型设置中是有帮助的。

3.3.1 单变量时间序列模型

我们先从仅仅使用失业率自身的动态相依关系入手。我们能利用的数据是从 1948 年 1 月到 2010 年 9 月，共 753 个观测值。图 3-19 给出了美国月失业率序列的时序图，图 3-19 中的星号（*）表示季节调整后的失业率。该时序图表现出几个特征。第一，失业率显示出很强的周期模式，表示美国经济的扩张和重构。这个模式没有固定的周期，因为美国经济扩张和重构没有固定的持续期。第二，失业率表现出具有向上的趋势。对于这个趋势有几种可能的解释，例如，劳动力和参与人数的增加以及技术的进步等. 第三，失业率上升很快，下降很慢. 这种非对称的行为表明失业率没有遵循线性时间序列模型. 有些学者对失业率建立非线性模型. 例如，Tsay(2010，第 4 章)及里面的推断. 正如本章引言中陈述，对于给定的时间序列，不存在一个**真正正确**的模型，所有统计模型都是对数据的近似. 在分析中，我们没有使用非线性模型，而是着重使用线性模型来对数据进行近似.

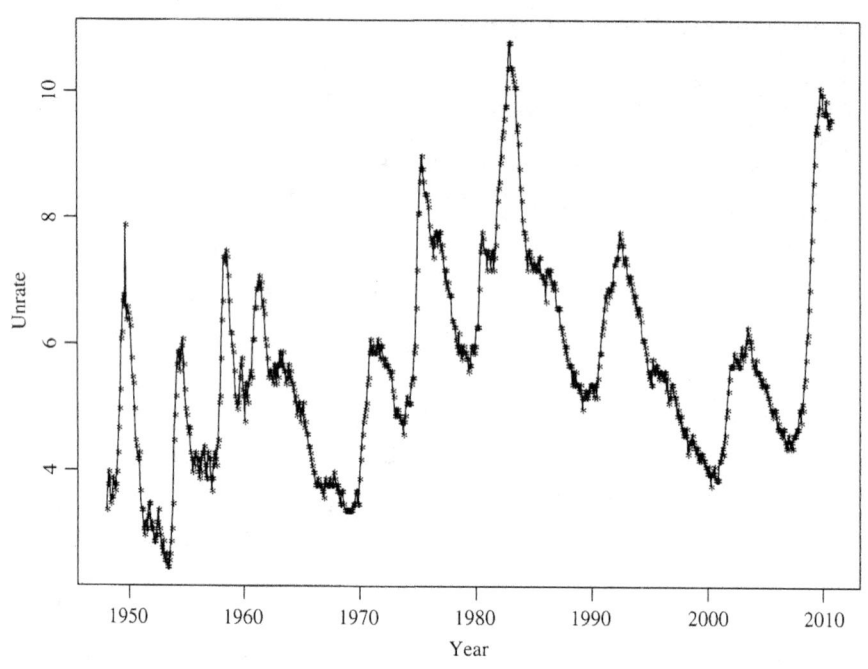

图 3-19　从 1948 年 1 月到 2010 年 9 月美国月失业率的时序图，星号(∗)表示观测值. 数据已进行季节调整

用 x_t 表示美国月失业率. 图 3-20 给出了 x_t 和它的差分序列 $(1-B)x_t$ 的样本自相关和偏自相关函数. x_t 的自相关函数很大，持续地反映出数据具有向上的趋势. 同时差分序列 $(1-B)x_t$ 的样本自相关函数和偏自相关函数相对较小，衰减很快. 仔细检查差分序列 $(1-B)x_t$ 的自相关函数和偏自相关函数，发现它们存在一些基本特征. 第一，尽管经过季节调整，但自相关函数和偏自相关函数在滞后 12 阶、24 阶和 36 阶时显著，这表示数据的季节性没有完全消除. 这对于季节性调整数据是常见的. 也就是说，对于季节调整后的失业率，还需要一个季节模型. 第二，序列 $(1-B)x_t$ 的样本自相关函数和偏自相关函数在季节性滞后上的数值相对较小，大约为 0.15，但是它们衰减得很慢. 事实上，季节滞后的偏自相关函数在图 3-20 中根本没有衰减. 这个特点与分数差分序列的样本自相关函数和偏自相关函数的表现很类似，也就是说，它是一个长记忆过程. 如第 2 章所述，一个近似长记忆性序列的 ARMA 模型是 ARMA(1，1)模型，它的 AR 系数和

MA 系数类似. 对于季节数据, 这意味着对季节成分的模型是一个以 12 为周期的季节 ARMA(1,1) 模型. 第三, 考虑通常的样本自相关函数和偏自相关函数, 我们发现它们都大约在滞后 5 阶或滞后 6 阶上显著, 同时偏自相关函数表现出指数衰减的大致模式. 第四, 表明可以选取 $p=1$ 和 $q=5$. 因此, 对于美国月失业率, 我们暂时设定下列模型:

$$(1-\Phi B^{12})(1-\phi B)(1-B)x_t = (1-\theta_1 B-\cdots-\theta_5 B^5)(1-\Theta B^{12})a_t$$

这里, 参数 Φ 和 Θ 的取值应该相近. 上面的设定形式很复杂, 经验不足的分析人员不太容易分析. 我们之后会考虑一些其他的替代模型.

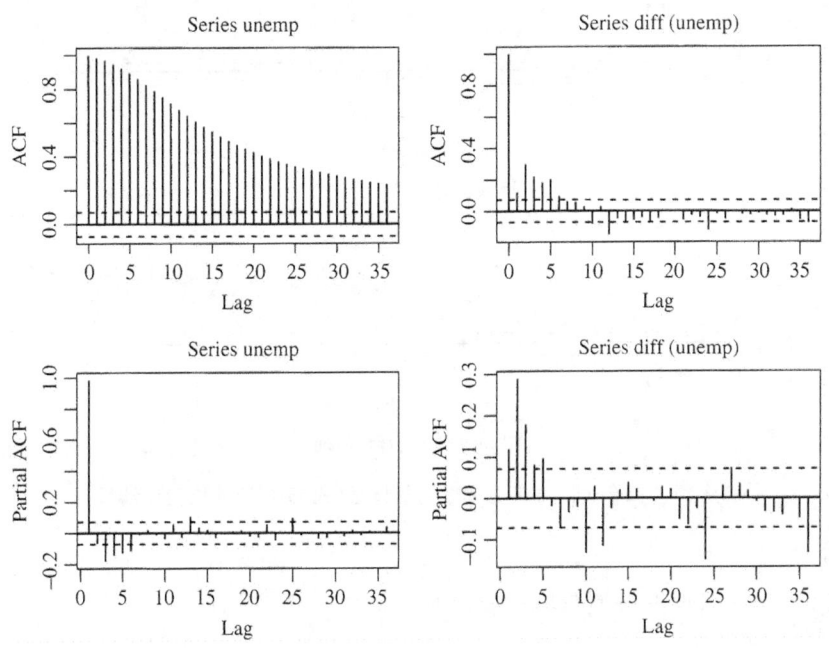

图 3-20 美国月失业率和它的 1 阶差分序列的样本自相关函数和偏自相关函数

基于从 1948 年 1 月到 2010 年 9 月的数据, 拟合的模型为:

$$(1-0.60B^{12})(1-0.73B)(1-B)x_t = (1-0.75B+0.22B^2+0.01B^3 \\ +0.04B^4+0.08B^5)(1-0.85B^{12})a_t$$

这里, $\sigma_a^2=0.0364$. 因为在滞后 3 阶和 4 阶上的 MA 系数的标准误差分别为 0.005 和 0.047, 所以它们不显著. 因此, 去掉这两个系数, 重新估计的模型为:

$$(1-0.61B^{12})(1-0.75B)(1-B)x_t = (1-0.77B+0.24B^2+0.099B^5)(1-0.85B^{12})a_t \quad (3\text{-}18)$$

这里 $\sigma_a^2=0.0365$. 系数估计的标准误差分别为 0.065、0.057、0.065、0.037、0.039 和 0.046. 所有估计值都显著异于零. 模型(式(3-18))中的 AIC 为 -337.5. 图 3-21 给出了该模型(式(3-18))的一些检验图. 除了在序列开始有一两个大的异常值外, 该拟合的模型是充分的. 残差的自相关函数和相对应的 Ljung-Box 统计量不能表明模型有任何不足之处.

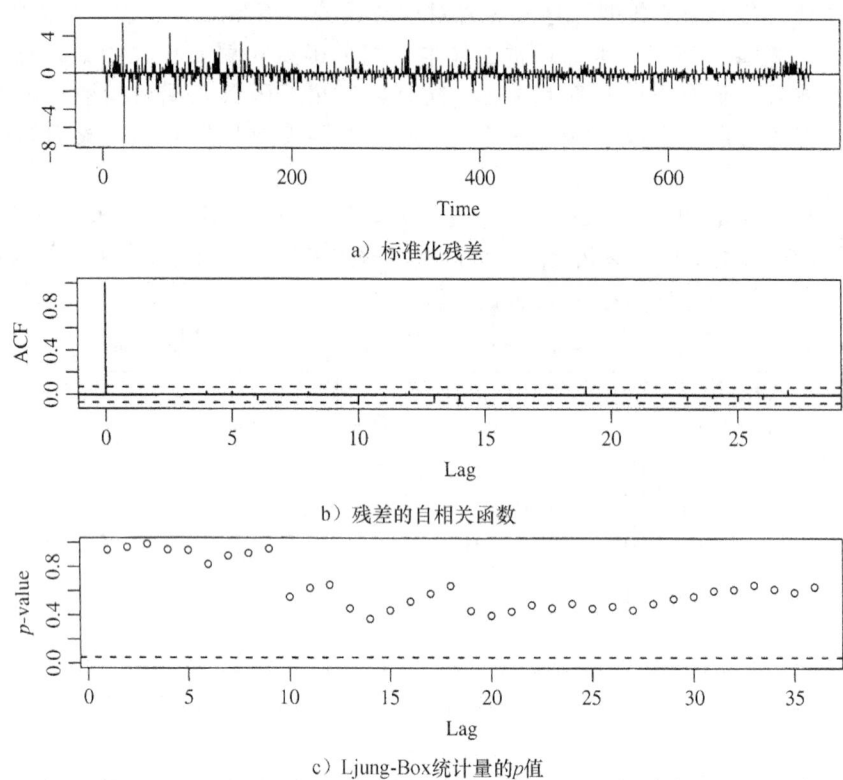

a）标准化残差

b）残差的自相关函数

c）Ljung-Box统计量的p值

图 3-21　拟合美国月失业率序列的模型(式(3-18))的检验统计量

R 代码演示

```
> da=read.table("m-unrate.txt",header=T)
> dim(da)
[1] 753   4
> head(da)
  Year mon dd rate
1 1948  1   1  3.4
......
6 1948  6   1  3.6
> unemp=da$rate
> unrate=ts(unemp,frequency=12,start=c(1948,1))
> plot(unrate,xlab='year',ylab='unrate',type='l')
> par(mfcol=c(2,2))
> acf(unemp,lag=36)
> pacf(unemp,lag=36)
> acf(diff(unemp),lag=36)
> pacf(diff(unemp),lag=36)
> m1=arima(unemp,order=c(1,1,5),seasonal=list(order=c(1,0,1),period=12)
> m1
arima(x=unemp,order=c(1,1,5),seasonal=list(order=c(1,0,1),period=12))
Coefficients:
         ar1      ma1     ma2     ma3     ma4     ma5    sar1    sma1
```

```
          0.7301  -0.7468  0.2194  0.0073  0.0383  0.0831  0.5978  -0.8469
s.e.      0.0686   0.0776  0.0462  0.0501  0.0467  0.0431  0.0672   0.0477

sigma^2 estimated as 0.03643: log likelihood = 176.43,aic=-334.87
> c1=c(NA,NA,NA,0,0,NA,NA,NA)
> m1=arima(unemp,order=c(1,1,5),seasonal=list(order=c(1,0,1),period=12),
     fixed=c1)
> m1
arima(x=unemp,order=c(1,1,5),seasonal=list(order=c(1,0,1),period=12),
     fixed = c1)

Coefficients:
        ar1      ma1     ma2   ma3  ma4    ma5     sar1     sma1
     0.7536  -0.7744  0.2351     0    0  0.0990  0.6051  -0.8525
s.e. 0.0569   0.0650  0.0365     0    0  0.0386  0.0654   0.0457

sigma^2 estimated as 0.03649: log likelihood = 175.75,aic=-337.5
> tsdiag(m1,gof=36)
> Box.test(m1$residuals,lag=24,type='Ljung')
 Box-Ljung test
data:  m3$residuals
X-squared = 23.349, df = 24, p-value = 0.4993

> Box.test(m1$residuals,lag=36,type='Ljung')
  Box-Ljung test
data:  m3$residuals
X-squared = 32.4586, df = 36, p-value = 0.6378
```

3.3.2 一个替代模型

对于月失业率来说，可以通过一个两步过程容易地设定一个替代模型．第一步，我们着重考虑数据的季节模式．如前一节所述，差分序列$(1-B)x_t$的样本自相关函数和偏自相关函数在季节滞后项的表现，建议使用一个周期为12的季节ARMA(1,1)模型，参见图3-20．所以，我们从如下模型开始：

$$(1-\Phi B^{12})(1-B)x_t = (1-\Theta B^{12})a_t$$

拟合的模型为

$$(1-0.62B^{12})(1-B)x_t = (1-0.87B^{12})b_t, \quad \sigma_b^2 = 0.043 \tag{3-19}$$

这里b_t表示残差序列．对于失业率来说，该模型不充分，但是这里的残差b_t大约消除了季节性．对本案例的确如此．图3-22给出了残差序列b_t的样本自相关函数和偏自相关函数．如预期，在5%水平上，残差序列b_t的样本自相关函数和偏自相关函数在季节滞后上不显著．第二步，对于序列b_t，我们设置一个通常的ARMA模型．根据图3-22中的样本偏自相关函数，我们很容易为残差序列b_t设定一个AR(5)模型，因为该序列的偏自相关函数在滞后5阶之后是截断的．根据式(3-19)，我们有

$$b_t = \frac{(1-0.62B^{12})(1-B)}{1-0.82B^{12}}x_t$$

由于序列b_t的模型设定为AR(5)，于是有

$$(1-\phi_1 B - \cdots - \phi_5 B^5)b_t = a_t$$

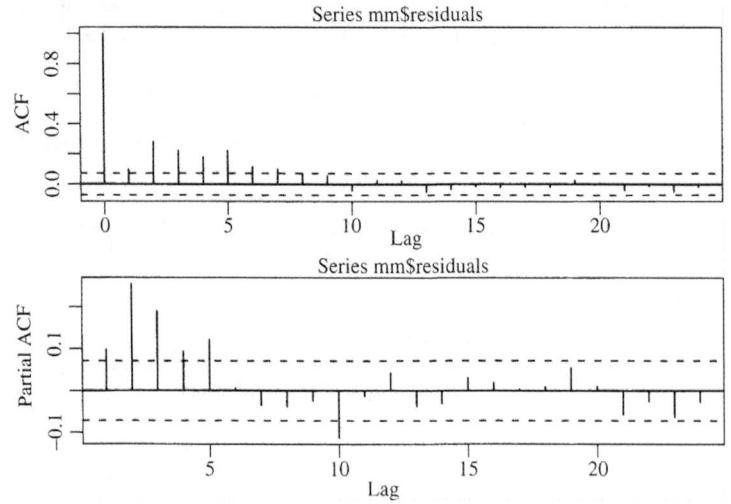

图 3-22 式(3-19)对美国月失业率所建模型的样本自相关函数和偏自相关函数

把前面的两个方程放在一起,得到 x_t 的模型为:

$$(1-\phi_1 B-\cdots-\phi_5 B^5)(1-\Phi B^{12})(1-B)x_t=(1-\Theta B^{12})a_t$$

拟合的模型为:

$$(1+0.01B-0.21B^2-0.17B^3-0.10B^4-0.12B^5)(1-0.56B^{12})(1-B)x_t=(1-0.82B^{12})a_t$$

$$\sigma_a^2=0.037$$

在 5% 显著性水平下,滞后 1 阶的系数不显著,我们重新改进模型如下:

$$(1-0.21B^2-0.17B^3-0.10B^4-0.12B^5)(1-0.56B^{12})(1-B)x_t=(1-0.82B^{12})a_t$$

$$\sigma_a^2=0.037 \tag{3-20}$$

这里,系数估计的标准误差分别为 0.037、0.036、0.036、0.036、0.072 和 0.053. 所有的估计在 5% 水平都是显著的. 模型的 AIC 为 -335.02. 图 3-23 给出了式(3-20)中模型的

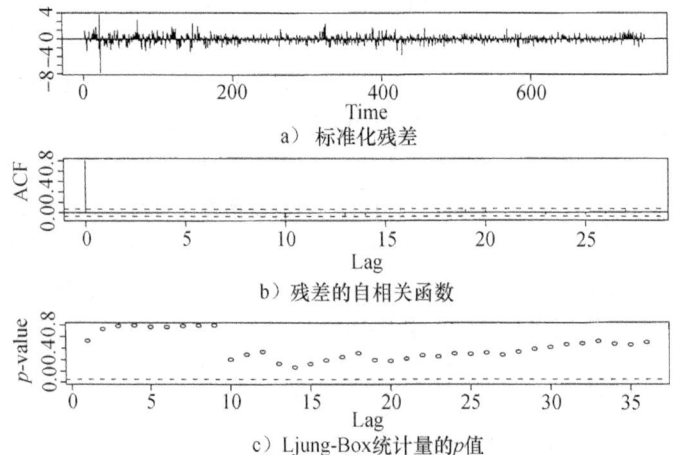

图 3-23 对美国月失业率所建模型(式(3-20))的模型检验

一些检验图. 除了在序列的开始有一两个大的异常值以外, 该模型是充分的.

R 代码演示

```
> mm=arima(unemp,order=c(0,1,0),seasonal=list(order=c(1,0,1),period=12))
> mm
arima(x=unemp,order=c(0,1,0),seasonal=list(order=c(1,0,1),period=12))

Coefficients:
          sar1     sma1
        0.6195  -0.8670
s.e.    0.0658   0.0468

sigma^2 estimated as 0.04267: log likelihood = 116.9,aic=-227.8
> par(mfcol=c(2,1))
> acf(mm$residuals,lag=24)
> pacf(mm$residuals,lag=24)
> mm1=arima(unemp,order=c(5,1,0),seasonal=list(order=c(1,0,1),period=12))
> mm1
arima(x=unemp,order=c(5,1,0),seasonal=list(order=c(1,0,1),period=12))

Coefficients:
          ar1      ar2     ar3      ar4     ar5    sar1     sma1
      -0.0124  0.2101  0.1682  0.1024  0.1207  0.5624  -0.8233
s.e.   0.0365  0.0366  0.0366  0.0370  0.0366  0.0723   0.0526

sigma^2 estimated as 0.03663: log likelihood = 174.57, aic=-333.13
> cc1=c(0,NA,NA,NA,NA,NA,NA)
> mm1=arima(unemp,order=c(5,1,0),seasonal=list(order=c(1,0,1),period=12),
     fixed=cc1)
> mm1
arima(x=unemp,order=c(5,1,0),seasonal=list(order=c(1,0,1),period=12),
    fixed = cc1)

Coefficients:
       ar1     ar2     ar3     ar4     ar5    sar1     sma1
         0  0.2104  0.1652  0.0996  0.1194  0.5643  -0.8240
s.e.     0  0.0366  0.0355  0.0362  0.0364  0.0724   0.0528

sigma^2 estimated as 0.03664: log likelihood = 174.51,aic=-335.02
> tsdiag(mm1,gof=36)
% Backtesting
> source("backtest.R")
> pm1=backtest(m1,unemp,700,1,fixed=c1,inc.mean=F)
[1] "RMSE of out-of-sample forecasts"
[1] 0.1662391
[1] "Mean absolute error of out-of-sample forecasts"
[1] 0.1349363
>
> pmm1=backtest(mm1,unemp,700,1,fixed=cc1,inc.mean=F)
[1] "RMSE of out-of-sample forecasts"
[1] 0.1679285
[1] "Mean absolute error of out-of-sample forecasts"
[1] 0.1350412
```

3.3.3 模型比较

对于美国月失业率，比较式(3-18)和式(3-20)中的两个模型将是很有意思的。根据常用的模型检验统计量，这两个模型都是充分的。对于样本内比较，两个模型的 AIC 分别为 -337.5 和 -335.02。因此，根据 AIC 准则，式(3-18)的模型更优一些。对于样本外比较，我们将数据分成建模子样本和预测子样本两部分，预测子样本包含最新的 53 个观测值。预测性能的结果如下：

模型	RMSFE	MAFE
式(3-18)的回归模型	0.1662	0.1349
式(3-20)的回归模型	0.1679	0.1350

同样，式(3-18)的模型稍微好于式(3-20)的模型。但是，性能提高很小，因此这两个模型很难区分优劣。

总之，这两个模型没有显著的差别。其中的任一个模型都可以用来对美国月失业率做统计推断。为了更进一步证明两个模型是接近的，我们忽略其中的季节成分，考虑式(3-18)中模型的 π 权重，这些权重为：

$$\frac{1-0.75B}{1-0.77B+0.24B^2+0.099B^5} \approx 1+0.02B-0.22B^2-0.174B^3-0.081B^4-0.119B^5$$

这个 π 权重和式(3-20)中的 AR(5)模型的系数很接近。因此，这两个模型的确非常接近。

3.3.4 使用首次申请失业救济金人数

这一节，我们利用周首次申请失业救济金人数来预测月失业率。为了这个目的，我们使用短期的时间跨度，因为首次申请失业救济金的数据仅仅从 1967 年 1 月才有。所有的数据都经过季节调整。由于每月的第一天报告失业率，所以我们使用上个月周首次申请失业救济金人数作为解释变量。因此，月失业率实际数据跨度是从 1967 年 2 月到 2010 年 9 月，而周首次申请失业救济金人数数据是从 1967 年 1 月到 2010 年 8 月，有效样本量为 524 个。

因为首次申请失业救济金人数数据是周数据，我们考虑两个类别的解释变量。在第一个类别中，我们在每个月内加入周数，这样就构造了月首次申请失业救济金人数数据。在第二个类别中，我们直接利用周首次申请失业救济金人数数据。设 x_t 为月失业率。那么，考虑解释变量 $w_{1,t-1}$、$w_{2,t-1}$、$w_{3,t-1}$、$w_{4,t-1}$ 和 c_{t-1}，这里 $w_{i,t-1}$ 是第 $t-1$ 月的第 i 周首次申请失业救济金人数，而 c_{t-1} 是第 $t-1$ 月首次申请失业救济金人数的总和。注意，如果某些月份有 5 周，那么 c_{t-1} 可能不等于 $\sum_{i=1}^{4} w_{i,t-1}$。另外，为了数据的稳定性，首次申请失业救济金人数要除以 $1\,000\,000$。

使用月首次申请失业救济金人数数据

图 3-24 给出了从 1967 年 2 月到 2010 年 9 月的月失业率 x_t 的时序图和首次申请失业救济金人数 c_{t-1} 的时序图。正如预期，两个图形显示出同向运动的一般模式。我们从一个简单的线性模型开始

$$x_t = 1.52 + 2.905 c_{t-1} + n_t \tag{3-21}$$

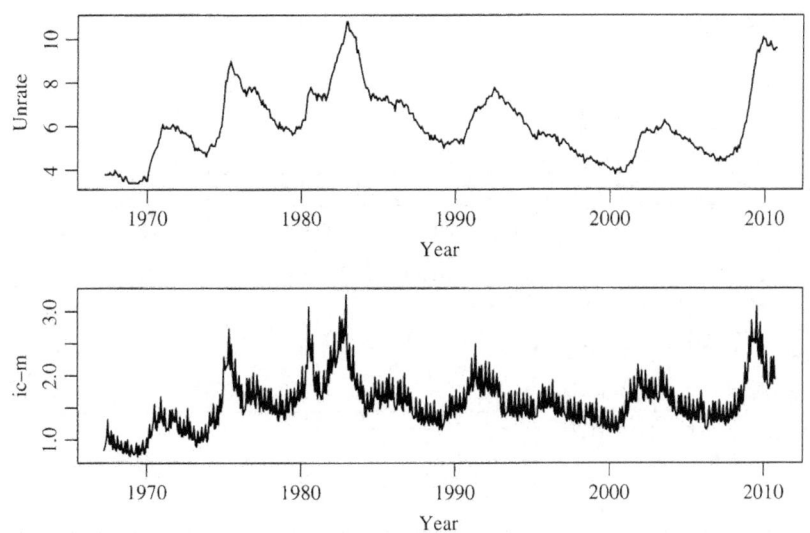

图 3-24　从 1967 年 2 月到 2010 年 9 月的月失业率 x_t 的时序图和首次申请失业救济金人数 c_{t-1} 的时序图. 首次申请失业救济金人数要除以 1 000 000, 并且数据滞后 1 个月

这里 n_t 是误差项, 两个系数的标准误差分别是 0.179 和 0.110, 回归模型的调整 R^2 为 57.23%, 意味着首次申请失业救济金人数的月数据大约能解释每月失业率的 50%. 因为 n_t 不是白噪声序列, 所以前面的线性时间序列模型是不充分的. 图 3-25 给出了残差序列 n_t 的样本自相关函数和偏自相关函数. 自相关函数衰减很慢, 表示在残差中存在很强的序列相关. 而偏自相关函数前 3 阶滞后上表现出很大的数值, 并且在季节滞后阶数 12 阶和 36 阶上是显著的. 然而, 这里根据 n_t 的样本自相关函数和偏自相关函数不容易为它设定一个模型.

为了克服模型设定上的困难, 我们应用试错法和一些先验知识. 第一, 季节样本自相关函数和偏自相关函数的显著性表明我们可以继续使用一个以 12 为周期的季节 ARMA(1, 1) 模型. 第二, 失业率显示出清晰的循环模式, 也就是说, 存在一定的商业周期. 这表明失业率模型的一些特征根是复数, 详见第 2 章. 因此, AR 的阶数 p 满足 $p \geqslant 2$. 第三, 图 3-25 中的自相关函数没有表现出任何明显的指数衰减或下降的正弦函数模式. 这表明 MA 的阶数 q 是正的. 为了简单, 我们试着用 $q=3$ 来设定该模型. 因此, 我们暂时设定失业率模型为:
$$(1-\phi_1 B-\phi_2 B^2)(1-\Phi B^{12})(x_t-\beta_0-\beta_1 c_{t-1})=(1-\theta_1 B-\cdots-\theta_3 B^3)(1-\Theta B^{12})a_t$$
拟合的模型为:
$$(1-1.900B-0.902B^2)(1-0.65B^{12})(x_t-6.04-0.077c_{t-1})$$
$$=(1-0.893B+0.146B^2+0.056B^3)(1-0.85B^{12})a_t, \quad \sigma_a^2=0.0242$$

这里, 除了 MA(3) 的系数以外, 所有的估计在 5% 水平都是显著的. 模型的检验统计量表明该模型是充分的. 因此, 我们重新改进模型如下:
$$(1-1.912B+0.915B^2)(1-0.65B^{12})(x_t-6.11-0.078c_{t-1})$$
$$=(1-0.910B+0.186B^2)(1-0.85B^{12})a_t, \quad \sigma_a^2=0.0243 \tag{3-22}$$

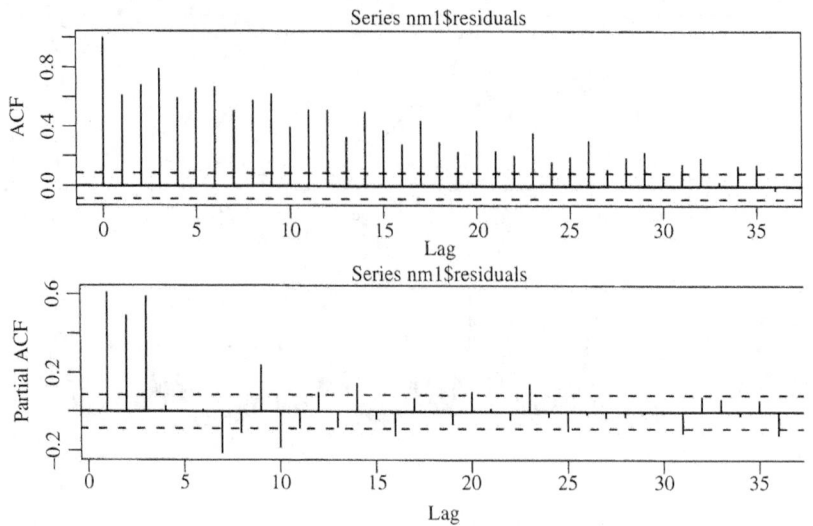

图 3-25 式(3-21)的线性回归的残差序列的样本自相关函数和偏自相关函数图

系数估计的标准误差分别为 0.028、0.028、0.082、0.375、0.021、0.053、0.049 和 0.059. 图 3-26 给出了式(3-22)中模型的一些检验图. 这些图形表明该模型是充分的, 模型的 AIC 为 -435.93.

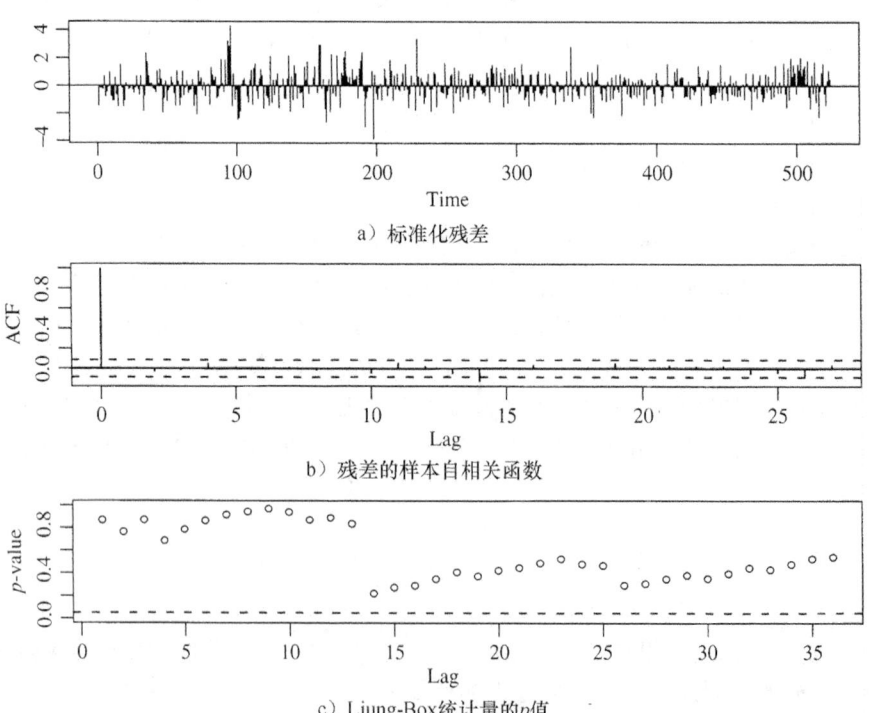

a) 标准化残差

b) 残差的样本自相关函数

c) Ljung-Box统计量的p值

图 3-26 对美国月失业率所建模型(式(3-22))的模型检验图, 它应用了首次申请失业救济金人数. 数据从 1967 年 2 月到 2010 年 9 月

注记：对于失业率数据的常规部分，在最初设定模型时，我们使用 ARMA(2，3) 模型. 事实上，我们可以用 ARMA(2，q) 模型，这里 $2 \leqslant q \leqslant 5$，并得到与式(3-22)相同的最终模型. ∎

R 代码演示

```
> da=read.table("m-unrateic.txt",header=T)
> head(da)
    year mon dd rate w1m1 w2m1 w3m1 w4m1 icm1
1   1967   2  1  3.8  208  207  217  204  836
....
6   1967   7  1  3.8  248  238  224  218  928
> unrate=da$rate
> x=da[,5:9]/1000
> nm1=lm(unrate~icm1,data=x)
> summary(nm1)
Call: lm(formula = unrate ~icm1, data = x)

Coefficients:
            Estimate Std. Error t value Pr(>|t|)
(Intercept)  1.5202     0.1785    8.518   <2e-16 ***
icm1         2.9047     0.1097   26.475   <2e-16 ***
---
Residual standard error: 1.051 on 522 degrees of freedom
Multiple R-squared: 0.5731,    Adjusted R-squared: 0.5723

> par(mfcol=c(2,1))
> acf(nm1$residuals,lag=36)
> pacf(nm1$residuals,lag=36)
> nm1=arima(unrate,order=c(2,0,3),xreg=x[,5],seasonal=list(order=c(1,0,1),
  period=12))
> nm1=arima(x=unrate,order=c(2,0,3),seasonal=list(order=c(1,0,1),period=12),
  xreg = x[, 5])

Coefficients:
         ar1      ar2     ma1    ma2    ma3    sar1    sma1   intercept
      1.8997  -0.9021 -0.8932 0.1458 0.0555  0.6501 -0.8520     6.0373
s.e.  0.0332   0.0331  0.0543 0.0565 0.0466  0.0824  0.0586     0.3706
         icm1
       0.0772
s.e.   0.0212

sigma^2 estimated as 0.02419:  log likelihood = 227.7,  aic=-435.39
> nm1=arima(unrate,order=c(2,0,2),seasonal=list(order=c(1,0,1),period=12),
  xreg=x[,5])
> nm1 arima(x=unrate,order=c(2,0,2),seasonal=list(order=c(1,0,1),period=12),
       xreg = x[, 5])

Coefficients:
         ar1      ar2     ma1    ma2    sar1    sma1   intercept    x[, 5]
      1.9123  -0.9145 -0.9100 0.1860  0.6465 -0.8483     6.1111    0.0782
s.e.  0.0283   0.0282  0.0527 0.0479  0.0823  0.0591     0.3748    0.0213

sigma^2 estimated as 0.02426:  log likelihood = 226.97,  aic=-435.93
> tsdiag(nm1,gof=36)
```

使用周首次申请失业救济金人数

图 3-27 给出了月失业率 x_t 和每月前两周首次申请失业救济金人数周数据的时序图. 所有这三幅图都表现出相似的周期模式, 它表明周数据可能有助于预测月失业率. 使用每月前两周首次申请失业救济金人数的一个优点是: 与每月首次申请失业救济金人数相比较, 它为预测提供了一个较长的前置时间. 我们利用每月前两周首次申请失业救济金人数的数据, 得到的结果如下:

$$x_t = 0.516 + 6.522w_{1,t-1} + 9.671w_{2,t-1} - 2.446w_{3,t-1} + 1.663w_{4,t-1} + e_t \quad (3\text{-}23)$$

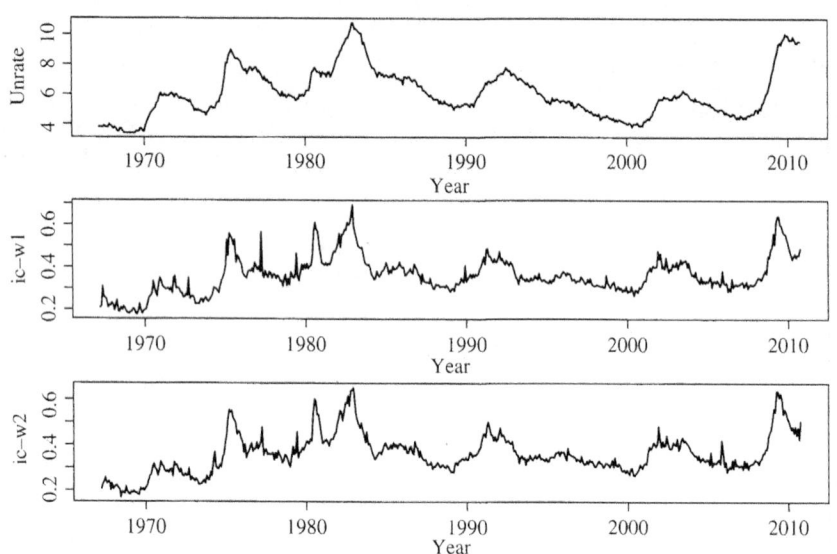

图 3-27 从 1967 年 2 月到 2010 年 9 月的月失业率和首次申请失业救济金人数周数据的时序图. 首次申请失业救济金人数是在 $t-1$ 时刻的每月前 2 周的数据

这里, $\sigma_e = 0.884$, 系数估计的标准误差分别为 0.165、2.115、2.863、2.798 和 2.062. $w_{i,t-1}$ 具有高度的相关性, 这样其估计系数的标准误差相对很大. 由式(3-23)中多元线性回归模型可知, 我们仅仅需要每月前两周的首次申请失业救济金人数. 另外, 即使应用首次申请失业救济金人数的月数据, 我们发现只需要每月首次申请失业救济金人数的前两周的数据, 拟合的模型为:

$$x_t = 0.511 + 6.391w_{1,t-1} + 8.465w_{2,t-1} + 0.131c_{t-1} + e_t$$

这里, 系数估计的标准误差分别是 0.165、2.075、2.237 和 0.211. c_{t-1} 的系数在 5% 水平上不是统计显著的. 总之, 我们使用周首次申请失业救济金人数的数据, 利用线性回归模型, 可以得到:

$$x_t = 0.513 + 6.459w_{1,t-1} + 8.961w_{2,t-1} + n_t \quad (3\text{-}24)$$

这里, n_t 的标准误差为 0.883, 系数估计的标准误差分别为 0.165、2.071 和 2.087.

图 3-28 给出式(3-24)中多元线性回归模型的样本自相关函数和偏自相关函数. 其中, 自相关函数衰减很慢, 但是偏自相关函数只有少数几个显著的数值. 在图 3-28 中的样本自相关函数和偏自相关函数的表现与图 3-25 中的类似. 它们的主要区别是, 在图 3-28 中的自相关函数看上去更平滑一些. 因此, 对于失业率, 可以设定一个相似的模型:

$$(1 - \phi_1 B - \phi_2 B^2)(1 - \Phi B^{12})(x_t - \beta_0 - \beta_1 w_{1,t-1} - \beta_2 w_{2,t-1}) = (1 - \theta_1 B - \theta_2 B^2)(1 - \Theta B^{12})a_t$$

拟合的模型为:

$$(1-1.917B+0.920B^2)(1-0.611B^{12})(x_t-5.656-0.427w_{1,t-1}-0.969w_{2,t-1})$$
$$=(1-0.996B+0.253B^2)(1-0.79B^{12})a_t, \quad \sigma_a^2=0.024 \tag{3-25}$$

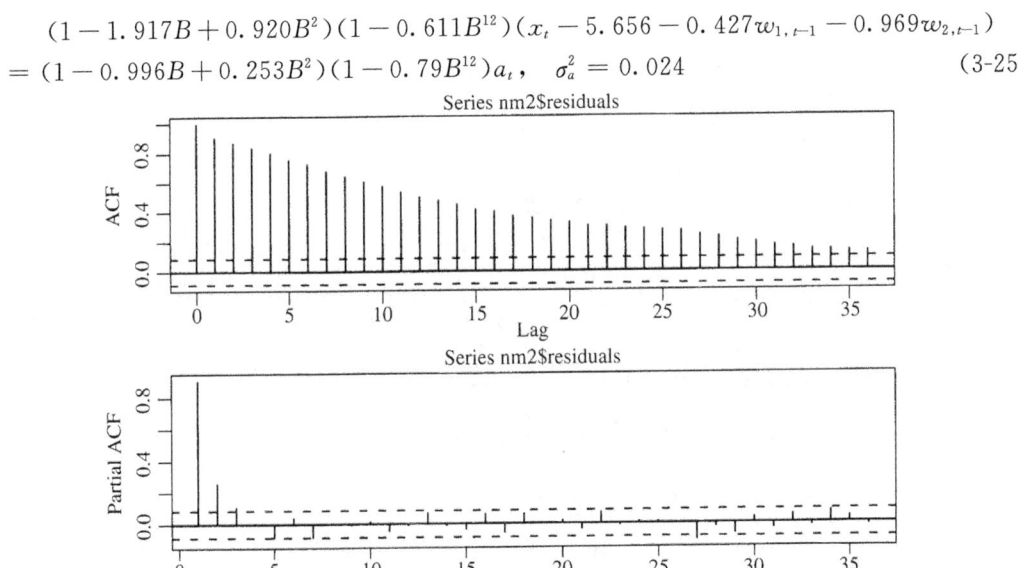

图 3-28 式(3-24)中线性回归模型残差的样本自相关函数和偏自相关函数图

这里，系数的标准误差分别为 0.027、0.027、0.112、0.391、0.272、0.321、0.056、0.051 和 0.088. 除了 $w_{1,t-1}$ 的系数外，所有的估计在 5% 水平都是显著的. $w_{1,t-1}$ 系数的 t 比为 1.57，其 p 值为 0.12，是不显著的. 图 3-29 给出式(3-25)中模型的一些检验图. 由图 3-25 中可见，对于月失业率，该模型是充分的. 模型的 AIC 为 -440.59，比式(3-22)中模型的 AIC 小.

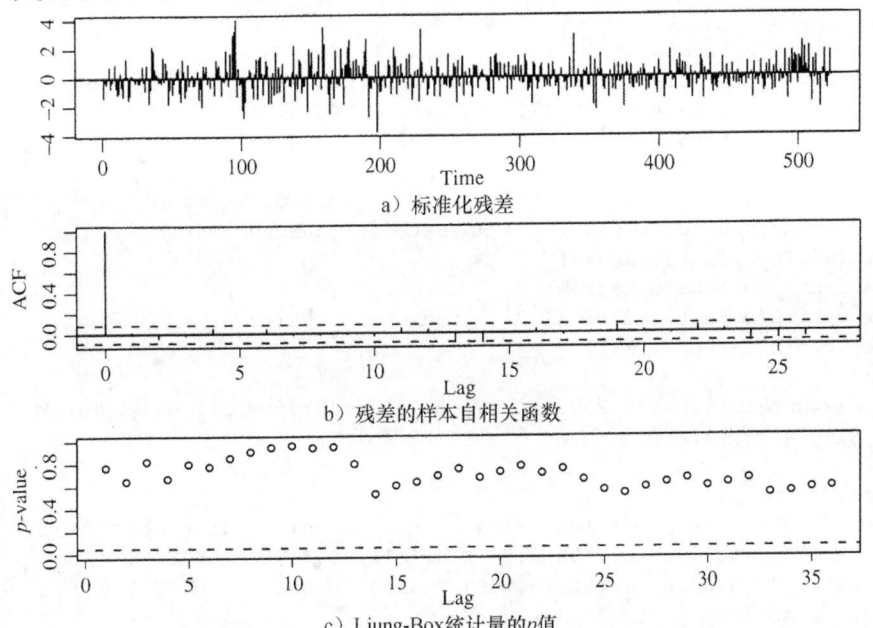

a) 标准化残差

b) 残差的样本自相关函数

c) Ljung-Box统计量的p值

图 3-29 从 1967 年 2 月到 2010 年 9 月的美国月失业率的模型(式(3-25))的模型检验图

R 代码演示

```
> nm2=lm(unrate~w1m1+w2m1+w3m1+w4m1,data=x)
> summary(nm2)
lm(formula = unrate ~w1m1 + w2m1 + w3m1 + w4m1, data = x)
Coefficients:
            Estimate Std. Error t value Pr(>|t|)
(Intercept)   0.5160     0.1651   3.125 0.001877 **
w1m1          6.5221     2.1145   3.084 0.002148 **
w2m1          9.6711     2.8630   3.378 0.000785 ***
w3m1         -2.4455     2.7980  -0.874 0.382506
w4m1          1.6626     2.0624   0.806 0.420528
---
Residual standard error: 0.8841 on 519 degrees of freedom

> nm2=lm(unrate~w1m1+w2m1+icm1,data=x)
> summary(nm2)
lm(formula = unrate ~w1m1 + w2m1 + icm1, data = x)
Coefficients:
            Estimate Std. Error t value Pr(>|t|)
(Intercept)   0.5111     0.1648   3.101 0.002033 **
w1m1          6.3906     2.0751   3.080 0.002182 **
w2m1          8.4654     2.2365   3.785 0.000171 ***
icm1          0.1307     0.2110   0.619 0.535950
---
Residual standard error: 0.8837 on 520 degrees of freedom
> nm2=lm(unrate~w1m1+w2m1,data=x)
> summary(nm2)
lm(formula = unrate ~w1m1 + w2m1, data = x)
Coefficients:
            Estimate Std. Error t value Pr(>|t|)
(Intercept)   0.5127     0.1647   3.113 0.00195 **
w1m1          6.4594     2.0709   3.119 0.00191 **
w2m1          8.9609     2.0872   4.293 2.1e-05 ***
---
Residual standard error: 0.8832 on 521 degrees of freedom
Multiple R-squared: 0.6993,    Adjusted R-squared: 0.6981
> acf(nm2$residuals,lag=36)
> pacf(nm2$residuals,lag=36)
> nm2=arima(unrate,order=c(2,0,2),seasonal=list(order=c(1,0,1),
   period=12),xreg=x[,1:2])
> nm2
arima(x=unrate,order=c(2,0,2),seasonal=list(order= c(1,0,1),period=12),
    xreg = x[, 1:2])

Coefficients:
          ar1      ar2      ma1     ma2    sar1     sma1  intercept    w1m1
       1.9172  -0.9197  -0.9958  0.2532  0.6111  -0.7915     5.6555  0.4265
s.e    0.0269   0.0268   0.0563  0.0507  0.1119   0.0883     0.3912  0.2721
         w2m1
```

```
        0.9693
s.e.    0.3206

sigma^2 estimated as 0.024:  log likelihood = 230.29, aic=-440.59
> tsdiag(nm2,gof=36)
```

3.3.5 模型比较

对于月失业率，我们使用了两个相对复杂的模型．这两个模型都使用了首次申请失业救济金人数的信息．为了达到比较的目的，我们对从 1967 年 2 月到 2010 年 9 月的美国月失业率数据建立一个时间序列模型．拟合的模型为：

$$(1-0.901B)(1-B)(1-0.625B^{12})x_t = (1-0.868B+0.170B^2)(1-0.83B^{12})a_t \quad (3\text{-}26)$$

这里，$\sigma_a^2 = 0.0252$，系数估计的标准误差分别是 0.031、0.084、0.053、0.047 和 0.062．所有估计在 5% 水平上都是统计显著的．这里没有给出模型的检验，它们也没有拒绝模型的充分性．该纯时间序列模型的 AIC 为 −426.17．

比较这三个模型是令人感兴趣的．对于样本内预测，根据 AIC 准则，选择式(3-25)中的模型，它表明上一个月份的前两周首次申请失业救济金人数的信息有助于解释月失业率的变化．对于式(3-22)和式(3-26)中给出的两个模型，AIC 也证明了使用首次申请失业救济金人数信息是有用的．对于样本外预测，我们同样将数据分成建模子样本和预测子样本两部分，预测子样本包含最新的 53 个观测值．回测检验结果如下：

模型	RMSFE	MAFE
使用首次申请失业救济金人数月数据的模型(式(3-22))	0.1706	0.1454
使用首次申请失业救济金人数周数据的模型(式(3-25))	0.1683	0.1372
式(3-26)中的纯时间序列回归模型	0.1684	0.1370

很显然，在这三个模型中的样本外预测没有很大的区别．由于样本外预测的性能取决于预测子样本的选择，所以这里的简单示例说明，首次申请失业救济金人数对于预测季节调整的月失业率的作用是有限的．因此，该案例突出了样本内模型比较和样本外模型比较的不同．

式(3-22)、式(3-25)和式(3-26)中的三个竞争模型的相似性也可以从以下几点看出：第一，这三个模型的季节成分很相近．它们都表明应用的季节调整方法的不充分性．第二，尽管没有对式(3-22)和式(3-25)的模型加入单位根，但是它们的估计结果强烈暗示存在着一个单位根．两个模型规则的 AR 多项式模型大约可写为：$1-0.912B+0.915B^2 \approx (1-0.912B)(1-B)$ 和 $1-1.917B+0.920B^2 \approx (1-0.917B)(1-B)$．这些分解因式和式(3-26)的 $(1-0.901B)(1-B)$ 相接近．这是可以理解，因为这三个模型的超前 1 步预测是很相似的．

习题

1. 考虑从 1976 年 1 月到 2011 年 9 月加利福尼亚州和美国的月失业率，数据在文件 m-CAUS-7611.txt 中给出(变量为：year、mon、CA 和 US).

(a) 为加利福尼亚州月失业率建立一个纯时间序列模型，进行模型检验，并写出拟合的模型.

(b) 对于加利福尼亚州月失业率，建立一个时间序列模型，使用美国月失业率的 1 阶滞后作为解释变量，进行模型检验，并写出拟合的模型.

(c) 预测期从 2008 年 1 月到 2011 年 9 月，使用样本外预测，并比较这两个模型.

2. 考虑美国从 1971 年 4 月到 2011 年 11 月的 30 年期的月资产抵押率. 数据来自 FRED，它们在文件 m-morgfed-7611.txt 中给出(变量为：year、mon、day、morg 和 fed).

(a) 对于月抵押率数据，建立一个纯时间序列模型，进行模型检验，并写出拟合的模型.

(b) 众所周知，抵押率依赖于联邦基金利率. 对抵押率建立一个时间序列模型，用联邦基金利率的 1 阶滞后作为解释变量，进行模型检验，并写出拟合的模型. 根据拟合的模型说明在 5% 的显著性水平下，抵押率是否依赖于联邦基金.

(c) 把 1971 年 4 月到 2011 年 11 月作为预测期，使用样本外预测并比较这两个模型.

参考文献

Box GEP. Science and statistics. J Am Stat Assoc 1976;33526–536.

Box GEP, Jenkins GM, Reinsel GC. Time Series Analysis: Forecasting and Control. 4th ed. Hoboken (NJ): John Wiley & Sons; 2008.

Tiao GC, Tsay RS. Some advances in non-linear and adaptive modeling in time series. J Forecast 1994;13109–131.

Tsay RS. Analysis of Financial Time Series. 3rd ed. Hoboken (NJ): John Wiley & Sons; 2010.

第4章 资产波动率及其模型

金融中的一个重要度量是与资产相关的风险,而资产波动率也许是最常用的风险度量. 然而,资产波动率的类型有多种. 我们将在下面几节中定义它们. 本章的目标是理解波动率的特点,学习波动率模型,并获取波动率建模和应用资产波动率的经验.

波动率在金融中有许多重要的应用. 它是期权定价和资产分配中的一个关键因素. 波动率在计算风险管理中的风险值(Value at Risk,VaR)时有重要作用. 最近,一些波动率指数已经成为一种金融工具. 例如,由芝加哥期权交易所(Chicago Board of Option Exchange,CBOE)编制的 VIX 波动率指数已经于 2004 年 3 月 26 日进行期货交易.

尽管波动率的定义很清晰,但是在实际中它是不能被直接观测到的. 我们可以观测到的是资产的价格和它的衍生品价格. 所以必须从这些观测到的价格来估计波动率. 波动率不可直接观测的性质在波动率研究和建模中有几个重要的含义. 在本章中我们将讨论这些含义.

在文献中有许多波动率模型. 本章讨论的一元波动率模型包括 Engle(1982)提出的自回归条件异方差(Autoregressive Conditional Heteroscedastic,ARCH)模型,Bollerslev(1986)提出的广义自回归条件异方差模型(Generalized Autoregressive Conditional Heteroscedastic,GARCH),Nelson(1991)提出的指数 GARCH 模型(Exponential Autoregressiye Generaliged Conditional Heteroscedastic,EGARCH),Glosten 等(1993)和 Zakoian(1994)提出的门限广义自回归条件异方差模型(Threshold Generalized Autoregressive Conditiond Hetoroscedastic,TGARCH),Engle 和 Ng(1993)以及 Duan(1995)提出的非对称广义自回归条件异方差模型(Nonsymmetric Generaliged Autoregressive Conditiond Heterasledastic,NGARCH),Melino 和 Turnbull(1990)、Taylor(1994)、Harvey 等(1994)以及 Jacquier 等(1994)分别提出的随机波动率(Stochastic Volatility,SV)模型. 我们将讨论各个波动率模型的优点和缺点,并考虑波动率模型的一些应用. 本章还讨论波动率建模的一些其他方法,包括应用某项资产的最高价格、最低价格和基于高频数据的实现波动率.

4.1 波动率的特征

尽管波动率不能直接观测,但是它的一些特征通常可以从资产的收益率中看出. 第一,存在**波动率聚集**(volatility cluster)(即在某个特定时间段上波动率高,而在其他时间段上波动率较小). 第二,波动率随时间以连续方式变化——波动率的跳跃是罕见的. 第三,波动率不会发散到无穷——波动率在一个固定范围内变化. 以统计学角度说,这意味着波动率通常是平稳的. 第四,波动率对价格大幅上升和大幅下降的反应是不同的,后者对波动率的影响更大. 这种现象称为**杠杆效应**(leverage effect). 这些性质在波动率模型的发展中起着重要作用. 有些波动率模型主要是具体针对已有模型在刻画上述这些特征的弱点而提出的. 例如,EGARCH 和 TGARCH 模型就是为了刻画波动率对大的"正"和"负"资产收益率的不对称性而提出来的.

在实际中，我们通常通过股票或者衍生品或者二者一起的价格来估计资产的波动率. 考虑 IBM 股票的日波动性. 我们可以观测到的有：1)每个交易日的日收益率；2)盘中交易和报价的分笔数据；3)附随 IBM 股票的期权价格. 这 3 种数据源给出 IBM 股票的 3 种类型的波动率度量. 它们定义如下：

- **波动率是日收益率的条件标准差**：这是波动率的常见定义，本章着重讨论这种类型的波动率模型.
- **隐含波动率**：应用期权市场上的价格，可以通过一个价格公式，如 Black-Scholes 定价公式，来推导出股票价格的波动率. 该波动率称为**隐含波动率**(implied volatility). 由于隐含波动率是建立在某些关联期权价格和它相应标的股票价格的假定上，所以这种方法往往由于它的模型相依性而遭到批评. 经验告诉我们，资产收益率的隐含波动率倾向于比采用日收益率和波动率模型得到的值大. 这也许是由于期权市场的波动率风险溢价或与计算日收益率的方法有关. 芝加哥期权交易所的 VIX 波动率指数是一种隐含波动率指数.
- **实际波动率**：随着高频金融数据的可获得性，可以应用一天内的收益率数据，如 5 分钟的收益率，来估计日波动率. 这种波动率度量称为实际波动率，最近几年对它进行了大量的研究. 我们将在第 6 章讨论实际波动率.

在实际应用中，用于度量波动率的时间区间为 1 年. 因此，波动率经常是年化波动率. 由于在美国通常交易日的天数为 252，所以如果是应用日收益率来估计波动率，那么可以用日波动率乘以 $\sqrt{252}$ 得到年化波动率.

4.2 模型的结构

用 r_t 表示某项资产在 t 时刻的对数收益率. 波动率研究的基本思想是，序列 $\{r_t\}$ 是前后不相关的或低阶前后相关的，但序列不是独立的. 作为说明，考虑 Intel 公司股票从 1973 年 1 月到 2009 年 12 月的月对数收益率，共有 444 个观测值. 图 4-1 给出了该对数收益率的时序图. 从图 4-1 中可知，收益率序列看起来是平稳且随机的. 图 4-2a 给出了该对数收益率的样本自相关函数(ACF)，正如我们所预期的，图 4-2a 中显示除了在滞后为 7 和 14 时有较小相关性之外，没有显著的序列前后相关性. 序列 r_t 的 Ljung-Box 统计量表明 $Q(12)=18.68$，相应的 p 值为 0.10. 另一方面，图 4-2b 是对数收益率的绝对值序列 $|r_t|$ 的样本 ACF. 显然，$|r_t|$ 有序列相关性. Ljung-Box 统计量表明 $Q(12)=124.91$，相应的 p 值接近 0. 综上所述，Intel 股票月对数收益率序列是前后不相关的，但不是独立的. 一元波动率模型就是试图去刻画收益率序列的这种不独立性.

为了把波动率模型放在一个适当的框架中，考虑给定 F_{t-1} 时 r_t 的条件均值和条件方差是有益的，即

$$\mu_t = E(r_t | F_{t-1}), \quad \sigma_t^2 = \mathrm{Var}(r_t | F_{t-1}) = E[(r_t - \mu_t)^2 | F_{t-1}] \tag{4-1}$$

其中，F_{t-1} 是在 $t-1$ 时刻已知的信息集. 特别地，信息集 F_{t-1} 包含过去收益率的一切线性函数. 第 2 章中的实例和图 4-2 表明，股票收益率序列 r_t 即使有前后相关性的话也很弱. 因此

式(4-1)中关于 μ_t 的等式应是比较简单的，我们假定 r_t 服从一个简单的时间序列模型，如平稳 ARMA(p,q) 模型。例如，考虑 Intel 股票的月对数收益率序列。如上所述，Ljung-Box 统计量表明该收益率序列没有序列相关性，同时一个简单的单样本检验确认序列 r_t 的均值显著不等于 0。更具体地说，检验 H_0：$\mu=0$ 和 H_a：$\mu\neq 0$ 的 t 比为 2.38，p 值为 0.018。因此，对 Intel 公司股票的对数收益率，我们有 $r_t=\mu_t+a_t$，其中 $\mu_t=\mu$ 为常数。

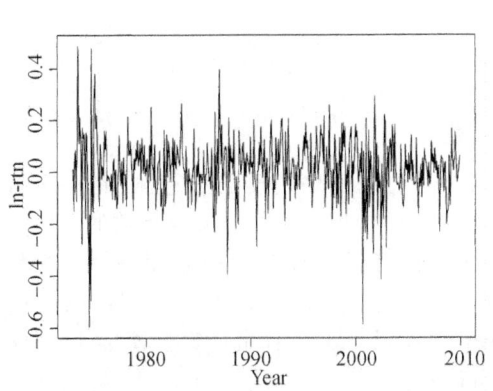

图 4-1 Intel 公司股票从 1973 年 1 月到 2009 年 12 月的月对数收益率的时序图

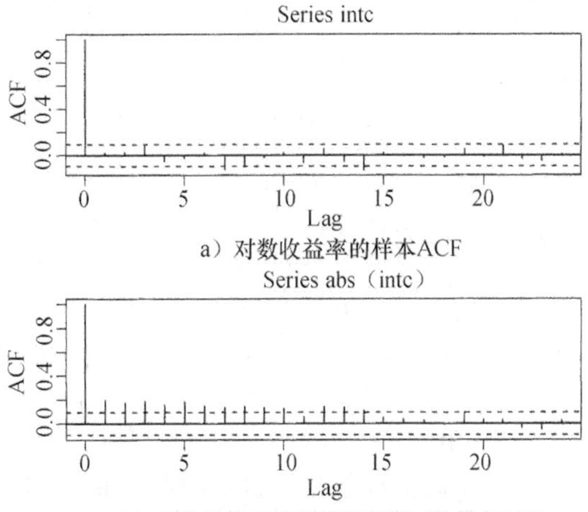

图 4-2 Intel 公司股票从 1973 年 1 月到 2009 年 12 月的月对数收益率的样本自相关函数(ACF)

通常，我们假设 r_t 服从一个 ARMA(p,q) 模型，因此 $r_t=\mu_t+a_t$，其中 μ_t 由下式给定：

$$\mu_t = \phi_0 + \sum_{i=1}^{p} \phi_i r_{t-i} - \sum_{j=1}^{q} \theta_j a_{t-j} \tag{4-2}$$

如果可以获得其他的解释变量，我们可以建立模型 $r_t=\mu_t+a_t$，其中

$$\mu_t = \phi_0 + \sum_{i=1}^{k} \beta_i x_{i,t-1} + \sum_{i=1}^{p} \phi_i y_{t-i} - \sum_{j=1}^{q} \theta_j a_{t-j} \tag{4-3}$$

其中，$y_{t-i} = r_{t-i} - \phi_0 - \sum_{i=1}^{k} \beta_i x_{i,t-i-1}$ 代表剔除解释变量影响后的调整收益率序列，$x_{i,t-j}$ 是 $t-j$ 时刻可得的解释变量。

R 代码演示

```
> da=read.table("m-intcsp7309.txt",header=T)
> head(da)
      date     intc        sp
1 19730131 0.010050 -0.017111
...
> intc=log(da$intc+1)
> rtn=ts(intc,frequency=12,start=c(1973,1))
> plot(rtn,type='l',xlab='year',ylab='ln-rtn') % time plot
> t.test(intc)   % testing the mean of returns
        One Sample t-test
```

```
data:  intc
t = 2.3788, df = 443, p-value = 0.01779
alternative hypothesis: true mean is not equal to 0

> Box.test(intc,lag=12,type='Ljung')
        Box-Ljung test

data:  intc
X-squared = 18.6761, df = 12, p-value = 0.09665

> par(mfcol=c(2,1))
> acf(intc,lag=24)   % ACF plots
> acf(abs(intc),lag=24)
> Box.test(abs(intc),lag=12,type='Ljung')
        Box-Ljung test

data:  abs(intc)
X-squared = 124.9064, df = 12, p-value < 2.2e-16
```

模型(式(4-3))给出了第 2 章中带时间序列误差的线性时间序列模型在金融中的一个可能应用. ARMA 模型的阶(p, q)可能取决于收益率序列的频率. 例如, 股票指数的日收益率往往有较小的前后相关性, 但指数月收益率可能就没有任何显著的前后相关性. 模型(式(4-3))中的解释变量 $x_{i,t-j}$ 比较灵活. 例如, 可以对星期一这天应用一个哑变量(dummy variable)来研究股票日收益率的**周末效应**(the effect of weekend). 在资产定价模型(Capital Asset Pricing Model, CAPM)中, r_t 的均值方程可以写为 $r_t = \phi_0 + \beta r_{m,t} + a_t$, 其中 $r_{m,t}$ 代表市场收益率.

结合式(4-2)和式(4-3), 我们有

$$\sigma_t^2 = \mathrm{Var}(r_t \mid F_{t-1}) = \mathrm{Var}(a_t \mid F_{t-1}) \tag{4-4}$$

其中, σ_t^2 的正平方根 σ_t 就是波动率. 本章的条件异方差模型就是关注 σ_t^2 的演变. σ_t^2 随时间变化的方式可以用来区分不同的波动率模型.

条件异方差模型可分为两类: 第一类是用确定的函数来刻画 σ_t^2 的演变, 第二类是用随机方程来描述 σ_t^2. GARCH 模型属于第一类, 而随机波动率(SV)模型属于第二类.

全书中把 a_t 称为资产收益率在 t 时刻的**扰动**或**新息**. 式(4-3)中 μ_t 的模型称为 r_t 的均值方程, σ_t^2 的模型称为 r_t 的**波动率**方程. 因此, 条件异方差性建模就是对时间序列模型增加一个动态方程, 该动态方程用来刻画资产收益率的条件方差随时间演变的规律.

4.3 模型的建立

对资产收益率序列建立波动率模型需要如下 4 个步骤:

1) 通过检验数据的前后相关性建立一个均值方程, 如有必要, 对收益率序列建立一个计量经济模型(如 ARMA 模型)来消除任何的线性依赖.

2) 对均值方程的残差进行 ARCH 效应检验.

3) 如果 ARCH 效应在统计上是显著的, 则指定一个波动率模型, 并对均值方程和波动率方程进行联合估计.

4) 仔细检验所拟合的模型, 如有必要则进行改进.

下面将描述建模过程的每一个步骤, 并介绍多种波动率模型.

指定均值方程

对大部分资产收益率序列，如果有前后相关性的话，也很弱. 因此，如果样本均值显著不为零的话，建立均值方程就等于从数据中移除样本均值. 对于某些日收益率序列，建立一个简单的 AR 模型是必要的. 在某些情形下，均值方程可能要用到解释变量，比如对应周末或一月份的指示变量. 如前面讨论的，对于 Intel 股票的月对数收益率序列，均值方程仅仅由一个常数构成.

4.4 ARCH 效应的检验

为了符号表示的方便，记 $a_t = r_t - \mu_t$ 为均值方程的残差. 平方序列 a_t^2 可以用来检验条件异方差性，即所谓的 ARCH 效应. 有两个检验可以用于 ARCH 效应的检验. 第一个检验是将常用的 Ljung-Box 统计量 $Q(m)$ 应用于序列 $\{a_t^2\}$，参见 Mcleod 和 Li(1983). 该检验统计量的原假设是序列 a_t^2 前 m 个间隔的 ACF 值都为零. 第二个对条件异方差的检验是 Engle(1982)的拉格朗日乘子检验. 该检验等价于在如下线性回归中检验 $\alpha_i = 0 (i = 1, \cdots, m)$ 的通常的 F 统计量:

$$a_t^2 = \alpha_0 + \alpha_1 a_{t-1}^2 + \cdots + \alpha_m a_{t-m}^2 + e_t, \quad t = m+1, \cdots, T$$

其中 e_t 表示误差项，m 是事先指定的正整数，T 是样本容量. 具体地，原假设是 $H_0: \alpha_1 = \cdots = \alpha_m = 0$，而备择假设是对于某个在 $1 \sim m$ 之间取值的 i，有 $H_1: \alpha_i \neq 0$. 令 $\text{SSR}_0 = \sum_{t=m+1}^{T} (a_t^2 - \bar{\omega})^2$，其中 $\bar{\omega} = (1/T) \sum_{t=1}^{T} a_t^2$ 是 a_t^2 的样本均值；$\text{SSR}_1 = \sum_{t=m+1}^{T} \hat{e}_t^2$，其中 $\hat{e}_t$ 是前面线性回归最小二乘估计的残差. 于是，我们有：

$$F = \frac{(\text{SSR}_0 - \text{SSR}_1)/m}{\text{SSR}_1/(T - 2m - 1)}$$

在原假设 H_0 下，上述统计量 F 服从自由度为 m 和 $T - 2m - 1$ 的 F 分布. 当 T 充分大时，可以用 mF 作为检验统计量，在原假设下，它渐进服从自由度为 m 的 χ^2 分布. 决策规则是：如果 $mF > \chi_m^2(\alpha)$ 或 mF 的 p 值小于第 I 类错误 α，则拒绝原假设，这里 $\chi_m^2(\alpha)$ 是大于 χ_m^2 上的 $100(1-\alpha)$ 百分位点.

为通过例子说明上述理论，考虑 Intel 公司股票 1973—2009 年的月对数收益率. 由于均值方程为简单的一个常数加新息，所以用 $y_t = r_t - \bar{r}$ 来检验 ARCH 效应，这里 $\bar{r}$ 是 r_t 的样本均值、y_t 是 a_t 的估计. y_t^2 的 Ljung-Box 统计量 $Q(12) = 92.94$，其 p 值接近于 0，因此它表明有很强的 ARCH 效应. 应用 Engle 的拉格朗日乘子法 ($m = 12$)，我们有 $F = 4.978$，相应的 p 值为 9.74×10^{-8}，该检验进一步确认了 Intel 公司股票月对数收益率有很强的 ARCH 效应.

R 代码演示

```
> y=intc-mean(intc)
> Box.test(y^2,lag=12,type='Ljung')
        Box-Ljung test
```

```
data:  y^2
X-squared = 92.9389, df = 12, p-value = 1.332e-14

> source("archTest.R")   % R script available on the book web site.
> archTest(y,12)         % output edited.
Coefficients:
            Estimate  Std. Error  t value  Pr(>|t|)
(Intercept) 0.005977   0.002249    2.658   0.008162 **
x1          0.093817   0.048147    1.949   0.052013 .
x2          0.153085   0.048102    3.183   0.001569 **
x3          0.146087   0.048614    3.005   0.002815 **
....
x12         0.161945   0.045965    3.523   0.000473 ***
---
Residual standard error: 0.03365 on 419 degrees of freedom
Multiple R-squared: 0.1248,    Adjusted R-squared: 0.0997
F-statistic: 4.978 on 12 and 419 DF,  p-value: 9.742e-08    <== F-ratio
```

ARCH 效应也存在于其他金融时间序列中. 图 4-3a 给出了 1999 年 1 月 4 日至 2010 年 8 月 20 日美元对欧元汇率的日对数收益率的时序图. 如预期的那样, 在 2008 年下半年和 2009 年的上半年有较高的波动率. 图 4-3b 给出了该序列的样本 ACF. 样本 ACF 表明在该对数收益率序列中没有强序列相关性. 而对数收益率序列的 Ljung-Box 统计量为 $Q(20)=30.59$, p 值为 0.061. 在 5% 的显著性水平下, 相关系数为 0 的原假设不能被拒绝, 但是在 10% 的显著性水平下, 则拒绝原假设. 检验期望收益率为 0 的 t 比统计量为 0.20, 相应的 p 值为 0.84. 所以, 如果应用 5% 作为第 I 类误差, 则美元/欧元汇率的日对数收益率的均值方程为 $r_t = a_t$.

图 4-4 给出了序列 r_t^2 的样本 ACF 和 PACF. 显然, 对数收益率的平方序列有一些序列相关性. 这两张图都表明在平方序列中有序列相关性. 故此, 序列 r_t^2 的样本 ACF 和 PACF 说明美元/欧元汇率的日对数收益率有显著的 ARCH 效应. 为了进一步确证, 序列 r_t^2 的 Ljung-Box 统计量为 $Q(20)=661.45$, 其 p 值接近于 0. Engle 的拉格朗日乘子法检验给出的 F 比为 14.74, 其 p 值接近于 0. 这些检验都确认美元/欧元汇率序列有很强的 ARCH 效应.

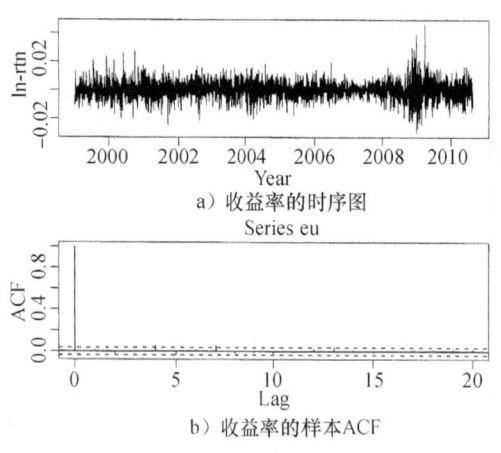

图 4-3 1999 年 1 月 4 日至 2010 年 8 月 20 日美元对欧元汇率的日对数收益率

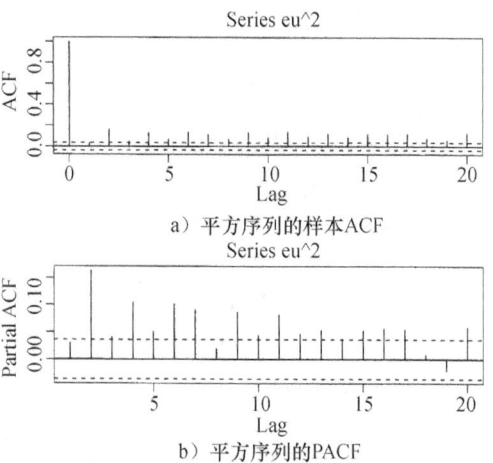

图 4-4 1999 年 1 月 4 日至 2010 年 8 月 20 日美元对欧元汇率的日对数收益率的平方序列

R 代码演示

```
> fx=read.table("d-useu9910.txt",header=T)
> fxeu=log(fx$rate)
> eu=diff(fxeu)
> Box.test(eu,lag=20,type='Ljung')
        Box-Ljung test
data:  eu
X-squared = 30.585, df = 20, p-value = 0.06091

> t.test(eu)
        One Sample t-test
data:  eu
t = 0.2022, df = 2928, p-value = 0.8398
alternative hypothesis: true mean is not equal to 0

> Box.test(eu^2,lag=20,type='Ljung')
        Box-Ljung test
data:  eu^2
X-squared = 661.4545, df = 20, p-value < 2.2e-16

> source("archTest.R")
> archTest(eu,20)
Coefficients:
             Estimate  Std. Error  t value  Pr(>|t|)
(Intercept)  1.281e-05  2.535e-06   5.054  4.60e-07 ***
x1          -3.022e-02  1.858e-02  -1.626  0.103966
x2           9.441e-02  1.859e-02   5.080  4.02e-07 ***
....
x20          5.844e-02  1.859e-02   3.144  0.001683 **
---
Residual standard error: 8.483e-05 on 2888 degrees of freedom
Multiple R-squared: 0.09265,    Adjusted R-squared: 0.08636
F-statistic: 14.74 on 20 and 2888 DF,  p-value: < 2.2e-16
```

4.5 ARCH 模型

第一个提供波动率建模系统性框架的模型是 Engle(1982)提出的 ARCH 模型. ARCH 模型的基本思想是：1)资产收益率的扰动序列 a_t 是前后不相关的，但不是独立的；2) a_t 的不独立性可以用其滞后值的简单二次函数来描述. 具体地说，ARCH(m) 模型假定

$$a_t = \sigma_t \varepsilon_t, \quad \sigma_t^2 = \alpha_0 + \alpha_1 a_{t-1}^2 + \cdots + \alpha_m a_{t-m}^2 \tag{4-5}$$

其中 $\{\varepsilon_t\}$ 是均值为 0、方差为 1 的独立同分布(iid)随机变量序列，其中 $\alpha_0 > 0$，对 $i > 0$ 有 $\alpha_i \geq 0$. 系数 α_i 必须满足一些正则性条件以保证 a_t 的无条件方差是有限的. 实际上，通常假定 ε_t 服从标准正态分布或者标准化的学生 t 分布或者广义误差分布(Generalized Error Distribution, GED). 在一些应用中，用于 ε_t 的分布是有偏分布.

从模型的结构上看，大的过去的平方"扰动" $\{a_{t-i}^2\}_{i=1}^m$ 会导致扰动 a_t 的大的条件方差 σ_t^2. 从而，a_t 倾向于取绝对值较大的值(系数). 这意味着，在 ARCH 的框架下，大的"扰动"会接着另一个大的"扰动". 这里用**倾向**(trend)这个词，因为大的方差不一定意味着大的实现值. 它只表明大的变化发生的概率比小的变化发生的概率大. 这与在资产收益率中所观察

到的波动率聚集(Volatility clustering)现象相似.

注记：有些作者用 h_t 表示式(4-5)中的条件方差,这时"扰动"变为 $a_t = \sqrt{h_t}\varepsilon_t$. ∎

4.5.1 ARCH 模型的性质

为了理解 ARCH 模型的含义,我们来仔细研究 ARCH(1)模型:
$$a_t = \sigma_t \varepsilon_t, \quad \sigma_t^2 = \alpha_0 + \alpha_1 a_{t-1}^2$$
其中 $\alpha_0 > 0$,$\alpha_1 \geqslant 0$. 第一,a_t 的无条件均值仍是 0,因为
$$E(a_t) = E[E(a_t | F_{t-1})] = E[\sigma_t E(\varepsilon_t)] = 0$$
第二,a_t 的无条件方差是
$$\mathrm{Var}(a_t) = E(a_t^2) = E[E(a_t^2 | F_{t-1})] = E[\alpha_0 + \alpha_1 a_{t-1}^2] = \alpha_0 + \alpha_1 E(a_{t-1}^2)$$
因为 a_t 是平稳过程且 $E(a_t) = 0$,所以 $\mathrm{Var}(a_t) = \mathrm{Var}(a_{t-1}) = E(a_{t-1}^2)$. 从而,我们有 $\mathrm{Var}(a_t) = \alpha_0 + \alpha_1 \mathrm{Var}(a_t)$ 和 $\mathrm{Var}(a_t) = \dfrac{\alpha_0}{1-\alpha_1}$. 因为 a_t 的方差必须为正的,所以需要条件 $0 \leqslant \alpha_1 < 1$. 第三,在一些应用中,需要 a_t 的更高阶矩存在,从而 α_1 还必须满足另外的约束条件. 例如,为了研究 a_t 的尾部性质,我们要求 a_t 的四阶矩是有限的. 在式(4-5)中假定 ε_t 服从正态分布,则我们有
$$E(a_t^4 | F_{t-1}) = 3[E(a_t^2 | F_{t-1})]^2 = 3(\alpha_0 + \alpha_1 a_{t-1}^2)^2$$
因此
$$E(a_t^4) = E[E(a_t^4 | F_{t-1})] = 3E(\alpha_0 + \alpha_1 a_{t-1}^2)^2 = 3E(\alpha_0^2 + 2\alpha_0 \alpha_1 a_{t-1}^2 + \alpha_1^2 a_{t-1}^4)$$
若 a_t 是四阶平稳的且记 $m_4 = E(a_t^4)$,则我们有
$$m_4 = 3[\alpha_0^2 + 2\alpha_0 \alpha_1 \mathrm{Var}(a_t) + \alpha_1^2 m_4]$$
$$= 3\alpha_0^2 \left(1 + 2\frac{\alpha_1}{1-\alpha_1}\right) + 3\alpha_1^2 m_4$$
从而,我们有
$$m_4 = \frac{3\alpha_0^2(1+\alpha_1)}{(1-\alpha_1)(1-3\alpha_1^2)}$$
这个结果有两个重要含义:1)因为 a_t 的四阶矩是正的,所以 α_1 必须满足 $1 - 3\alpha_1^2 > 0$,即 $0 \leqslant \alpha_1^2 < \dfrac{1}{3}$;2)$a_t$ 的无条件峰度(kurtosis)是
$$\frac{E(a_t^4)}{[\mathrm{Var}(a_t)]^2} = 3\frac{\alpha_0^2(1+\alpha_1)}{(1-\alpha_1)(1-3\alpha_1^2)} \times \frac{(1-\alpha_1)^2}{\alpha_0^2} = 3\frac{1-\alpha_1^2}{1-3\alpha_1^2} > 3$$
因此,a_t 的超额峰度(excess kurtosis)是正的,并且 a_t 分布的尾部比正态分布的尾部厚. 换句话说,条件高斯 ARCH(1)模型的"扰动"a_t 比高斯白噪声序列更容易产生"异常值"(outliers). 这与实证结果是一致的,实证结果也表明资产收益率中出现"异常值"的频率比独立同分布的正态随机变量序列出现"异常值"的频率高.

这些性质对一般的 ARCH 模型仍成立,但对高阶 ARCH 模型公式会变得更复杂一些. 式(4-5)中的条件 $\alpha_i \geqslant 0$ 可以放宽. 该条件用于保证对于所有的 t,条件方差 σ_t^2 为正的. 事

实上，使条件方差取正值的一个自然方式是把 ARCH(m) 模型改写成
$$a_t = \sigma_t \varepsilon_t, \quad \sigma_t^2 = \alpha_0 + A'_{m,t-1} \Omega A_{m,t-1} \tag{4-6}$$
其中 $A_{m,t-1} = (a_{t-1}, \cdots, a_{t-m})'$，$\Omega$ 是一个 $m \times m$ 阶的非负定矩阵. 式(4-5)定义的 ARCH(m) 模型要求 Ω 是对角阵. 所以，Engle 的模型是用一个非常节省参数的方式来逼近一个二次函数. 该内容的详细讨论，参见 Tsay(2010，第 3 章).

4.5.2 ARCH 模型的优点与缺点

如前一节中所讨论的，ARCH 模型在分析资产收益率方面有不少优点，主要的优点如下：
1) 该模型可以产生波动率聚集.
2) 模型的"扰动"a_t 有厚尾部.

该模型也有一些缺点：
1) 该模型假定正"扰动"和负"扰动"对波动率有相同的影响，因为波动率依赖于过去"扰动"的平方. 实际上，众所周知金融资产的价格对正"扰动"和负"扰动"的反应是不同的.
2) ARCH 模型对参数的限制是相当强的. 比如，若序列有有限的四阶矩，则 ARCH(1) 中的 α_1^2 必须在区间 $\left[0, \dfrac{1}{3}\right]$ 中. 对高阶 ARCH 模型，这种约束会变得更复杂. 在实际中，这就限制了带高斯新息的 ARCH 模型刻画超额峰度的能力.
3) 为了弄清一个金融时间序列变化的来源，ARCH 模型不能提供任何新见解. 它只是提供一个机械的方式来描述条件方差的行为，而对由什么原因导致这种行为发生却没有给出任何启示.
4) ARCH 模型给出的波动率预报值会偏高，因为它对收益率序列大的孤立的"扰动"反应缓慢.

4.5.3 ARCH 模型的建立

在所有波动率模型中，建立一个 ARCH 模型相对来说是比较简单的，下面给出细节.

阶的确定

如果发现存在显著的 ARCH 效应，则可以用 a_t^2 的偏自相关函数（PACF）来确定 ARCH 模型的阶. 下面说明用 a_t^2 的 PACF 来选择 ARCH 模型的阶是合理的. 从式(4-5)定义的模型出发，我们有
$$\sigma_t^2 = \alpha_0 + \alpha_1 a_{t-1}^2 + \cdots + \alpha_m a_{t-m}^2$$
对给定的样本，a_t^2 是 σ_t^2 的无偏估计. 因此，我们期望 a_t^2 以 m 阶自回归模型类似的方式与 $a_{t-1}^2, \cdots, a_{t-m}^2$ 线性相关. 注意单个的 a_t^2 往往不是 σ_t^2 的有效估计，但它可以作为估计值的一个近似，从而可能在确定阶 m 时提供信息.

从另一角度定义 $\eta_t = a_t^2 - \sigma_t^2$. 那么可以证明 $\{\eta_t\}$ 是均值为零的不相关序列. 于是 ARCH 模型变成
$$a_t^2 = \alpha_0 + \alpha_1 a_{t-1}^2 + \cdots + \alpha_m a_{t-m}^2 + \eta_t$$

除 $\{\eta_t\}$ 不是独立同分布序列外，上式是 a_t^2 的 AR(m) 形式．由第 2 章可知，a_t^2 的 PACF 是确定阶 m 的有用工具．因为 $\{\eta_t\}$ 不是同分布的，所以上述模型的最小二乘估计是相合的，但不是有效的．当样本容量较小时，a_t^2 的 PACF 可能不是有效的．

考虑图 4-4b 中美元/欧元汇率的对数收益率平方序列的 PACF．高阶间隔上有显著的 PACF，表明该序列需要高阶的 ARCH 模型．这时候，我们将应用下一节要讨论的更加简约的 GARCH 模型，而不是选用纯 ARCH 模型．

估计

在 ARCH 模型的估计中，通常用到的似然函数有多个，这取决于 ε_t 的假定分布．在正态性的假定下，ARCH(m) 模型的似然函数为

$$f(a_1,\cdots,a_T\mid\boldsymbol{\alpha}) = f(a_T\mid F_{T-1})f(a_{T-1}\mid F_{T-2})\cdots f(a_{m+1}\mid F_m)f(a_1,\cdots,a_m\mid\boldsymbol{\alpha})$$

$$= \prod_{t=m+1}^{T}\frac{1}{\sqrt{2\pi\sigma_t^2}}\exp\left(-\frac{a_t^2}{2\sigma_t^2}\right)\times f(a_1,\cdots,a_m\mid\boldsymbol{\alpha})$$

其中 $\boldsymbol{\alpha}=(\alpha_0,\ \alpha_1,\ \cdots,\ \alpha_m)'$，$f(a_1,\cdots,a_m\mid\boldsymbol{\alpha})$ 是 $a_1,\cdots,a_m$ 的联合概率密度函数．因为 $f(a_1,\cdots,a_m\mid\boldsymbol{\alpha})$ 的精确形式是复杂的，所以通常把它从上述似然函数中去掉，特别是当样本容量足够大时．这就导出条件似然函数

$$f(a_{m+1},\cdots,a_T\mid\boldsymbol{\alpha},a_1,\cdots,a_m) = \prod_{t=m+1}^{T}\frac{1}{\sqrt{2\pi\sigma_t^2}}\exp\left(-\frac{a_t^2}{2\sigma_t^2}\right)$$

其中 σ_t^2 可以递推地计算．我们把由最大化上述似然函数得到的估计称为正态假设下的条件最大似然估计（Maximum LikeLihood Function，MLE）．

最大化条件似然函数等价于最大化它的对数，而后者比前者更容易处理．条件对数似然函数是

$$\ell(a_{m+1},\cdots,a_T\mid\boldsymbol{\alpha},a_1,\cdots,a_m) = \sum_{t=m+1}^{T}\left[-\frac{1}{2}\ln(2\pi)-\frac{1}{2}\ln(\sigma_t^2)-\frac{1}{2}\frac{a_t^2}{\sigma_t^2}\right]$$

因为第一项 $\ln(2\pi)$ 不包含任何参数，所以对数似然函数变成

$$\ell(a_{m+1},\cdots,a_T\mid\boldsymbol{\alpha},a_1,\cdots,a_m) = -\sum_{t=m+1}^{T}\left[\frac{1}{2}\ln(\sigma_t^2)+\frac{1}{2}\frac{a_t^2}{\sigma_t^2}\right]$$

其中 $\sigma_t^2=\alpha_0+\alpha_1 a_{t-1}^2+\cdots+\alpha_m a_{t-m}^2$ 可递推地计算．

在有些应用中，假设 ε_t 服从诸如标准化的学生 t 分布这样的厚尾分布更合适一些．设随机变量 x_v 是一个自由度为 v 的学生 t 分布，则 $v>2$ 时有 $\text{Var}(x_v)=v/(v-2)$，我们采用 $\varepsilon_t=x_v/\sqrt{v/(v-2)}$．$\varepsilon_t$ 的概率密度函数为

$$f(\varepsilon_t\mid v) = \frac{\Gamma((v+1)/2)}{\Gamma(v/2)\sqrt{(v-2)\pi}}\left(1+\frac{\varepsilon_t^2}{v-2}\right)^{-(v+1)/2}\quad v>2 \tag{4-7}$$

其中 $\Gamma(x)$ 是通常的 Gamma 函数（即 $\Gamma(x)=\int_0^{\infty}y^{x-1}\mathrm{e}^{-y}\mathrm{d}y$）．利用 $a_t=\sigma_t\varepsilon_t$，我们得到 a_t 的条件似然函数

$$f(a_{m+1},\cdots,a_T\mid\boldsymbol{\alpha},A_m) = \prod_{t=m+1}^{T}\frac{\Gamma((v+1)/2)}{\Gamma(v/2)\sqrt{(v-2)\pi}}\frac{1}{\sigma_t}\left(1+\frac{a_t^2}{(v-2)\sigma_t^2}\right)^{-(v+1)/2}$$

其中 $v>2$，$A_m=(a_1,\cdots,a_m)$. 我们把由最大化上述似然函数得到的估计称为学生 t 分布下的条件 MLE. 学生 t 分布的自由度可以作为**先验知识**(Priori)事先给定，或者和其他参数一起估计出来. 如果自由度是事先给定的，通常取 3 到 6 之间的一个值.

如果学生 t 分布的自由度 v 是事先给定的，那么条件对数似然函数为

$$\ell(a_{m+1},\cdots,a_T\mid\boldsymbol{\alpha},A_m)=-\sum_{t=m+1}^{T}\left[\frac{v+1}{2}\ln\left(1+\frac{a_t^2}{(v-2)\sigma_t^2}\right)+\frac{1}{2}\ln(\sigma_t^2)\right] \tag{4-8}$$

如果想把 v 和其他参数一起估计出来，那么包含自由度的对数似然函数为

$$\begin{aligned}&\ell(a_{m+1},\cdots,a_T\mid\boldsymbol{\alpha},v,A_m)\\&=(T-m)[\ln(\Gamma((v+1)/2))-\ln(\Gamma(v/2))-0.5\ln((v-2)\pi)]\\&\quad+\ell(a_{m+1},\cdots,a_T\mid\boldsymbol{\alpha},A_m)\end{aligned}$$

其中第二项由式(4-8)给出.

除了厚尾以外，资产收益率的经验分布也可能是有偏的. 为了处理资产收益率的这种附加的特性，可以修改学生 t 分布使其成为有偏的学生 t 分布. 有多个版本的有偏学生 t 分布，我们采用 Fernandez 和 Steel(1998)的方法，该方法可以在任何连续单峰和(关于 0)对称的一元分布中引入有偏性. 具体地，对 ARCH 过程的新息 ε_t，Lambert 和 Laurent(2001)对式(4-7)的标准化学生 t 分布应用 Fernandez 和 Steel 方法得到一个标准化的有偏学生 t 分布. 得到的有偏分布的概率密度函数为：

$$g(\varepsilon_t\mid\xi,v)=\begin{cases}\dfrac{2}{\xi+\dfrac{1}{\xi}}\varrho f[\xi(\varrho\varepsilon_t+\overline{\omega})\mid v] & \varepsilon_t<-\overline{\omega}/\varrho\\[2mm]\dfrac{2}{\xi+\dfrac{1}{\xi}}\varrho f[(\varrho\varepsilon_t+\overline{\omega})/\xi\mid v] & \varepsilon_t\geqslant-\overline{\omega}/\varrho\end{cases} \tag{4-9}$$

其中 $f(\cdot)$ 是式(4-7)中的标准化学生 t 分布的概率密度函数，ξ 是偏度参数，$v>2$ 是自由度，参数 ϱ 和 $\overline{\omega}$ 的定义为：

$$\overline{\omega}=\frac{\Gamma((v-1)/2)\sqrt{v-2}}{\sqrt{\pi}\,\Gamma(v/2)}\left(\xi-\frac{1}{\xi}\right),\quad \varrho^2=\left(\xi^2+\frac{1}{\xi^2}-1\right)-\overline{\omega}^2$$

在式(4-9)中，ξ^2 等于在分布的众数下方概率和众数上方概率的比值，因此它是偏度的一个度量.

为了说明，图 4-5 显示了一些学生 t 分布和有偏学生 t 分布的密度函数图形. 对于学生 t 分布，这些密度函数的自由度分别为 5、10 和 30. 实线是自由度为 5 的密度函数. 如预期的那样，随着自由度的增加，密度的尾部变短，峰变低. 对于有偏的学生 t 分布，它们的自由度都是 5，但是它们的偏度参数分别为 0.75、1 和 1.5. 可以看出，这些参数分别产生左偏、对称和右偏的密度.

最后 ε_t 可能被假定服从广义误差分布(GED)，其概率密度函数是

$$f(x)=\frac{v\exp\left(-\dfrac{1}{2}\mid x/\lambda\mid^v\right)}{\lambda 2^{(1+1/v)}\Gamma(1/v)}\quad -\infty<x<\infty,\quad 0<v\leqslant\infty \tag{4-10}$$

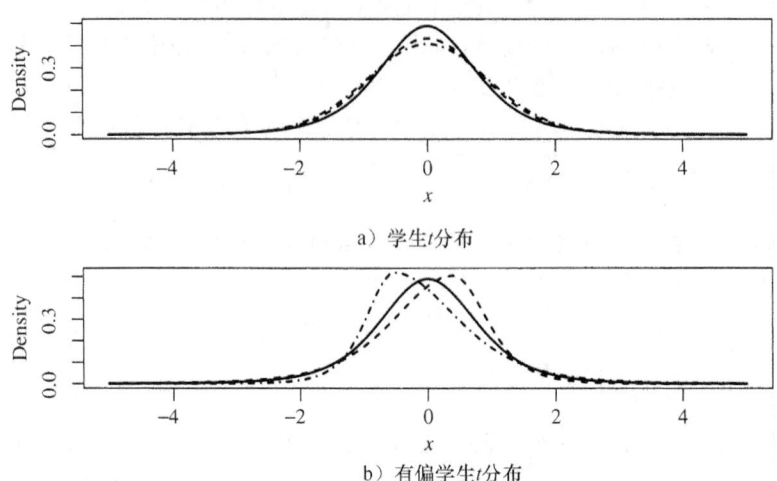

图 4-5 密度函数. 对学生 t 分布, 自由度分别为 5(实线)、10(虚线)和 30(点画线). 对有偏学生 t 分布, 自由度都为 5, 偏度参数分别为 0.75(虚线)、1.0(实线)和 1.5(点画线)

其中 $\Gamma(\cdot)$ 是通常的 Gamma 函数, 且

$$\lambda = [2^{(-2/v)}\Gamma(1/v)/\Gamma(3/v)]^{1/2}$$

如果 $v=2$, 则上述 GED 分布退化为高斯分布; 如果 $v<2$, 则 GED 分布具有厚的尾部. 可以很容易得到条件对数似然函数 $\ell(a_{m+1}, \cdots, a_T | \boldsymbol{\alpha}, A_m)$.

图 4-6 给出了某些 GED 和有偏 GED 随机变量的密度函数. 这些都是均值为 0 且标准差为 1 的分布. 对于 GED, 所应用的形状参数分别为 2、1.2 和 2.8, 因此它们分别代表正态、厚尾部和短尾部. 对于有偏 GED, 形状参数为 1.5, 因此都具有厚尾部. 而偏度参数分别为 1、0.75 和 1.5, 因此相应的密度分别为对称、左偏和右偏.

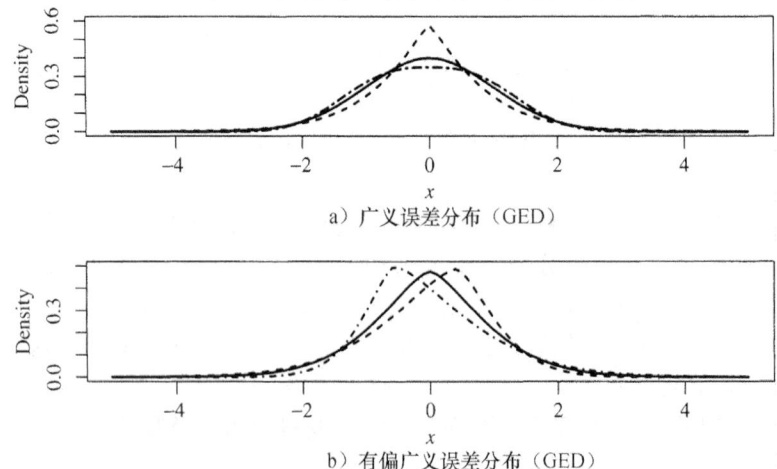

图 4-6 密度函数. 对于 GED, 形状参数分别为 2(实线)、1.2(虚线)和 2.8(点画线). 对于有偏 GED, 形状参数都为 1.5, 偏度参数分别为 1(虚线)、0.75(实线)和 1.5(点画线)

模型的验证

对一个合理指定的 ARCH 模型，标准化的残差

$$\widetilde{a}_t = \frac{a_t}{\sigma_t}$$

构成一个独立同分布的随机变量序列. 因此，我们可通过检查序列 $\{\widetilde{a}_t\}$ 来检验所拟合的 ARCH 模型的充分性. 特别是，$\widetilde{a}_t$ 的 Ljung-Box 统计量可用来检验均值方程的充分性，同时 $\widetilde{a}_t^2$ 的 Ljung-Box 统计量也可用来检验波动率方程的正确性. $\{\widetilde{a}_t\}$ 的偏度、峰度、分位点对分位点图（即 QQ 图）可用来检验分布假定的有效性. fGarch 添加包提供了拟合波动率模型的许多图形.

预测

和 AR 模型的预测类似，由式(4-5)定义的 ARCH 模型的预测也可递推地得到. 考虑一个 ARCH(m) 模型. 从预测原点 h 出发，σ_{h+1}^2 的超前 1 步预测为

$$\sigma_h^2(1) = \alpha_0 + \alpha_1 a_h^2 + \cdots + \alpha_m a_{h+1-m}^2$$

超前 2 步预测为

$$\sigma_h^2(2) = \alpha_0 + \alpha_1 \sigma_h^2(1) + \alpha_2 a_h^2 + \cdots + \alpha_m a_{h+2-m}^2$$

$\sigma_{h+\ell}^2$ 的超前 ℓ 步预测为

$$\sigma_h^2(\ell) = \alpha_0 + \sum_{i=1}^m \alpha_i \sigma_h^2(\ell - i) \tag{4-11}$$

其中，若 $\ell - i \leqslant 0$，则 $\sigma_h^2(\ell - i) = a_{h+\ell-i}^2$.

4.5.4 例子

本节通过两个例子来说明 ARCH 模型的建模.

例 4.1 我们继续应用 1973 年到 2009 年 Intel 公司股票的月对数收益率来演示波动率建模. 4.4 节的 ARCH 效应检验表明对数收益率序列有显著的 ARCH 效应. 图 4-7 给出了均值调整对数收益率的平方序列的样本 ACF 和 PACF. 从 PACF 图中，我们看出在间隔为 1、2、3 和 11 上有显著的相关性. 为保持模型简单，我们对波动率建立一个 ARCH(3) 模型. 相应地，我们为 Intel 股票的月对数收益率建立一个如下形式的模型：

$$r_t = \mu + a_t, \quad a_t = \sigma_t \varepsilon_t, \quad \sigma_t^2 = \alpha_0 + \alpha_1 a_{t-1}^2 + \alpha_2 a_{t-2}^2 + \alpha_3 a_{t-3}^2$$

假定 ε_t 是独立同分布的标准正态序列，我们得到的拟合模型为

$$r_t = 0.0126 + a_t, \quad \sigma_t^2 = 0.0104 + 0.2329 a_{t-1}^2 + 0.0751 a_{t-2}^2 + 0.0520 a_{t-3}^2$$

其中，各个参数估计值的标准误差分别是 0.0055、0.0012、0.115、0.0473 和 0.0451，参见下面的 R 输出结果. 尽管估计值满足 ARCH(3) 模型的一般要求，但 α_2 和 α_3 的估计值在 5% 的水平下不是统计显著的，因此模型可以简化. 在 R 中，用于估计 GARCH 模型的 R 命令是 fGarch 添加包的 garchFit 命令. ∎

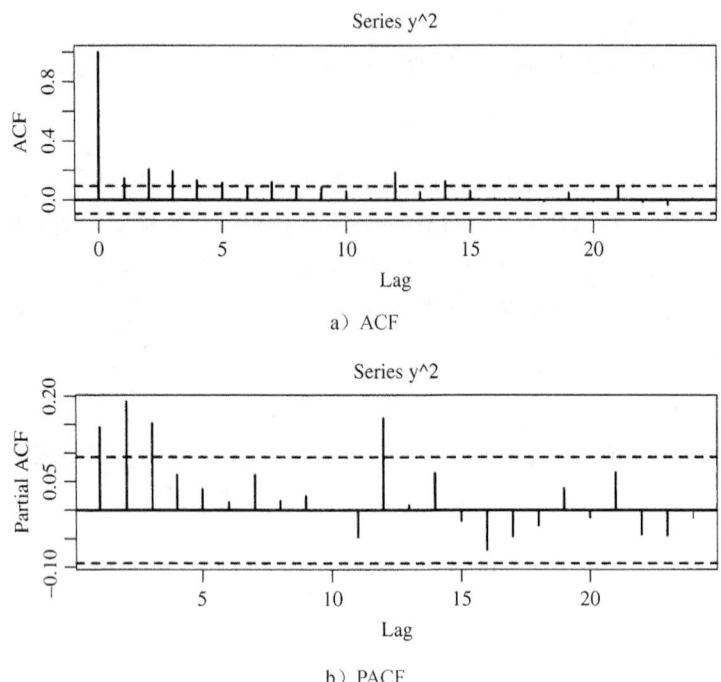

图 4-7 对 Intel 公司股票从 1973 年 1 月至 2009 年 12 月均值调整的月对数收益率序列的样本 ACF 和 PACF

R 代码演示（输出结果经过编辑，这里 % 表示注释）

```
> library(fGarch)  % Load package
> da=read.table("m-intcsp7309.txt",header=T)
> head(da)
      date     intc       sp
1 19730131  0.010050 -0.017111
 ....
6 19730629  0.133333 -0.006575
> intc=log(da$intc+1)
> m1=garchFit(~1+garch(3,0),data=intc,trace=F)  % Fit an ARCH(3) model
   % Use subcommand "trace = F" to reduce the output.
> summary(m1)
Title: GARCH Modelling

Mean and Variance Equation:  data ~ 1+garch(3,0) [data=intc]
Conditional Distribution:  norm

Coefficient(s):
        Estimate  Std. Error  t value  Pr(>|t|)
mu      0.012567   0.005515    2.279   0.0227  *
omega   0.010421   0.001238    8.418   <2e-16  ***
alpha1  0.232889   0.111541    2.088   0.0368  *
alpha2  0.075069   0.047305    1.587   0.1125
alpha3  0.051994   0.045139    1.152   0.2494
```

```
> m2=garchFit(~1+garch(1,0),data=intc,trace=F)
> summary(m2)
Title: GARCH Modelling
Call: garchFit(formula=~1+garch(1,0),data=intc,trace=F)

Mean and Variance Equation:  data ~ 1+garch(1,0) [data=intc]
Conditional Distribution:  norm

Coefficient(s):
       Estimate  Std. Error  t value  Pr(>|t|)
mu     0.013130  0.005318    2.469    0.01355  *
omega  0.011046  0.001196    9.238    < 2e-16  ***
alpha1 0.374976  0.112620    3.330    0.00087  ***
---
Log Likelihood: 299.9247    normalized:  0.675506

Standardized Residuals Tests:
                              Statistic  p-Value
 Jarque-Bera Test   R   Chi^2  144.3783   0
 Shapiro-Wilk Test  R   W      0.9678164  2.669091e-08
 Ljung-Box Test     R   Q(10)  12.12248   0.2769429
 Ljung-Box Test     R   Q(20)  24.33412   0.2281016
 Ljung-Box Test     R^2 Q(10)  16.57807   0.08423723
 Ljung-Box Test     R^2 Q(20)  38.81395   0.007031558
 LM Arch Test       R   TR^2   27.32897   0.006926822

Information Criterion Statistics:
      AIC       BIC       SIC       HQIC
-1.337499 -1.309824 -1.337589 -1.326585
 %% further model checking
> resi=residuals(m2,standardize=T)
> tdx=c(1:444)/12+1973
> par(mfcol=c(3,10)
> plot(tdx,resi,xlab='year',ylab='stand-resi',type='l')
> acf(resi,lag=20)
> pacf(resi^2,lag=20)
 % Use fGarch built-in plots
> plot(m2)
Make a plot selection (or 0 to exit):
 1:   Time Series
 2:   Conditional SD
 3:   Series with 2 Conditional SD Superimposed
 4:   ACF of Observations
 5:   ACF of Squared Observations
 6:   Cross Correlation
 7:   Residuals
 8:   Conditional SDs
 9:   Standardized Residuals
10:   ACF of Standardized Residuals
11:   ACF of Squared Standardized Residuals
12:   Cross Correlation between r^2 and r
13:   QQ-Plot of Standardized Residuals
Selection: 0
```

去掉两个不显著的参数,得到的模型为

$$r_t = 0.0131 + a_t, \quad \sigma_t^2 = 0.0110 + 0.3750 a_{t-1}^2 \qquad (4\text{-}12)$$

其中各参数估计的标准误差分别为 0.0053、0.0021 和 0.1126,并且所有估计都是高度显著的. 图 4-8 显示的是标准化的残差 $\{\widetilde{a}_t\}$、$\{\widetilde{a}_t\}$ 的样本 ACF 和 $\{\widetilde{a}_t^2\}$ 的样本 PACF. ACF 图表明标准化残差没有序列相关性,但是 PACF 图表明在标准化残差的平方序列的高阶间隔上仍然有序列相关性. 标准化残差 $\{\widetilde{a}_t\}$ 的 Ljung-Box 统计量为 $Q(10)=12.12$,p 值为 0.28;而 $Q(20)=24.33$,p 值为 0.23. 另一方面,$\{\widetilde{a}_t^2\}$ 的 Ljung-Box 统计量为 $Q(10)=16.58$,p 值为 0.08;而 $Q(20)=38.81$,p 值为 0.007. 因此,如果只是关注低阶的模型,那么在 5% 的水平下,式(4-12)的 ARCH(1)模型就能充分地描述给定数据的条件异方差性.

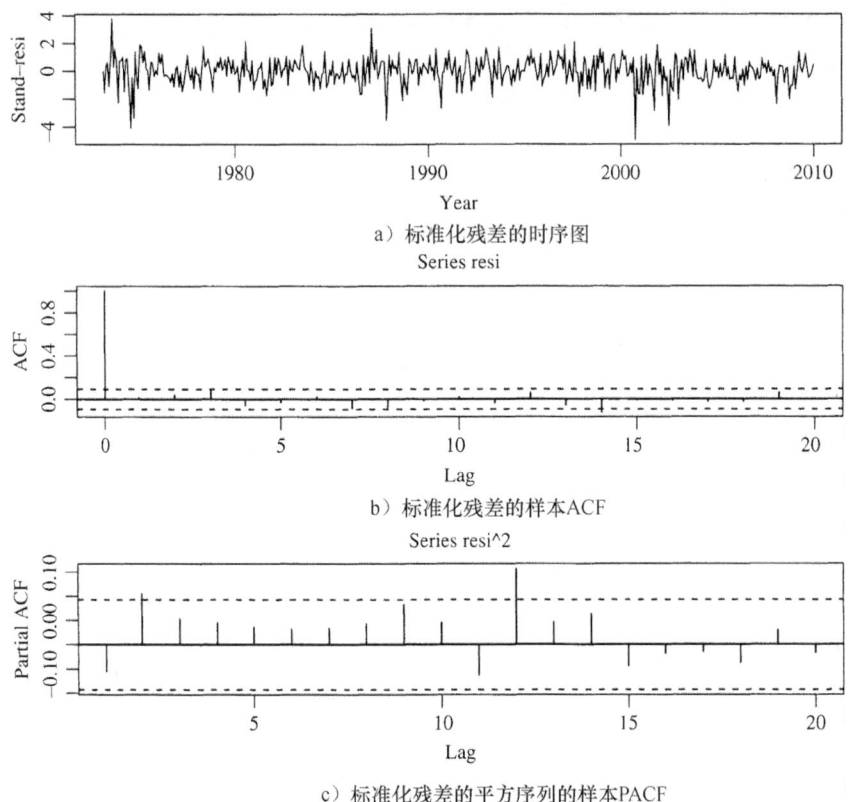

图 4-8 对 Intel 公司股票从 1973 年 1 月至 2009 年 12 月的月对数收益率建立式(4-11)中的高斯 ARCH(1)模型后的各种模型检验统计量的值

式(4-12)的 ARCH(1)模型有一些有趣的性质:第一,Intel 公司股票的月对数收益率的期望值大约为 1.31%,这是很了不起的,特别是样本数据包含了 intel 公司泡沫后的时期和最近的金融危机. 第二,$\widetilde{\alpha}_1^2 = 0.375^2 < 1/3$,从而 Intel 公司股票的月对数收益率的无条件四阶矩是存在的. 第三,r_t 的无条件标准差是 $\sqrt{0.0110/(1-0.375)} \approx 0.1327$,这接近于月对数收益率的样本标准误差 0.1269. 最后,该 ARCH(1)模型可以用来预测 Intel 股票

收益率的月波动率.

学生 t 分布的新息

为了比较,在假定新息服从学生 t 分布的条件下为该序列拟合一个 ARCH(1)模型,拟合结果为:
$$r_t = 0.0172 + a_t, \quad \sigma_t^2 = 0.0118 + 0.2775 a_{t-1}^2 \tag{4-13}$$
其中各参数估计的标准误差分别为 0.0052、0.0016 和 0.1072. 学生 t 分布自由度的估计值是 5.97,标准误差是 1.53. 所有估计值在 5%的水平下是显著的. a_t 的无条件标准差为 $\sqrt{0.0118/(1-0.27755)} \approx 0.1278$,这与正态性假定下得到的 t 统计量值相近. 标准化残差的 Ljung-Box 统计量为 $Q(10)=12.86$,p 值为 0.23,证实均值方程是充分的. 但是,标准化残差平方的 Ljung-Box 统计量的值为 $Q(10)=19.96$,p 值为 0.0296,波动率方程在 5%水平下是不充分的.

比较式(4-12)和式(4-13),我们可以看到以下几点:1)使用具有厚尾分布的 ε_t 可以降低 ARCH 效应;2)对这个特殊例子来说,这两个模型差别不大. 最后,对这里的 Intel 股票月对数收益率数据更适合的条件异方差模型是 GARCH(1,1)模型,这将在下一节讨论.

R 代码演示(具有学生 t 新息)

```
> m3=garchFit(~1+garch(1,0),data=intc,trace=F,cond.dist="std")
> summary(m3)
Title:   GARCH Modelling
Call:garchFit(formula=~1+garch(1,0),data=intc,cond.dist="std",trace=F)

Mean and Variance Equation:  data ~ 1 + garch(1, 0) [data = intc]
Conditional Distribution:   std

Coefficient(s):
       Estimate    Std. Error    t value  Pr(>|t|)
mu     0.017202    0.005195      3.311    0.000929  ***
omega  0.011816    0.001560      7.574    3.62e-14  ***
alpha1 0.277476    0.107183      2.589    0.009631  **
shape  5.970266    1.529524      3.903    9.49e-05  ***
---
Standardized Residuals Tests:
                                Statistic  p-Value
Jarque-Bera Test    R   Chi^2   157.7799   0
Shapiro-Wilk Test   R   W       0.9663975  1.488202e-08
Ljung-Box Test      R   Q(10)   12.85940   0.2316396
Ljung-Box Test      R   Q(20)   25.374     0.1874956
Ljung-Box Test      R^2 Q(10)   19.96092   0.02962445
Ljung-Box Test      R^2 Q(20)   44.06739   0.001473970
LM Arch Test        R   TR^2    29.76071   0.003033508
```

注记:在 R 的 fGarch 添加包中,命令 garchFit 允许多种条件分布,包括学生 t 分布和有偏学生 t 分布. 可以通过子命令 cond.dist = "std"或者"sstd"来对它们进行指定. ∎

例 4.2 考虑 1999 年 1 月 4 日至 2010 年 8 月 20 日美元/欧元汇率的日对数收益率. 4.4 节给出,对数收益率的均值方程为 $r_t = a_t$,并显示数据中有 ARCH 效应. 因此,该序列是纯条件异方差模型的很好例子. 如果采用 ARCH 模型,图 4-4b 中给出的平方序列

r_t^2 的样本 PACF 表明应该应用 ARCH(11)模型. 采用条件高斯似然函数, 我们得到拟合模型为 $r_t = 0.0013 + \sigma_t \varepsilon_t$, 并且

$$\sigma_t^2 = 1.89 \times 10^{-5} + 0.017 a_{t-1}^2 + 0.045 a_{t-2}^2 + 0.027 a_{t-3}^2 + \cdots + 0.039 a_{t-11}^2$$

详细的估计和它们的标准误差在下面的 R 输出中给出. 波动率方程中某些系数的估计值在 5% 水平下是不显著的. 输出中也给出了一些模型诊断统计量, 包括标准化残差和它们平方序列的 Ljung-Box 统计量. 基于这些诊断统计量, 我们看出, 除了正态分布假定以外, 拟合模型对美元/欧元汇率的日对数收益率数据的拟合是充分的. 如果应用下一节的 GARCH 模型, 可以为序列拟合一个更精简的模型. ∎

R 代码演示

```
> mm1=garchFit(~1+garch(11,0),data=eu,trace=F)
> summary(mm1)
Title: GARCH Modelling
Call: garchFit(formula=~1+garch(11,0),data=eu,trace=F)

Mean and Variance Equation: data ~ 1+garch(11,0) [data = eu]
Conditional Distribution: norm

Coefficient(s):
        Estimate    Std. Error    t value  Pr(>|t|)
mu      1.265e-04   1.110e-04      1.140   0.254426
omega   1.890e-05   1.727e-06     10.944   < 2e-16 ***
alpha1  1.661e-02   1.575e-02      1.055   0.291568
alpha2  4.456e-02   2.085e-02      2.137   0.032592 *
alpha3  2.721e-02   1.700e-02      1.601   0.109353
alpha4  8.037e-02   2.363e-02      3.402   0.000669 ***
alpha5  5.011e-02   2.127e-02      2.355   0.018500 *
alpha6  9.219e-02   2.274e-02      4.053   5.05e-05 ***
alpha7  7.528e-02   2.406e-02      3.129   0.001755 **
alpha8  6.954e-02   2.455e-02      2.832   0.004622 **
alpha9  3.347e-02   2.022e-02      1.656   0.097822 .
alpha10 2.782e-02   1.820e-02      1.528   0.126412
alpha11 3.877e-02   1.906e-02      2.035   0.041896 *
---
Standardised Residuals Tests:
                            Statistic  p-Value
 Jarque-Bera Test   R  Chi^2  360.802    0
 Shapiro-Wilk Test  R  W      0.9891754  3.90746e-14
 Ljung-Box Test     R  Q(10)  15.77626   0.1062187
 Ljung-Box Test     R  Q(20)  24.77444   0.2101971
 Ljung-Box Test     R^2 Q(10) 4.801266   0.904052
 Ljung-Box Test     R^2 Q(20) 27.56081   0.1202105
 LM Arch Test       R  TR^2   11.96818   0.4482389
```

4.6 GARCH 模型

虽然 ARCH 模型简单, 但为了充分地描述资产收益率的波动率过程, 往往需要很多参数. 例如, 在 4.5 节中的例 4.2 的美元/欧元汇率的日对数收益率序列. 该序列需要一个 ARCH(11)模型. 为了使模型简单, 就必须寻找其他模型. Bollerslev(1986)提出了一个有用的推广形式, 称为广义 ARCH 模型(GARCH). 对于一个对数收益率序列 r_t, 令 $a_t = r_t - \mu_t$ 为 t 时刻的新息. 我们称 a_t 服从 GARCH(m, s)模型, 若 a_t 满足下式:

$$a_t = \sigma_t \varepsilon_t, \quad \sigma_t^2 = \alpha_0 + \sum_{i=1}^{m} \alpha_i a_{t-i}^2 + \sum_{j=1}^{s} \beta_j \sigma_{t-j}^2 \tag{4-14}$$

其中$\{\varepsilon_t\}$是均值为0、方差为1的独立同分布随机变量序列，$\alpha_0>0$，$\alpha_i \geqslant 0$，$\beta_j \geqslant 0$，$\sum_{i=1}^{\max(m,s)}(\alpha_i + \beta_i)<1$. 这里，容易理解对$i>m$，必须有$\alpha_i=0$；对$j>s$，有$\beta_j=0$. 对$\alpha_i + \beta_i$的后一个限制条件保证了$a_t$的无条件方差是有限的，同时它的条件方差$\sigma_t^2$是随时间变化的. 与前面一样，通常假定$\varepsilon_t$是标准正态的或标准化的学生$t$分布或广义误差分布(GED). 若$s=0$，式(4-14)就简化成一个纯ARCH($m$)模型. α_i和β_j分别称为ARCH参数和GARCH参数.

为了弄清GARCH模型的性质，采用如下表示是有益的：令$\eta_t = a_t^2 - \sigma_t^2$，故此$\sigma_t^2 = a_t^2 - \eta_t$. 把$\sigma_{t-i}^2 = a_{t-i}^2 - \eta_{t-i}$($i=0,\cdots,s$)带入式(4-14)，我们就能把GARCH模型改写成如下形式

$$a_t^2 = \alpha_0 + \sum_{i=1}^{\max(m,s)}(\alpha_i + \beta_i) a_{t-i}^2 + \eta_t - \sum_{j=1}^{s} \beta_j \eta_{t-j} \tag{4-15}$$

容易验证$\{\eta_t\}$是一个鞅差序列(即$E\eta_t = 0$且对$j \geqslant 1$有$\mathrm{cov}(\eta_t, \eta_{t-j})=0$). 然而，$\{\eta_t\}$一般不是独立同分布序列. 式(4-15)是平方序列a_t^2的ARMA形式，因此GARCH模型可以认为是ARMA思想对平方序列a_t^2的应用. 利用ARMA模型的无条件均值，我们有

$$E(a_t^2) = \frac{\alpha_0}{1 - \sum_{i=1}^{\max(m,s)}(\alpha_i + \beta_i)}$$

只要上式的分母是正的.

可以通过对最简单的GARCH(1, 1)模型进行分析，不难看出GARCH模型的优点和缺点. GARCH(1, 1)模型为

$$\sigma_t^2 = \alpha_0 + \alpha_1 a_{t-1}^2 + \beta_1 \sigma_{t-1}^2, \quad 0 \leqslant \alpha_1, \beta_1 \leqslant 1, \quad (\alpha_1 + \beta_1) < 1 \tag{4-16}$$

第一，大的a_{t-1}^2或σ_{t-1}^2引起大的σ_t^2. 这意味着大的a_{t-1}^2会紧跟着另一个大的a_t^2，这样就会产生在金融时间序列中著名的"波动率聚集"(volatility clustering)现象. 第二，可以证明，若$1 - 2\alpha_1^2 - (\alpha_1 + \beta_1)^2 > 0$，则有

$$\frac{E(a_t^4)}{[E(a_t^2)]^2} = \frac{3[1-(\alpha_1+\beta_1)^2]}{1-(\alpha_1+\beta_1)^2 - 2\alpha_1^2} > 3$$

从而，与ARCH模型类似，GARCH(1, 1)过程分布的尾部比正态分布尾部厚. 第三，此模型给出了一个简单的参数函数来描述波动率的演变.

GARCH模型的预测可用类似于ARMA模型的方法得到. 考虑式(4-16)的GARCH(1, 1)模型，假定h为预测原点. 对超前1步预测，我们有

$$\sigma_{h+1}^2 = \alpha_0 + \alpha_1 a_h^2 + \beta_1 \sigma_h^2$$

其中a_h和σ_h^2在时间指标为h时是已知的. 因此，超前1步预测为

$$\sigma_h^2(1) = \alpha_0 + \alpha_1 a_h^2 + \beta_1 \sigma_h^2$$

对超前多步预测，我们用$a_t^2 = \sigma_t^2 \varepsilon_t^2$，并把式(4-16)的波动率方程改写成

$$\sigma_{t+1}^2 = \alpha_0 + (\alpha_1 + \beta_1)\sigma_t^2 + \alpha_1 \sigma_t^2 (\varepsilon_t^2 - 1)$$

当$t = h+1$时，此方程变为

$$\sigma_{h+2}^2 = \alpha_0 + (\alpha_1 + \beta_1)\sigma_{h+1}^2 + \alpha_1 \sigma_{h+1}^2(\varepsilon_{h+1}^2 - 1)$$

因为 $E(\varepsilon_{h+1}^2 - 1 | F_h) = 0$, 所以以 h 为预测原点的波动率的超前 2 步预测满足

$$\sigma_h^2(2) = \alpha_0 + (\alpha_1 + \beta_1)\sigma_h^2(1)$$

通常, 我们有

$$\sigma_h^2(\ell) = \alpha_0 + (\alpha_1 + \beta_1)\sigma_h^2(\ell-1) \quad \ell > 1 \tag{4-17}$$

这个结果与自回归多项式为 $1-(\alpha_1+\beta_1)B$ 的 ARMA(1, 1) 模型是完全相同的. 对式(4-17)重复迭代, 我们得到超前 ℓ 步预测, 可以写成

$$\sigma_h^2(\ell) = \frac{\alpha_0 \lfloor 1-(\alpha_1+\beta_1)^{\ell-1} \rfloor}{1-\alpha_1-\beta_1} + (\alpha_1+\beta_1)^{\ell-1}\sigma_h^2(1)$$

从而, 只要 $\alpha_1+\beta_1<1$, 就有

$$\sigma_h^2(\ell) \to \frac{\alpha_0}{1-\alpha_1-\beta_1} \quad \ell \to \infty$$

因此, 只要 a_t 的无条件方差 $\text{Var}(a_t)$ 存在, 当预测步长趋于无穷时, GARCH(1, 1) 模型的超前多步波动率预测收敛于 a_t 的无条件方差 $\text{Var}(a_t)$.

关于 GARCH 模型的文献非常多, 参见 Bollerslev 等(1992, 1994), 以及这两篇文章的参考文献. GARCH 模型与 ARCH 模型有相同的弱点. 例如, 它对正的和负的"扰动"有相同的反应. 另外, 新近关于高频金融时间序列的实证研究表明, GARCH 模型的尾部太薄, 即使新息是服从学生 t 分布的 GARCH 模型, 也不足以描述实际高频数据的尾部. 关于 GARCH 模型峰度的更多信息, 参见 Tsay(2010, 第 3 章).

4.6.1 实例说明

ARCH 模型的建模过程也适用于 GARCH 模型的建模. 然而, 对金融时间序列的 GARCH 模型定阶的研究还不多. 在大多数应用中, 只用到低阶的 GARCH 模型, 如 GARCH(1, 1) 模型、GARCH(2, 1) 模型和 GARCH(1, 2) 模型等. 在许多情形下, GARCH(1, 1) 模型看起来就足够了. 对于估计来说, 假定波动率 $\{\sigma_t^2\}$ 初始值已知的情况下, 条件极大似然法仍然可以用. 例如, 考虑 GARCH(1, 1) 模型. 若认为 σ_1^2 是固定的, 则 GARCH(1, 1) 模型的 σ_t^2 可以递推得到. 在某些应用中, 可以把 a_t 的样本方差作为 σ_1^2 的一个较好的初始值. 可以用标准化的残差 $\widetilde{a}_t = a_t/\sigma_t$ 和它的平方序列来检验拟合模型的充分性.

在本节中, 我们着重讨论 Intel 公司股票从 1973 年 1 月到 2009 年 12 月的月对数收益率, 该序列共计有 444 个观测值, 参见图 4-1. 我们的目的是: 1) 演示 GARCH 过程的实证分析; 2) 比较不同的 GARCH 模型; 3) 给出 GARCH 模型的预测.

例 4.3 在例 4.1 中, 对拟合的带高斯新息的模型 ARCH(1) 的检验表明该模型需要改进, 例如, Ljung-Box 统计量 $Q(20)=38.81$, p 值为 0.007. 这里我们为 Intel 股票的月对数收益率序列建立一个 GARCH(1, 1) 模型. 我们应用不同的新息, 从而尝试对该收益率序列提供更好的理解. 这里记 r_t 为月对数收益率, 为简单起见, 估计的标准误差就只在 R 的输出中给出. ∎

应用高斯新息, 我们得到拟合模型为:

$$r_t = 0.0113 + a_t, \quad a_t = \sigma_t \varepsilon_t, \quad \varepsilon_t \sim N(0,1)$$
$$\sigma_t^2 = 0.00092 + 0.086 a_{t-1}^2 + 0.853 \sigma_{t-1}^2 \tag{4-18}$$

其中，所有的系数在5%水平下都是显著的。除了正态性检验外，其他模型检验的统计量都表明高斯GARCH(1，1)模型对 r_t 拟合是充分的。模型的AIC为 -1.3889。设 $\widetilde{a}_t = \hat{a}_t/\hat{\sigma}_t$ 为模型的标准化残差。图4-9b给出了 $\widetilde{a}_t$ 的时序图。除了1个或者2个异常值外，标准化残差看起来是合理的。图4-10给出了 $\{\widetilde{a}_t\}$ 和 $\{\widetilde{a}_t^2\}$ 的ACF和PACF。除了 $\widetilde{a}_t^2$ 在间隔12有轻微的自相关性外，这些ACF和PACF确证了拟合模型充分刻画了对数收益率的条件均值和方差。图4-9a给出了模型的拟合波动率序列。如预期的那样，波动率在1973—1974年的石油危机期间和2000年的互联网泡沫期间较高。最后，图4-11给出了95%点预测区间的对数收益率的时序图。该区间由公式 $\hat{\mu} \pm \hat{\sigma}_t$ 给出，其中 $\hat{\mu} = 0.0113$ 是均值方程的常数项。除了某些特异值外，所有收益率都位于95%的预测区间内。r_t 的隐含无条件方差为 $0.000919/(1-0.0864-0.8526) = 0.0151$，它比数据的样本方差0.0161略微小一点儿。

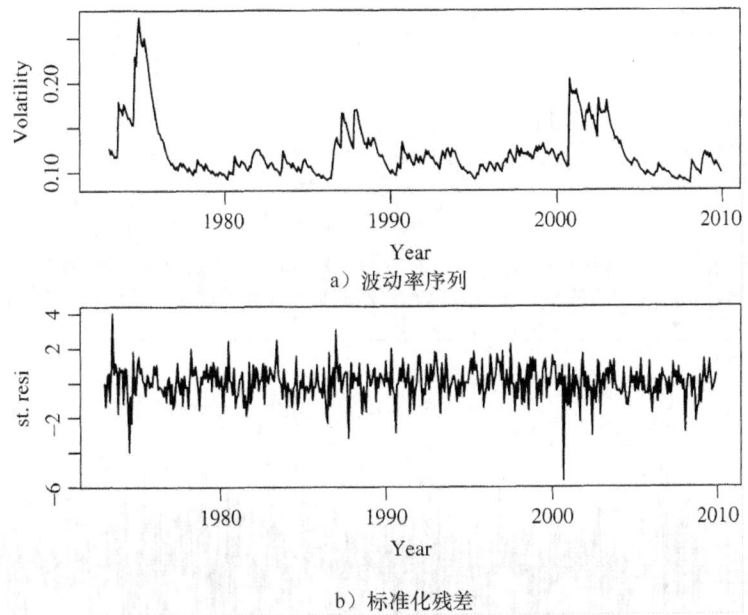

图4-9 对Intel公司股票从1973年1月至2009年12月的月对数收益率拟合一个带高斯新息的GARCH(1，1)模型后的时序图

应用学生 t 分布的新息，我们可以得到重新估计的GARCH(1，1)模型为：
$$r_t = 0.0165 + a_t, \quad a_t = \sigma_t \varepsilon_t, \quad \varepsilon_t \sim t_{6.77}^*$$
$$\sigma_t^2 = 0.00116 + 0.1059 a_{t-1}^2 + 0.8171 \sigma_{t-1}^2 \tag{4-19}$$

其中，所有的系数在5%的水平下也都是显著的。t_d^* 表示自由度为 d 的标准化学生 t 分布。模型检验的统计量表明该模型对本例中对数收益率序列 r_t 的拟合是充分的。式(4-19)中模型的 AIC 为 -1.4470,r_t 的隐含无条件方差为:$0.0011576/(1-0.0159-0.8171)=0.01503$.

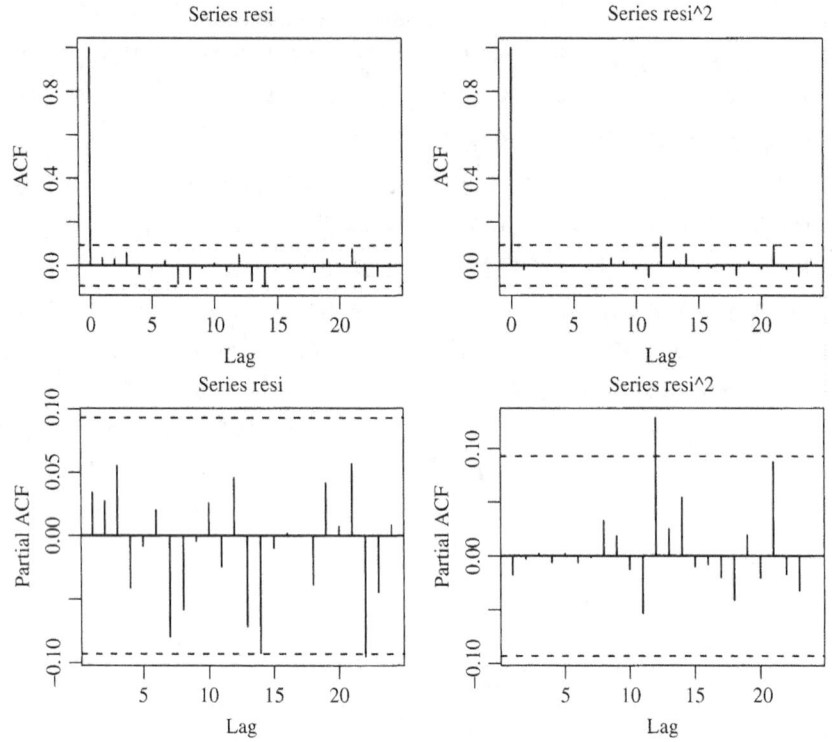

图 4-10 对 Intel 公司股票从 1973 年 1 月至 2009 年 12 月的月对数收益率序列拟合带高斯新息的 GARCH(1,1)模型后的标准化残差以及它们的平方序列的样本 ACF 和 PACF

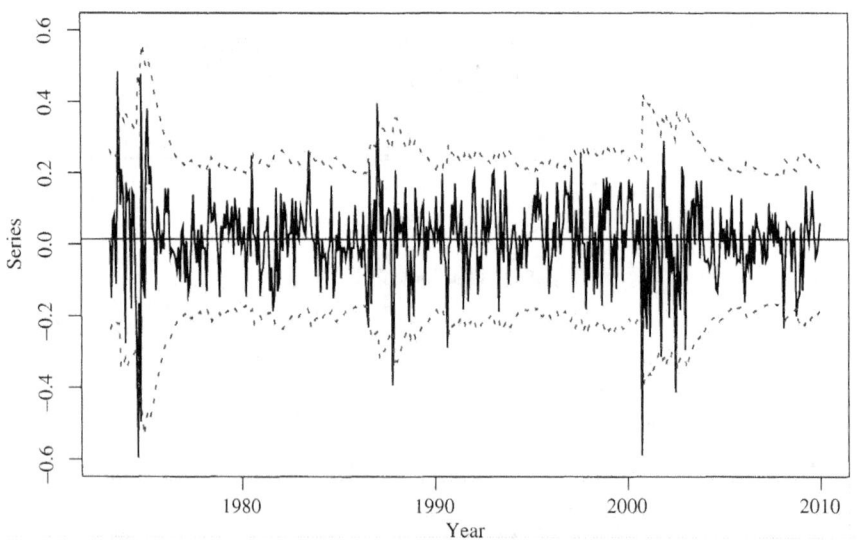

图 4-11 对 Intel 股票从 1973 年 1 月至 2009 年 12 月的月对数收益率序列的时序图. 两条虚线表示基于高斯新息的式(4-18)中 GARCH(1,1)模型的 95%点预测区间

上述对数收益率序列的样本偏度为-0.5526,它的 t 比为-4.75,因此 Intel 股票月对数收益率序列是左偏的(negatively skewed)。为了对该有偏性进行建模,我们应用带有偏学生 t 分布的新息 ε_t,得到的模型为:

$$r_t = 0.0133 + a_t, \quad a_t = \sigma_t \varepsilon_t, \quad \varepsilon_t \sim t^*_{0.87, 7.23}$$
$$\sigma_t^2 = 0.00116 + 0.1049 a_{t-1}^2 + 0.8178 \sigma_{t-1}^2 \tag{4-20}$$

其中,$t^*_{\xi, d}$ 表示偏度参数为 ξ、自由度为 d 的标准化有偏学生 t 分布。所有的系数在 5% 的水平下也都是显著的。模型检验的统计量都不能表明用式(4-30)的模型对本例序列 r_t 的拟合是不充分的。模型的 AIC 为 -1.4509,注意偏度参数的估计值为 0.8717,标准误差为 0.0629。这里感兴趣的假设检验为:$H_0: \xi = 1$ 对 $H_a: \xi \neq 1$。在本例中,t 比为 $t = (0.8717 - 1)/0.0629 = -2.04$,双边 p 值为 0.041。图 4-12 给出了模型(式(4-20))的标准化残差的 QQ 图,该模型的新息为自由度为 7.23、偏度参数为 0.8717 的有偏学生 t 分布。QQ 图看起来是合理的。

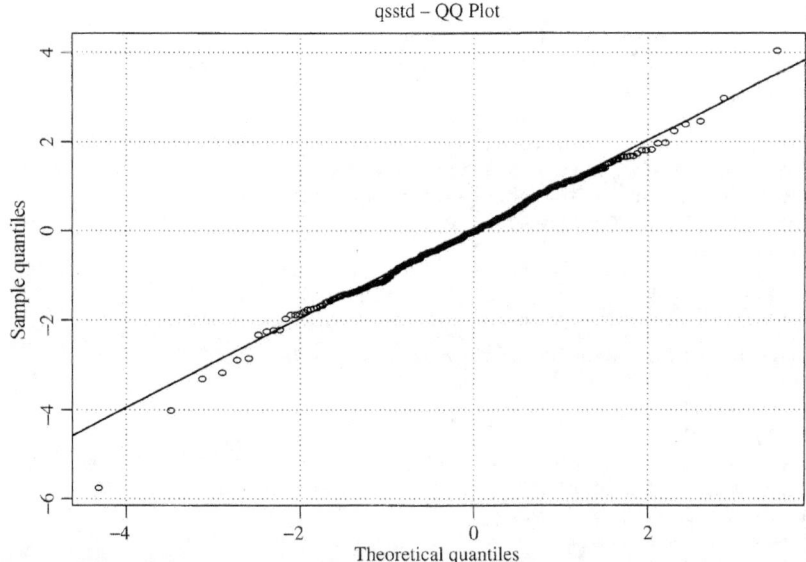

图 4-12 式(4-20)中的 GARCH(1,1)模型的标准化残差的 QQ 图

R 代码演示(输出经过编辑)

```
> library(fGarch)
> m4=garchFit(~1+garch(1,1),data=intc,trace=F)
> summary(m4)
Title: GARCH Modelling
Call: garchFit(formula=~1+garch(1,1),data=intc,trace=F)

Mean and Variance Equation: data ~ 1 + garch(1, 1) [data = intc]
Conditional Distribution:  norm

Coefficient(s):
         Estimate  Std. Error  t value Pr(>|t|)
```

```
         mu     0.0112657   0.0053931    2.089  0.03672 *
         omega  0.0009190   0.0003888    2.364  0.01808 *
         alpha1 0.0864383   0.0265439    3.256  0.00113 **
         beta1  0.8525855   0.0394322   21.622  < 2e-16 ***
         ---
Standardised Residuals Tests:
                               Statistic p-Value
 Jarque-Bera Test     R  Chi^2  174.904   0
 Shapiro-Wilk Test    R  W      0.9709618 1.030377e-07
 Ljung-Box Test       R  Q(10)  8.016844  0.6271916
 Ljung-Box Test       R  Q(20)  16.41549  0.6905368
 Ljung-Box Test       R^2 Q(10) 0.8746345 0.9999072
 Ljung-Box Test       R^2 Q(20) 12.55994  0.8954573
 LM Arch Test         R  TR^2   10.51401  0.5709617

Information Criterion Statistics:
      AIC       BIC       SIC       HQIC
 -1.388877 -1.351978 -1.389037 -1.374326

> v1=volatility(m4)   % Obtain volatility
> resi=residuals(m4,standardize=T) % Standardized residuals
> vol=ts(v1,frequency=12,start=c(1973,1))
> res=ts(resi,frequency=12,start=c(1973,1))
> par(mfcol=c(2,1))   % Show volatility and residuals
> plot(vol,xlab='year',ylab='volatility',type='l')
> plot(res,xlab='year',ylab='st. resi',type='l')
> par(mfcol=c(2,2))   % Obtain ACF & PACF
> acf(resi,lag=24)
> pacf(resi,lag=24)
> acf(resi^2,lag=24)
> pacf(resi^2,lag=24)
> % Obtain plot of predictive intervals
> par(mfcol=c(1,1))
> upp=0.0113+2*v1
> low=0.0113-2*v1
> tdx=c(1:444)/12+1973
> plot(tdx,intc,xlab='year',ylab='series',type='l',ylim=c(-0.6,0.6))
> lines(tdx,upp,lty=2,col='red')
> lines(tdx,low,lty=2,col='red')
> abline(h=c(0.0113))
% Student-t innovations
> m5=garchFit(~1+garch(1,1),data=intc,trace=F,cond.dist="std")
> summary(m5)
Title: GARCH Modelling
Call: garchFit(formula=~1+garch(1,1),data=intc,cond.dist="std",trace=F)

Mean and Variance Equation: data ~ 1+garch(1,1) [data = intc]
Conditional Distribution: std

Coefficient(s):
         Estimate   Std. Error   t value Pr(>|t|)
  mu     0.0165075  0.0051031    3.235  0.001217 **
  omega  0.0011576  0.0005782    2.002  0.045286 *
  alpha1 0.1059030  0.0372047    2.846  0.004420 **
  beta1  0.8171313  0.0580141   14.085  < 2e-16 ***
  shape  6.7723503  1.8572380    3.646  0.000266 ***
```

```
---
Standardised Residuals Tests:
                            Statistic  p-Value
 Ljung-Box Test   R   Q(10)   7.877778  0.6407741
 Ljung-Box Test   R   Q(20)   16.50475  0.6848581
 Ljung-Box Test   R^2 Q(10)   1.066054  0.9997694
 Ljung-Box Test   R^2 Q(20)   12.61496  0.8932865
 LM Arch Test     R   TR^2    10.80739  0.5454935

Information Criterion Statistics:
      AIC       BIC       SIC      HQIC
 -1.446966 -1.400841 -1.447215 -1.428776

> v2=volatility(m5)
> m6=garchFit(~1+garch(1,1),data=intc,trace=F,cond.dist='sstd')
> summary(m6)
Title:  GARCH Modelling
Call:  garchFit(formula=~1+garch(1,1),data=intc,cond.dist="sstd",trace=F)

Mean and Variance Equation:  data ~ 1+garch(1,1) [data = intc]
Conditional Distribution:  sstd

Coefficient(s):
        Estimate  Std. Error  t value  Pr(>|t|)
 mu     0.0133343  0.0053430   2.496  0.012572 *
 omega  0.0011621  0.0005587   2.080  0.037519 *
 alpha1 0.1049289  0.0358860   2.924  0.003456 **
 beta1  0.8177875  0.0559863  14.607  < 2e-16 ***
 skew   0.8717220  0.0629129  13.856  < 2e-16 ***
 shape  7.2344224  2.1018041   3.442  0.000577 ***
---
Standardised Residuals Tests:
                            Statistic  p-Value
 Ljung-Box Test   R   Q(10)   7.882126  0.6403496
 Ljung-Box Test   R   Q(20)   16.57740  0.6802193
 Ljung-Box Test   R^2 Q(10)   1.078429  0.999757
 Ljung-Box Test   R^2 Q(20)   13.03792  0.8757513
 LM Arch Test     R   TR^2    11.18826  0.5128574

Information Criterion Statistics:
      AIC       BIC       SIC      HQIC
 -1.450899 -1.395550 -1.451257 -1.429071

> v3=volatility(m6)
> par(mfcol=c(3,1))
> plot(tdx,v1,xlab='year',ylab='volatility',type='l',ylim=c(0.06,0.3))
> title(main='(a) Gaussian')
> plot(tdx,v2,xlab='year',ylab='volatility',type='l',ylim=c(0.06,0.3))
> title(main='(b) Student-t')
> plot(tdx,v3,xlab='year',ylab='volatility',type='l',ylim=c(0.06,0.3))
> title(main='(c) Skew Student-t')

> cor(cbind(v1,v2,v3))
           v1        v2        v3
v1 1.0000000 0.9936777 0.9944357
v2 0.9936777 1.0000000 0.9998430
```

```
v3 0.9944357 0.9998430 1.0000000
>
> library(fBasics)
> basicStats(intc)
                       intc
nobs           444.000000
Minimum         -0.595420
Maximum          0.485508
Mean             0.014327
Variance         0.016106
Stdev            0.126910
Skewness        -0.552618
Kurtosis         3.124026
> tt=-0.5526/sqrt(6/444)  % Testing skewness of the data
> tt
[1] -4.753645
> tt=(0.8717-1)/0.0629  % Testing skewness of the model.
> tt
[1] -2.039746
> pv=2*pnorm(tt)    % Compute p-value
> pv
[1] 0.04137567
> plot(m6)
Make a plot selection (or 0 to exit):
 1:    Time Series
 2:    Conditional SD
 3:    Series with 2 Conditional SD Superimposed
 4:    ACF of Observations
 5:    ACF of Squared Observations
 6:    Cross Correlation
 7:    Residuals
 8:    Conditional SDs
 9:    Standardized Residuals
10:    ACF of Standardized Residuals
11:    ACF of Squared Standardized Residuals
12:    Cross Correlation between r^2 and r
13:    QQ-Plot of Standardized Residuals

Selection: 13
```

讨论和比较

我们已经应用了 3 个 GARCH(1, 1) 模型来拟合 Intel 股票从 1973 年 1 月至 2009 年 12 月的月对数收益率序列. 所有 3 个模型都较好地拟合了给定的数据. 如果应用 AIC 来进行模型选择, 则会选择有偏学生 t 分布的新息作为最优的数据模型. 前面的基本分析显示的该收益率显著有偏也支持选择该模型. 另一方面, 如果应用 BIC 来选择模型, 则会选择学生 t 分布的新息作为最优的模型. 对这个例子这种选择并不意外, 因为 BIC 对每一个应用的参数施以较重的惩罚, 并且分布偏度检验的 p 值为 0.041, 这仅仅略微小于 0.05. 换句话说, 在 BIC 准则下, 由偏度参数带来的惩罚小于它带来的贡献. 这个例子也表明, 不同的选择准则会选择不同的波动率模型.

图 4-13 给出了前面 3 个波动率模型拟合的波动率时序图. 所有图形有同样的尺度, 因

此可以直接比较. 从这 3 幅图中可见, 3 个模型估计出的波动率序列实质上是相同的, 很难看出它们之间有任何大的差别. 事实上, 3 个拟合序列之间的相关系数都接近 1, 具体参见所附的 R 输出. 所以, 应用的 3 个模型是很接近的.

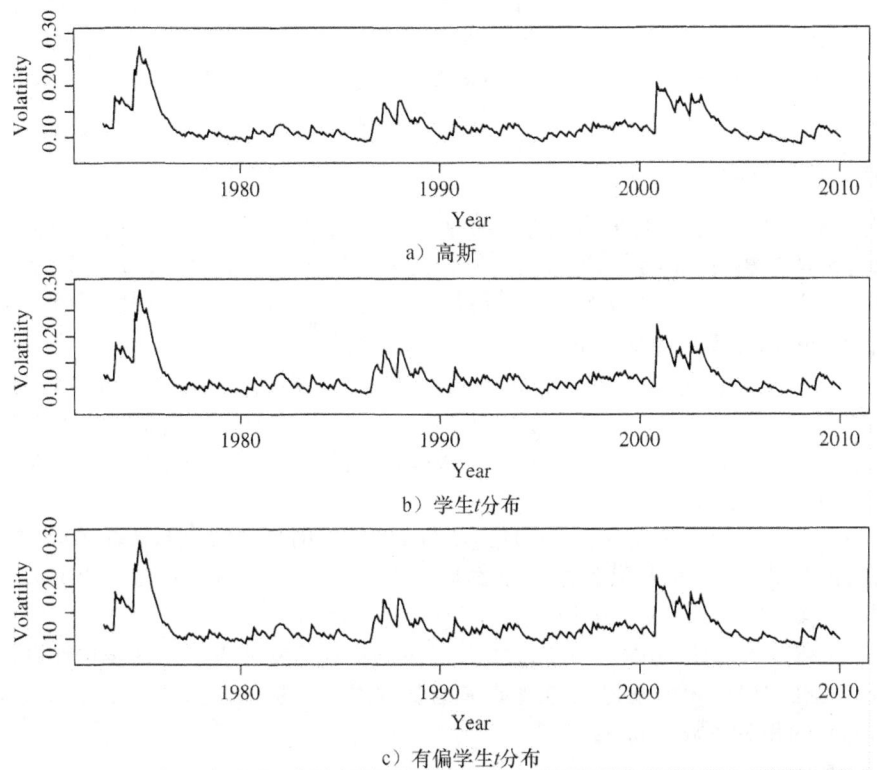

图 4-13 对 Intel 股票月对数收益率序列建立的带有不同新息的 GARCH(1,1)模型的拟合波动率时序图

表 4-1 给出了 Intel 股票的月对数收益率的三个 GARCH(1,1)模型的一些波动率预测值. 预测原点是 2009 年 12 月. 如所期望那样, 这些波动率的预测值相互接近, 这进一步表明了上述三个信息之间的区别是很小的.

表 4-1 Intel 股票月对数收益率的波动率预测

模型	预测步长							
	1	2	3	4	5	6	9	12
$N(0,1)$	0.0975	0.0993	0.1009	0.1023	0.1037	0.105	0.108	0.111
学生 t 分布	0.0951	0.0975	0.0997	0.1016	0.1034	0.105	0.109	0.112
有偏学生 t 分布	0.0954	0.0979	0.1000	0.1019	0.1037	0.105	0.109	0.112

注: 预测原点为 2009 年 12 月. 采用的模型为 GARCH(1,1)模型, 新息分别为高斯、学生 t 分布和有偏学生 t 分布

4.6.2 预测的评估

由于资产的波动率是不能直接观测的, 所以比较不同波动率模型的预测表现对数据分析师来说是一个挑战. 在文献中, 有的研究人员利用样本外(out-of-sample)预测, 比

较波动率的预测值 $\sigma_h^2(\ell)$ 与预测样本中的"扰动" $a_{h+\ell}^2$ 来评价波动率模型的预测表现. 用这个方法常常会发现 $a_{h+\ell}^2$ 和 $\sigma_h^2(\ell)$ 有较低的相关系数, 即低的 R^2. 然而, 这个发现是不奇怪的, 因为单独的 $a_{h+\ell}^2$ 本身不能充分度量 $h+\ell$ 时刻的波动率. 考虑超前 1 步预测, 从统计观点来讲, $E(a_{h+1}^2|F_h)=\sigma_{h+1}^2$, 因此 a_{h+1}^2 是 σ_{h+1}^2 的相合估计. 但它不是 σ_{h+1}^2 的精确估计, 因为具有已知均值的随机变量的单个观测值不可能提供该随机变量方差的精确估计. 因此, 严格地说, 这种评价波动率模型预测表现的方法是不合理的. 关于 GARCH 模型预测评价的更多信息, 可参见 Andersen 和 Bollerslev(1998).

4.6.3 两步估计方法

基于式(4-15), 可以用两步估计方法来估计 GARCH 模型. 第一, 忽略 ARCH 效应, 用第 2 章讨论的方法(例如最大似然方法)为收益率序列估计一个均值方程. 残差序列用 a_t 表示. 第二, 将 $\{a_t^2\}$ 作为观测序列, 可以用最大似然方法估计式(4-15)中的参数. 用 $\hat{\phi}_i$ 和 $\hat{\theta}_i$ 分别表示 AR 和 MA 系数的估计值, 则 GARCH 模型的参数估计为 $\hat{\beta}_i=\hat{\theta}_i$, $\hat{\alpha}_i=\hat{\phi}_i-\hat{\theta}_i$. 显然, 这样的估计只是真实参数的一种近似, 它们的统计性质并没有得到严格的研究. 然而, 有限的经验表明, 这个简单的方法往往能够提供好的近似, 尤其是当样本容量适中或较大时更是如此. 例如, 考虑例 4.3 中 Intel 公司股票的月对数收益率序列. 用条件极大似然(MLE)方法, 可以得到下列模型:

$$r_t = 0.0143 + a_t, \quad (1-0.9119B)(a_t^2-0.0161) = (1-0.7951B)\eta_t \quad (4-21)$$

其中, 所有的估计在 5% 的显著性水平下都显著不为零, 且 η_t 的方差为 0.00122. 从这些估计中看出, $\hat{\beta}_1=0.7915$, $\hat{\alpha}_1=0.9119-0.7915=0.1204$, 且 $\phi_0=(1-0.9119)\times 0.0161 = 0.00142$. 这种近似估计与式(4-19)和式(4-20)中的估计非常靠近. 用两步估计方法拟合的波动率与 GARCH(1, 1) 模型得到的波动率也非常靠近. 例如, 由式(4-20)和式(4-21)拟合的波动率间的相关系数为 0.9976.

R 代码演示

```
> yt=intc-mean(intc)
> m1=arima(yt^2,order=c(1,0,1))
> m1
Call: arima(x = yt^2, order = c(1,0,1))
Coefficients:
        ar1      ma1    intercept
      0.9119  -0.7915    0.0161
s.e.  0.0430   0.0635    0.0039

sigma^2 estimated as 0.001223: log likelihood=858.64,aic=-1709.28
> mean(intc)
[1] 0.0143273
> fit=yt^2-m1$residuals
> v3=volatility(m6)   % m6 is GARCH(1,1) with skew-t innovations.
> cor(v3,sqrt(fit))
[1] 0.9976242
```

4.7 求和 GARCH 模型

若式(4-15)GARCH 方程中的 AR 多项式有一个单位根, 则就可以建立一个求和广义自回归条件异方差模型(Integrated Generalized Autoregressive Conditional Heteroscedeastic, GARCH). 因此, IGARCH 模型就是单位根 GARCH 模型. 类似于 ARIMA 模型, IGARCH 模型的主要特点是过去的平方扰动 $\eta_{t-i}=a_{t-i}^2-\sigma_{t-i}^2(i>0)$ 对 a_t^2 的影响是持久的.

IGARCH(1, 1)模型可以写成：

$$a_t = \sigma_t\varepsilon_t, \quad \sigma_t^2 = \alpha_0 + \beta_1\sigma_{t-1}^2 + (1-\beta_1)a_{t-1}^2$$

其中$\{\varepsilon_t\}$与前面一样定义, $1>\beta_1>0$. 对 Intel 股票的月对数收益率数据, 估计出的 IGARCH(1, 1)模型为

$$r_t = 0.0097 + a_t, \quad a_t = \sigma_t\varepsilon_t, \quad \varepsilon_t \sim N(0,1)$$
$$\sigma_t^2 = 0.000348 + 0.1278a_{t-1}^2 + 0.8722\sigma_{t-1}^2 \tag{4-22}$$

其中均值方程中的估计值的标准误差为 0.0053, 而波动率方程中各个系数估计值的标准误差分别是 0.000 18 和 0.0336. 模型检验统计量表明, 拟合的 IGARCH(1, 1)模型可以充分地描述 Intel 股票收益率的均值和波动率.

IGARCH(1, 1)模型参数的估计值与前面式(4-18)中的 GARCH(1, 1)模型差距不大, 但这两个模型有一个主要区别. 在 IGARCH(1, 1)模型下, a_t 的无条件方差没有定义, 因此 r_t 的无条件方差也是没有定义的. 这一点对一个对数收益率序列是难以验证的. 从理论观点看, IGARCH 现象可能是波动率常有的水平移动所引起的. 波动率持续性的真正原因值得仔细研究.

当 $\alpha_1+\beta_1=1$ 时, 由式(4-17)重复代替得到:

$$\sigma_h^2(\ell) = \sigma_h^2(1) + (\ell-1)\alpha_0 \quad \ell \geqslant 1 \tag{4-23}$$

其中 h 是预测原点. 因此, $\sigma_h^2(1)$ 对将来波动率的效应也是持续的, 波动率预测形成了一个斜率为 α_0 的直线. Nelson(1990)研究了在 IGARCH 模型下波动率过程 σ_t^2 的某些概率性质. 过程 σ_t^2 是一个鞅, 在文献中关于它有一些很好的结果可用. 在某些条件下, 波动率过程是严平稳的, 但是因为它的前两阶矩不存在, 所以它不是弱平稳的.

在研究 IGARCH(1, 1)模型时, $\alpha_0=0$ 的情形是特别令人感兴趣的. 这时, 对所有预测步长, 波动率的预测值都是 $\sigma_h^2(1)$, 参见式(4-23). 这个特殊的 IGARCH(1, 1)模型正是 RiskMetrics 所用的波动率模型. RiskMetrics 是一种计算风险值(value at risk)的方法, 参见 Tsay(2010, 第 7 章). 该模型也是序列$\{a_t^2\}$的指数平滑模型. 为说明这点, 将模型改写为

$$\begin{aligned}\sigma_t^2 &= (1-\beta_1)a_{t-1}^2 + \beta_1\sigma_{t-1}^2 \\ &= (1-\beta_1)a_{t-1}^2 + \beta_1[(1-\beta)a_{t-2}^2 + \beta_1\sigma_{t-2}^2] \\ &= (1-\beta_1)a_{t-1}^2 + (1-\beta)\beta_1 a_{t-2}^2 + \beta_1^2\sigma_{t-2}^2\end{aligned}$$

重复代替, 我们得到

$$\sigma_t^2 = (1-\beta_1)[a_{t-1}^2 + \beta_1 a_{t-2}^2 + \beta_1^2 a_{t-3}^2 + \cdots]$$

这就是著名的**贴现因子**为 β_1 的指数平滑公式. 因此, 指数平滑方法可以用来估计这样的 IGARCH(1, 1)模型.

R 代码演示

```
> source("Igarch.R")
> mm=Igarch(intc)
[1] -261.3556
   0:    -261.35565: 0.0143273 0.00161062 0.100000
   3:    -299.82581: 0.00754877 0.00211435 0.325506
   .....
  21:    -308.24866: 0.00962287 0.000349070 0.128039

Coefficient(s):
          Estimate   Std. Error  t value  Pr(>|t|)
mu      0.009666313 0.005338563  1.81066  0.0701937 .
omega   0.000347561 0.000181948  1.91022  0.0561052 .
alpha   0.127818122 0.033601301  3.80396  0.0001424 ***
> names(mm)
[1] "par"          "volatility"
```

注记：我们应用了一个简单的 R 语言脚本来估计带有高斯新息的 IGARCH(1,1) 模型.

4.8 GARCH-M 模型

在金融中，资产的收益率可能依赖于它的波动率. 为了对这种现象建模，人们会考虑 GARCH-M 模型，其中"M"表示收益率的条件**均值为 GARCH**(GARCH in mean). 简单的 GARCH(1,1)-M 模型可以写成

$$r_t = \mu + c\sigma_t^2 + a_t, \quad a_t = \sigma_t \varepsilon_t,$$
$$\sigma_t^2 = \alpha_0 + \alpha_1 a_{t-1}^2 + \beta_1 \sigma_{t-1}^2 \tag{4-24}$$

其中 μ 和 c 是常数. 参数 c 叫做**风险溢价参数**. c 为正值意味着收益率与它过去的波动率正相关. 文献中还出现过其他一些具体的风险溢价的形式，如 $r_t = \mu + c\sigma_t + a_t$ 和 $r_t = \mu + c\ln(\sigma_t^2) + a_t$.

式 (4-24) 的 GARCH-M 模型意味着收益率序列 r_t 存在前后相关性，这种前后相关性是由波动率过程 $\{\sigma_t^2\}$ 的前后相关性导致的. 风险溢价的存在是历史股票收益率具有前后相关性的另一种原因.

为了说明 GARCH-M 模型的应用，我们考虑从 1973 年 1 月到 2009 年 12 月的 Intel 股票月对数收益率的 GARCH(1,1)-M 模型，其新息为高斯分布. 为了数值上的稳健，本节中应用百分比收益率. 即 r_t 表示百分比对数收益率. 拟合的模型为

$$r_t = 1.025 + 0.00081\sigma_t^2 + a_t, \quad a_t = \sigma_t \varepsilon_t, \quad \varepsilon_t \sim N(0,1) \tag{4-25}$$
$$\sigma_t^2 = 9.376 + 0.087 a_{t-1}^2 + 0.851 \sigma_{t-1}^2 \tag{4-26}$$

其中式 (4-25) 中两个参数的标准误差分别为 1.347 和 0.0092，而式 (4-26) 中参数的标准误差分别为 3.977、0.027 和 0.040. Intel 股票月对数收益率的风险溢价的估计值很小且不显著. 这里，估计时用到了一个 R 的简单脚本，该脚本可以从本书网站下载.

作为第 2 个示例，图 4-14 给出了标普 500 指数从 1926 年到 1991 年的月超额收益率. 关于对该序列拟合的多种波动率模型，可以参见 Tsay(2010，第 3 章). 同样，这里的收益率以百分数表示. 对该序列拟合一个简单的 GARCH(1,1) 模型，拟合的模型为：

$$r_t = 0.745 + a_t, \quad a_t = \sigma_t \varepsilon_t, \quad \varepsilon_t \sim N(0,1)$$

$$\sigma_t^2 = 0.806 + 0.122 a_{t-1}^2 + 0.854 \sigma_{t-1}^2$$

其中均值方程中参数的标准误差为 0.154，波动率方程中三个参数的标准误差分别是 0.283、0.022 和 0.022. 在 5% 的水平下所有的估计值是显著的. 模型检验统计量表明，除了正态性以外，该模型较好地拟合了给定的数据.

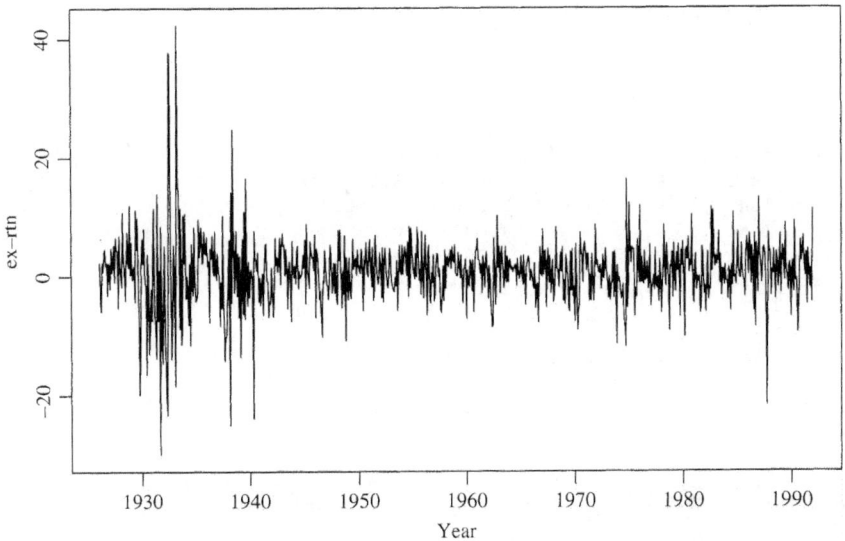

图 4-14　标普 500 指数从 1926 年到 1991 年的月超额收益率（百分比表示）的时序图

我们也对该收益率序列拟合了一个 GARCH(1，1)-M 模型，拟合的模型为：

$$r_t = 0.6561 + 0.0041 \sigma_t^2 + a_t, \quad a_t = \sigma_t \varepsilon_t, \quad \varepsilon_t \sim N(0,1)$$
$$\sigma_t^2 = 0.7936 + 0.1222 a_{t-1}^2 + 0.8547 \sigma_{t-1}^2 \tag{4-27}$$

其中均值方程中参数的标准误差分别为 0.2458 和 0.0089，式(4-27)中参数的标准误差分别是 0.2830、0.0221 和 0.0218. 在 5% 的水平下，风险溢价同样是不显著的. 所以该模型简化为通常的 GARCH(1，1)模型.

R 代码演示

```
> y=intc*100    % Intel stock returns in percentages
> source("garchM.R")   % Compile the script
> garchM(y)
[1] "initial estimates:"
 (Intercept)        v1         ar0         ar1         ma1
 0.472685490 0.0059504 14.1506718 0.1203339 0.7915216

Estimation results of GARCH(1,1)-M model:
estimates:   1.02491  0.000806  9.37589  0.086950  0.850682
std.errors:  1.34736  0.009245  3.97716  0.026644  0.040035
t-ratio:     0.76068  0.087235  2.35744  3.263355  21.2486
% Monthly excess returns, in percentages, of the S&P 500 index
> sp5=scan(file='sp500.txt')
> sp5=sp5*100
> m2=garchFit( 1+garch(1,1),data=sp5,trace=F)
> summary(m2)
```

```
Title:   GARCH Modelling
Mean and Variance Equation:  data ~ 1+garch(1,1) [data=sp5]
Conditional Distribution:  norm
Coefficients:
         Estimate   Std. Error    t value  Pr(>|t|)
mu       0.74497    0.15377       4.845    1.27e-06 ***
omega    0.80615    0.28333       2.845    0.00444  **
alpha1   0.12198    0.02202       5.540    3.02e-08 ***
beta1    0.85436    0.02175      39.276    < 2e-16  ***
---
Standardised Residuals Tests:
                              Statistic p-Value
 Jarque-Bera Test    R   Chi^2   80.32111    0
 Shapiro-Wilk Test   R   W        0.9850518  3.14157e-07
 Ljung-Box Test      R   Q(10)   11.22050    0.340599
 Ljung-Box Test      R   Q(20)   24.29896    0.2295768
 Ljung-Box Test      R^2 Q(10)    9.920157   0.4475259
 Ljung-Box Test      R^2 Q(20)   16.75081    0.6690903

> garchM(sp5)
Estimation results of GARCH(1,1)-M model:
estimates:  0.65613 0.004096 0.793615 0.12219 0.85465
std.errors: 0.24579 0.008938 0.283022 0.02209 0.02176
t-ratio:    2.66943 0.458335 2.804075 5.53226 39.2788
```

4.9 指数 GARCH 模型

为了克服 GARCH 模型在处理金融时间序列时的一些弱点，Nelson(1991)提出了指数 GARCH(EGARCH)模型. 具体地，为了允许在模型中体现正的和负的资产收益率的非对称效应，考虑加权的新息：

$$g(\varepsilon_t) = \theta\varepsilon_t + \gamma[|\varepsilon_t| - E(|\varepsilon_t|)] \tag{4-28}$$

其中 θ 和 γ 是实常数. ε_t 和 $|\varepsilon_t| - E(|\varepsilon_t|)$ 都是零均值的独立同分布序列，且序列的分布为连续分布. 因此，$E[g(\varepsilon_t)] = 0$. 重新改写 $g(\varepsilon_t)$ 为下式，从中可以容易看出其非对称性：

$$g(\varepsilon_t) = \begin{cases} (\theta+\gamma)\varepsilon_t - \gamma E(|\varepsilon_t|) & \varepsilon_t \geqslant 0 \\ (\theta-\gamma)\varepsilon_t - \gamma E(|\varepsilon_t|) & \varepsilon_t < 0 \end{cases}$$

注记：对标准高斯随机变量 ε_t，$E(|\varepsilon_t|) = \sqrt{2/\pi}$. 对式(4-7)中的标准化学生 t 分布，我们有

$$E(|\varepsilon_t|) = \frac{2\sqrt{v-2}\,\Gamma[(v+1)/2]}{(v-1)\Gamma(v/2)\sqrt{\pi}}$$

∎

EGARCH(m, s) 模型可以写成：

$$a_t = \sigma_t\varepsilon_t, \quad \ln(\sigma_t^2) = \alpha_0 + \frac{1 + \beta_1 B + \cdots + \beta_{s-1}B^{s-1}}{1 - \alpha_1 B - \cdots - \alpha_m B^m}g(\varepsilon_{t-1}) \tag{4-29}$$

其中 α_0 是常数，B 是延迟(或滞后)算子使得 $Bg(\varepsilon_t) = g(\varepsilon_{t-1})$、$1 + \beta_1 B + \cdots + \beta_s B^{s-1}$ 和 $1 - \alpha_1 B - \cdots - \alpha_m B^m$ 是多项式，它们的根都在单位圆外且没有公因子. 根在单位圆外，意思是指根的模是大于 1 的. 式(4-29)再一次用通常 ARMA 参数化形式来描述 a_t 的条件方差随时间的演变. 基于这个表示，可以应用和 GARCH 模型类似的方式，得到 EGARCH 模型

的一些性质，例如 $\ln(\sigma_t^2)$ 的无条件均值为 α_0. 然而，这个模型与 GARCH 模型有以下不同：第一，它使用对数条件方差，这放松了对模型系数非负性的限制；第二，$g(\varepsilon_t)$ 的使用，使得模型对 a_t 的正的和负的延迟值的反应不对称. 其他一些 EGARCH 模型的性质可在 Nelson(1991)中找到.

为了更好地理解 EGARCH 模型，我们考虑阶为(1,1)时的简单模型：
$$a_t = \sigma_t \varepsilon_t, \quad (1-\alpha B)\ln(\sigma_t^2) = (1-\alpha)\alpha_0 + g(\varepsilon_{t-1}) \tag{4-30}$$
其中 $\{\varepsilon_t\}$ 是独立同分布的标准正态序列，α_1 的下标这里被省略了. 在这种情况下，$E(|\varepsilon_t|) = \sqrt{2/\pi}$，$\ln(\sigma_t^2)$ 的模型变成
$$(1-\alpha B)\ln(\sigma_t^2) = \begin{cases} \alpha_* + (\gamma+\theta)\varepsilon_{t-1} & \varepsilon_{t-1} \geqslant 0 \\ \alpha_* + (\gamma-\theta)(-\varepsilon_{t-1}) & \varepsilon_{t-1} < 0 \end{cases} \tag{4-31}$$
其中 $\alpha_* = (1-\alpha)\alpha_0 - \sqrt{2/\pi}\gamma$. 这是一个非线性函数，类似于 Tong(1978,1990)中的门限自回归(Threshold Autoregressive，TAR)模型. 这里只要了解以下这点就可以了：对这个简单的 EGARCH 模型来说，条件方差以非线性方式依赖于 a_{t-1} 的符号. 具体地说，我们有
$$\sigma_t^2 = \sigma_{t-1}^{2\alpha} \exp(\alpha_*) \begin{cases} \exp\left[(\gamma+\theta)\dfrac{a_{t-1}}{\sigma_{t-1}}\right] & a_{t-1} \geqslant 0 \\ \exp\left[(\gamma-\theta)\dfrac{|a_{t-1}|}{\sigma_{t-1}}\right] & a_{t-1} < 0 \end{cases}$$

系数$(\gamma+\theta)$ 和 $(\gamma-\theta)$ 表明模型对正的和负的 a_{t-1} 的响应是非对称的. 因此，当 $\theta \neq 0$ 时模型是非线性的. 由于负的扰动往往带来更大的影响，所以我们希望 θ 是负的. 对高阶 EGARCH 模型来讲，非线性变得很复杂. Cao 和 Tsay(1992)利用非线性模型，包括 EGARCH 模型，得到超前多步的波动率预测值.

4.9.1 第一个示例

Nelson(1991)把 EGARCH 模型应用到 CRSP 价值加权市场指数的日超额收益率上，数据是从证券价格研究中心(CRSP)得到的，时间是从 1962 年 7 月至 1987 年 12 月，共有 6408 个观测值. 超额收益率是用价值加权指数的收益率减去国债的月收益率，假定一个月中每一天的国债收益率是常数. 用 r_t 表示超额收益率，所用模型为
$$r_t = \phi_0 + \phi_1 r_{t-1} + c\sigma_t^2 + a_t \tag{4-32}$$
$$\ln(\sigma_t^2) = \alpha_0 + \ln(1+wN_t) + \frac{1+\beta B}{1-\alpha_1 B - \alpha_2 B^2} g(\varepsilon_{t-1})$$

其中 σ_t^2 是给定 F_{t-1} 下 a_t 的条件方差，N_t 是第 $t-1$ 个交易日和第 t 个交易日之间不交易的天数，α_0 和 w 是实参数，$g(\varepsilon_t)$ 由式(4-28)定义，ε_t 服从式(4-10)的广义误差分布(GED). 与 GARCH-M 模型相似，式(4-32)中的参数 c 是风险溢价参数. 表 4-2 给出了模型参数的估计值和它们的标准误差. 式(4-32)的均值方程有两个性质值得注意：第一，它用 AR(1)模型来刻画超额收益率序列中的前后相关性；第二，它用波动率 σ_t^2 作为回归变量来解释风险溢价. 所估计出的风险溢价是负的，但是统计不显著.

表 4-2 对价值加权 CRSP 市场指数的日超额收益率估计出的 AR(1)-EGARCH(2，2)模型，数据是从 1962 年 7 月至 1987 年 12 月

参数	α_0	w	γ	α_1	α_2	β
估计值	-10.06	0.183	0.156	1.929	-0.929	-0.978
标准误差	0.346	0.028	0.013	0.015	0.015	0.006
参数	θ	ϕ_0	ϕ_1	c	v	
估计值	-0.118	3.5×10^{-4}	0.205	-3.361	1.576	
标准误差	0.009	9.9×10^{-5}	0.012	2.026	0.032	

4.9.2 模型的另一种形式

EGARCH(m，s)模型的另一种形式为

$$\ln(\sigma_t^2) = \alpha_0 + \sum_{i=1}^{m} \alpha_i \frac{|a_{t-i}| + \gamma_i a_{t-i}}{\sigma_{t-i}} + \sum_{j=1}^{s} \beta_j \ln(\sigma_{t-j}^2) \tag{4-33}$$

这里，正的 a_{t-i} 对对数波动率的贡献为 $\alpha_i(1+\gamma_i)|\varepsilon_{t-i}|$，而负的 a_{t-i} 对对数波动率的贡献为 $\alpha_i(1-\gamma_i)|\varepsilon_{t-i}|$，其中 $\varepsilon_{t-i} = a_{t-i}/\sigma_{t-i}$. 参数 γ_i 表示 a_{t-i} 的杠杆效应. 在实际应用中，我们仍然期望 γ_i 为负的. 许多软件包采用这种模型表达形式，例如 S-Plus. 我们应用 R 脚本 Egarch 来估计 EGARCH(1，1)模型.

4.9.3 第二个示例

作为另一个说明，我们来考虑 IBM 股票从 1967 年 1 月至 2009 年 12 月的月对数收益率，共 516 个观测值. 图 4-5a 给出了该序列的时序图. 样本 ACF 和 Ljung-Box 统计量都表明数据中没有显著自相关性，所以我们继续进行波动率建模. 例如，对数收益率序列的 $Q(12) = 7.40$，其 p 值为 0.83.

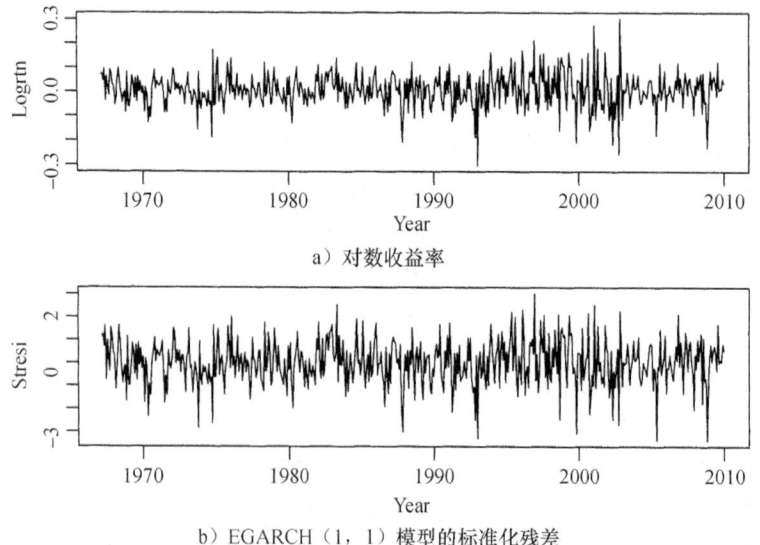

a) 对数收益率

b) EGARCH(1，1)模型的标准化残差

图 4-15　IBM 股票从 1967 年 1 月至 2009 年 12 月的月对数收益率序列的时序图

使用式(4-33)中的 EGARCH 模型形式，注意 $\varepsilon_t = a_t/\sigma_t$，我们改写式(4-30)如下：
$$\ln(\sigma_t^2) = \alpha_0 + \alpha_1(|\varepsilon_{t-1}| + \gamma_1 \varepsilon_{t-1}) + \beta_1 \ln(\sigma_{t-1}^2)$$
对该 EGARCH(1,1)模型进行估计，得到 IBM 股票月对数收益率模型为：
$$r_t = 0.0067 + a_t, \quad a_t = \sigma_t \varepsilon_t, \quad \varepsilon_t \sim N(0,1)$$
$$\ln(\sigma_t^2) = -0.5975 + 0.213(|\varepsilon_{t-1}| - 0.4355 \varepsilon_{t-1}) + 0.9196 \ln(\sigma_{t-1}^2) \tag{4-34}$$

所有参数估计值在 5% 水平下都是统计显著的。详细内容参见下面的 R 输出。对于模型的检验，对标准残差序列 $\tilde{a}_t$，Ljung-Box 统计量为 $Q(10) = 5.28(0.87)$ 和 $Q(20) = 20.97(0.40)$；而对平方序列 $\tilde{a}_t^2$，$Q(10) = 5.01(0.89)$ 和 $Q(20) = 14.26(0.82)$，括号中的数是相应的 p 值。这些都说明所拟合的模型是充分的。

从估计出的波动率方程式(4-34)，并利用 $\sqrt{2/\pi} \approx 0.7979$，我们得到波动率方程为
$$\ln(\sigma_t^2) = -0.5975 + 0.9196 \ln(\sigma_{t-1}^2) + \begin{cases} 0.1203 \varepsilon_{t-1} & \varepsilon_{t-1} \geq 0 \\ -0.3058 \varepsilon_{t-1} & \varepsilon_{t-1} < 0 \end{cases}$$

作反对数变换，我们有
$$\sigma_t^2 = \sigma_{t-1}^{2 \times 0.9196} e^{-0.5975} \times \begin{cases} e^{0.1203 \varepsilon_{t-1}} & \varepsilon_{t-1} \geq 0 \\ e^{-0.3058 \varepsilon_{t-1}} & \varepsilon_{t-1} < 0 \end{cases}$$

此方程突出了 EGARCH 模型下波动率对过去正的和负的"扰动"的不对称反应。例如，当标准化的"扰动"数量为 2 个单位（即两个标准差）时，我们有：
$$\frac{\sigma_t^2(\varepsilon_{t-1} = -2)}{\sigma_t^2(\varepsilon_{t-1} = 2)} = \frac{\exp[-0.3058 \times (-2)]}{\exp(0.1203 \times 2)} = e^{0.371} = 1.449$$

因此，变动两个标准差的负"扰动"对波动率的影响比相同强度的正"扰动"的影响大 44.9%。这个例子清楚地显示出 EGARCH 模型的非对称特征。一般来说，"扰动"越大，正负"扰动"对波动率影响的差别就越大。

R 代码演示

```
> source("Egarch.R") % Compile R script
> da=read.table("m-ibmsp6709.txt",header=T) % Load data
> dim(da)   % Check sample size of the data
[1] 516   3
> ibm=log(da$ibm+1) % Take log transformation
> Box.test(ibm,lag=12,type='Ljung') % Check serial correlations
          Box-Ljung test
data:  ibm
X-squared = 7.4042, df = 12, p-value = 0.8298
> m1=Egarch(ibm) % Model fitting
Estimation results of EGARCH(1,1) model:
estimates:   0.00671172  -0.5975393  0.21298  -0.4355012  0.919648
std.errors:  0.00287457   0.2371713  0.058016  0.1721217  0.039416
t-ratio:     2.334859    -2.519442  3.671078 -2.530194 23.33172
> names(m1)
[1] "residuals"  "volatility"
> stresi=m1$residuals/m1$volatility % Obtain standardized residuals
> tdx=c(1:516)/12+1967 % Compute time index
```

```
> par(mfcol=c(2,1)) % Plotting
> plot(tdx,ibm,xlab='year',ylab='logrtn',type='l')
> plot(tdx,stresi,xlab='year',ylab='stresi',type='l')
> Box.test(stresi,lag=10,type='Ljung')   % Model checking
        Box-Ljung test
data:  stresi
X-squared = 5.2807, df = 10, p-value = 0.8717
> Box.test(stresi,lag=20,type='Ljung')
        Box-Ljung test
data:  stresi
X-squared = 20.971, df = 20, p-value = 0.3988
> Box.test(stresi^2,lag=10,type='Ljung')
        Box-Ljung test
data:  stresi^2
X-squared = 5.0127, df = 10, p-value = 0.8903
> Box.test(stresi^2,lag=20,type='Ljung')
        Box-Ljung test
data:  stresi^2
X-squared = 14.2643, df = 20, p-value = 0.8168
```

4.9.4 用 EGARCH 模型进行预测

我们用 EGARCH(1,1) 来说明 EGARCH 模型的超前多步预测. 假定模型的参数已知, 新息服从标准高斯分布, 我们有

$$\ln(\sigma_t^2) = (1-\alpha_1)\alpha_0 + \alpha_1 \ln(\sigma_{t-1}^2) + g(\varepsilon_{t-1})$$

$$g(\varepsilon_{t-1}) = \theta \varepsilon_{t-1} + \gamma(|\varepsilon_{t-1}| - \sqrt{2/\pi})$$

两边取指数, 模型变成

$$\sigma_t^2 = \sigma_{t-1}^{2\alpha_1} \exp[(1-\alpha_1)\alpha_0] \exp[g(\varepsilon_{t-1})]$$

$$g(\varepsilon_{t-1}) = \theta \varepsilon_{t-1} + \gamma(|\varepsilon_{t-1}| - \sqrt{2/\pi}) \tag{4-35}$$

设 h 是预测原点, 对超前 1 步预测, 我们有

$$\sigma_{h+1}^2 = \sigma_h^{2\alpha_1} \exp[(1-\alpha_1)\alpha_0] \exp[g(\varepsilon_h)]$$

其中右边的所有量都是已知的. 因此以 h 为预测原点的超前 1 步的波动率预测是前面给出的 $\hat{\sigma}_h^2(1) = \sigma_{h+1}^2$. 对超前 2 步预测, 式(4-35)给出

$$\sigma_{h+2}^2 = \sigma_{h+1}^{2\alpha_1} \exp[(1-\alpha_1)\alpha_0] \exp[g(\varepsilon_{h+1})]$$

在 h 时刻取条件期望, 我们有

$$\hat{\sigma}_h^2(2) = \hat{\sigma}_h^{2\alpha_1}(1) \exp[(1-\alpha_1)\alpha_0] E_h\{\exp[g(\varepsilon_{h+1})]\}$$

其中 E_h 表示在时间原点 h 所取的条件期望. 上述期望可以由下式得到:

$$E\{\exp[g(\varepsilon)]\} = \int_{-\infty}^{\infty} \exp[\theta\varepsilon + \gamma(|\varepsilon| - \sqrt{2/\pi})] f(\varepsilon) d\varepsilon$$

$$= \exp(-\gamma\sqrt{2/\pi}) \left[\int_0^{\infty} e^{(\theta+\gamma)\varepsilon} \frac{1}{\sqrt{2\pi}} e^{-\varepsilon^2/2} d\varepsilon + \int_{-\infty}^0 e^{(\theta-\gamma)\varepsilon} \frac{1}{\sqrt{2\pi}} e^{-\varepsilon^2/2} d\varepsilon \right]$$

$$= \exp(-\gamma\sqrt{2/\pi}) [e^{(\theta+\gamma)^2/2} \Phi(\theta+\gamma) + e^{(\theta-\gamma)^2/2} \Phi(\gamma-\theta)]$$

其中 $f(\varepsilon)$ 和 $\Phi(x)$ 分别表示标准正态分布的概率密度函数和累积分布函数. 因此, 超前 2

步波动率预测值为
$$\hat{\sigma}_h^2(2) = \hat{\sigma}_h^{2\alpha_1}(1)\exp[(1-\alpha_1)\alpha_0 - \gamma\sqrt{2/\pi}]$$
$$\times \{\exp[(\theta+\gamma)^2/2]\Phi(\theta+\gamma) + \exp[(\theta-\gamma)^2/2]\Phi(\gamma-\theta)\}$$

重复前面的步骤,我们得到超前 j 步预测的递推公式:
$$\hat{\sigma}_h^2(j) = \hat{\sigma}_h^{2\alpha_1}(j-1)\exp(\omega)$$
$$\times \{\exp[(\theta+\gamma)^2/2]\Phi(\theta+\gamma) + \exp[(\theta-\gamma)^2/2]\Phi(\gamma-\theta)\}$$

其中 $\omega = (1-\alpha_1)\alpha_0 - \gamma\sqrt{2/\pi}$. 大多数统计软件包都可以计算出 $\Phi(\theta+\gamma)$ 和 $\Phi(\gamma-\theta)$ 的值.

4.10 门限 GARCH 模型

另外一个经常用来处理杠杆效应的波动率模型是门限 GARCH 模型(或 TGARCH 模型),参见 Glosten 等(1993)和 Zakoian(1994). TGARCH(m, s)模型的形式为:

$$\sigma_t^2 = \alpha_0 + \sum_{i=1}^m (\alpha_i + \gamma_i N_{t-i})a_{t-i}^2 + \sum_{j=1}^s \beta_j \sigma_{t-j}^2 \tag{4-36}$$

其中 N_{t-i} 是关于 a_{t-i} 是否为负值的指示变量,即
$$N_{t-i} = \begin{cases} 1 & a_{t-i} < 0 \\ 0 & a_{t-i} \geq 0 \end{cases}$$

其中,α_i、γ_i 和 β_j 为非负参数,它们所满足的条件类似于 GARCH 模型的条件. 从模型中可以看出正的 a_{t-i} 对 σ_t^2 的贡献为 $\alpha_i a_{t-i}^2$,而负的 a_{t-i} 对 σ_t^2 有更大的贡献 $(\alpha_i+\gamma_i)a_{t-i}^2$,其中 $\gamma_i > 0$. 该模型用 0 作为门限(threshold)来区分过去扰动的影响. 也可以采用其他的一些门限值,关于门限模型的一般概念,参见 Tsay(2010,第 4 章). 因为 Glosten 等(1993)实质上给出了同样的模型,故此模型(式(4-36))也称为 GJR 模型.

作为例子,考虑从 1999 年 1 月 4 日到 2010 年 8 月 20 日美元/欧元汇率的日对数收益率序列,该序列以百分比表示,参见图 4-3. 应用本书网站提供的简单 R 脚本,我们得到拟合的 TGARCH(1, 1)模型如下:
$$r_t = 0.0122 + a_t, \quad a_t = \sigma_t \varepsilon_t, \quad \varepsilon_t \sim N(0,1)$$
$$\sigma_t^2 = 0.00128 + (0.0223 + 0.0125 N_{t-1})a_{t-1}^2 + 0.9687\sigma_{t-1}^2 \tag{4-37}$$

其中均值方程参数估计的标准误差为 0.0107,波动率方程参数估计的标准误差分别是 0.000 61、0.0052、0.0071 和 0.0044. 为检验所拟合的模型,对于标准化的残差 $\tilde{a}_t$,有 $Q(10) = 13.38(0.20)$,以及 $Q(20) = 22.87(0.30)$;对于 $\tilde{a}_t^2$,有 $Q(10) = 12.89(0.23)$,以及 $Q(20) = 27.23(0.13)$. 从而模型对汇率对数收益率前两阶条件矩的拟合是充分的. 均值方程的系数是不显著的. 而对波动率方程而言,所有系数的估计均显著. 为检验模型的杠杆效应,我们考虑原假设 $H_0: \gamma_1 \leq 0$ 对备择假设 $H_a: \gamma_1 > 0$. 检验的 t 比为 1.772,相应的 p 值为 0.038,因此在 5% 的显著性水平下杠杆效应是显著的.

图 4-16 给出了 TGARCH(1, 1)模型所拟合的波动率和标准化残差的时序图. 如期望的那样,在最近金融危机期间,波动率较高. 标准化残差看起来是随机的,但是从它们的波动幅度来看,可能有厚尾现象.

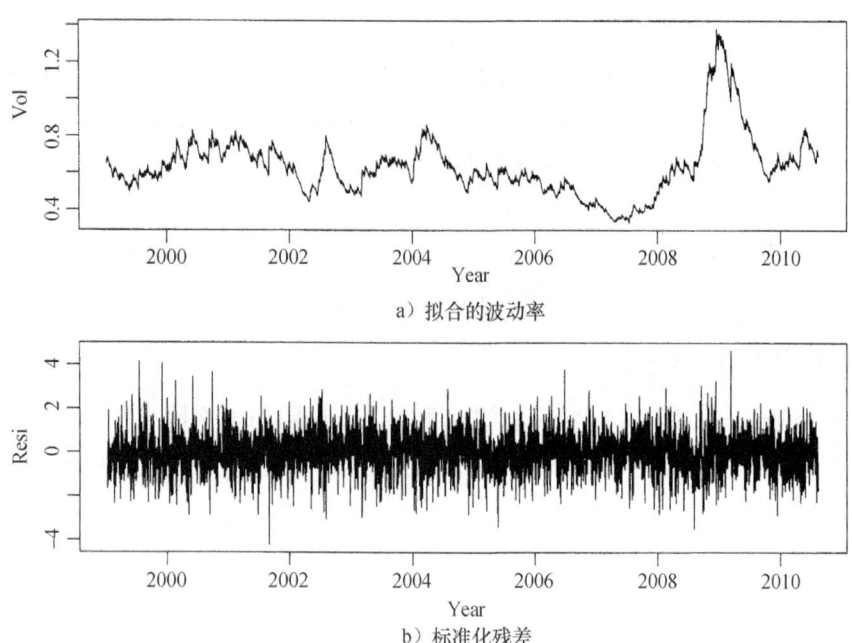

图 4-16 从 1999 年 1 月 4 日到 2010 年 8 月 20 日美元/欧元汇率的日对数收益率序列的 TGARCH(1，1)模型时序图

a）拟合的波动率

b）标准化残差

R 代码演示

```
> da=read.table("d-useu9910.txt",header=T)
> fx=log(da$rate)
> eu=diff(fx)*100
> source('Tgarch11.R')
> m1=Tgarch11(eu)
[1] 2834.995
  0:     2834.9946: 0.00243980 0.0426591 0.100000 0.100000 0.800000
 ......
 48:     2731.8319: 0.0122412 0.00127505 0.0223472 0.0125162 0.968720
Coefficient(s):
        Estimate  Std. Error  t value  Pr(>|t|)
mu     0.012241549 0.010729840  1.14089   0.253916
omega  0.001275045 0.000618464  2.06163   0.039243 *
alpha  0.022347138 0.005249457  4.25704 2.0715e-05 ***
gam1   0.012516327 0.007062559  1.77221   0.076360 .
beta   0.968720367 0.004357861 222.29265 < 2.22e-16 ***
---
> names(m1)
[1] "residuals" "volatility" "par"
> at=m1$residuals
> sigt=m1$volatility
> resi=at/sigt
> Box.test(resi,lag=10,type='Ljung')
        Box-Ljung test
data: resi
X-squared = 13.3818, df = 10, p-value = 0.2031
```

```
> Box.test(resi,lag=20,type='Ljung')
        Box-Ljung test
data:  resi
X-squared = 22.8733, df = 20, p-value = 0.2951
> Box.test(resi^2,lag=10,type='Ljung')
        Box-Ljung test
data:  resi^2
X-squared = 12.8935, df = 10, p-value = 0.2297
> Box.test(resi^2,lag=20,type='Ljung')
        Box-Ljung test
data:  resi^2
X-squared = 27.2298, df = 20, p-value = 0.1289
```

4.11 APARCH 模型

TGARCH 模型属于 Ding 等(1993)提出的非对称幂自回归条件异方差模型(Asymmetric Power Autoregressive Conditional Heteroscedastic，APARCH)类。一般的 APARCH(m，s)模型可以写为：

$$r_t = \mu_t + a_t, \quad a_t = \sigma_t \varepsilon_t, \quad \varepsilon_t \sim D(0,1)$$

$$\sigma_t^\delta = \omega + \sum_{i=1}^{m} \alpha_i (|a_{t-i}| + \gamma_i a_{t-i})^\delta + \sum_{j=1}^{s} \beta_j \sigma_{t-j}^\delta \tag{4-38}$$

其中 μ_t 是条件均值，$D(0,1)$ 表示均值为 0、方差为 1 的某个分布，δ 为正实数，且系数 ω、α_i、γ_r 和 β_j 满足某些正则性条件使得波动率为正。和 GARCH 模型类似，在实际中常用的是 APARCH(1，1)模型。较为有趣的是三种 APARCH 模型的特例。当 $\delta=2$ 时，APARCH 模型简化为 TGARCH 模型。当 $\delta=1$ 时，APARCH 模型直接应用波动率方程中的波动率。而 $\delta=0$ 的情况则是当 $\delta \to 0$ 时的极限情况，此时模型变为 Nelson(1991)的 EGARCH 模型。

式(4-38)中的幂函数是旨在提高模型拟合的一个变换。如果对预测值感兴趣，则这看起来是一个有意义的方法。另一方面，除了某些特殊值外，看起来很难找到幂参数 δ 的较好解释。为了说明，考虑美元/欧元汇率的对数收益率序列。拟合的高斯新息的 APARCH(1，1)模型为

$$r_t = 0.0128 + a_t, \quad a_t = \sigma_t \varepsilon_t, \quad \varepsilon_t \sim N(0,1)$$

$$\sigma_t^{1.67} = 0.0016 + 0.0313(a_{t-1} + 0.1135 a_{t-1})^{1.67} + 0.9689 \sigma_{t-1}^{1.67}$$

模型检验统计量表明该模型能合理地拟合数据。然而，很难找到 $\delta=1.67$ 的意义。另一方面，δ 的标准误差为 0.406，因此它与 2 没有显著的不同。这时候可以简单地取 $\delta=2$，即应用 TGARCH(1，1)模型。如预期的那样，取 $\delta=2$，得到的模型结果和前面的 TGARCH(1，1)模型得到的结果很相近。

R 代码演示

```
> m1=garchFit(~1+aparch(1,1),data=eu,trace=F)
> summary(m1)
Title: GARCH Modelling
Call: garchFit(formula=~1+aparch(1,1),data=eu,trace=F)

Mean and Variance Equation:
```

```
data ~ 1 + aparch(1, 1) [data = eu]
Conditional Distribution:  norm

Error Analysis:
        Estimate   Std. Error  t value Pr(>|t|)
mu      0.0127649  0.0107626   1.186   0.2356
omega   0.0015919  0.0007226   2.203   0.0276 *
alpha1  0.0313680  0.0053350   5.880   4.11e-09 ***
gamma1  0.1135337  0.0711911   1.595   0.1108
beta1   0.9689156  0.0038405   252.292 < 2e-16 ***
delta   1.6743115  0.4057131   4.127   3.68e-05 ***
---
Standardised Residuals Tests:
                            Statistic  p-Value
 Jarque-Bera Test    R   Chi^2   50.20525   1.253342e-11
 Shapiro-Wilk Test   R   W       0.9956706  1.606077e-07
 Ljung-Box Test      R   Q(10)   13.37689   0.2033562
 Ljung-Box Test      R   Q(20)   22.84736   0.2963516
 Ljung-Box Test      R^2 Q(10)   13.1561    0.2150747
 Ljung-Box Test      R^2 Q(20)   27.44886   0.1231014
 LM Arch Test        R   TR^2    14.35738   0.2784714

Information Criterion Statistics:
     AIC      BIC      SIC      HQIC
 1.869014 1.881269 1.869006 1.873428
>
> m2=garchFit(~1+aparch(1,1),data=eu,delta=2,include.delta=F,trace=F)
> summary(m2)
Title:  GARCH Modelling
Call:
garchFit(formula=~1+aparch(1,1),data=eu,delta=2,include.delta=F,trace=F)

Mean and Variance Equation:
 data ~ 1 + aparch(1, 1) [data = eu]
Conditional Distribution: norm

Error Analysis:
        Estimate   Std. Error  t value Pr(>|t|)
mu      0.0122646  0.0107289   1.143   0.2530
omega   0.0012745  0.0005752   2.216   0.0267 *
alpha1  0.0282723  0.0038637   7.317   2.53e-13 ***
gamma1  0.1100242  0.0649051   1.695   0.0900 .
beta1   0.9687115  0.0039421   245.735 < 2e-16 ***
---
Log Likelihood: -2731.850     normalized:   -0.9326902

Standardised Residuals Tests:
                            Statistic  p-Value
 Jarque-Bera Test    R   Chi^2   49.97677   1.405021e-11
 Shapiro-Wilk Test   R   W       0.9956783  1.645761e-07
 Ljung-Box Test      R   Q(10)   13.38285   0.2030469
 Ljung-Box Test      R   Q(20)   22.87265   0.2950908
 Ljung-Box Test      R^2 Q(10)   12.89586   0.2295531
 Ljung-Box Test      R^2 Q(20)   27.24036   0.128636
 LM Arch Test        R   TR^2    14.29661   0.2821695

Information Criterion Statistics:
```

```
       AIC      BIC      SIC     HQIC
1.868795 1.879007 1.868789 1.872472
> plot(m2)
```

4.12 非对称 GARCH 模型

本节讨论另一个可以刻画过去正负扰动的非对称波动率响应的 GARCH 族模型，它最初由 Engle 和 Ng(1993)提出，并由 Duan(1995)进行了研究。它假定模型的形式为：

$$r_t = \mu_t + a_t, \quad a_t = \sigma_t\varepsilon_t, \quad \varepsilon_t \sim D(0,1)$$
$$\sigma_t^2 = \beta_0 + \beta_1\sigma_{t-1}^2 + \beta_2(a_{t-1} - \theta\sigma_{t-1})^2 \tag{4-39}$$

其中 μ_t 是条件均值，$D(0,1)$ 表示均值为 0、方差为 1 的某个分布，β_i 为非负实数且 $\beta_0>0$，参数 θ 为杠杆参数. 式(4-39)中的模型也称为非对称 GARCH(1, 1)模型，或者 NGARCH(1, 1)模型. 如果 $\theta=0$，则该模型简化为 GARCH(1, 1)模型.

为了研究 NGARCH(1, 1)模型的性质，重新改写式(4-39)如下：

$$\sigma_t^2 = \beta_0 + \beta_1\sigma_{t-1}^2 + \beta_2\sigma_{t-1}^2(\varepsilon_{t-1} - \theta)^2 \tag{4-40}$$

上式两边取期望并利用 ε_{t-1} 和 σ_{t-1} 的相互独立性，我们有：

$$E(\sigma_t^2) = \beta_0 + \beta_1 E(\sigma_{t-1}^2) + \beta_2 E(\sigma_{t-1}^2) E(\varepsilon_{t-1} - \theta)^2$$
$$= \beta_0 + \beta_1 E(\sigma_{t-1}^2) + \beta_2 E(\sigma_{t-1}^2)(1+\theta^2)$$

如果 r_t 是弱平稳的，则 $E(\sigma_t^2)=E(\sigma_{t-1}^2)$，且我们有：

$$E(\sigma_t^2) = \frac{\beta_0}{1-\beta_1-\beta_2(1+\theta^2)}$$

即为 r_t 的无条件方差. 相应地，对 NGARCH(1, 1)模型，我们要求 $1-\beta_1-\beta_2(1+\theta^2)>0$. 式(4-40)两边同时乘以 ε_{t-1} 并取期望，我们得到

$$E(\varepsilon_{t-1}\sigma_t^2) = -2\theta\beta_2 E(\sigma_{t-1}^2) = \frac{-2\theta\beta_0\beta_2}{1-\beta_1-\beta_2(1+\theta^2)}$$

上式表明如果 $\theta>0$、$\beta_2>0$，那么 ε_{t-1} 和 σ_t 是负相关的. 因此，参数 θ 为杠杆参数并且必须为正值. 最后，可以证明，在某些条件下，NGARCH(1, 1)模型的扰动 a_t 为厚尾的，即使 ε_t 是高斯的也会如此，参见 Duan(1995).

为了说明，考虑 1999 年 1 月 4 日到 2010 年 8 月 20 日美元/欧元汇率的日对数收益率序列，该序列以百分比表示. 我们对该序列应用 NGARCH(1, 1)模型. 应用本书网站提供的简单 R 脚本，我们得到下列模型：

$$r_t = -0.0011 + a_t, \quad a_t = \sigma_t\varepsilon_t, \quad \varepsilon_t \sim N(0,1)$$
$$\sigma_t^2 = 0.00237 + 0.9618\sigma_{t-1}^2 + 0.02119\sigma_{t-1}^2(\varepsilon_{t-1} - 0.731)^2 \tag{4-41}$$

其中除了收益均值 -0.0011 外，所有的估计在 5% 显著性水平上是显著的. 标准残差和平方序列的 Ljung-Box 统计量不能拒绝该模型. 例如，对 $\tilde{a}_t$ 和 $\tilde{a}_t^2$，我们分别有 $Q(10)=14.78$ (0.14) 和 12.94(0.23)，括号内的数是相应的 p 值. 考虑杠杆参数 θ. 其估计值为 0.731，t 比统计量为 2.92，因此杠杆效应在 5% 水平上是显著的. 因此，对于该汇率序列，NGARCH(1, 1)模型支持前面 TGARCH(1, 1)模型得到的类似推断.

图 4-17 给出了式(4-41)中 NGARCH(1, 1)模型拟合的波动率和收益率残差平方序列

的时序图. 与图 4-16 比较, 可以看到两个模型给出了类似的波动率估计.

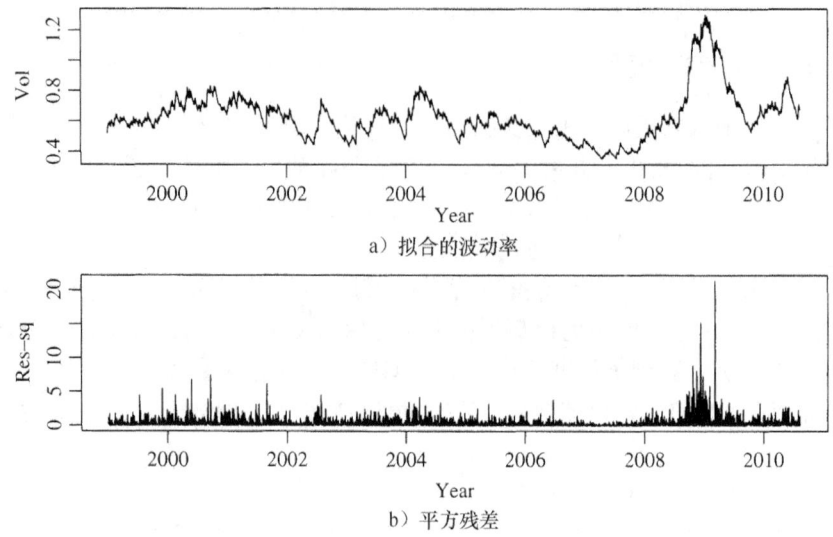

a) 拟合的波动率

b) 平方残差

图 4-17 从 1999 年 1 月 4 日到 2010 年 8 月 20 日美元/欧元汇率的日对数收益率序列的 NGARCH(1, 1) 模型的时序图

R 代码演示

```
> da=read.table("d-useu9910.txt",header=T)
> fx=log(da$rate)
> eu=diff(fx)*100
> source("Ngarch.R")
> m1=Ngarch(eu)

Estimation results of NGARCH(1,1) model:
estimates:   -0.001094 0.0023667 0.961805 0.021186 0.730962
std.errors:   0.010809 0.0005806 0.006046 0.003605 0.250155
t-ratio:     -0.101217 4.076674  159.0863 5.877186 2.922037
> res=m1$residuals
> vol=m1$volatility
> resi=res/vol
> Box.test(resi,lag=10,type='Ljung')
        Box-Ljung test
data:  resi
X-squared = 14.776, df = 10, p-value = 0.1404

> Box.test(resi^2,lag=10,type='Ljung')
        Box-Ljung test
data:  resi^2
X-squared = 12.9434, df = 10, p-value = 0.2269
```

图 4-18 比较了美元/欧元汇率的日对数收益率序列的带高斯新息的 NGARCH(1, 1) 模型和 GARCH(1, 1) 模型的波动率. 其中的实线表示传统的 GARCH(1, 1) 模型的波动率. 从图 4-18 中可以看出两者的不同, 表明负收益率对波动率的影响. 然而, 两者的波动率总体模式是不变的.

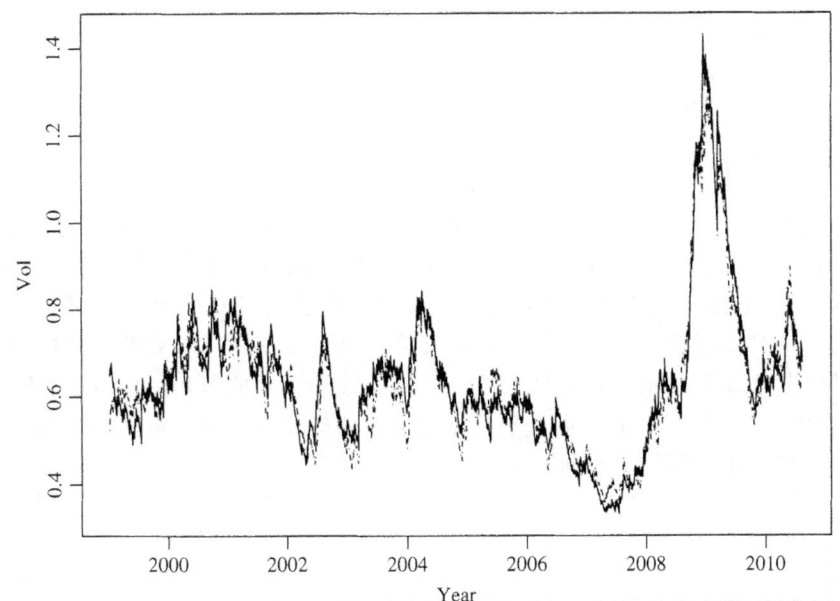

图 4-18 从 1999 年 1 月 4 日到 2010 年 8 月 20 日美元/欧元汇率日对数收益率序列的 NGARCH 和 GARCH 波动率的时序图. 其中的实线和虚线分别表示 GARCH(1,1)模型和 NGARCH(1,1)模型

4.13 随机波动率模型

另一种描述金融时间序列波动率演变的方法是：对 a_t 的条件方差方程引进一个新息. 具体讨论参见 Melino 和 Turnbull(1990)、Taylor(1994)、Harvey 等(1994)、Jacquier 等(1994). 这样得到的模型就称为**随机波动率**(Stochastic Volatility Model，SV)模型. 与 EGARCH 模型相似，为了保证条件方差为正值，SV 模型用 $\ln(\sigma_t^2)$ 而不用 σ_t^2. SV 模型的定义为

$$a_t = \sigma_t \varepsilon_t, \quad (1-\alpha_1 B - \cdots - \alpha_m B^m)\ln(\sigma_t^2) = \alpha_0 + v_t \tag{4-42}$$

其中$\{\varepsilon_t\}$是独立同分布的，服从 $N(0,1)$ 分布；v_t 是独立同分布的，服从 $N(0,\sigma_v^2)$ 分布；$\{\varepsilon_t\}$ 和$\{v_t\}$是相互独立的，α_0 是常数，多项式 $1-\sum_{i=1}^{m}\alpha_i B^i$ 所有根的模大于 1. 加入新息 v_t 后，极大地增加了模型在刻画 σ_t^2 演变上的灵活性，但也增加了参数估计的困难. 为了估计 SV 模型，我们需要通过 Kalman 滤波或者蒙特卡罗(Monte Carlo)方法来应用拟似然(quasi-likelihood)方法. Jacquie 等(1994)给出了拟似然方法和马尔可夫链蒙特卡罗(Markov Chain Monte Carlo, MCMC)方法估计结果之间的一些比较. 估计 SV 模型比较困难是可以理解的，因为此模型中为每个扰动 a_t 使用了 ε_t 和 v_t 两个新息. 可以参考 Tsay(2010，第 12 章)用 MCMC 方法估计 SV 模型的讨论. 关于随机波动率模型的更多讨论，可以参考 Taylor(1994).

Jacquier 等(1994)的附录中给出了当 $m=1$ 时 SV 模型的一些性质. 例如，当 $m=1$ 时，我们有：

$$\ln(\sigma_t^2) \sim N\left(\frac{\alpha_0}{1-\alpha_1}, \frac{\sigma_v^2}{1-\alpha_1^2}\right) \equiv N(\mu_h, \sigma_h^2)$$

并且 $E(a_t^2) = \exp(\mu_h + \sigma_h^2/2)$、$E(a_t^4) = 3\exp(2\mu_h^2 + 2\sigma_h^2)$ 和 $\mathrm{corr}(a_t^2, a_{t-i}^2) = [\exp(\sigma_h^2 \alpha_1^i) - 1]/[3\exp(\sigma_h^2) - 1]$. 有限的经验告诉我们 SV 模型常常在模型拟合上有提高, 但在样本外的波动率预测上有时好、有时差.

4.14 长记忆随机波动率模型

最近, 利用分数差分的思想, SV 模型进一步推广, 从而允许波动率有长记忆性. 如第 2 章所讨论的, 一个时间序列是长记忆过程, 如果间隔增加时自相关函数以双曲函数(而不是以指数)速度衰减. 在波动率研究中引进长记忆模型的动机是基于这样一个事实: 虽然资产收益率序列本身没有前后相关性, 但收益率的平方序列或绝对值序列的自相关函数常常衰减得很慢, 参见 Ding 等(1993). 图 4-19 所示的是 IBM 股票和标普 500 指数从 1962 年 7 月 3 日至 2003 年 12 月 31 日日收益率的绝对值序列的样本自相关函数. 这两个样本 ACF 都是正的, 取值大小中等, 但衰减很慢.

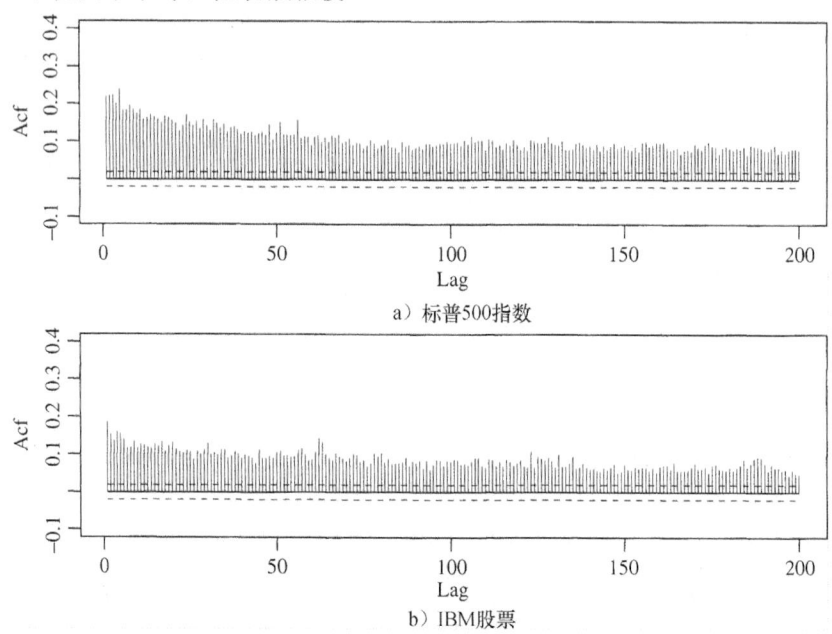

图 4-19 从 1962 年 7 月 3 日至 2003 年 12 月 31 日日对数收益率绝对值序列的样本 ACF. 两个水平虚线表示渐近的 5% 水平的上、下限

简单的长记忆随机波动率(Long Memory Stochastic Volatility, LMSV)模型可以写成:
$$a_t = \sigma_t \varepsilon_t, \quad \sigma_t = \sigma \exp(u_t/2), \quad (1-B)^d u_t = \eta_t \qquad (4\text{-}43)$$
其中 $\sigma > 0$, $\{\varepsilon_t\}$ 是独立同分布的, 该序列服从 $N(0,1)$; η_t 是独立同分布的, 序列服从 $N(0,\sigma_\eta^2)$ 且和 ε_t 相互独立, 并有 $0 < d < 0.5$. 长记忆特征源于分数差分 $(1-B)^d$, 它意味着 u_t 的 ACF 以双曲函数(而不是以指数函数)速度缓慢衰减. 对 LMSV 模型, 我们有
$$\ln(a_t^2) = \ln(\sigma^2) + u_t + \ln(\varepsilon_t^2)$$
$$= [\ln(\sigma^2) + E(\ln \varepsilon_t^2)] + u_t + [\ln(\varepsilon_t^2) - E(\ln \varepsilon_t^2)]$$
$$\equiv \mu + \mu_t + e_t$$

因此，$\ln(a_t^2)$ 序列是一个高斯长记忆信号加上一个非高斯白噪声，具体参见 Breidt 等 (1998)。长记忆随机波动率模型的估计是复杂的，但分数差分参数 d 可以用拟最大似然法或回归方法来估计。应用标普 500 指数中公司股票日收益率平方的对数序列，Bollerslev 和 Jubinski(1999)、Ray 和 Tsay(2000) 发现 d 的中位数估计约为 0.38。Ray 和 Tsay(2000) 研究了以多种特征分类的公司集合的日股票波动率的共同长记忆成分。他们发现同一行业公司会有更趋相同的长记忆成分（例如，美国大的国有银行和金融机构）。

4.15 另一种方法

在这一节中，我们考虑两种其他的波动率建模方法。

4.15.1 高频数据的应用

French 等(1987)考虑了另一种估计波动率的方法，他们用高频数据计算低频收益率的波动率。近年来，因为高频金融数据越来越容易获得，所以这种方法引起了人们极大的兴趣，参见 Andersen 等(2001a，b)。

假设我们对某资产的月波动率感兴趣，而我们可以获得该资产的日收益率。设 r_t^m 是该资产在第 t 个月的月对数收益率。假定第 t 个月有 n 个交易日，这个月中的日对数收益率为 $\{r_{t,i}\}_{i=1}^n$。利用对数收益率的性质，我们有

$$r_t^m = \sum_{i=1}^n r_{t,i}$$

假设条件方差和协方差是存在的，则

$$\operatorname{Var}(r_t^m \mid F_{t-1}) = \sum_{i=1}^n \operatorname{Var}(r_{t,i} \mid F_{t-1}) + 2 \sum_{i<j} \operatorname{Cov}\left[(r_{t,i}, r_{t,j}) \mid F_{t-1}\right] \tag{4-44}$$

其中 F_{t-1} 是到第 $t-1$ 月（包含该月）为止已知的信息。如果添加额外的假定，式(4-44)可以简化。例如，若假定 $\{r_{t,i}\}$ 是白噪声序列，则有

$$\operatorname{Var}(r_t^m \mid F_{t-1}) = n \operatorname{Var}(r_{t,1})$$

其中 $\operatorname{Var}(r_{t,1})$ 可以用日收益率 $\{r_{t,i}\}_{i=1}^n$ 估计出来：

$$\hat{\sigma}^2 = \frac{\sum_{i=1}^n (r_{t,i} - \bar{r}_t)^2}{n-1}$$

其中 $\bar{r}_t$ 是第 t 个月中日对数收益率的样本均值（即 $\bar{r}_t = \sum_{i=1}^n r_{t,i}/n$）。从而，月波动率的估计为

$$\hat{\sigma}_m^2 = \frac{n}{n-1} \sum_{i=1}^n (r_{t,i} - \bar{r}_t)^2 \tag{4-45}$$

若 $\{r_{t,i}\}$ 服从一个 MA(1) 模型，则

$$\operatorname{Var}(r_t^m \mid F_{t-1}) = n \operatorname{Var}(r_{t,1}) + 2(n-1) \operatorname{Cov}(r_{t,1}, r_{t,2})$$

它的估计可由下式给出：

$$\hat{\sigma}_m^2 = \frac{n}{n-1} \sum_{i=1}^n (r_{t,i} - \bar{r}_t)^2 + 2 \sum_{i=1}^{n-1} (r_{t,i} - \bar{r}_t)(r_{t,i+1} - \bar{r}_t) \tag{4-46}$$

上述波动率估计的方法是简单的，但在实际应用中会遇到一些困难。第一，日收益率

$\{r_{t,i}\}$ 的模型是未知的，这就使式(4-44)中的协方差的估计复杂化. 第二，一个月大约有 21 个交易日，它是一个小样本. 这就使式(4-44)中方差和协方差估计的精确性值得怀疑. 估计的精确性取决于 $\{r_{t,i}\}$ 的动态结构和它的分布，若日对数收益率序列有较高的超额峰度和较强的前后相关性，则式(4-45)和式(4-46)中的样本估计 $\hat{\sigma}_m^2$ 甚至是不相合的，参见 Bai 等(2004). 为了使这种方法更有价值，还需要更进一步的研究.

例 4.4 考虑标普 500 指数从 1980 年 1 月至 2010 年 8 月月对数收益率的波动率，日数据取自雅虎财经网. 我们用三种方法来计算波动率. 第一种方法，用日对数收益率和式(4-45)(假定日对数收益率是白噪声序列). 第二种方法，用日收益率但假定一个MA(1)模型(即用式(4-46)). 第三种方法是对 1967 年 2 月至 2010 年 8 月月对数收益率拟合一个高斯 GARCH(1, 1)模型. 这里，应用每一个月第一个日收盘指数作为月收益率. 我们对月序列使用了更长的时间段，其目的是为了得到更精确的月波动率估计. 所用的 GARCH(1, 1)模型为

$$r_t^m = 0.00535 + a_t, \quad a_t = \sigma_t \varepsilon_t, \quad \varepsilon_t \sim N(0,1)$$
$$\sigma_t^2 = 9.326 \times 10^{-5} + 0.1142 a_{t-1}^2 + 0.8486 \sigma_{t-1}^2$$

模型检验统计量表明该模型是充分的. 例如，标准化残差和它们平方序列的 Ljung-Box 统计量分别为 $Q(20)=17.56(0.61)$ 和 $Q(20)=8.20(0.99)$. 图 4-20 给出了三种方法估计的月波动率的时序图. 它们有相同的尺度. 很明显，基于日收益率估计的波动率比基于月收益率和 GARCH(1, 1)模型估计的波动率要高许多，所有三种方法都表明在 1987 年 10 月和近期的金融危机期间有较高的波动率. ∎

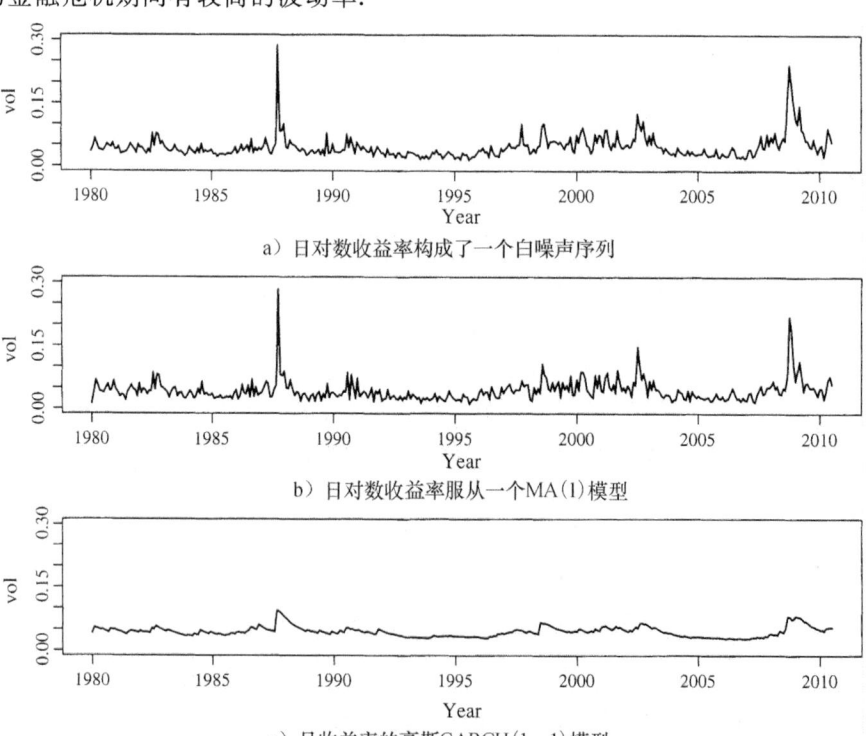

a) 日对数收益率构成了一个白噪声序列

b) 日对数收益率服从一个MA(1)模型

c) 月收益率的高斯GARCH(1, 1)模型

图 4-20 从 1980 年 1 月至 2010 年 8 月的标普 500 指数对数收益率拟合值的时序图

R 代码演示

```
> da=read.table("d-sp58010.txt", header=T)
> x=da[, c(1:3, 9)]
> dim(x)
[1] 7737     4

> source("vold2m.R") %% Compile the script
> m1=vold2m(x)
> names(m1)
[1] "volatility" "ndays"
> v1=m1$volatility
> cnt=m1$ndays
> cnt[1:5]
[1] 20 20 21 21 21

> m2=vold2m(x, ma=1) % Use MA(1) dependence
> names(m2)
[1] "volatility" "ndays"
> v2=m2$volatility

> da1=read.table("m-sp56710.txt", header=T)
> sp=log(da1[, 9])
> sp5=diff(sp)
> library(fGarch)
> m3=garchFit(~1+garch(1, 1), data=sp5, trace=F)
> summary(m3)
Title: GARCH Modelling
Call:
 garchFit(formula=~1+garch(1, 1), data=sp5, trace=F)

Mean and Variance Equation: data ~ 1+garch(1, 1)[data=sp5]
Conditional Distribution:  norm
Coefficient(s):
        Estimate  Std. Error  t value Pr(>|t|)
mu     5.347e-03  1.742e-03    3.069 0.002149 **
omega  9.326e-05  4.859e-05    1.919 0.054942 .
alpha1 1.142e-01  3.003e-02    3.804 0.000142 ***
beta1  8.486e-01  3.186e-02   26.634 < 2e-16 ***
---
> v3=volatility(m3)
> v3=v3[158:524]
> v1=ts(v1, frequency=12, start=c(1980, 1))
> v2=ts(v2, frequency=12, start=c(1980, 1))
> v3=ts(v3, frequency=12, start=c(1980, 1))
> max(v1, v2, v3)
[1] 0.2870294
> par(mfcol=c(3, 1))
> plot(v1, xlab='year', ylab='vol', type='l', ylim=c(0, .3))
> title(main='(a) No correlations')
> plot(v2, xlab='year', ylab='vol', type='l', ylim=c(0, .3))
> title(main='(b) Lag-1 correlation')
> plot(v3, xlab='year', ylab='vol', type='l', ylim=c(0, .3))
> title(main='(c) GARCH(1, 1)')
```

4.15.2 应用日开盘价、最高价、最低价和收盘价

对于许多资产, 日开盘价、最高价、最低价和收盘价都可以得到. Parkinson(1980)、

Garman 和 Klass(1980)、Rogers 和 Satchell(1991)以及 Yang 和 Zhang(2000)的研究表明，可以用这些信息来改进波动率的估计．图 4-21 给出了第 t 个交易日价格对时间的时序图，这里假定时间是连续的．对于一项资产，定义如下变量：

- C_t＝第 t 个交易日的收盘价．
- O_t＝第 t 个交易日的开盘价．
- f＝交易结束的日分时(fraction of the day)(在区间[0，1]内取值)．
- H_t＝第 t 个交易日的最高价．
- L_t＝第 t 个交易日的最低价．
- F_{t-1}＝到 $t-1$ 个交易日为止所有的公开信息．

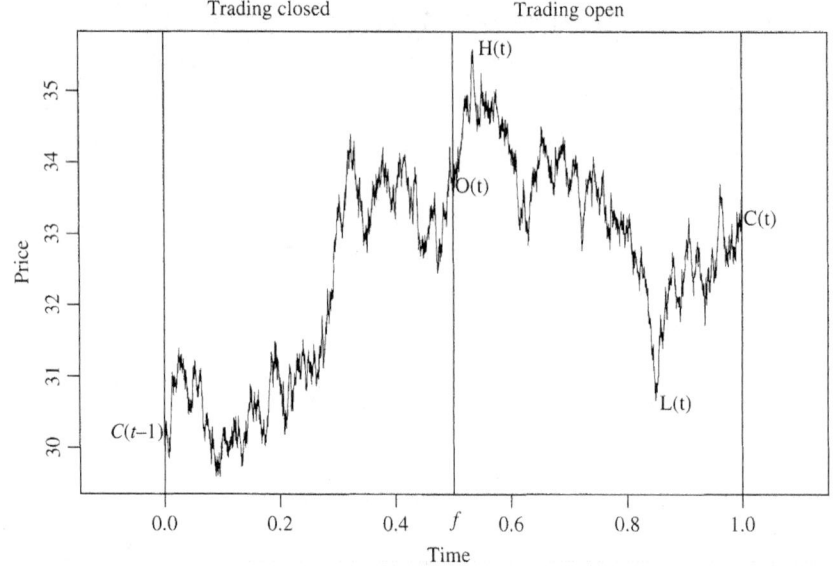

图 4-21 价格对时间的时序图：价格尺度是随机的

常规的方差(或波动率)是 $\sigma_t^2 = E[(C_t - C_{t-1})^2 \mid F_{t-1}]$．Garman 和 Klass(1980)考虑了 σ_t^2 的几种估计，他们假定价格服从一个不带漂移的扩散过程(关于随机扩散过程的更多信息参见 Tsay(2010，第 6 章)．以下是他们所考虑的估计：

- $\hat{\sigma}_{0,t}^2 = (C_t - C_{t-1})^2$
- $\hat{\sigma}_{1,t}^2 = \dfrac{(O_t - C_{t-1})^2}{2f} + \dfrac{(C_t - o_t)^2}{2(1-f)} \quad 0 < f < 1$
- $\hat{\sigma}_{2,t}^2 = \dfrac{(H_t - L_t)^2}{4\ln 2} \approx 0.3607(H_t - L_t)^2$
- $\hat{\sigma}_{3,t}^2 = 0.17 \dfrac{(O_t - C_{t-1})^2}{f} + 0.83 \dfrac{(H_t - L_t)^2}{(1-f)4\ln 2} \quad 0 < f < 1$
- $\hat{\sigma}_{5,t}^2 = 0.5(H_t - L_t)^2 - [2\ln 2 - 1](C_t - O_t)^2$ 它约等于 $0.5(H_t - L_t)^2 - 0.386(C_t - O_t)^2$
- $\hat{\sigma}_{6,t}^2 = 0.12 \dfrac{(O_t - C_{t-1})^2}{f} + 0.88 \dfrac{\hat{\sigma}_{5,t}^2}{1-f} \quad 0 < f < 1$

他们还考虑了更精确但更为复杂的估计 $\hat{\sigma}_{4,t}^2$. 然而该估计与 $\hat{\sigma}_{5,t}^2$ 很接近. 定义波动率估计的效率因子为

$$\text{Eff}(\hat{\sigma}_{i,t}^2) = \frac{\text{Var}(\hat{\sigma}_{0,t}^2)}{\text{Var}(\hat{\sigma}_{i,t}^2)}$$

Garman 和 Klass(1980)发现, 对于采用的简单扩散模型, 当 $i=1$、2、3、5 和 6 时, $\text{Eff}(\hat{\sigma}_{i,t}^2)$ 分别近似为 2、5.2、6.2、7.4 和 8.4. 注意 Parkinson(1980)推导出了 $f=0$ 时的 $\hat{\sigma}_{2,t}^2$.

现在, 回到对数收益率, 定义如下变量:

- $o_t = \ln(O_t) - \ln(C_{t-1})$, 标准化开盘价.
- $u_t = \ln(H_t) - \ln(O_t)$, 标准化最高价.
- $d_t = \ln(L_t) - \ln(O_t)$, 标准化最低价.
- $c_t = \ln(C_t) - \ln(O_t)$, 标准化收盘价.

假定可以得到 n 天的数据, 并且波动率在该段时期内为常数. Yang 和 Zhang(2000)建议用下面的估计作为波动率的稳健估计:

$$\hat{\sigma}_{yz}^2 = \hat{\sigma}_o^2 + k\hat{\sigma}_c^2 + (1-k)\hat{\sigma}_{rs}^2 \tag{4-47}$$

其中,

$$\hat{\sigma}_o^2 = \frac{1}{n-1}\sum_{t=1}^n (o_t - \bar{o})^2, \quad \bar{o} = \frac{1}{n}\sum_{t=1}^n o_t$$

$$\hat{\sigma}_c^2 = \frac{1}{n-1}\sum_{t=1}^n (c_t - \bar{c})^2, \quad \bar{c} = \frac{1}{n}\sum_{t=1}^n c_t$$

$$\hat{\sigma}_{rs}^2 = \frac{1}{n}\sum_{t=1}^n [u_t(u_t - c_t) + d_t(d_t - c_t)]$$

$$k = \frac{0.34}{1.34 + (n+1)/(n-1)}$$

估计 $\hat{\sigma}_{rs}^2$ 由 Rogers 和 Satchell(1991)年提出, 选择 k 使得估计 $\hat{\sigma}_{yz}^2$ 的方差最小, 其中 $\hat{\sigma}_{yz}^2$ 是三种估计的线性组合.

称量 $H_t - L_t$ 为第 t 天价格变化的范围. 该估计导致了基于价格变化范围的波动率估计, 参见 Alizadeh 等(2002). 在实际中, 股票价格只是在离散时间点上被观测到. 同样, 观测到的最高价格可能比 H_t 低, 而观测到的最低价格可能比 L_t 高. 因此, 观测到的日价格范围可能会导致低估真实的价格范围, 从而可能导致对波动率的低估. 波动率估计中的偏差取决于交易频率和股票的微小记录间隔. 对于交易很密集的股票, 可以忽略偏差. 对于其他股票, 需要进一步的研究来更好地理解基于价格范围的波动率估计的性能.

例 4.5 再次考虑标普 500 指数从 1980 年 1 月 3 日至 2010 年 8 月 31 日的日数据, 共计 7737 个交易日. 和例 4.4 不同, 本例主要关注于指数的日波动率. 图 4-22 给出了 2010 年 6 月到 8 月该指数的日范围图, 其中的垂直条为指数的交易范围, 而垂直条左端很短的水

平线表示指数的开盘价,而垂直条右端的水平短线表示收盘价. 所以,该范围图给出了指数的日开盘价、最高价、最低价和收盘价.

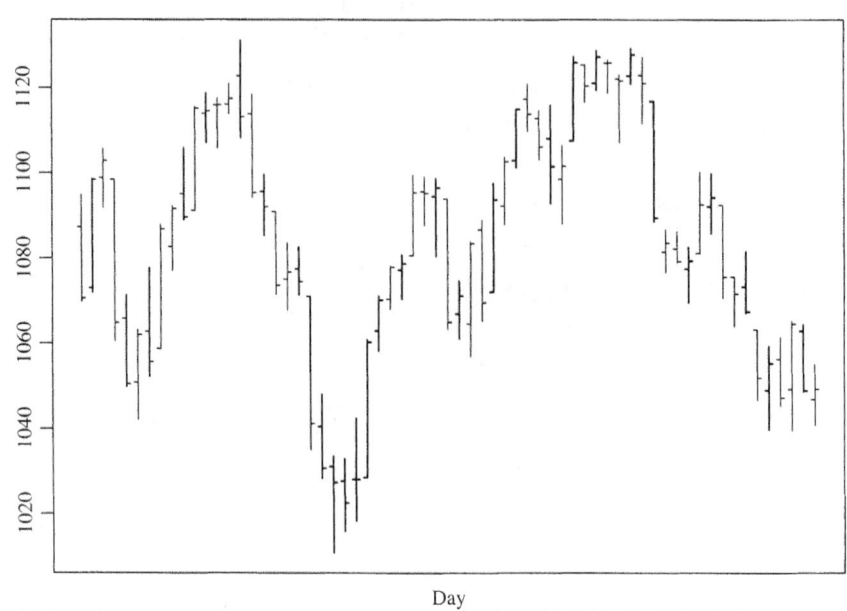

图 4-22 标普 500 指数从 2010 年 6 月 1 日至 2010 年 8 月 31 日的日范围图. 其中的垂直条为指数的交易范围,而垂直条左端很短的水平线表示指数的开盘价,垂直条右端的水平短线表示收盘价

我们用三种方法来估计日波动率. 第一种方法,用式(4-47)中的 Yang-Zhang 方法,取窗口大小为 $n=63$,这大约为 3 个月中的交易天数. 第二种方法,也是 Yang-Zhang 方法,但是取窗口大小为 $n=32$. 这两种方法的结果可以使我们观察波动率估计对窗口大小选择的敏感性. 第三种方法,为日对数收益率拟合一个 ARMA-GARCH 模型. 对本例数据,拟合的模型为:

$$r_t = 0.00055 + 0.0145 r_{t-1} + 0.0111 r_{t-2} + 0.0221 r_{t-3} + 0.034 r_{t-4} + a_t$$
$$a_t = \sigma_t \varepsilon_t, \quad \varepsilon_t \sim N(0,1)$$
$$\sigma_t^2 = 1.248 \times 10^{-6} + 0.0756 a_{t-1}^2 + 0.9158 \sigma_{t-1}^2$$

其中,在 5% 的显著性水平下,均值方程中只有 4 阶滞后的 AR 系数是显著的,而波动率方程的所有估计值是高度显著的. 模型检验表明,除了正态性以外,拟合的模型是充分的. 例如,我们有标准化残差 $\tilde{a}_t = a_t/\sigma_t$,有 $Q(20)=23.15(0.28)$ 和 $Q(10)=8.76(0.55)$,对 $\tilde{a}_t^2$,有 $Q(20)=8.52(0.99)$ 和 $Q(10)=3.65(0.96)$,其中括号中的参数表示 p 值. 图 4-23 给出了 3 种方法估计的波动率的时序图,它们有相同的尺度,因此可以直接进行比较. 从图 4-23 中可知,这 3 个波动率都呈现相似的特征. 很明显,只有基于日对数收益率的 GARCH 模型估计的波动率比 Yang-Zhang 方法得到的波动率变化更大. 当应用 Yang-Zhang(2000) 方法时,还不太清楚较小的窗口大小是否导致更大的波动率变化. ■

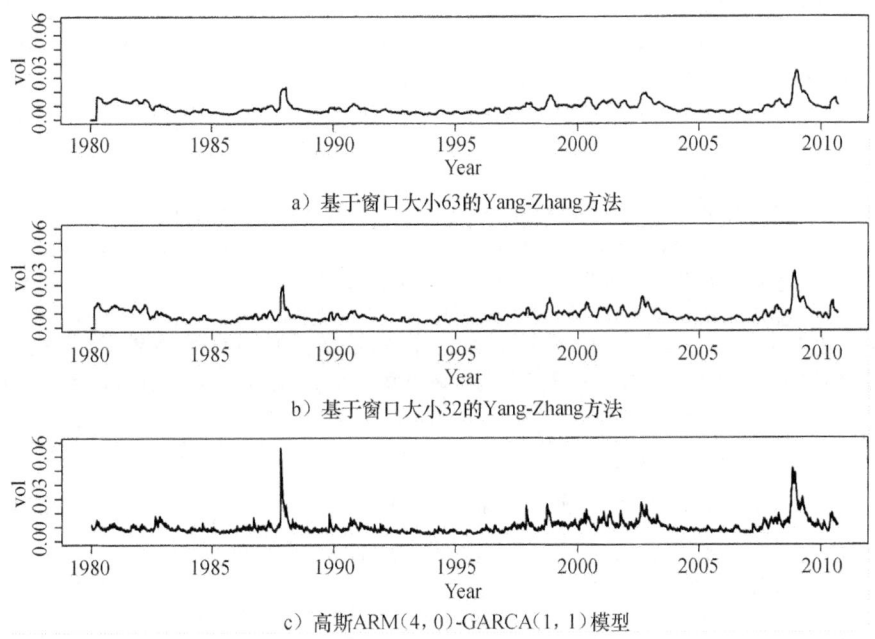

a）基于窗口大小63的Yang-Zhang方法

b）基于窗口大小32的Yang-Zhang方法

c）高斯ARM(4,0)-GARCA(1,1)模型

图 4-23 标普 500 指数从 1980 年 1 月 3 日至 2010 年 8 月 31 日的日波动率

习题

下面的习题要求：1)检验中应用5%的显著性水平；2)对收益率序列应用10阶滞后自相关性.

1. 考虑道富环球顾问的 SPDR 标普 500 ETF 日收益率，时间区间为 2001 年 9 月 4 日到 2011 年 9 月 30 日，共计 2535 个观测值，其交易代号(tick symbol)为 SPY. 其简单收益率可以从 CRSP 获得，数据文件为 d-spy-0111.txt. 把简单收益率变换为对数收益率.
   (a) 期望的对数收益率为 0 吗？对数收益率中有没有明显的前后相关性？此对数收益率存在 ARCH 效应吗？
   (b) 对该对数收益率序列建立 ARMA-GARCH 模型. 进行模型检验，绘制标准化残差的 QQ 图，并给出拟合的模型. [提示：尝试 GARCH(2,1)模型].
   (c) 对该对数收益率序列建立带学生 t 新息的 ARMA-GARCH 模型. 进行模型检验，并给出拟合的模型.

2. 再次考虑上题中的 SPY 对数收益率序列.
   (a) 对该对数收益率序列建立高斯 ARMA-GARCH 模型. 进行模型检验，并给出拟合的模型. [这里可以忽略 1 阶滞后 ARCH 参数，该参数不是统计显著的.]
   (b) 对该对数收益率序列建立带学生 t 新息的 ARMA-APARCH 模型. 给出拟合的模型，并给出该序列与它的波动率的超前 1 步到超前 5 步预测.

3. 考虑从 1961 年 1 月到 2011 年 9 月可口可乐公司的月股票收益率. 简单收益率可以从 CRSP 获取，这里由文件 m-ko-6111.txt 给出. 转换简单收益率为对数收益率.
   (a) 期望的对数收益率为 0 吗？对数收益率中有没有明显的前后相关性？此对数收益率存在 ARCH 效应吗？
   (b) 对该对数收益率序列建立高斯 GARCH 模型. 进行模型检验，并给出拟合的模型.
   (c) 对该对数收益率序列建立带学生 t 新息的 GARCH 模型. 进行模型检验，绘制标准化残差的 QQ 图并给出拟合的模型. 同时，给出该序列波动率的超前 1 步到超前 5 步预测.

4. 再次考虑上题中可口可乐公司的月股票收益率. 对该对数收益率乘以 100, 即应用百分比对数收益率.
   (a) 对该序列建立 TGARCH 模型. 进行模型检验, 并给出拟合的模型. 水平效应不等于 0 吗?
   (b) 对该序列建立 NGARCH 模型. 进行模型检验, 并给出拟合的模型.
5. 考虑宝洁公司(Procter&Gamble)股票从 2001 年 9 月 1 日到 9 月 31 日的日收益率. 该简单收益率可以从 CRSP 数据库得到, 这里由数据文件 d-pg-0111.txt 给出. 转换简单收益率为对数收益率.
   (a) 对数收益率中有没有前后相关性?
   (b) 对该对数收益率序列建立 ARMA 模型以移除序列相关性. 给出拟合的模型.
   (c) 设 r_t 为拟合的 ARMA 模型的残差, 并且 $x_t = 100 \times r_t$. 在 x_t 中是否存在 ARCH 效应?
   (d) 对 x_t 拟合 EGARCH 模型. 进行模型检验并给出拟合的模型.
6. 应用 quantmod 添加包获取苹果公司股票从 2007 年 1 月 2 日到 2011 年 11 月 30 日的日股价.
   (a) 考虑对数价格. 应用窗口大小为 63 和 32 的 Yang-Zhang 方法来获取该股票的日波动率.
   (b) 应用 ARMA-GARCH 模型来获取该股票的日波动率. 然后, 比较 3 种方法得到的波动率序列.

参考文献

Alizadeh S, Brandt M, Diebold FX. Range-based estimation of stochastic volatility models. J Finance 2002; 57: 1047–1092.

Andersen TG, Bollerslev T. Answering the skeptics: yes, standard volatility models do provide accurate forecasts. Int Econ Rev 1998; 39: 885–905.

Andersen T, Bollerslev T, Diebold FX, Ebens H. The distribution of realized stock return volatility. J Financ Econ 2001; 61: 43–76.

Andersen TG, Bollerslev T, Diebold FX, Labys P. The distribution of realized exchange rate volatility. J Amer Statist Asso 2001; 96: 42–55.

Bai X, Russell JR, Tiao GC. Effects of non-normality and dependence on the precision of variance estimates using high-frequency financial data. Revised working paper, Graduate School of Business, University of Chicago; 2004.

Bollerslev T. Generalized autoregressive conditional heteroskedasticity. J Econom 1986; 31: 307–327.

Bollerslev T, Chou RY, Kroner KF. ARCH modeling in finance. J Econom 1992; 52: 5–59.

Bollerslev T, Engle RF, Nelson DB. ARCH model. In: Engle RF, McFadden DC, editors. Handbook of Econometrics IV. Amsterdam: Elsevier Science; 1994. p 2959–3038.

Bollerslev T, Jubinski D. Equality trading volume and volatility: latent information arrivals and common long-run dependencies. J Bus Econ Stat 1999; 17: 9–21.

Breidt FJ, Crato N, de Lima P. On the detection and estimation of long memory in stochastic volatility. J Econom 1998; 83: 325–348.

Cao C, Tsay RS. Nonlinear time series analysis of stock volatilities. J Appl Econom 1992; 7: s165–s185.

Ding Z, Granger CWJ, Engle RF. A long memory property of stock returns and a new model. J Empir Finance 1993; 1: 83–106.

Duan J. The GARCH option pricing model. Math Finance 1995; 5: 13–32.

Engle RF. Autoregressive conditional heteroscedasticity with estimates of the variance of United Kingdom inflation. Econometrica 1982; 50: 987–1007.

Engle RE, Ng V. Measuring and testing the impact of news on volatility. J Finance 1993; 48: 1749–1778.

Ferbabdez C, Steel MFJ. On Bayesian modelling of fat tails and skewness. J Amer Statist Asso 1998; 93: 359–371.

French KR, Schwert GW, Stambaugh RF. Expected stock returns and volatility. J Financ Econ 1987; 19: 3–29.

Garman MB, Klass MJ. On the estimation of security price volatilities from historical data. J Bus 1980; 53: 67–78.

Glosten LR, Jagannathan R, Runkle DE. On the relation between the expected value and the volatility of nominal excess return on stocks. J Finance 1993; 48: 1779–1801.

Harvey AC, Ruiz E, Shephard N. Multivariate stochastic variance models. Rev Econ Stud 1994; 61: 247–264.

Jacquier E, Polson NG, Rossi P. Bayesian analysis of stochastic volatility models (with discussion). J Bus Econ Stat 1994; 12: 371–417.

Lambert P, Laurent S. Modelling financial time series using GARCH-type models and a skewed student density. Working paper. Universite de Liege.

McLeod AI, Li WK. Diagnostic checking ARMA time series models using squared-residual autocorrelations. J Time Ser Anal 1983; 4: 269–273.

Melino A, Turnbull SM. Pricing foreign currency options with stochastic volatility. J Econom 1990; 45: 239–265.

Nelson DB. Stationarity and persistence in the GARCH(1,1) model. Econom Theory 1990; 6: 318–334.

Nelson DB. Conditional heteroskedasticity in asset returns: a new approach. Econometrica 1991; 59: 347–370.

Parkinson M. The extreme value method for estimating the variance of the rate of return. J Bus 1980; 53: 61–65.

Ray BK, Tsay RS. Long-range dependence in daily stock volatilities. J Bus Econ Stat 2000; 18: 254–262.

Rogers LCG, Satchell SE. Estimating variance from high, low and closing prices. Ann Appl Probab 1991; 1: 504–512.

Taylor SJ. Modeling stochastic volatility: a review and comparative study. Math Finance 1994; 4: 183–204.

Tong H. On a threshold model. In: Chen CH, editor. Pattern Recognition and Signal Processing. Amsterdam: Sijhoff & Noordhoff; 1978.

Tong H. Non-Linear Time Series: A Dynamical System Approach. Oxford: Oxford University Press; 1990.

Tsay RS. Analysis of Financial Time Series. 3rd ed. Hoboken (NJ): John Wiley & Sons; 2010.

Yang D, Zhang Q. Drift-independent volatility estimation based on high, low, open, and close prices. J Bus 2000; 73: 477–491.

Zakoian JM. Threshold heteroscedastic models. J Econ Dyn Control 1994; 18: 931–955.

第5章 波动率模型的应用

这一章，我们考虑波动率模型的应用. 为了简单起见，我们集中讨论具有高斯新息的 GARCH(1，1)模型. 当然，这些应用可以扩展到其他具有不同新息类型的 GARCH 模型. GARCH 模型较之常数波动率模型明显的优势是，允许波动率随时间变化和存在波动率聚集现象. 第一个应用是考虑 GARCH 模型的波动率预测及其在金融中的应用. 这些波动率预测能使我们构造资产收益率的波动率期限结构. 可以证明来自 GARCH 模型的波动率预测能用来选择资产组合，并且得到资产随时间变化的贝塔值，同时也指出拟合的 GARCH 模型能用来对期权进行定价. 特别地，本章我们使用日对数收益率来阐释 GARCH 波动率期限结构，同时将 GARCH 模型用来对期权进行定价与对冲.

此外，我们表明 GARCH 模型可以用来改善纯 ARMA 模型的建模和预测. 利用回测检验，结合一个简单的 GARCH(1，1)模型，对于美国原油价格周数据能产生更精确的波动率预测. 最后，GARCH 模型也能用在风险管理上，比如计算 VaR 以及计算尾部期望值，这些在后面的章节中讨论.

接下来，我们在讨论中使用真实的参数. 也就是说，在应用中这些参数常用它们的最大似然估计值来代替. 因此，在这一章中我们不考虑参数的不确定性. 在实际应用中，波动率经常用年度化表示. 我们用一个简单的过程就可以得到年度化的波动率. 假设 σ_t 为日对数收益率的波动率，则年度化的波动率为 $\sqrt{252}\sigma_t$. 一般来说，如果 σ_t 是从资产收益率序列得到的波动率，该资产每年有 h 个观测值，则年度化的波动率为 $\sqrt{h}\sigma_t$. 使用年度化的波动率简化了不同波动率预测值之间的比较.

5.1 GARCH 波动率期限结构

这里同样把对数收益率表示为 $r_t = \mu_t + a_t = \mu_t + \sigma_t \varepsilon_t$，其中 ε_t 为独立的标准正态随机变量序列，即 $\varepsilon_t \sim N(0, 1)$，$\mu_t = E(r_t | F_{t-1})$. GARCH(1，1)模型可表示为：

$$\sigma_t^2 = \alpha_0 + \alpha_1 a_{t-1}^2 + \beta_1 \sigma_{t-1}^2 \tag{5-1}$$

这里，$\alpha_1 + \beta_1 < 1$，$\alpha_0 > 0$，$0 \leqslant \alpha_1, \beta_1 < 1$. 如第4章所述，$r_t$ 的无条件方差（或长期方差）为 $\sigma^2 = \frac{\alpha_0}{1 - \alpha_1 - \beta_1}$. 利用这个结果，式(5-1)可以改写为：

$$(\sigma_t^2 - \sigma^2) = \alpha_1(a_{t-1}^2 - \sigma^2) + \beta_1(\sigma_{t-1}^2 - \sigma^2) \tag{5-2}$$

GARCH(1，1)模型定量地反映未预期收益率平方和长期无条件方差的偏差. 如第4章所述，在 t 时刻，GARCH(1，1)模型的超前1步波动率预测值为：

$$\sigma_t^2(1) = \alpha_0 + \alpha_1 a_t^2 + \beta_1 \sigma_t^2$$

而超前 ℓ 步波动率预测值为：

$$\sigma_t^2(\ell) = \alpha_0 + (\alpha_1 + \beta_1)\sigma_t^2(\ell - 1) \quad \ell = 2, \cdots$$

而且，利用 $\sigma^2 = \frac{\alpha_0}{1 - \alpha_1 - \beta_1}$，上面的方程可以重写为：

$$[\sigma_t^2(\ell) - \sigma^2] = (\alpha_1 + \beta_1)[\sigma_t^2(\ell-1) - \sigma^2]$$

通过重复替代，我们有

$$[\sigma_t^2(\ell) - \sigma^2] = (\alpha_1 + \beta_1)^{\ell-1}[\sigma_t^2(1) - \sigma^2]$$

因此，在 $\alpha_1 + \beta_1 < 1$ 条件下，随着 $\ell \to \infty$，我们有 $\sigma_t^2(\ell) \to \sigma^2$. 换句话说，在 $\alpha_1 + \beta_1 < 1$ 的条件下，GARCH(1, 1) 模型的波动率序列是均值回转的，且均值回转到长期方差的速度可以通过半衰期 $\ell = \log(0.5)/\log(\alpha_1 + \beta_1)$ 来度量.

为说明这一点，我们考虑从 2001 年 1 月 2 日到 2010 年 12 月 31 日美国股票市场三只股票的日对数收益率，这三只股票分别是：卡特彼勒(CAT)、思科(CSCO)和通用电气(GE). 表 5-1 总结了三个对数收益率序列所拟合的具有高斯新息的 GARCH(1, 1) 模型的估计结果. 图 5-1 给出了 CAT 收益率的时序图和拟合的波动率序列. 模型检验统计量表明，除了正态性假设外，GARCH(1, 1) 模型对数据拟合得很好. 和第 4 章类似，拟合的 GARCH 模型具有很高的持续性. 对于通用电气(GE)股票来说尤其如此. 很高的持续性使半衰期上升到一个很高的数值. 对于卡特彼勒(CAT)公司和思科(CSCO)公司的股票，半衰期大约接近 30 个交易天数. 而通用电气(GE)收益率的模型本质上是一个 IGARCH(1, 1) 模型，因此它的半衰期很高. 在这个案例中，可能是由于 2007—2008 年的金融危机，明显地导致股票市场波动率也持续增高.

表 5-1 美国三只股票日对数收益率数据的带高斯新息的 GARCH(1, 1) 模型的估计结果

资产	参数					半衰期
	$\hat{\mu} \times 10^3$	$\hat{\alpha}_0 \times 10^6$	$\hat{\alpha}_1$	$\hat{\beta}_1$	$\hat{\alpha}_1 + \hat{\beta}_1$	
CAT	1.037	9.567	0.0531	0.9245	0.9776	30.60
CSCO	0.322	15.58	0.0823	0.8947	0.9770	29.79
GE	0.318	0.736	0.0507	0.9484	0.9991	769.82

注：样本的时间是从 2001 年 1 月 2 日到 2010 年 12 月 31 日，共计 2515 个值.

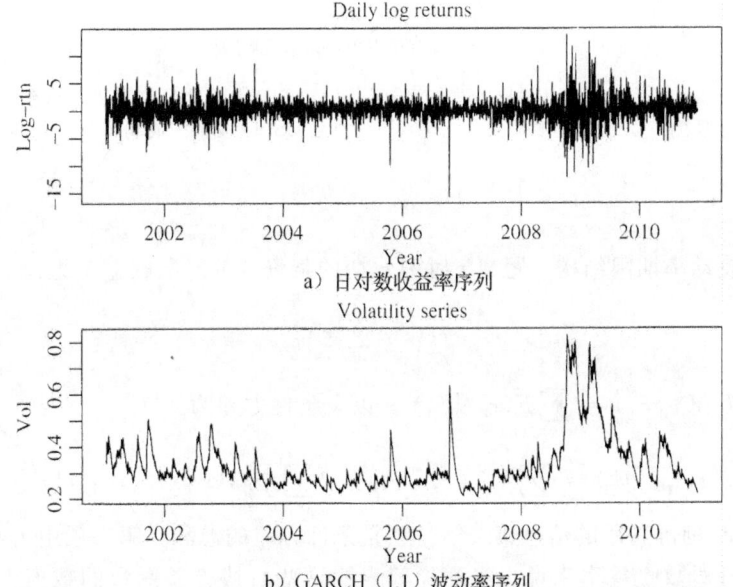

a) 日对数收益率序列

b) GARCH (1,1) 波动率序列

图 5-1 从 2001 年 1 月 2 日到 2010 年 12 月 31 日卡特彼勒公司(CAT)股票的时序图

图 5-2 给出了表 5-1 中三只股票在两个不同预测原点波动率预测值的时序图,预测原点分别为 2010 年 12 月 31 日和 2008 年 12 月 29 日. 预测值为样本外点预测,且为年度化表示. 实线、虚线和点虚线分别表示卡特彼勒(CAT)股票、思科(CSCO)股票和通用电气(GE)股票. 对于所有这两个预测原点来说,通用电气(GE)股票的预测波动率没有表现出均值回转. 另一方面,卡特彼勒(CAT)股票、思科(CSCO)股票的波动率预测值逐渐趋向于其长期标准差.

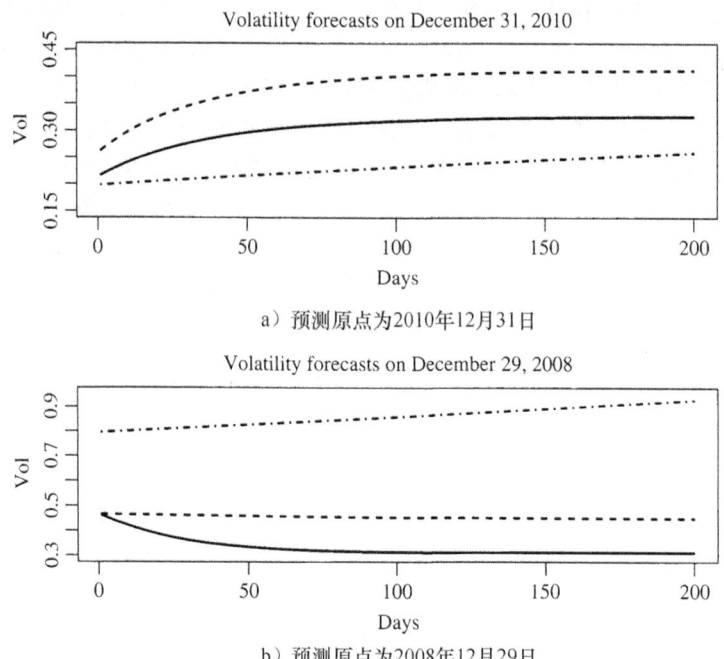

a) 预测原点为2010年12月31日

b) 预测原点为2008年12月29日

图 5-2　卡特彼勒(CAT)、思科(CSCO)和通用电气(GE)股票日对数收益波动率的样本外点预测. 实线和虚线分别代表 CAT 股票和 CSCO 股票. 波动率年度化表示

利率期限结构

下面转向波动率期限结构. 距离 t 时刻 h 期的某资产的对数收益率为:

$$r_{t,h} = \sum_{i=1}^{h} r_{t+i}$$

由此可得 $E(r_{t,h}|F_t) = \sum_{i=1}^{h} E(r_{t+i}|F_t)$,以及条件方差为

$$\text{Var}(r_{t,h}|F_t) = \sum_{i=1}^{h} \text{Var}(r_{t+i}|F_t) + 2\sum_{i=1}^{h-1}\sum_{j=i+1}^{h} \text{Cov}[(r_{t+i}, r_{t+j})|F_t]$$

其中 F_t 表示 t 时刻可利用的信息集. 第一项是条件方差的总和,第二项由 r_t 的条件自协方差构成. 对于日对数收益率来说,实证经验表明这些自协方差函数的数值一般接近于零. 的确,在有效市场假设下,这些自相关函数为零. 因此,作为一个合理的近似,我们有

$$\text{Var}(r_{t,h} \mid F_t) = \sum_{i=1}^{h} \text{Var}(r_{t+i} \mid F_t)$$

对于 GARCH 模型, 上述近似表明:

$$\sigma_{t,h}^2 = \sum_{\ell=1}^{h} \sigma_t^2(\ell) \tag{5-3}$$

这里, $\sigma_{t,h}^2$ 表示第 h 期对数收益率 $r_{t,h}$ 的条件方差, 以 t 时刻为预测原点. 因此, 根据 GARCH 模型的波动率预测, 我们能容易地计算出 h 期对数收益率的波动率.

为了易于比较不同频率对数收益率的波动率预测值, 我们将波动率年度化. 对于每日资产收益率来说, 年度化的 h 期波动率为:

$$\sigma_{t,h,a} = \sqrt{\frac{252}{h}} \sigma_{t,h}$$

这里, 下标 a 表示波动率进行了年度化. 波动率期限结构是研究在一定范围内 h 值下 $\sigma_{t,h,a}$ 的行为.

为了说明, 下面考虑 CSCO 股票的日对数收益率. 对于 $h=1$, …, 40, 且 t 为 2008 年 12 月 29 日到 2010 年 12 月 31 日, 我们利用样本外预测来计算 $\sigma_t^2(\ell)$. 对于给定的初值 t_0, 我们估计表(5-1)中的 GARCH(1, 1)模型. 利用拟合模型计算超前 1 步到 40 步波动率的预测值. 根据式(5-3)得到第 h 期的波动率. 最后, 再将这些波动率年度化. 图 5-3 显示了从 2008 年 12 月 29 日到 2010 年 12 月 31 日 CSCO 股票波动率期限结构. 图 5-3 由年度化的

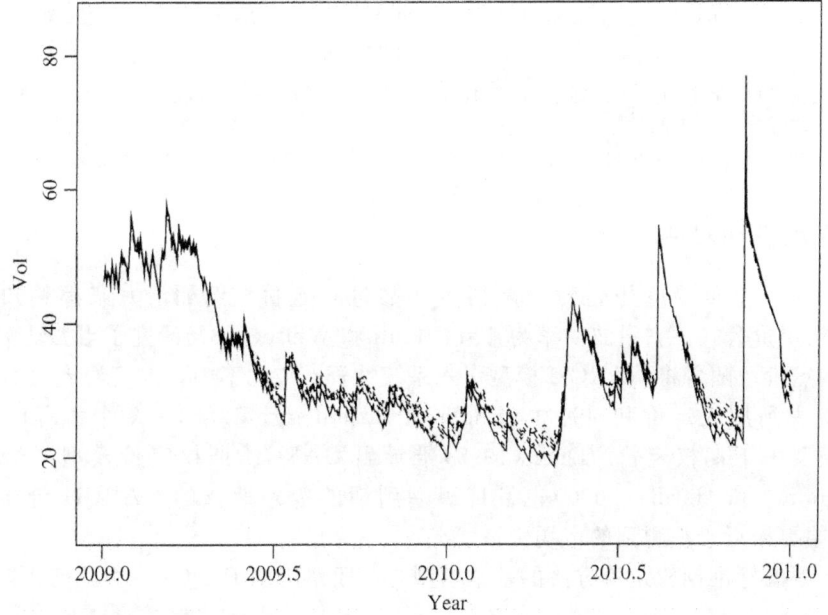

图 5-3 从 2008 年 12 月 29 日到 2010 年 12 月 31 日 CSCO 股票日对数收益的波动率期限结构. 实线表示 1 天的波动率, 虚线代表 $h=5$、10、15、20、25、30、35 和 40 的波动率. 波动率通过 GARCH(1, 1)模型得到, 是以百分数表示的年度化的波动率

波动率构成,其中 h 取值为 1、5、10、15、20、25、30、35 和 40. 也就是说,h 的范围从 1 个交易日到 2 个月. 图 5-3 中的实线表示 $h=1$. 从图 5-3 中可见,当波动率向上跳跃时,波动率的表面看上去是平的. 另一方面,当波动率下降时,波动率随 h 而增加. 图 5-4 给出了通过相同步骤得到的 CAT 股票样本期的波动率期限结构. 同样,当波动率下降时,波动率的表面表现出了一些变化.

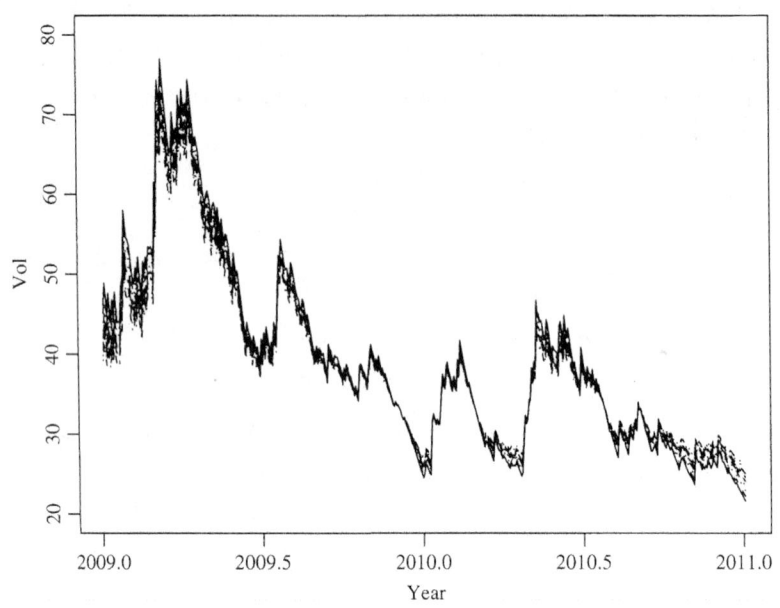

图 5-4 从 2008 年 12 月 29 日到 2010 年 12 月 31 日 CAT 股票日对数收益的波动率期限结构. 实线表示 1 天的波动率,虚线代表 $h=5$、10、15、20、25、30、35 和 40 的波动率. 波动率通过 GARCH(1,1) 模型得到,是以百分数表示的年度化的波动率

5.2 期权定价和对冲

波动率的一个重要应用是对金融衍生产品进行定价. 例如,大家都熟知的 Black-Scholes 期权定价公式,它设波动率为常数. Hull 和 White(1987)研究了当波动率是随机变量时期权的定价. 随着将 GARCH 模型引入系统性资产波动率中,人们希望把 GARCH 模型波动率应用到期权定价和对冲中(Engle 和 Rosenberg,1995). 多个学者已经研究将 GARCH 模型用于期权定价. Duan(1995)推导出 GARCH 期权定价模型. Amin 和 Ng(1993)、Hafner 和 Härdle(2000)也发现短期到期的价外期权的 GARCH 价格比 Black-Scholes 价格更接近于观测到的市场价格.

单只股票的标准期权定价方法的基本模型是:股票价格 P_t 服从一个几何布朗运动,即

$$\frac{\mathrm{d}P_t}{P_t} = r\mathrm{d}t + \sigma\mathrm{d}W_t$$

这里 r 是无风险利率,σ 是波动率,W_t 是标准维纳过程(Wiener process). 这就是在风险中性时的模型(Hull,2011;Tsay,2010,第 6 章). 根据伊藤引理(Ito's lemma),股票对

数价格服从如下模型：
$$d\ln(P_t) = \left(r - \frac{\sigma^2}{2}\right)dt + \sigma dW_t$$

在实践中，假设 r 和 σ 都已知，模型唯一的不确定性是随机变量 dW_t. 该式可以用来模拟股票的价格. 模型的离散时间形式变为：
$$P_t = P_{t-1}\exp(r - 0.5\sigma^2 + \sigma\varepsilon_t) \tag{5-4}$$
这里 ε_t 为独立的标准正态随机变量序列，即 $\varepsilon_t \sim N(0,1)$.

注意，假设当前时刻为 0，当前股价为 P_0，期权的执行价格为 K，到期时间为 T. 我们通过产生一个独立的正态随机变量序列 $\{\varepsilon_1,\cdots,\varepsilon_T\}$，利用式(5-4)能模拟最终时刻的股票价格 P_T. 在实践中，P_T 是随机数值，我们把上面的产生过程重复 N 次，再把这 N 次 P_T 的平均值作为 P_T 的期望值. 也就是说，$E(P_T|F_t) = \sum_{i=1}^{N} P_T^{(i)}/N$. 这里上标 (i) 表示使用的是第 i 次模拟的终值.

利用这个模拟结果，欧式看涨期权价格为
$$C(P_0) = e^{-rT}E[\max(P_T - K, 0)] = e^{-rT}\sum_{i=1}^{N}\max\frac{(P_T^{(i)} - K, 0)}{N}$$

亚式看涨期权价格取决于该价格路径的算术平均，其公式为
$$C(P_0) = e^{-rT}\sum_{i=1}^{N}\max\frac{\left(\sum_{t=1}^{T}P_T^{(i)}/T - K, 0\right)}{N}$$

对于 GARCH(1，1)模型，通过利用波动率方程，可以扩展前面的模拟过程. 更具体地说，我们有
$$P_t = P_{t-1}\exp(r - 0.5\sigma_t^2 + \sigma_t\varepsilon_t)$$
$$\sigma_t^2 = \alpha_0 + \alpha_1\sigma_{t-1}^2\varepsilon_{t-1}^2 + \beta_1\sigma_{t-1}^2$$
这里 ε_t 为独立的标准正态随机变量序列.

最后，利用有限次差分近似，可以计算出相应的 GARCH 期权的 δ 值和 γ 值. 例如：
$$\delta = [C(P_0 + \Delta) - C(P_0 - \Delta)]/(2\Delta)$$
$$\gamma = [C(P_0 + \Delta) - 2C(P_0) + C(P_0 - \Delta)]/\Delta^2$$

在实践中，为了提高模拟的准确性，在计算 δ 和 γ 时，我们需要多次迭代.

严格地说，前面的定价公式是根据完美对冲得出来的，在随机波动率假设下，是不可能得到的. 然而，Duan(1995)表明，依据 NGARCH 模型，存在一个局部的风险中性价值关系：
$$r_t = r - 0.5\sigma_t^2 + \lambda\sigma_t + \sigma_t\varepsilon_t$$
$$\sigma_t^2 = \alpha_0 + \alpha_1\sigma_{t-1}^2(\varepsilon_{t-1} - \theta)^2 + \beta_1\sigma_{t-1}^2$$

详见 4.12 节. 根据已估计的参数，在期权定价中，我们能利用 NGARCH(1，1)模型来执行价格模拟.

5.3 随时间变化的协方差和 β 值

GARCH 模型的另一个应用是在资产收益率中得到随时间变化的协方差. 很明显, 多变量 GARCH 模型可以同时研究方差和协方差随时间演化的情况(Tsay, 2010, 第 10 章). 这一节我们讨论一个简单的方法, 它直接使用前面章节的单变量 GARCH 模型来研究随时间变化的相关系数. 支持该方法的基本想法如下: 现考虑两个资产收益率序列 x_t 和 y_t, 根据统计理论, 有

$$\mathrm{Var}(x_t+y_t) = \mathrm{Var}(x_t) + 2\mathrm{Cov}(x_t,y_t) + \mathrm{Var}(y_t)$$
$$\mathrm{Var}(x_t-y_t) = \mathrm{Var}(x_t) - 2\mathrm{Cov}(x_t,y_t) + \mathrm{Var}(y_t)$$

因此, 我们有

$$\mathrm{Cov}(x_t,y_t) = \frac{\mathrm{Var}(x_t+y_t) - \mathrm{Var}(x_t-y_t)}{4} \tag{5-5}$$

该恒等式对条件协方差也是成立的. 因此, 在两个资产收益率 x_t 和 y_t 之间, 随时间变化的协方差可以通过 x_t+y_t 和 x_t-y_t 的波动率得到.

假设 $\sigma_{x+y,t}$、$\sigma_{x-y,t}$、$\sigma_{x,t}$ 和 $\sigma_{y,t}$ 分别是 x_t+y_t、x_t-y_t、x_t 和 y_t 的波动率, 使用式(5-5)的恒等式关系, 在资产收益率 x_t 和 y_t 之间随时间变化的相关系数为

$$\rho_t = \frac{\sigma_{x+y,t}^2 - \sigma_{x-y,t}^2}{4\sigma_{x,t}\sigma_{y,t}} \tag{5-6}$$

为了说明这一点, 我们考虑 CAT 股票和 CSCO 股票的日对数收益率, 数据从 2001 年 1 月 2 日到 2010 年 12 月 31 日. 两个对数收益率序列的 GARCH(1,1)模型已在表 5-1 中给出. 而且, 应用具有高斯新息的 GARCH(1,1)模型, 我们得到两个收益率之和的模型如下:

$$r_t = 0.00143 + a_t, \quad a_t = \sigma_t\varepsilon_t, \quad \varepsilon_t \sim N(0,1)$$
$$\sigma_t^2 = 2.188 \times 10^{-5} + 0.070 a_{t-1}^2 + 0.916 \sigma_{t-1}^2$$

两个收益率之差的模型如下:

$$r_t = -0.00084 + a_t, \quad a_t = \sigma_t\varepsilon_t, \quad \varepsilon_t \sim N(0,1)$$
$$\sigma_t^2 = 5.533 \times 10^{-6} + 0.0179 a_{t-1}^2 + 0.9726 \sigma_{t-1}^2$$

除了正态性假设以外, 模型检验统计量不能拒绝这两个 GARCH(1,1)模型的充分性. 图 5-5a 给出了 CAT 股票和 CSCO 股票的收益率随时间变化的相关系数的时序图. 这个相关系数波动较大, 在 2008 年后期波动更大.

为了比较, 我们也考虑应用指数加权移动平均方法(Exponentially Weighted Moving Average, EWMA)得到的随时间变化的相关系数. 对一个给定的权重 θ 和一个数据序列 $\{x_1,\cdots,x_n\}$, 这里 $0<\theta<1$, 样本的加权移动平均为:

$$\hat{x}_{n+1} = \frac{x_n + \theta x_{n-1} + \theta^2 x_{n-2} + \cdots + \theta^{n-1} x_1}{1 + \theta + \theta^2 + \cdots + \theta^{n-1}}$$

这个公式对接近 x_{n+1} 的观测值给出较高的权重, 权重以指数形式衰减. 在预测文献中, 这个简单直观的方法被广泛地应用到获取 x_{n+1} 的点预测中. 利用公式 $1+\theta+\theta^2+\cdots+\theta^{n-1} =$

$(1-\theta^n)/(1-\theta)$，上面的式子可以改写为：

$$\hat{x}_{n+1} = \frac{(1-\theta)\sum_{i=1}^{n-1}\theta^i x_{n-i}}{1-\theta^n}$$

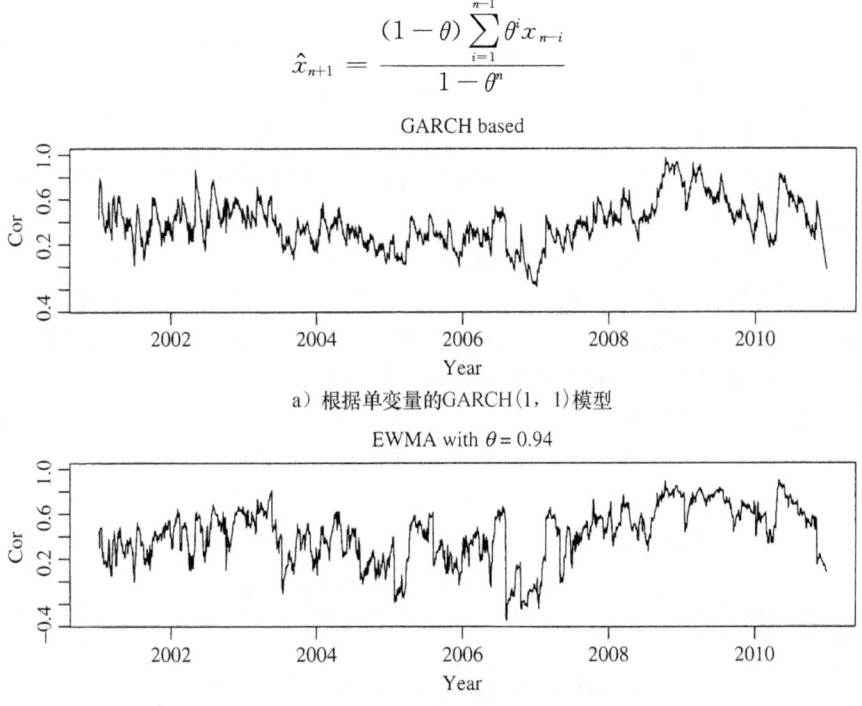

图 5-5 从 2001 年 1 月 2 日到 2010 年 12 月 31 日 CAT 股票和 CSCO 股票的日对数收益序随时间变化的相关系数序列，这里 $\theta=0.94$

对于很大的 n，则有

$$\hat{x}_{n+1} = (1-\theta)\sum_{i=0}^{\infty}\theta^i x_{n-i}$$

在实践中，这个点预测可以被高效地计算出来，因为

$$\begin{aligned}
\hat{x}_{n+1} &= (1-\theta)\sum_{i=0}^{\infty}\theta^i x_{n-i} \\
&= (1-\theta)x_n + (1-\theta)\sum_{i=1}^{\infty}\theta^i x_{n-i} \\
&= (1-\theta)x_n + \theta(1-\theta)\sum_{i=0}^{\infty}\theta^i x_{n-1-i} \\
&= (1-\theta)x_n + \theta\,\hat{x}_n
\end{aligned}$$

换句话说，给定初始值 $\hat{x}_1$，加权移动平均预测值 $\hat{x}_{n+1}$ 可以通过递归计算出来．前面递归公式的第一项表示最近的观测值对 $\hat{x}_{n+1}$ 的贡献．第二项表示预测中的持续性．很大的 θ 表示具有很高的持续性，它给最近的数据较小的权重．小的 θ 表示给最近的数据很大的权重，持续性则较低．在实践中，θ 的范围大约在 0.75～0.98．如果必要，θ 可以使用统计方

法来估计. 事实上, 对于波动率的估计, 当 α_0 固定为 0 时, θ 对应于 IGARCH(1, 1)模型中的系数 β_1.

对于 (x_t, y_t) 随时间变化的协方差的估计, 我们可以应用 EWMA 方法, 具体如下:

- 方差估计: 把样本方差作为初始估计值, 然后应用递归法. 例如, 设 $\sigma_{x,1}^2$ 为 x_t 的样本方差. 对于 $t=1, 2, \cdots, T$, 计算 $\sigma_{x,t+1}^2 = (1-\theta)x_t^2 + \theta\sigma_{x,t}^2$.
- 协方差的估计: 使用叉积 $x_t y_t$ 的样本均值作为初始的估计值, 然后应用递归法. 也就是说, 设 $\sigma_{x,y,1}$ 是 $x_t y_t$ 的样本均值. 对于 $t=1, 2, \cdots, T$, 计算 $\sigma_{x,y,t+1} = (1-\theta)x_t y_t + \theta\sigma_{x,y,t}$, 这里 T 是样本量.

随时间变化的相关系数为 $\rho_t = \sigma_{x,y,t}/(\sigma_{x,t}\sigma_{y,t})$, 图 5-5b 给出了 CAT 股票和 CSCO 股票之间随时间变化的相关系数的时序图, 相关系数由 $\theta=0.94$ 的 EWMA 方法得到. 这个相关系数和 GARCH 方法得到的相关系数表现出相似的模式.

在这个示例中, 在应用 EWMA 方法时, 我们使用样本方差作为初始值. 其他的初始值也可以应用. 例如, 我们可以使用前 30 个观测值的样本方差作为初始值. 由于权重以指数形式衰减, 当样本规模很大时, 初始值的影响是很小的.

R 代码演示(输出经过编辑)

```
> da=read.table("d-c2c-0110.txt",header=T) % Load data
> csco=log(da$CSCO+1)
> cat=log(da$CAT+1)
> library(fGarch)
> m1=garchFit(~1+garch(1,1),data=csco,trace=F)
> summary(m1)
Title:   GARCH Modelling
Call: garchFit(formula=~1+garch(1,1),data=csco,trace=F)

Mean and Variance Equation:
 data ~ 1 + garch(1, 1)   [data = csco]
Conditional Distribution:   norm

Error Analysis:
        Estimate    Std. Error   t value  Pr(>|t|)
mu      3.224e-04   4.067e-04    0.793    0.428
omega   1.558e-05   3.941e-06    3.954    7.69e-05 ***
alpha1  8.230e-02   1.784e-02    4.612    3.98e-06 ***
beta1   8.947e-01   2.142e-02    41.767   < 2e-16 ***
---
Standardized Residuals Tests:
                              Statistic  p-Value
 Jarque-Bera Test   R   Chi^2  10943.10   0
 Shapiro-Wilk Test  R   W      0.9417184  0
 Ljung-Box Test     R   Q(10)  9.690227   0.4680781
 Ljung-Box Test     R   Q(20)  22.97434   0.2900562
 Ljung-Box Test     R^2 Q(10)  1.949594   0.996712
 Ljung-Box Test     R^2 Q(20)  4.167677   0.999935

> m2=garchFit(~1+garch(1,1),data=cat,trace=F)
> summary(m2)
```

```
Error Analysis:
         Estimate  Std. Error  t value Pr(>|t|)
mu      1.037e-03   3.713e-04    2.793  0.00522 **
omega   9.567e-06   3.385e-06    2.826  0.00471 **
alpha1  5.311e-02   1.134e-02    4.682 2.84e-06 ***
beta1   9.245e-01   1.787e-02   51.739  < 2e-16 ***
---
Standardized Residuals Tests:
                         Statistic p-Value
 Jarque-Bera Test    R   Chi^2     2397.073  0
 Shapiro-Wilk Test   R   W         0.9720346 0
 Ljung-Box Test      R   Q(10)     11.99378  0.2854729
 Ljung-Box Test      R   Q(20)     21.94146  0.3436954
 Ljung-Box Test      R^2 Q(10)      1.323397 0.9993882
 Ljung-Box Test      R^2 Q(20)      4.95693  0.9997407
 LM Arch Test        R   TR^2       2.674523 0.9974382

> vcsco=volatility(m1)
> vcat=volatility(m2)
> xp=csco+cat
> xm=csco-cat
> m3=garchFit(~1+garch(1,1),data=xp,trace=F)
> summary(m3)
Error Analysis:
         Estimate  Std. Error  t value Pr(>|t|)
mu      1.430e-03   6.456e-04    2.215  0.02679 *
omega   2.188e-05   7.328e-06    2.986  0.00283 **
alpha1  7.002e-02   1.464e-02    4.782 1.74e-06 ***
beta1   9.158e-01   1.782e-02   51.404  < 2e-16 ***
---
Standardized Residuals Tests:
                         Statistic p-Value
 Jarque-Bera Test    R   Chi^2     596.8557  0
 Shapiro-Wilk Test   R   W         0.9828594 0
 Ljung-Box Test      R   Q(10)     10.25332  0.4185566
 Ljung-Box Test      R   Q(20)     21.87410  0.347381
 Ljung-Box Test      R^2 Q(10)      6.559973 0.76623
 Ljung-Box Test      R^2 Q(20)     11.86000  0.9208104
 LM Arch Test        R   TR^2       9.634957 0.647951

> vxp=volatility(m3)
> m4=garchFit(~1+garch(1,1),data=xm,trace=F)
> summary(m4)
Error Analysis:
         Estimate  Std. Error  t value Pr(>|t|)
mu     -8.312e-04   4.629e-04   -1.795  0.0726 .
omega   5.533e-06   1.189e-06    4.652 3.29e-06 ***
alpha1  1.789e-02   2.860e-03    6.257 3.93e-10 ***
beta1   9.726e-01   4.222e-03  230.360  < 2e-16 ***
---
Standardized Residuals Tests:
                         Statistic p-Value
 Jarque-Bera Test    R   Chi^2     11268.66  0
 Shapiro-Wilk Test   R   W         0.9233508 0
 Ljung-Box Test      R   Q(10)      8.862264 0.5452234
```

```
Ljung-Box Test        R     Q(20)   17.35761   0.6296453
Ljung-Box Test        R^2   Q(10)    1.871286   0.9972348
Ljung-Box Test        R^2   Q(20)    5.879934   0.9990502
LM Arch Test          R     TR^2     3.000402   0.9955412

> vxm=volatility(m4)
> CoV=(vxp^2-vxm^2)/4
> COR=CoV/(vcat*vcsco)
> source("EWMAvol.R")
> M1=EWMAvol(rtn)
> tdx=c(1:2515)/252+2001
> par(mfcol=c(2,1))
> cr2=M1[,3]/sqrt(M1[,1]*M1[,2])
> range(cr2,COR)
[1] -0.3453691  0.9706971
> plot(tdx,COR,xlab='year',ylab='cor',ylim=c(-0.35,1),type='l')
> title(main='(a) GARCH based')
> plot(tdx,cr2,xlab='year',ylab='cor',ylim=c(-0.35,1),type='l')
> title(main='(b) EWMA with theta = 0.94')
```

随时间变化的 β 值

统计模型在金融中的一个最常见的应用是资产定价模型(Capital Asset Pricing Model, CAPM). CAPM 模型可以写为:

$$r_t = \alpha + \beta r_{m,t} + e_t \quad t = 1,2,\cdots,T \tag{5-7}$$

其中 $r_{m,t}$ 表示市场收益率, r_t 表示所研究资产的收益率. 这里使用收益率, 而不使用超额收益率(Black, 1972). 这个简单线性回归模型提供了估计下列因子的一种方法:

- 股票对市场风险的敏感性因子: β.
- 股票相对于市场的错误定价: α.
- 特殊股票的回报: e_t.

粗略地说,特殊股票的回报被认为是多样化的,因此,并不重要.用统计术语来说,如果一个组合包含有很多种股票,那么根据大数定律,某个特殊股票回报的平均值将趋近于 0. 另一方面, β 提供了一个股票相对市场变化的测度. 如果 β 没有显著地异于 0, 则市场对该只股票没有影响. 如果存在 β 显著地大于 1, 则该股票对市场的变化表现特别强烈. 因此,我们认为 $\beta<1$ 的股票的风险比市场小, 而 $\beta>1$ 的股票被列为是高风险的投资. 在实践中, 如果可能, 我们偏好正的 α 和较小的 β.

对式(5-7)中的 CAPM 模型, 我们有

$$\beta = \frac{\mathrm{Cov}(r_t, r_{m,t})}{\mathrm{Var}(r_{m,t})}$$

因此, β 的估计依赖于样本和对市场指数 $r_{m,t}$ 的选择. 事实上, 一般相信 β 是更可能随时间变化的. 使用前面讨论的方法, GARCH 模型可以用来为随时间变化的 β 建模. 特别地, $\mathrm{Cov}(r_t, r_{m,t})$ 可以通过式(5-5), 由 $r_t + r_{m,t}$ 和 $r_t - r_{m,t}$ 的波动率得到.

为了说明这一点, 我们考虑 CAT 股票的日对数收益率, 数据从 2001 年 1 月 2 日到

2010年12月31日. 我们使用S&P 500指数的日对数收益作为市场收益率. 对这些数据, 传统的CAPM模型为:

$$r_t = 0.00068 + 1.146 r_{m,t} + e_t$$

其中, e_t的标准误差为0.015, 该线性模型的调整R^2为51.69%. 图5-6显示了CAT股票日对数收益率随时间变化的β. 水平线表示一个常数β值, 即$\hat{\beta}=1.146$. 在这个具体案例中, 当$t=1460$时, 存在一个大的异常值$\hat{\beta}_t$. 检查收益率数据, 发现在2006年10月20日CAT股票的下跌超过了14.52%, 相应地$t=1459$. 如果忽略这个大的异常值, 可以看出β在一定的范围内变化, 没有证据支持β是常数的结论.

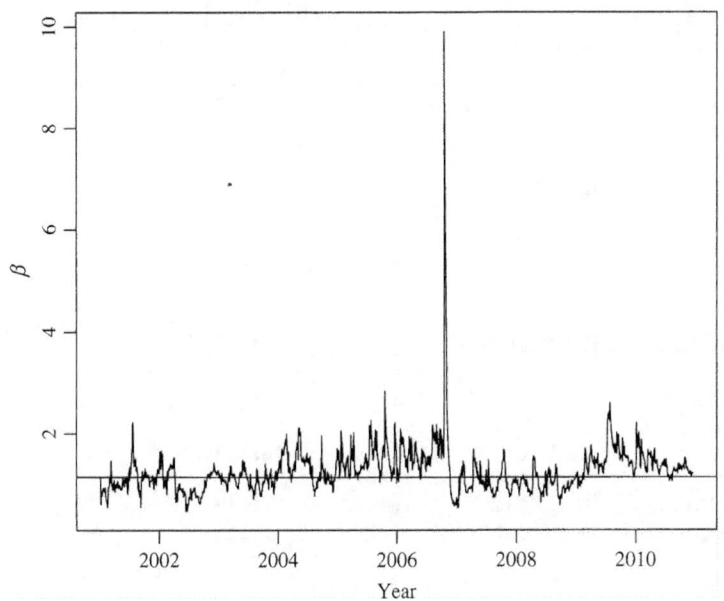

图5-6 从2001年1月2日到2010年12月31日CAT股票日对数收益率随时间变化的 β. 使用S&P 500指数日对数收益作为市场收益率. 水平线表示常数$\hat{\beta}=1.146$

R代码演示（输出经过编辑）

```
> da=read.table("d-sp500-0110.txt")
> sp5=da[,1]
> da=read.table("d-c2c-0110.txt",header=T)
> cat=log(da$CAT+1)
>
> xp=cat+sp5
> xm=cat-sp5
> m1=garchFit(~1+garch(1,1),data=xp,trace=F)
> summary(m1)
Title:  GARCH Modelling
Call:   garchFit(formula=~1+garch(1,1),data=xp,trace=F)
Mean and Variance Equation:
 data ~ 1 + garch(1, 1)   [data = xp]
```

```
Conditional Distribution:  norm
Error Analysis:
         Estimate   Std. Error   t value  Pr(>|t|)
mu       1.393e-03  5.065e-04     2.750   0.005956  **
omega    1.402e-05  3.948e-06     3.551   0.000383  ***
alpha1   6.534e-02  9.868e-03     6.621   3.56e-11  ***
beta1    9.191e-01  1.254e-02    73.292   < 2e-16   ***
---
Standardized Residuals Tests:
                              Statistic  p-Value
 Jarque-Bera Test    R   Chi^2   539.8161   0
 Shapiro-Wilk Test   R   W       0.9854247  2.197766e-15
 Ljung-Box Test      R   Q(10)   8.708999   0.5599254
 Ljung-Box Test      R   Q(20)   22.16945   0.3313869
 Ljung-Box Test      R^2 Q(10)   8.114903   0.6176144
 Ljung-Box Test      R^2 Q(20)   10.86366   0.9496819
> m2=garchFit(~1+garch(1,1),data=xm,trace=F)
> summary(m2)
Error Analysis:
         Estimate   Std. Error   t value  Pr(>|t|)
mu       8.527e-04  2.851e-04     2.991   0.002784  **
omega    3.562e-06  1.059e-06     3.363   0.000772  ***
alpha1   2.423e-02  5.045e-03     4.804   1.56e-06  ***
beta1    9.600e-01  8.561e-03   112.148   < 2e-16   ***
---
Standardized Residuals Tests:
                              Statistic  p-Value
 Jarque-Bera Test    R   Chi^2   11837.86   0
 Shapiro-Wilk Test   R   W       0.9329678  0
 Ljung-Box Test      R   Q(10)   21.67769   0.01683345
 Ljung-Box Test      R   Q(20)   27.82026   0.1137230
 Ljung-Box Test      R^2 Q(10)   1.764147   0.997849
 Ljung-Box Test      R^2 Q(20)   8.406545   0.988818

> m3=garchFit(~1+garch(1,1),data=sp5,trace=F)
> summary(m3)
Error Analysis:
         Estimate   Std. Error   t value  Pr(>|t|)
mu       1.933e-04  1.762e-04     1.097    0.273
omega    1.233e-06  3.061e-07     4.028   5.63e-05  ***
alpha1   7.891e-02  9.468e-03     8.335   < 2e-16   ***
beta1    9.126e-01  9.848e-03    92.669   < 2e-16   ***
---
Standardized Residuals Tests:
                              Statistic  p-Value
 Jarque-Bera Test    R   Chi^2   199.5819   0
 Shapiro-Wilk Test   R   W       0.9890158  5.49156e-13
 Ljung-Box Test      R   Q(10)   15.57277   0.1125331
 Ljung-Box Test      R   Q(20)   28.50665   0.09793793
 Ljung-Box Test      R^2 Q(10)   22.30558   0.01362134
 Ljung-Box Test      R^2 Q(20)   24.89998   0.2052844

> vxp=volatility(m1)
> vxm=volatility(m2)
> vsp5=volatility(m3)
```

```
> beta=(vxp^2-vxm^2)/(4*vsp5^2)
> tdx=c(1:2515)/252+2001
> m4=lm(cat~sp5)
> summary(m4)
Call: lm(formula = cat ~ sp5)

Coefficients:
            Estimate Std. Error t value Pr(>|t|)
(Intercept) 0.0006688  0.0003041   2.199   0.0279 *
sp5         1.1457961  0.0220900  51.870  <2e-16 ***
---
Residual standard error: 0.01525 on 2513 degrees of freedom
Multiple R-squared: 0.5171,    Adjusted R-squared: 0.5169
> plot(tdx,beta,xlab='year',ylab='beta',type='l')
> abline(h=c(1.146))
> idx=c(1:2515)[beta==max(beta)]   #Locate the outlier
> idx
[1] 1460
```

5.4 最小方差投资组合

GARCH 模型的另一个应用是在投资组合选择中估计资产收益随时间变化的协方差. 我们考虑 Markovitz(1959)投资组合中的均值-方差分析. 为了简化, 我们集中考虑最小方差组合. 假设组合中有 k 个风险资产, 组合收益的标准误差作为风险测量. 假设这 k 个资产的收益为 $\boldsymbol{r}_t = \{r_{1t}, \cdots, r_{kt}\}'$, $\boldsymbol{r}_t$ 的协方差矩阵为 $\boldsymbol{V}_t$, 组合的权重记为 $\boldsymbol{w}_t = \{w_{1t}, \cdots, w_{kt}\}'$. 权重是投资组合中每项资产所占的百分比. 则组合收益为 $\boldsymbol{w}_t' \boldsymbol{r}_t$, 组合收益的方差为 $\boldsymbol{w}_t' \boldsymbol{V}_t \boldsymbol{w}_t$.

最小方差组合的思想是, 选择一个权重 $\boldsymbol{w}_t$, 使得权重为下面简单最优化问题的解:

$$\min_{\boldsymbol{w}} \boldsymbol{w}' \boldsymbol{V}_t \boldsymbol{w} \quad \text{s.t.} \quad \sum_{i=1}^k w_i = 1$$

如果允许权重为负, 也就是说, 允许卖空, 则前面最优化问题的解很容易得到, 该解为:

$$\boldsymbol{w}_t = \frac{\boldsymbol{V}_t^{-1} \boldsymbol{1}}{\boldsymbol{1}' \boldsymbol{V}_t^{-1} \boldsymbol{1}} \tag{5-8}$$

其中 $\boldsymbol{1}$ 是所有元素为 1 的 k 维向量. 这里分母是矩阵 $\boldsymbol{V}_t^{-1}$ 所有元素的和, 分子是由 $\boldsymbol{V}_t^{-1}$ 的每一行元素之和构成的一个向量.

在实践中, 权重依赖于用来估计 $\boldsymbol{V}_t$ 的样本. 为了说明, 下面我们考虑 5 只股票的日对数收益率, 即波音公司(Boeing)、卡特彼勒(CAT)、IBM、微软(Micorsoft)和宝洁公司(Procter and Gamble). 我们使用样本协方差来估计 $\boldsymbol{V}_t$. 表 5-2a 给出了 3 个样本周期最小方差组合的权重. 表 5-2b 给出了每一种资产和投资组合的波动率. 正如预期, 该组合有很小的波动率.

表 5-2　5 只股票的最小方差组合：a)3 个样本周期的组合权重；b)资产和组合的波动率

资产	a)权重(%)		
	样本周期		
	$t\in[1:756]$	$[757:1512]$	$[1513:2515]$
ABT	6.73	9.09	2.05
CAT	14.43	3.77	−8.05
IBM	11.14	28.99	34.34
微软	4.45	15.79	0.42
宝洁公司	63.24	42.35	71.24
	b)波动率(%)		
ABT	2.37	1.35	2.27
CAT	2.08	1.64	2.61
IBM	2.22	0.99	1.67
微软	2.45	1.11	2.17
宝洁公司	1.41	0.89	1.38
最小方差组合	1.22	0.70	1.30

注：样本的时间从 2001 年 1 月 2 日到 2010 年 12 月 31 日.

下面考虑 GARCH 模型的应用. 我们利用式(5-5)来估计两个资产的协方差. 这些资产两两之间的协方差估计用来构造投资组合中所有资产的 V_t 估计. 这种协方差矩阵估计方法的一个可能缺陷是得到的协方差矩阵 V_t 可能不是正定的. 然而，对于较小的 k 和很大的 T 值，我们期望 V_t 是正定的.

为了说明 GARCH 模型的应用，我们考虑 ABT、IBM 和沃尔玛（Wal-Mart Stores，WMT）这三只股票的日对数收益率，时间从 2001 年 1 月 2 日到 2010 年 12 月 31 日. 对于给定的 t，应用 GARCH 模型来估计单一资产收益率、它们的和与它们的差的 V_t. 然后，我们得到最小方差组合，使用权重计算 $t+1$ 时刻资产组合的收益. 重复 $t+1$ 时刻的估计过程，从而计算 $t+2$ 时刻组合的收益. 换句话说，我们通过估计 V_t，得到一个新的权重，然后每日重新平衡投资组合. 这个样本外程序从 $t=2011$ 时刻开始，它相应于从 2008 年 12 月 29 日开始，直到 2010 年 12 月 31 日为止. 用这种方式，我们考虑两年共计 505 个观测值的最小方差组合. 在样本外期间组合收益的样本标准差为 0.0106. 而对于 ABT、IBM、沃尔玛这三家公司，它们单个资产的标准差分别为 0.0132、0.0146 和 0.0117. 因而，最小方差组合降低了风险. 图 5-7 给出了资产组合权重的时序图. 正如所料，这些权重随时间变化. 图 5-8 给出了组合中单个资产的波动率和最小方差组合波动率的时序图. 图 5-8 证明了资产组合的波动率是最小的.

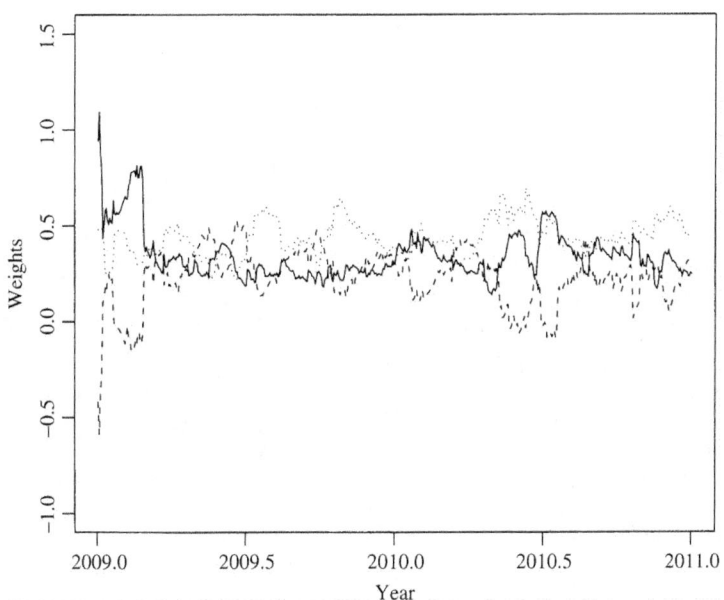

图 5-7 从 2008 年 12 月 29 日到 2010 年 12 月 31 日 3 只美国股票（ABT、IBM 和沃尔玛）收益的最小方差组合的权重. 数据为日对数收益率. 其中，实线、虚线和点线分别代表 ABT 股票、IBM 股票、沃尔玛股票

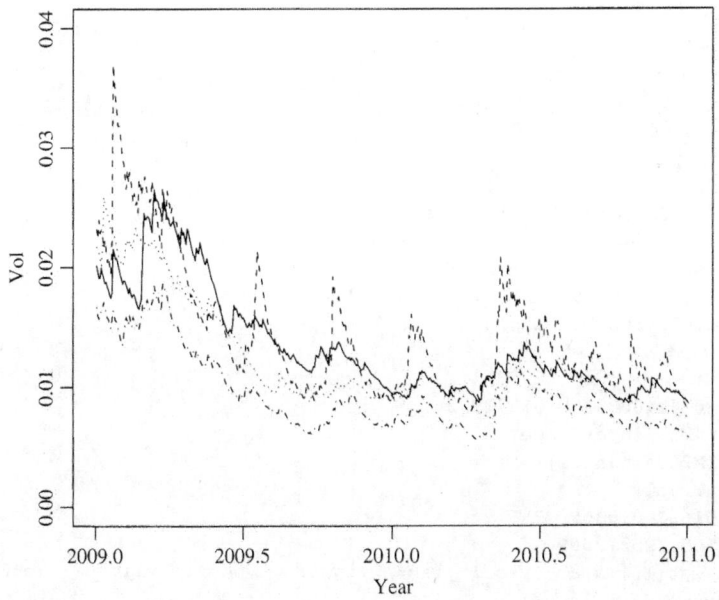

图 5-8 从 2008 年 12 月 29 日到 2010 年 12 月 31 日 ABT、IBM、沃尔玛 3 只股票日对数收益率和它们的最小方差组合的波动率时序图. 数据为日对数收益率. 其中，实线、虚线、点线和点画线分别代表 ABT 股票、IBM 股票、沃尔玛股票和它们的资产组合

R 代码演示（输出经过编辑. 其中应用了简单 R 脚本 GMVP.R）

```
> library(fGarch)
> rtn=cbind(ba,cat,ibm,msft,pg)
> V1=cov(rtn[1:756,])
> V1inv=solve(V1)
> One=matrix(1,5,1)
> Wgt=V1inv%*%One
> D=sum(Wgt*One)
> Wgt=Wgt/D
> print(Wgt)
            [,1]
ba    0.06730200
cat   0.14432554
ibm   0.11141018
msft  0.04452799
pg    0.63243428
> print(1/sqrt(D))
[1] 0.01223689
> print(sqrt(diag(V1)))
         ba        cat        ibm       msft         pg
 0.02374290 0.02076534 0.02222969 0.02452022 0.01409959

> rtn=cbind(abt,ibm,wmt)
> source("GMVP.R")
> M2=GMVP(rtn,start=2011)
> names(M2)
[1] "weights"   "minVariance" "variances"  "returns"  "det"
> wgt=M2$weights
> range(wgt)
[1] -0.588097  1.095440
> prtn=M2$returns
> mean(prtn)
[1] 0.0001088868
> sqrt(var(prtn))
[1] 0.01026186
> Mean=apply(rtn[2012:2515,],2,mean)
> Mean
          abt           ibm           wmt
-8.356484e-05  1.180094e-03  1.122753e-05
> v1=sqrt(apply(rtn[2012:2515,],2,var))
> print(v1)
       abt        ibm        wmt
0.01315420 0.01460831 0.01171992
> minV=sqrt(M2$minVariance)
> Vol=sqrt(M2$variances)
> range(minV,Vol)
[1] 0.005651687 0.036997356
> tdx=c(1:505)/252+2009
> plot(tdx,wgt[1,],xlab='year',ylab='weights',type='l',ylim=c(-.75,1.5))
> lines(tdx,wgt[2,],lty=2)
> lines(tdx,wgt[3,],lty=3)
> plot(tdx,Vol[,1],xlab='year',ylab='vol',type='l',ylim=c(0,0.04))
> lines(tdx,Vol[,2],lty=2)
> lines(tdx,Vol[,3],lty=3)
> lines(tdx,minV,lty=4)
```

5.5 预测

这一节，我们利用 GARCH 模型来改进时间序列模型的建模和预测. 在 2008 年夏天和 2011 年春天，原油价格的增加对于全球经济有实质性的影响. 因此，预测原油价格是一个感兴趣和重要的课题. 然而，原油价格受很多因素和外部扰动的影响，不容易进行分析. 在这个应用中，我们利用从 1997 年 1 月 3 日到 2010 年 9 月 24 日美国原油价格的周数据，共计 717 个观测值. 价格是以估计的进口数量为权重的加权离岸价格 (Freight on board，FOB)，用美元/桶表示. 数据可从美国能源信息局 (US Energy Information Administration) 网站下载. 图 5-9a 显示了原油价格时序图. 从图 5-9a 中可以看出，2008 年夏天原油价格明显上涨. 该价格表现出了递增的趋势，所以价格序列是非平稳的. 图 5-9b 表明了每周价格的变化. 该差分序列表现出了波动聚集现象，但是它没有明显违反弱平稳性. 我们将着重分析价格变化序列. 我们的分析表明对于价格变化，纯 ARMA 模型是不充分的. 一方面，ARMA 模型不能处理波动率聚集. 另一方面，ARMA-GARCH 模型能充分地处理这些数据的复杂性，并能提高样本外预测.

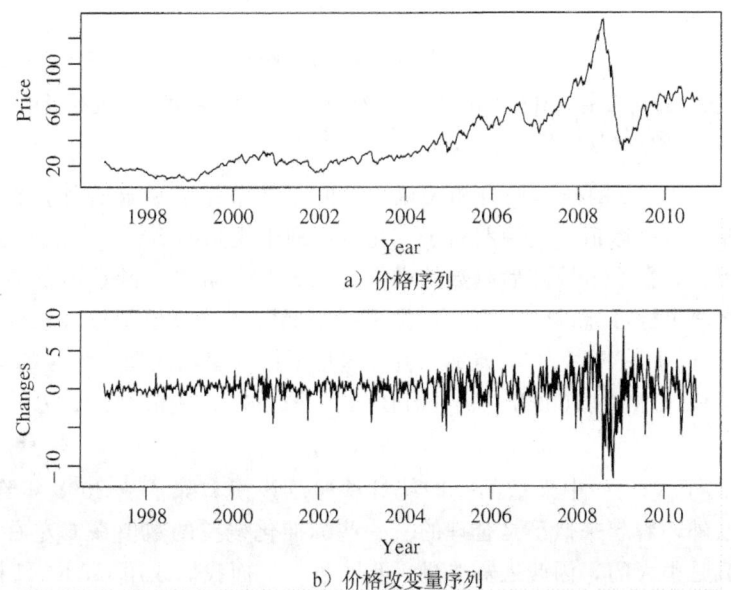

a) 价格序列

b) 价格改变量序列

图 5-9 从 1997 年 1 月 3 日到 2010 年 9 月 24 日美国原油价格 (美元/桶) 周数据时序图
数据来源：来自美国能源信息局

将我们的分析作为 GARCH 模型应用的一个案例. 因此，这里提供了足够的细节，使读者能深入了解如何用 GARCH 模型改进时间序列分析. 用 C_t 表示价格变化序列，图 5-10 给出了 C_t 的样本自相关和偏自相关函数. 这些相关函数证实 C_t 是弱平稳的. 它们也表明原油价格中存在确定的周期性，在第 5、第 10、第 20 和第 25 阶滞后上自相关和偏自相关函数存在一个显著的数值. 我们把这个周期现象看做是周模式，因为一周有 5 个工作日. 因此，对于 C_t，我们采用一个季节模型.

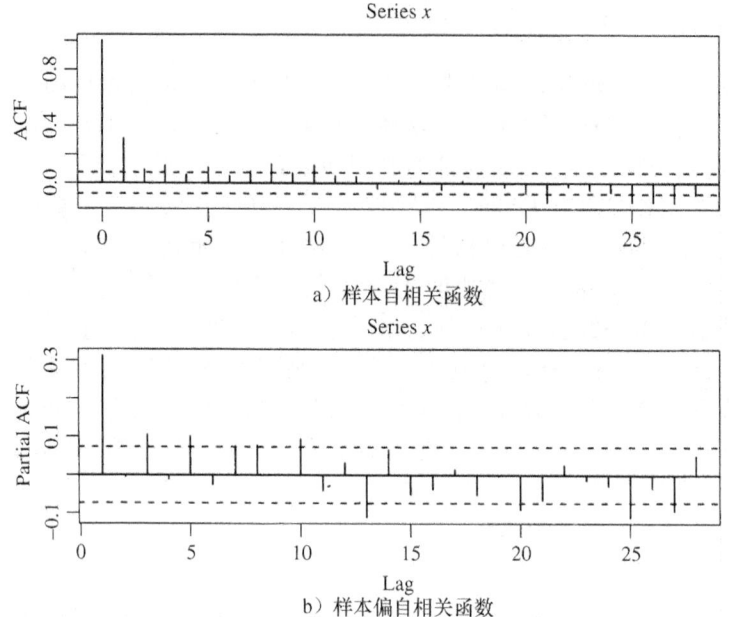

图 5-10 从 1997 年 1 月 3 日到 2010 年 9 月 24 日美国原油价格周数据变化量序列的样本自相关和偏自相关函数

注意，图 5-10 中 C_t 的样本偏自相关函数，除了季节性滞后显著外，它主要在滞后 1 阶和 3 阶上存在显著的数值. 这说明对于变化量序列中规则的部分，AR(3)模型是充分的. 下面转向季节模式，在季节性滞后阶数的样本自相关和偏自相关函数不是很大，尽管它们非对称地分布在两个标准差以外. 因此，尝试一个低阶的季节模型将很充分. 因此，对于 C_t 序列，我们设定为 ARMA(3, 0)(2, 0)$_5$，这里下标 5 表示周期，拟合的模型为：

$$(1 - 0.319B + 0.069B^2 - 0.107B^3)(1 - 0.081B^5 - 0.118B^{10})C_t = a_t$$

$$\sigma_a^2 = 3.63 \tag{5-9}$$

图 5-11 给出了式(5-9)中模型的一些统计检验. 该模型除了从 2008 年到 2010 年存在很高的波动率以外，看起来似乎是合理的. 一些标准化残差的数值在 6 左右，和标准正态分布相比这些值是很大的，因此还需要进一步改善，下面我们改用 GARCH 模型建模.

由于 FGarch 软件包不能特别处理季节均值方程，所以我们决定先从变化量序列中剔除这个很弱的季节性. 为了这个目的，我们为序列 C_t 拟合一个纯季节模型，得到模型如下：

$$(1 - 0.0983B^5 - 0.1152B^{10})C_t = b_t$$

这个模型是不充分的，但它提供了一个简单的过滤器，可以应用它来去掉序列 C_t 中的季节成分. 事实上，对于这个特定的实例，残差序列在季节性滞后项上不存在显著的序列相关. 残差序列为：

$$C_t^* = C_t - 0.0983C_{t-5} - 0.1152C_{t-10} \quad t = 11, 12, \cdots, 716$$

图 5-12 显示了序列 C_t^* 的样本自相关和偏自相关函数. 除了滞后 25 阶以外，在任何季节滞

后项上都没有显著的相关关系.

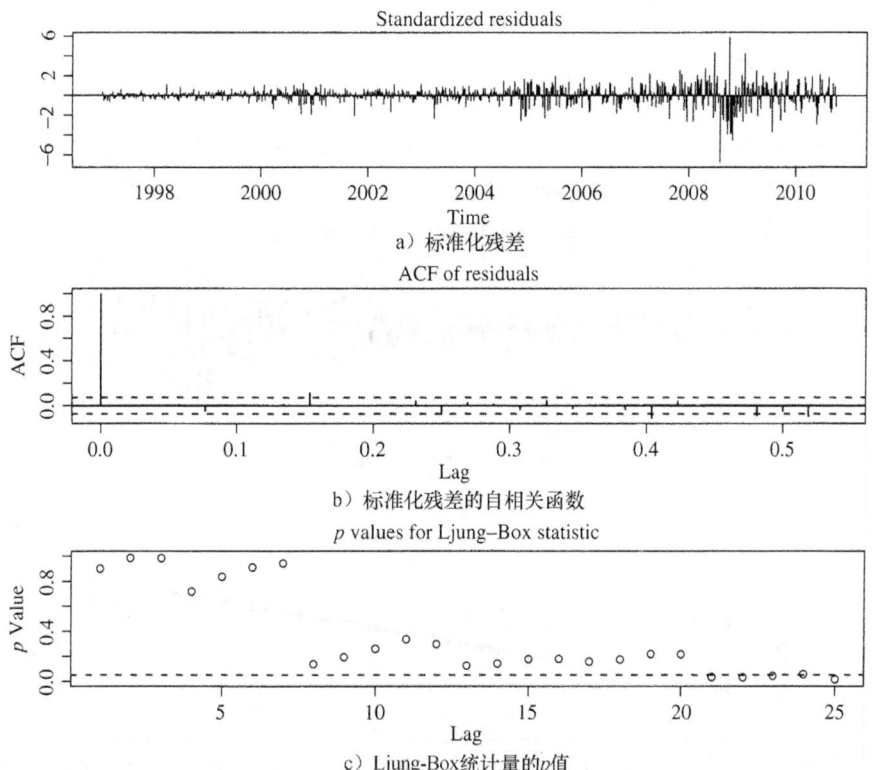

图 5-11　式(5-9)中对 1997 年 1 月 3 日到 2010 年 9 月 24 日美国原油价格周数据变化量所建模型的统计检验图

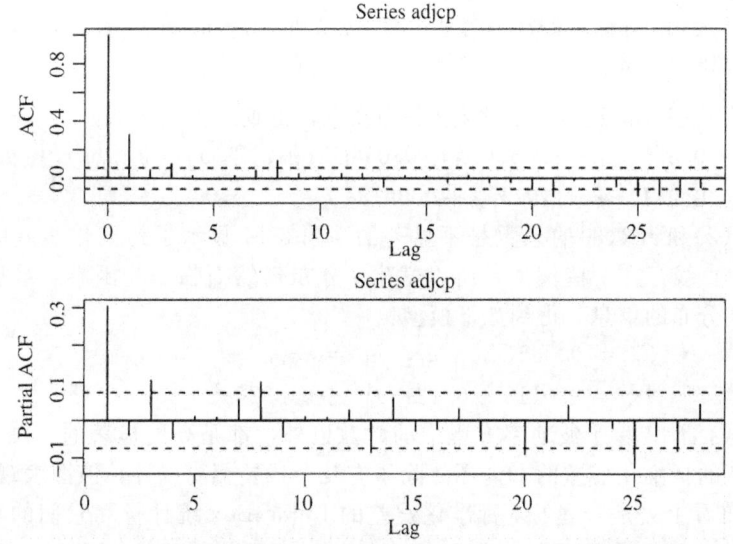

图 5-12　周原油价格变化序列的季节调整数据的样本自相关和偏自相关函数. 季节调整是应用一个以 5 为季节周期的 AR(2) 模型剔除季节成分

随着季节性成分的去除，对于价格变化序列的调整序列 C_t^*，我们应用一个 AR(3)-GARCH(1，1)模型．拟合的模型为：

$$C_t^* = 0.323C_{t-1}^* - 0.092C_{t-2}^* + 0.040C_{t-3}^* + a_t, \quad a_t = \sigma_t\varepsilon_t, \quad \varepsilon_t \sim N(0,1)$$
$$\sigma_t^2 = 0.0168 + 0.0904a_{t-1}^2 + 0.910\sigma_{t-1}^2 \tag{5-10}$$

除了 AR(3)系数外，所有的参数估计在 5% 水平上都是统计显著的．图 5-13 给出了带有估计波动率的序列 C_t^* 的时序图和标准化残差的 QQ 图．很显然，标准化残差不具有正态性．

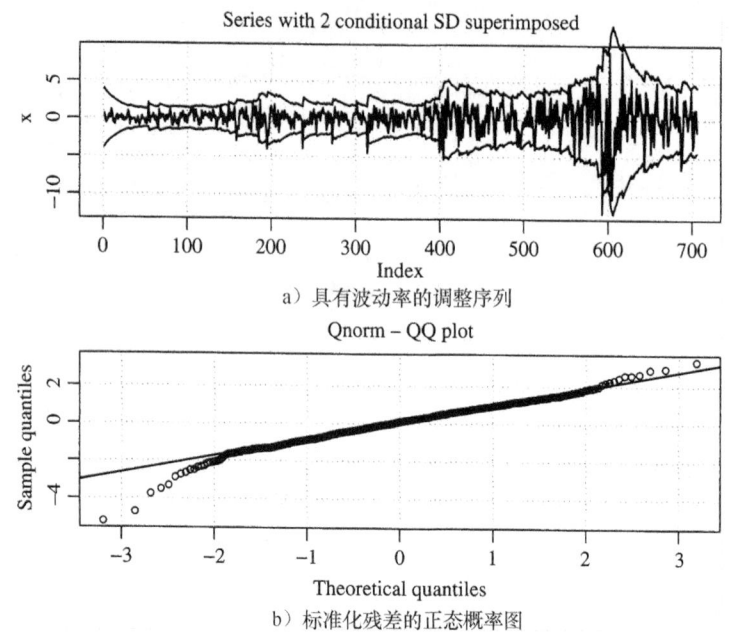

a）具有波动率的调整序列

b）标准化残差的正态概率图

图 5-13 利用美国原油价格周数据的变化序列的季节调整数据拟合的 AR(3)-GARCH(1，1)模型的时序图

为了处理非正态性，我们采用学生 t 分布新息，得到的模型如下：

$$C_t^* = 0.325C_{t-1}^* - 0.065C_{t-2}^* + 0.056C_{t-3}^* + a_t, \quad a_t = \sigma_t\varepsilon_t, \quad \varepsilon_t \sim t_{6.76}$$
$$\sigma_t^2 = 0.0111 + 0.1197a_{t-1}^2 + 0.8918\sigma_{t-1}^2 \tag{5-11}$$

可见，AR(2)和 AR(3)的系数是不显著的．图 5-14 显示了标准化残差的 QQ 图．该 QQ 图显示它和直线存在一些偏离，所以学生 t 分布仍然面临一些困难．最后，我们使用服从有偏学生 t 分布的信息，得到如下模型：

$$C_t^* = 0.295C_{t-1}^* + a_t, \quad a_t = \sigma_t\varepsilon_t, \quad \varepsilon_t \sim t_{6.47,0.862}$$
$$\sigma_t^2 = 0.0113 + 0.1216a_{t-1}^2 + 0.8926\sigma_{t-1}^2 \tag{5-12}$$

所有的参数估计，除了波动率方程中的常数以外，都是高度显著的．图 5-14b 给出了式(5-12)中模型的标准化残差的 QQ 图．除了有几个残差偏离以外，该图表现为一条直线．因此，新息分布看上去是合理的．标准化残差的 Ljung-Box 统计量和它们的平方序列都不能拒绝该模型．对于标准化残差，我们有 Q(10)=17.27(0.07)，Q(20)=24.93(0.20)，括号里的数值表示 p 值．对于残差平方，我们有 Q(10)=4.37(0.93)，Q(20)=10.73

(0.95). 式(5-12)的模型好像是充分的. 图 5-15 显示了标准化残差和带有拟合波动率的 C_t^* 序列的时序图. 残差图证明存在几个异常值. 根据拟合的模型, 偏度的 t 值为 $t = (0.862-1)/0.048 = -2.875$, 证实新息分布是左偏的.

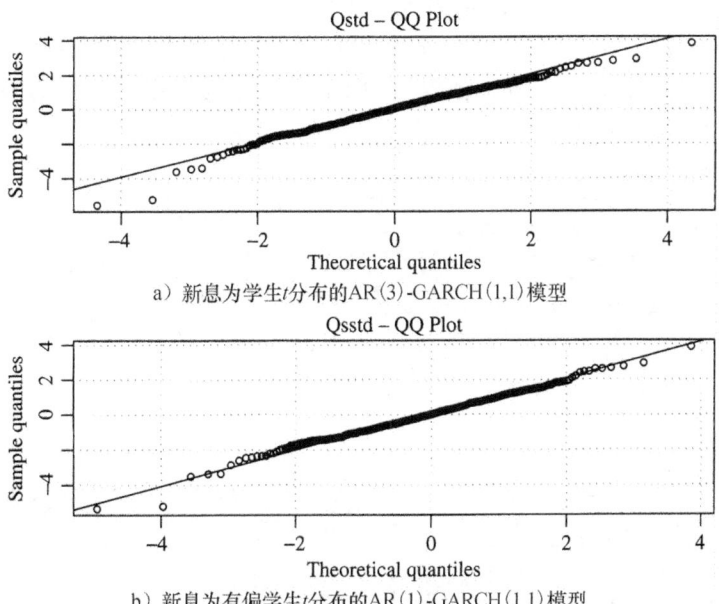

a) 新息为学生 t 分布的 AR(3)-GARCH(1,1) 模型

b) 新息为有偏学生 t 分布的 AR(1)-GARCH(1,1) 模型

图 5-14 美国原油价格周数据变化序列的季节调整数据的 QQ 图

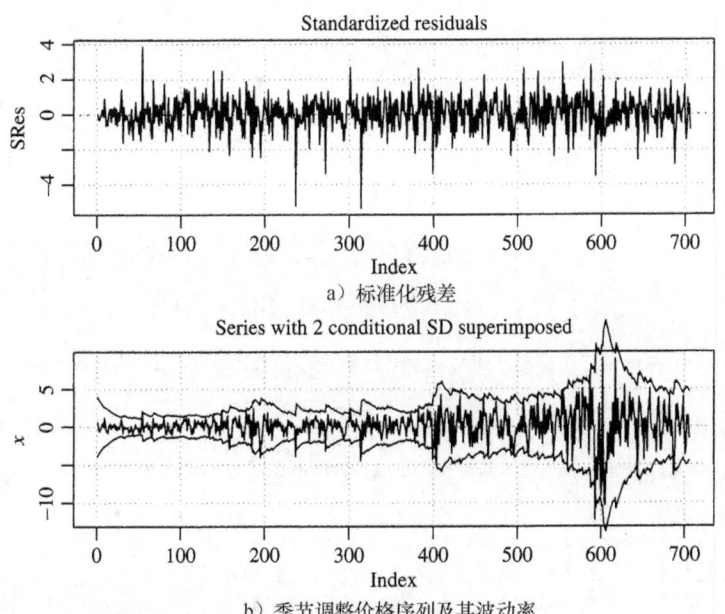

a) 标准化残差

b) 季节调整价格序列及其波动率

图 5-15 美国原油价格周数据变化序列的季节调整数据的新息为有偏学生 t 分布的 AR(1)-GARCH(1, 1) 模型的检验图

按照样本内拟合，我们的分析表明，和式(5-9)的纯时间序列模型相比，式(5-12)中有偏学生 t 新息的 AR(1)-GARCH(1，1)模型拟合得很好．对于样本外比较，我们使用季节调整数据进行回测检验．这里，对于纯时间序列模型，我们使用 AR(3) 模型．从点 $t=650$ 开始，保留了 56 个样本点用来比较预测值．对于超前 1 步和超前 2 步预测，AR(3) 模型预测误差的均方分别为 2.368 和 2.558. 对于式(5-12)的 AR(1)-GARCH(1，1)模型，相应误差分别为 2.270 和 2.436. 因此，使用 GARCH 模型能够提高样本外预测的精度．

R 代码演示（输出经过编辑）

```
> library(fGarch)
> da=read.table("w-petroprice.txt",header=T)
> price=ts(pet,frequency=52,start=c(1997,1))
> dp=ts(diff(price),frequency=52,start=c(1997,2))
> par(mfcol=c(2,1))
> plot(price,xlab='year',ylab='price')
> plot(dp,xlab='year',ylab='changes')
> cprice=diff(price)
> m2=arima(cprice,order=c(3,0,0),seasonal=list(order=c(2,0,0),period=5))
> m2=arima(cprice,order=c(3,0,0),seasonal=list(order=c(2,0,0),period=5),
      include.mean=F)
> m2
arima(x=cprice,order=c(3,0,0),seasonal=list(order=c(2,0,0),period=5),
      include.mean = F)
Coefficients:
         ar1      ar2     ar3     sar1    sar2
      0.3191  -0.0689  0.1075  0.0817  0.1181
s.e.  0.0372   0.0397  0.0375  0.0377  0.0376

sigma^2 estimated as 3.634:  log likelihood = -1478.02,  aic = 2968.04
> length(cprice)
[1] 716
> m2=arima(cprice,seasonal=list(order=c(2,0,0),period=5),include.mean=F)
> m2
arima(x=cprice,seasonal=list(order=c(2,0,0),period=5),include.mean=F)
Coefficients:
        sar1    sar2
      0.0983  0.1152
s.e.  0.0371  0.0372
> adjcp=cprice[11:716]-0.0983*cprice[6:711]-0.1152*cprice[1:706]
> acf(adjcp)
> pacf(adjcp)
>
> m3=garchFit(~arma(3,0)+garch(1,1),data=adjcp,trace=F,include.mean=F)
> summary(m3)
Title:  GARCH Modelling
Call:
 garchFit(formula=~arma(3,0)+garch(1,1),data=adjcp,include.mean=F,
    trace = F)
Error Analysis:
        Estimate   Std. Error   t value  Pr(>|t|)
ar1     0.323491   0.040309      8.025   1.11e-15 ***
ar2    -0.092109   0.041690     -2.209   0.0271   *
ar3     0.040485   0.040117      1.009   0.3129
omega   0.016752   0.008171      2.050   0.0403   *
alpha1  0.090404   0.015674      5.768   8.04e-09 ***
```

```
beta1     0.910224       0.014837    61.348 < 2e-16 ***
---
Standardised Residuals Tests:
                              Statistic p-Value
 Ljung-Box Test      R    Q(10)  15.30411  0.1213615
 Ljung-Box Test      R    Q(20)  22.75042  0.3012149
 Ljung-Box Test      R^2  Q(10)   3.155763 0.977517
 Ljung-Box Test      R^2  Q(20)   9.651636 0.9740579
> plot(m3)
> m4=garchFit(~arma(3,0)+garch(1,1),data=adjcp,trace=F,
    include.mean=F,cond.dist="std")
> summary(m4)
Call:
garchFit(formula=~arma(3,0)+garch(1,1),data=adjcp,
   cond.dist="std",include.mean = F, trace = F)
Conditional Distribution:   std
Error Analysis:
         Estimate  Std. Error  t value Pr(>|t|)
ar1      0.325394   0.038778    8.391 < 2e-16 ***
ar2     -0.065107   0.040791   -1.596   0.110
ar3      0.056019   0.039464    1.420   0.156
omega    0.011176   0.008849    1.263   0.207
alpha1   0.119702   0.023879    5.013 5.36e-07 ***
beta1    0.891777   0.019161   46.540 < 2e-16 ***
shape    6.761277   1.582183    4.273 1.93e-05 ***
---
Standardised Residuals Tests:
                              Statistic p-Value
 Ljung-Box Test      R    Q(10)  14.96374  0.1333895
 Ljung-Box Test      R    Q(20)  22.95292  0.291112
 Ljung-Box Test      R^2  Q(10)   4.517846 0.920978
 Ljung-Box Test      R^2  Q(20)  10.55414  0.9569761
> plot(m4)
> m5=garchFit(~arma(1,0)+garch(1,1),data=adjcp,trace=F,
    include.mean=F,cond.dist="sstd")
> summary(m5)
Call: garchFit(formula=~arma(1,0)+garch(1,1),data=adjcp,
   cond.dist="sstd",include.mean = F, trace = F)
Conditional Distribution:   sstd
Error Analysis:
         Estimate  Std. Error  t value Pr(>|t|)
ar1      0.294917   0.036755    8.024 1.11e-15 ***
omega    0.011334   0.009021    1.256   0.209
alpha1   0.121625   0.024040    5.059 4.21e-07 ***
beta1    0.892568   0.018457   48.358 < 2e-16 ***
skew     0.861831   0.047754   18.047 < 2e-16 ***
shape    6.470892   1.532304    4.223 2.41e-05 ***
---
Standardised Residuals Tests:
                              Statistic p-Value
 Ljung-Box Test      R    Q(10)  17.27285  0.0685404
 Ljung-Box Test      R    Q(20)  24.92514  0.2043099
 Ljung-Box Test      R^2  Q(10)   4.370475 0.9290906
 Ljung-Box Test      R^2  Q(20)  10.72815  0.95297
> plot(m5)
% Backtesting
```

```
> M3=arima(adjcp,order=c(3,0,0),include.mean=F)
> source("backtest.R")
> M3F=backtest(M3,adjcp,650,2,inc.mean=F)
[1] "RMSE of out-of-sample forecasts"
[1] 2.368055 2.557732
> source("backtestGarch.R")
> M4F=backtestGarch(adjcp,650,2,inc.mean=F,cdist="sstd")
[1] "RMSE of out-of-sample forecasts"
[1] 2.270438 2.435757
```

习题

1. 考虑世界原油价格周数据，时间从 1997 年 1 月 3 日到 2010 年 9 月 24 日，数据来自美国能源信息局，存于文件 w-petroprice.txt 中。着重考虑价格变化量序列：
   (a) 对于世界原油价格的周变化量序列，建立一个纯 ARMA 模型。
   (b) 在价格变化量序列中存在任何季节性吗？如果有，进行简单的季节调整来消除季节性影响。
   (c) 对于价格改变量的季节调整序列建立一个纯 ARMA 模型。
   (d) 对于价格改变量的季节调整序列建立一个 ARMA-GARCH 模型。
   (e) 用最近 56 个样本点数据进行回测检验来比较前面的 ARMA 模型和 ARMA-GARCH 模型。

2. 考虑 ABT 股票从 2001 年 1 月 2 日到 2010 年 12 月 31 日的日对数价格。股票简单收益率在文件 d-a2a-0110.txt 中给出。利用一个具有高斯新息的 GARCH 模型得到 $h=1$、5、10、20、25、30、35、40 的从 $t=2011$ 到 $t=2515$ 的波动率期限结构。这里 h 为交易天数。

3. 利用 S&P 500 指数代表美国的股票市场。计算 ABT 公司股票随时间变化的 β 值。样本周期从 2001 年 1 月 2 日到 2010 年 12 月 31 日。有效数据来自 CRSP 和雅虎财经。数据在文件 d-abtsp-0110.txt 中给出。

4. 假设一个投资组合包含美国股票市场的 3 只股票，它们是美国铝业公司(Alcoa)、美国运通公司(American Express)和 ABT 公司。日简单收益率数据来自文件 d-a2a-0110.txt。使用 GARCH 模型得到这些股票的条件协方差矩阵，样本周期从 2008 年 9 月 29 日到 2010 年 12 月 31 日。对于样本周期，得到最小方差组合的权重和相应的波动率。类似于图 5-7 和图 5-8 的权重和波动率的图示，绘制权重和波动率。

5. 考虑苹果公司的日简单收益率，时间从 2001 年 1 月 2 日到 2010 年 12 月 31 日。有效数据来自文件 d-a2a-0110.txt。对日对数收益率建立一个高斯 GARCH(1, 1)模型。假设每年无风险利率为 1%，股票当前价格为 350 美元，如果执行价格是 355 美元，到期时间是 10 个交易日。利用模拟方法来计算欧式看涨期权和亚式看涨期权的价格。

参考文献

Amin K, Ng V. Option valuation with systematic stochastic volatility. J Finance 1993; 48: 881–910.

Black F. Capital market equilibrium with restricted borrowing. J Bus 1972; 45: 444–454.

Duan JC. The GARCH option pricing model. Math Finance 1995; 5: 13–32.

Engle RE, Rosenberg J. GARCH gamma. J Deriv 1995; 2: 47–59.

Hafner CM, Härdle W. Discrete time option pricing with flexible volatility estimation. Finance and Stochastics 2000; 4: 189–207.

Hull J. Options, Futures & Other Derivatives with Derivagem CD Value Package. 8th ed. Upper Saddle River (NJ): Prentice Hall; 2011.

Hull J, White A. The pricing of options on assets with stochastic volatilities. J Finance 1987; 42: 281–300.

Markovitz H. Portfolio Selection: Efficient Diversification of Investments. New York: John Wiley & Sons; 1959.

Tsay RS. Analysis of Financial Time Series. 3rd ed. Hoboken (NJ): John Wiley; 2010.

第 6 章　高频金融数据

金融中的高频数据通常是指以日或更小时间间隔抽取的观测值. 由于信息技术的发展以及交易电子化的趋势, 这些高频数据目前是可以得到的. 近几年, 由于高频数据在市场微观结构实证研究和高频交易方面的重要性而受到广泛的关注. 一些极端事件, 如 2010 年 5 月 6 日美国股市的闪电崩盘, 强调有必要更深入地了解实时的市场化运作. 事实上, 近几年金融市场领域对直接市场接入(Direct Market Access, DMA)的兴趣日益增长.

金融中最极端的高频数据是证券市场中记录每一笔交易或贸易的数据, 这里的时间通常是以秒或者几分之一秒为单位测量的. 纽约股票交易所(New York Stock Exchange, NYSE)的交易行情(Trades and Quotes, TAQ)数据库包含了**证券买卖汇总记录带**(Consolidated Tape)报告的所有证券的交易和行情记录, 它包括了在 NYSE、AMEX、NASDAQ 以及在纽约以外的美国地区证券交易所(regional exchange)的交易数据. 关于期权数据, 可以参考芝加哥期权交易所(CBOE)网站. 对于美国国内与国外的其他证券和市场的交易数据, 都是连续收集和处理的. Wood(2000)对于高频金融数据研究提供了一些历史观察法.

高频金融数据在研究与交易过程和市场微观结构相关的大量问题中都是很重要的. 可以用它们来比较不同交易系统(如 NYSE 的公开叫价系统和 NASDAQ 的计算机交易系统)在价格发现(price discovery)方面的有效性, 还可以用它们来研究某只股票买卖报价的动态性(如 Hasbrouck, 1999; Zhang 等, 2008). 在一个指令驱动的股票市场(如中国台湾股市交易所)中, 高频数据还可以用来研究指令动态, 更有趣的是可以用它们来研究"是谁提供了市场的流动性"这样的问题. Cho 等(2003)利用在中国台湾股市交易所中交易的 340 多只股票一天中每 5 分钟的收益率来研究设定日股价上下限的影响, 发现了向股价上限趋近磁效应的显著证据. 高频金融数据在算法交易和直接市场接入(DMA)上也起很重要的作用. 它们可以用来设计交易策略, 监控投资与风险. 更多信息可以参阅 Johnson(2010) 和 Hasbrouck(2007).

然而, 高频数据还有一些低频数据中不会出现的独特特征, 这对分析这些数据的金融经济学家与统计学家提出了新的挑战. 在本章中, 我们主要研究这些特殊的特征, 考虑分析高频数据的方法, 并且讨论所得结果的意义. 特别地, 我们讨论非同步交易、买卖报价差(bid-ask spread)、高频数据日模式、交易价格变化以及交易强度. 我们还介绍一些算法交易.

6.1 非同步交易

我们从非同步交易的讨论开始. 股票交易(如同 NYSE 中的一样)并不是同步发生的, 不同的股票有着不同的交易频率, 即使是同一种股票, 其交易强度也是不断变化的. 然而, 我们经常是对一个固定的时间间隔, 如一天、一周或者一个月, 分析收益率序列. 对于日序列, 股价指的是其**收盘**(closing)价格, 即该股票在一个交易日内最后一次交易的价格, 而股票最后一次交易的实际时间也是天天变化的. 这样, 我们不正确地假定日收益率序列在 24 小时内是等间隔的. 实践证明, 这种假定可以导致甚至是在真实的收益率序列前后独立的时候, 股票收益率可预测的错误结论.

对于股票日收益率, 非同步交易可以导致: 1)股票收益率之间的 1 阶滞后交叉相关; 2)组合收益率的 1 阶滞后序列相关; 3)某些情形下单只股票收益率序列的负序列相关. 考虑股票 A 与 B. 假定这两只股票是独立的, 并且股票 A 比股票 B 的交易频繁. 对于在某一天接近收盘时刻出现的一个特定的影响市场的消息, 股票 A 比股票 B 更可能在同一天中显示出这个消息的效应, 因为 A 的交易更频繁. 该消息对股票 B 的效应最终也会出现, 但可能会延迟到下一个交易日. 如果这种情况发生, 则好像是股票 A 的收益率引导着股票 B 的收益率. 因此, 尽管这两只股票是独立的, 但是它们的收益率序列可能会显示出显著的 1 阶滞后交叉相关性. 对于持有股票 A 与 B 的组合, 前面的交叉相关将会变成一个显著的 1 阶滞后序列相关.

更复杂的方式是, 非同步交易也能引起单只股票错误的负序列相关. 文献中已有几个研究这种现象的模型, 参见 Campbell 等 (1997) 及其参考文献. 这里我们采用 Lo 和 MacKinlay(1990)提出的模型的一个简化形式. 令 r_t 表示证券在 t 时刻的连续复合收益率. 为了简单, 假定 $\{r_t\}$ 是一个独立同分布的随机变量序列, 均值 $E(r_t)=\mu$、方差 $\text{Var}(r_t)=\sigma^2$. 对于每个时间段, 证券不交易的概率为 π, 它是不随时间变化的, 并且与 r_t 独立. 令 r_t^o 表示观测到的收益率, 如果 t 时刻没有交易, 则 $r_t^o=0$, 因为此时没有可以利用的信息. 如果 t 时刻有一个交易, 则我们定义 r_t^o 为从前一个交易开始的累积收益率(也就是说, $r_t^o=r_t+r_{t-1}+\cdots+r_{t-k_t}$, 其中 k_t 是满足在 $t-k_t$, $t-k_t+1$, $\cdots$, $t-1$ 时刻没有交易发生的最大非负整数). r_t 与 r_t^o 的关系用数学式子表示如下:

$$r_t^o = \begin{cases} 0 & \text{概率为 } \pi \\ r_t & \text{概率为 } (1-\pi)^2 \\ r_t+r_{t-1} & \text{概率为 } (1-\pi)^2\pi \\ r_t+r_{t-1}+r_{t-2} & \text{概率为 } (1-\pi)^2\pi^2 \\ \vdots & \vdots \\ \sum_{i=0}^{k} r_{t-i} & \text{概率为 } (1-\pi)^2\pi^k \\ \vdots & \vdots \end{cases} \tag{6-1}$$

这些概率很容易理解. 例如, $r_t^o=r_t$ 当且仅当 t 时刻与 $t-1$ 时刻都有交易发生; $r_t^o=r_t+r_{t-1}$, 当且仅当 t 时刻与 $t-2$ 时刻都有交易发生, 但是 $t-1$ 时刻无交易发生; $r_t^o=r_t+r_{t-1}+r_{t-2}$, 当且仅当 t 时刻与 $t-3$ 时刻都有交易发生, 但是 $t-1$ 时刻与 $t-2$ 时刻无交易发生; 等等. 不出所料, 总概率为 1, 由下式给出

$$\pi+(1-\pi)^2[1+\pi+\pi^2+\cdots]=\pi+(1-\pi)^2\frac{1}{1-\pi}=\pi+1-\pi=1$$

我们下面考虑观测到的收益率序列 $\{r_t^o\}$ 的矩式. 首先, r_t^o 的期望是

$$E(r_t^o)=(1-\pi)^2 E(r_t)+(1-\pi)^2\pi E(r_t+r_{t-1})+\cdots$$
$$=(1-\pi)^2\mu+(1-\pi)^2\pi 2\mu+(1-\pi)^2\pi^2 3\mu+\cdots$$

$$= (1-\pi)^2 \mu [1 + 2\pi + 3\pi^2 + 4\pi^3 + \cdots]$$
$$= (1-\pi)^2 \mu \frac{1}{(1-\pi)^2} = \mu \tag{6-2}$$

在上面的推导中，我们利用了结果 $1+2\pi+3\pi^2+4\pi^3+\cdots=1/(1-\pi)^2$，该结果可以通过对几何级数 $g(\pi)=1+\pi+\pi^2+\cdots=1/(1-\pi)$ 求导数得到. 下一步，对于 r_t^o 的方差，我们利用 $\mathrm{Var}(r_t^o)=E[(r_t^o)^2]-[E(r_t^o)]^2$，以及

$$E(r_t^o)^2 = (1-\pi)^2 E[(r_t)^2] + (1-\pi)^2 \pi E[(r_t + r_{t-1})^2] + \cdots$$
$$= (1-\pi)^2 [(\sigma^2 + \mu^2) + \pi(2\sigma^2 + 4\mu^2) + \pi^2(3\sigma^2 + 9\mu^2) + \cdots] \tag{6-3}$$
$$= (1-\pi)^2 [\sigma^2(1 + 2\pi + 3\pi^2 + \cdots) + \mu^2(1 + 4\pi + 9\pi^2 + \cdots)] \tag{6-4}$$
$$= \sigma^2 + \mu^2 \left[\frac{2}{1-\pi} - 1\right] \tag{6-5}$$

在式(6-3)中，我们利用了在 r_t 前后独立性假定下式成立:

$$E\left(\sum_{i=0}^{k} r_{t-i}\right)^2 = \mathrm{Var}\left(\sum_{i=0}^{k} r_{t-i}\right) + \left[E\left(\sum_{i=0}^{k} r_{t-i}\right)\right]^2 = (k+1)\sigma^2 + [(k+1)\mu]^2$$

利用与式(6-2)类似的方法，我们能够证明式(6-4)的第一项简化为 σ^2. 对于式(6-4)的第二项，我们利用恒等式

$$1 + 4\pi + 9\pi^2 + 16\pi^3 + \cdots = \frac{2}{(1-\pi)^3} - \frac{1}{(1-\pi)^2}$$

此恒等式可以如下推出: 令

$$H = 1 + 4\pi + 9\pi^2 + 16\pi^3 + \cdots \quad \text{且} \quad G = 1 + 3\pi + 5\pi^2 + 7\pi^3 + \cdots$$

那么 $(1-\pi)H=G$，且

$$(1-\pi)G = 1 + 2\pi + 2\pi^2 + 2\pi^3 + \cdots$$
$$= 2(1 + \pi + \pi^2 + \cdots) - 1 = \frac{2}{1-\pi} - 1$$

因此，从式(6-2)与式(6-5)中可以得出

$$\mathrm{Var}(r_t^o) = \sigma^2 + \mu^2 \left[\frac{2}{1-\pi} - 1\right] - \mu^2 = \sigma^2 + \frac{2\pi\mu^2}{1-\pi} \tag{6-6}$$

下一步考虑 $\{r_t^o\}$ 的 1 阶滞后自协方差. 这里我们利用

$$\mathrm{Cov}(r_t^o, r_{t-1}^o) = E(r_t^o r_{t-1}^o) - E(r_t^o)E(r_{t-1}^o) = E(r_t^o r_{t-1}^o) - \mu^2$$

则这个问题简化为求 $E(r_t^o r_{t-1}^o)$. 注意，如果 t 时刻无交易，或者 $t-1$ 时刻无交易，或者 t 时刻与 $t-1$ 时刻都无交易，则 $r_t^o r_{t-1}^o = 0$. 因此，我们得到

$$r_t^o r_{t-1}^o = \begin{cases} 0 & \text{概率为 } 2\pi - \pi^2 \\ r_t r_{t-1} & \text{概率为 } (1-\pi)^3 \\ r_t(r_{t-1} + r_{t-2}) & \text{概率为 } (1-\pi)^3 \pi \\ r_t(r_{t-1} + r_{t-2} + r_{t-3}) & \text{概率为 } (1-\pi)^3 \pi^2 \\ \vdots & \vdots \\ r_t \sum_{i=1}^{k} r_{t-i} & \text{概率为 } (1-\pi)^3 \pi^{k-1} \\ \vdots & \vdots \end{cases} \tag{6-7}$$

总概率也是 1. 为了理解前面的结果，注意 $r_t^o r_{t-1}^o = r_t r_{t-1}$ 当且仅当在时刻 $t-2$、$t-1$ 和 t 有 3 个连续的交易. 利用式(6-7)以及对 $j>0$，$E(r_t r_{t-j}) = E(r_t) E(r_{t-j}) = \mu^2$，我们得到

$$E(r_t^o r_{t-1}^o) = (1-\pi)^3 \{E(r_t r_{t-1}) + \pi E[r_t(r_{t-1} + r_{t-2})] + \pi^2 E[r_t(\sum_{i=1}^{3} r_{t-i})] + \cdots\}$$

$$= (1-\pi)^3 \mu^2 (1 + 2\pi + 3\pi^2 + \cdots) = (1-\pi)\mu^2$$

$\{r_t^o\}$ 的 1 阶滞后自协方差为

$$\text{Cov}(r_t^o, r_{t-1}^o) = -\pi\mu^2 \tag{6-8}$$

假定 μ 不为零，则非同步交易引起的 r_t^o 的 1 阶滞后负自相关系数由下式给出：

$$\rho_1(r_t^o) = \frac{-(1-\pi)\pi\mu^2}{(1-\pi)\sigma^2 + 2\pi\mu^2}$$

一般地，我们可以推广前面的结果，并且证明

$$\text{Cov}(r_t^o, r_{t-j}^o) = -\mu^2 \pi^j \quad j \geqslant 1$$

1 阶滞后 ACF 的大小依赖于 μ、π 与 σ 的选择，并且可以很大. 这样，当 $\mu \neq 0$ 时，非同步交易就导致了观测到的证券收益率序列之间的负自相关性.

前面的讨论可以推广到一个包含 N 种证券的资产组合的收益率序列，参见 Campbell 等(1997，第 3 章). 在时间序列文献中，非同步交易对于单个证券收益率的效应等价于一个平稳时间序列的随机时间积累效应，此时不交易的概率 π 控制了积累的机制(Tsay 和 Yeh，2011).

6.2 交易价格的买卖报价差

在某些股票交易所(如 NYSE)，做市商(market maker)在促进交易方面起了非常重要的作用. 他们提供了市场流动性(market liquidity). 每当公众有买卖的愿望时，他们随时都准备好进行买或卖. 市场流动性是指能快速地、匿名地、几乎没有价格影响地买卖相当数量证券的能力. 作为提供流动性的回报，交易所赋予做市商对证券的买卖双方公布不同价格的垄断权. 他们以**标价**(bid price) P_b 购买，以更高的叫价 P_a 卖出(对公众来说，P_b 是卖出价格，P_a 是买入价格). 价格差 $P_a - P_b$ 称为**买卖报价差**(bid-ask spread)，这是做市商获得报酬的主要来源. 买卖报价差一般比较小，也就是一两美分.

买卖报价差尽管数量上比较小，但是它的存在对于资产收益率时间序列的性质有多个重要的影响. 我们这里简要讨论买卖报价弹性，即买卖报价差引起的资产收益率的 1 阶滞后负(negative)序列相关. 考虑 Roll(1984)的简单模型，假定观测到的资产市场价格 P_t 满足

$$P_t = P_t^* + I_t \frac{S}{2} \tag{6-9}$$

其中 $S = P_a - P_b$ 表示买卖报价差，P_t^* 表示在一个无摩擦市场中资产在 t 时刻的基本价值，$\{I_t\}$ 是一个独立的、服从等概率二项分布的随机变量序列(即以概率 0.5，$I_t = 1$；以概率 0.5，$I_t = -1$). I_t 可以解释为一个指令型的指示变量，1 表示买方发动的交易；-1 表示卖方发动的交易. 另外，模型可以写为

$$P_t = P_t^* + \begin{cases} +S/2 & \text{概率为 } 0.5 \\ -S/2 & \text{概率为 } 0.5 \end{cases}$$

如果 P_t^* 不变,那么观测到的价格变化过程为

$$\Delta P_t = (I_t - I_{t-1})\frac{S}{2} \tag{6-10}$$

在式(6-9)对 I_t 的假定下,我们有 $E(I_t)=0$,$\text{Var}(I_t)=1$,从而可以得到 $E(\Delta P_t)=0$,而且

$$\text{Var}(\Delta P_t) = S^2/2 \tag{6-11}$$

$$\text{Cov}(\Delta P_t, \Delta P_{t-1}) = -S^2/4 \tag{6-12}$$

$$\text{Cov}(\Delta P_t, \Delta P_{t-j}) = 0 \quad j > 1 \tag{6-13}$$

因此,ΔP_t 的自相关函数为

$$\rho_j(\Delta P_t) = \begin{cases} -0.5 & j = 1 \\ 0 & j > 1 \end{cases} \tag{6-14}$$

因此,买卖报价差就导致观测到的价格变化序列的 1 阶滞后负相关,这在金融文献中一般称为**买卖报价弹性**(bid-ask bounce).直观地,我们可以从下面的意义上来理解.假定基本价格 P_t^* 等于 $(P_a+P_b)/2$,那么 P_t 就有 P_a 与 P_b 两种取值.如果前面观测到的价格为 P_a(较高的值),则当前观测到的价格要么不变,要么为 P_b,从而 ΔP_t 要么为 0,要么为 $-S$.然而,如果前面观测到的价格为 P_b(较低的值),则 ΔP_t 要么为 0,要么为 S.于是,ΔP_t 的 1 阶滞后负相关变得很明显.但是,买卖报价差并不会引起任何超过 1 阶滞后的序列相关.

一个更加现实的表示是假定 P_t^* 服从随机游走,满足 $\Delta P_t^* = P_t^* - P_{t-1}^* = \varepsilon_t$,这形成了一个均值为 0、方差为 σ^2 的独立同分布的随机变量序列,并且 $\{\varepsilon_t\}$ 与 $\{I_t\}$ 独立.在这种情形下,$\text{Var}(\Delta P_t) = \sigma^2 + S^2/2$,但是 $\text{Cov}(\Delta P_t, \Delta P_{t-j})$ 是不变的.从而

$$\rho_1(\Delta P_t) = \frac{-S^2/4}{S^2/2 + \sigma^2}, \quad 满足 -0.5 < \rho_1(\Delta P_t) \leqslant 0$$

虽然 ΔP_t 的 1 阶滞后自相关的值减小了,但是当 $S = P_a - P_b > 0$ 时,负效应还是存在的.在金融中,研究买卖报价差的组成是比较有趣的,感兴趣的读者可以参考 Campbell 等(1997)及其参考文献.

为了说明问题,考虑从 2010 年 1 月 4 日到 1 月 8 日卡特彼勒(Caterpillar)股票的每笔交易数据.数据取自于纽约股票交易所的 TAQ 数据库,共计 155 267 笔交易.我们着重研究正常交易时间内每隔 30 秒的对数收益率,有效样本量为 3895.图 6-1a 给出了大约 3900 个观测值的交易价格,而图 6-1b 给出了 3895 个观测值相应的对数收益率.这里,如果 30 秒区间内有交易,则价格为最后一个交易价格;如果 30 秒区间内没有交易,则价格为前一个交易价格.图 6-2 给出了盘中 30 秒区间对数收益率的样本 ACF.两条水平线表示 ACF 的近似 95% 区间.很明显,1 阶滞后 ACF 为负值,在 5% 水平下是显著的.事实上,我们有 $\hat{\rho}_1 = -0.052$,$\hat{\rho}_2 = 0.016$ 和 $\hat{\rho}_3 = 0.013$.买卖报价差效应是明显的.

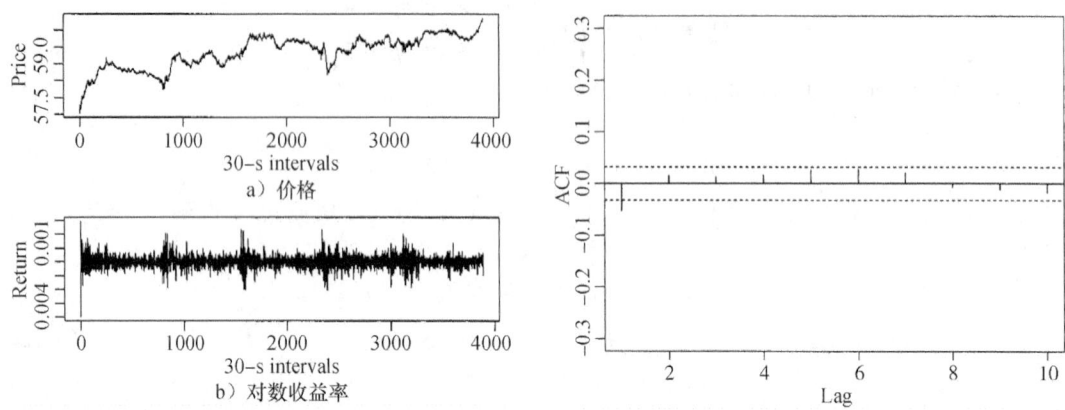

图 6-1 从 2010 年 1 月 4 日到 1 月 8 日卡特彼勒股票盘中 30 秒区间交易价格和对数收益率

图 6-2 从 2010 年 1 月 4 日到 1 月 8 日卡特彼勒股票盘中 30 秒区间对数收益率的样本 ACF

买卖报价差效应在组合收益率与多元金融时间序列中也是存在的. 我们考虑二元的情形, 用 $I_t = (I_{1t}, I_{2t})'$ 表示二元指令型指示变量, 其中 I_{1t} 是第一种证券的指示变量, I_{2t} 是第二种证券的指示变量. 如果 I_{1t} 与 I_{2t} 是同步正相关的, 则买卖报价差可以引起负的 1 阶滞后交叉相关.

6.3 交易数据的经验特征

令 t_i 表示资产的第 i 次交易发生的时刻, 它是从午夜开始以秒为单位测量的日历时间. 与交易相关的几个变量如交易价格、交易量、盛行的买卖报价差等. t_i 的集合与相关的度量一般称为交易数据(transaction data), 这些数据有几个重要特征, 当观测值以时间汇总时这些特征是不存在的. 下面给出这些数据的一些特征.

1) **不等间隔的时间区间**: 交易(如交易所里面的股票交易)一般不是在等间隔的时间区间上发生的. 同样观测到的资产的实际交易价格并不形成一个等间隔的时间序列. 交易间的时间持续期变得非常重要, 并且可能包含了关于市场微观结构(例如交易强度)的有用信息.

2) **离散值的价格**: 在美国, 2001 年 1 月 29 日以前的交易中, 资产从一个交易到另一个交易的价格变化只在最小变动价位的倍数中发生. 在 NYSE 中, 在 1997 年 6 月 24 日以前, 最小变动价位是 1/8 美元, 2001 年 1 月 29 日以前是 1/16 美元. 因此价格在交易数据中是离散值的变量. 尽管美国所有的证券市场都应用了小数位系统, 但是相邻交易的价格变化倾向于取为 1 美分的倍数, 因此可以近似地当做离散值变量. 在某些市场中, 价格的变化也可能受监管者设定的条件的限制.

3) **日周期或者日模式的存在**: 在正常交易条件下, 交易活动能够展示周期模式. 例如, 在 NYSE 中, 开盘与收盘时刻的交易比较频繁, 而中午时间交易比较少, 导致了"U"型的交易强度. 因此, 交易之间的时间持续期也呈现日循环模式. 类似的模式也可以在股票波动率中观测到.

4)**一秒内的多重交易**：多重交易，甚至是具有不同价格的多重交易同时发生是可能的，部分原因是由于时间是以秒来测量的，而在计算机交易中，这种时间尺度可能还是太长. TAQ 数据库现在提供了用毫秒表示的交易数据.

为了描述这些特征，我们首先考虑从 2010 年 10 月 4 日到 10 月 15 日强生公司股票交易数据. 共计 10 个交易日，交易总次数为 419 565. 我们着重讨论发生在东部时间早上 9：30 至下午 4：00 的正常交易时间内的交易. 众所周知，头天晚上的股票收益率与当天的日内收益率有显著不同，见 Stoll 和 Whaley(1990)及其参考文献. 表 6-1 给出了该交易数据的快照. 从表 6-1 中我们可以明确地看出：1)同一秒内可能有多笔交易；2)连续交易间的价格变化很小；3)大多数交易的量较小，偶尔也有量很大的交易.

表 6-1 2010 年 10 月 5 日强生公司股票交易数据的快照

日期	小时	分钟	秒	价格	交易量
20101005	9	29	30	62.1000	100
20101005	9	29	45	62.1000	100
20101005	9	30	00	62.0800	185
20101005	9	30	00	62.0800	185
20101005	9	30	00	62.1000	100
20101005	9	30	00	62.1000	100
20101005	9	30	00	62.1000	100
20101005	9	30	00	62.1000	100
20101005	9	30	00	62.1000	100
20101005	9	30	00	62.1000	100
20101005	9	30	00	62.1000	100
20101005	9	30	00	62.0800	550
20101005	9	30	00	62.1000	100
20101005	9	30	00	62.1000	100
⋮	⋮	⋮	⋮	⋮	⋮
20101005	9	30	00	62.0800	100
20101005	9	30	03	62.0900	100
20101005	9	30	07	62.0700	100
20101005	9	30	07	62.0800	100
20101005	9	30	08	62.1000	100
20101005	9	30	08	62.1000	100
20101005	9	30	08	62.1000	100
20101005	9	30	08	62.1000	100
20101005	9	30	08	62.1000	100
20101005	9	30	09	62.1000	100
20101005	9	30	09	62.1000	100
20101005	9	30	10	62.0900	126 753
20101005	9	30	11	62.0900	120

从 2010 年 10 月 4 日到 10 月 15 日的正常交易时间内，强生公司股票有 418 855 次盘中价格变化. 图 6-3a 给出了盘中价格变化的时序图，而图 6-3b 则是相应的直方图. 由于大的价格变化是很罕见的，所以直方图仅仅绘制了在 −4 美分到 4 美分之间的价格变化. 时序图和直方图都显示了强生公司股票的交易价格上升和下降的对称模式. 事实上，大的价

格变化看起来成对出现,该价格对由两个相反方向的大的价格变动构成. 从直方图可知, 大多数的连续交易没有任何价格变动.

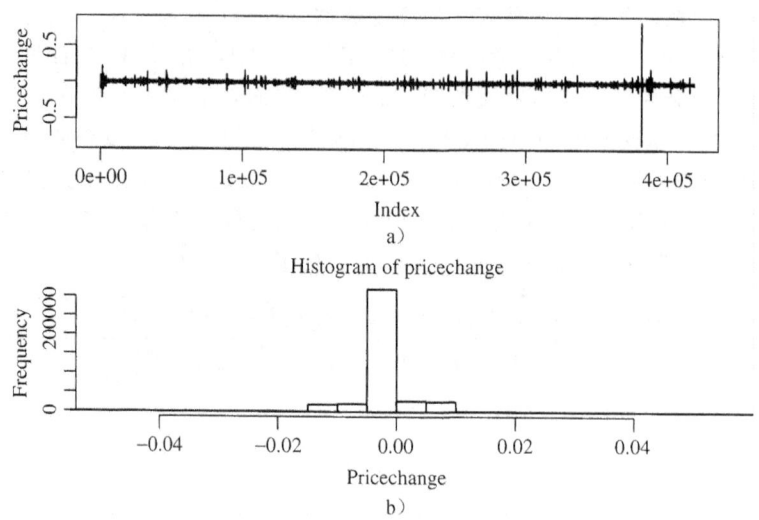

图 6-3 从 2010 年 10 月 4 日到 10 月 15 日强生公司股票盘中连续交易的价格变化的时序图和直方图. 这里只使用了在正常交易时间的交易数据. 10 个交易日共计 418 855 次盘中价格变化

表 6-2 给出了强生股票价格变化的频数和频率. 价格变化被划分为 7 个类别. 从表 6-2 中,我们得到下列结论:

1) 大约 73% 的盘中交易是没有价格变化的.
2) 大约 26% 的盘中交易的价格变化小于或者等于 1 美分.
3) 只有 0.83% 的交易与 (1, 2] 美分的价格变化相关.
4) 只有 0.26% 的交易导致 2 个或者更多美分的价格变化.
5) 正负价格变化的经验分布是关于 0 渐近对称的.

表 6-2 强生公司股票 2010 年 10 月 4 日到 10 月 15 日相邻两个交易的价格变化频率

美分	<−2	[−2, −1)	[−1, 0)	0	(0, 1]	(1, 2]	>2
频数	540	1794	55 325	304 067	54 860	1711	558
百分比	0.128	0.428	13.209	72.595	13.098	0.408	0.132

注:这里只使用了在正常交易时间的交易数据. 共计 418 855 次盘中价格变化.

下面考虑强生公司股票的两个连续交易之间的时间持续期,以秒为单位衡量. 图 6-4 给出了从 2010 年 10 月 4 日到 10 月 15 日间 3000 个交易持续期的时序图. 该图形证实了交易不是等时间间隔的,并且存在 0 间隔,即 1 秒内有多个交易.

关于持续期模式,我们考虑强生公司股票每 5 分钟时间区间的交易笔数(或交易数量). 用 x_t 来表示此序列. 也就是说,x_1 表示在 2010 年 10 月 4 日,强生公司股票从东部时间上午 9:30 至 9:35 的交易笔数,x_2 表示强生公司股票从上午 9:35 至 9:40 的交易笔数,等等. 忽略交易日之间的时间间隙. 图 6-5a 画出了 x_t 的时序图,图 6-5b 描述了 x_t 滞后 1 阶至 234

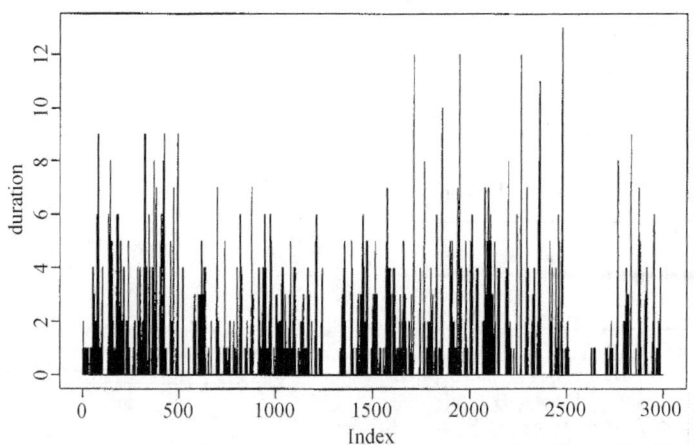

图 6-4 考虑从 2010 年 10 月 4 日到 10 月 15 日强生公司股票连续交易间以秒计的持续时间的时序图. 只显示了正常交易时间内的前 3000 个持续时间

阶的样本 ACF. 时序图大致呈现 U 型循环, 有 10 个这样的循环, 并且 ACF 显示周期为 78 的循环模式, 这正好是一个交易日内 5 分钟间隔的数量. 这样, 交易量呈现出日模式.

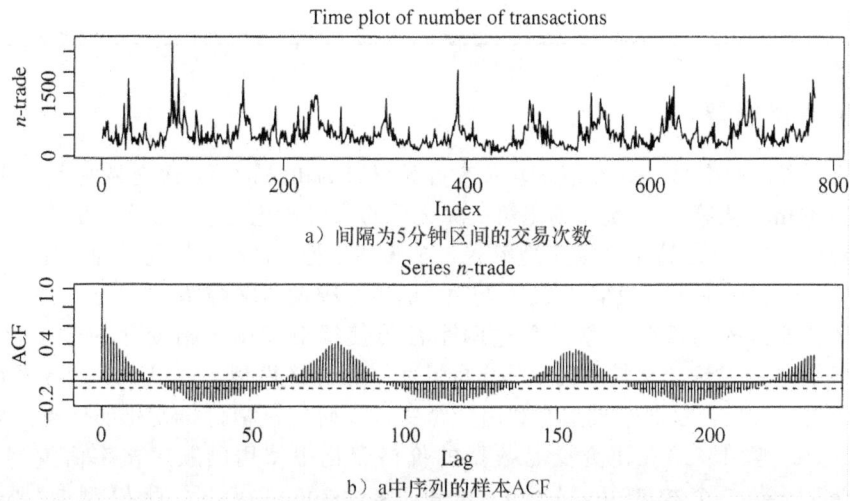

图 6-5 考虑从 2010 年 10 月 4 日到 10 月 15 日强生公司股票盘中连续数据

最后, 考虑 2010 年 1 月 4 日的卡特彼勒股票交易数据. 在正常交易时间的交易数为 37 716 笔. 图 6-6a 给出了交易价格对从午夜 12 时开始以秒计的日历时间的散点图. 图 6-6b 给出了价格变化的时序图. 在这个具体例子中, 价格缓慢上升, 大约凌晨之后 4250 秒, 价格开始慢慢下降, 直到休市时的每股 58.5 美元. 价格变化模式和强生股票的价格变化模式类似. 图 6-7 给出了卡特彼勒股票价格变化的直方图. 该直方图显示出一些不同的特征. 第一, 和强生股票类似, 价格变化看起来关于 0 对称. 第二, 价格变化集中为 1 美分的倍数. 在 37 715 笔交易中, 64.98% 的交易没有价格变化, 可以看到直方图中有大的空隙. 卡特彼勒股票价格变化的总体信息在表 6-3 中给出.

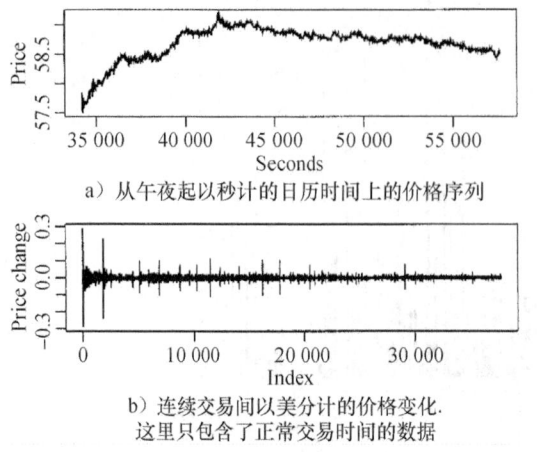

a) 从午夜起以秒计的日历时间上的价格序列

b) 连续交易间以美分计的价格变化. 这里只包含了正常交易时间的数据

图 6-6　2010 年 1 月 4 日的卡特彼勒股票交易数据

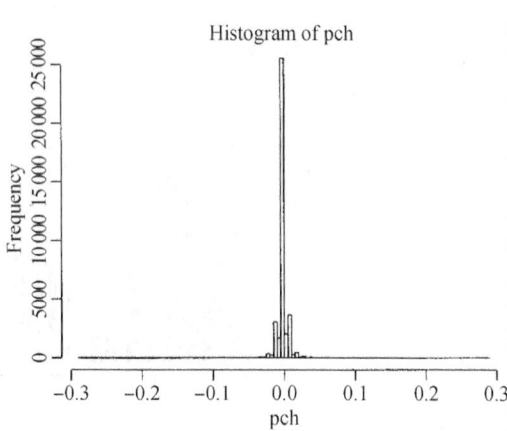

图 6-7　2010 年 1 月 4 日的卡特彼勒股票交易价格变化的直方图

表 6-3　2010 年 1 月 4 日卡特彼勒股票价格变化频率

类别	1	2	3	4	5	6	7
美分	<-2	$[-2,-1)$	$[-1,0)$	0	$(0,1]$	$(1,2]$	>2
百分比	0.605	1.692	15.20	64.98	15.04	1.832	0.655

6.4　价格变化模型

考虑某项资产的交易. 令 t_i 表示从午夜开始以秒为单位的第 i 次交易发生的日历时间, P_{t_i} 表示交易价格. 从第 $i-1$ 次交易至第 i 次交易的价格变化为 $y_i \equiv \Delta P_{t_i} = P_{t_i} - P_{t_{i-1}}$, 时间持续期为 $\Delta t_i = t_i - t_{i-1}$. 这里, 易于理解 Δt_i 与 y_i 的下标 i 表示交易的时间顺序, 而不是日历时间. 在下面的讨论中, 我们考虑 y_i 与 Δt_i 的单个模型与联合模型.

"无变化" 价格的离散化与集中化这两个性质使得对盘中价格变化的建模比较困难. Campbell 等(1997)讨论了文献中已经提出的几种计量经济模型. 这里, 我们提及两种盘中交易价格变化的模型, 这两个模型有利用解释变量来研究盘中价格变化的优点. 第一个模型是 Hauseman 等(1992)在研究交易数据的价格变化中使用的顺序概率值模型(ordered probit model). 第二个模型由 McCulloch 和 Tsay(2000)提出, 此模型是 Rydberg 和 Shephard(2003)提出模型的一个简便形式, 也可以参考 Ghysels(2000).

6.4.1　顺序概率值模型

令 y_i^* 表示所研究资产的不能观测到的价格变化(也就是说, $y_i^* = P_{t_i}^* - P_{t_{i-1}}^*$), 其中 P_t^* 表示资产在 t 时刻的虚拟价格. 顺序概率值模型假定 y_i^* 是一个连续的随机变量, 服从以下模型

$$y_i^* = \boldsymbol{x}_i \boldsymbol{\beta} + \varepsilon_i \tag{6-15}$$

其中 $\boldsymbol{x}_i$ 表示 t_{i-1} 时刻可以得到的解释变量的 p 维行向量, $\boldsymbol{\beta}$ 是一个 $k \times 1$ 参数向量, $E(\varepsilon_i \mid \boldsymbol{x}_i) = 0$, $\text{Var}(\varepsilon_i \mid \boldsymbol{x}_i) = \sigma_i^2$, 并且对于 $i \neq j$, $\text{Cov}(\varepsilon_i, \varepsilon_j) = 0$. 假定条件方差 σ_i^2 是解释变量

w_i 的正函数, 即

$$\sigma_i^2 = g(w_i) \tag{6-16}$$

其中 $g(\cdot)$ 是一个正函数. 对于金融交易数据, w_i 可能包含了时间间隔 $t_i - t_{i-1}$ 以及某些条件异方差变量. 一般情况下, 也可以假定 ε_i 在给定 x_i 和 w_i 下的条件分布是高斯分布.

假定观测到的价格变化 y_i 有 k 个可能的取值. 理论上, k 可以是无穷大, 但必须是可数的. 在实际应用中, k 是有限的, 可能涉及将多种类别组合成单个值. 例如, 在表 6-3 中我们有 $k=7$, 其中第一个值 "<-2 美分" 意味着价格下跌多于 2 美分. 我们将 k 个可能的取值表示为 $\{s_1, s_2, \cdots, s_k\}$, 则顺序概率值模型假定 y_i 与 y_i^* 之间的关系为

$$y_i = s_j, \quad \alpha_{j-1} < y_i^* \leqslant \alpha_j \quad j = 1, \cdots, k \tag{6-17}$$

其中 α_j 是实数, 满足 $-\infty = \alpha_0 < \alpha_1 < \cdots < \alpha_{k-1} < \alpha_k = \infty$. 在条件高斯分布的假定下, 我们有

$$P(y_i = s_j \mid x_i, w_i) = P(\alpha_{j-1} < x_i\beta + \varepsilon_i \leqslant \alpha_j \mid x_i, w_i)$$

$$= \begin{cases} P(x_i\beta + \varepsilon_i \leqslant \alpha_1 \mid x_i, w_i) & j = 1 \\ P(\alpha_{j-1} < x_i\beta + \varepsilon_i \leqslant \alpha_j \mid x_i, w_i) & j = 2, \cdots, k-1 \\ P(\alpha_{k-1} < x_i\beta + \varepsilon_i \mid x_i, w_i) & j = k \end{cases}$$

$$= \begin{cases} \Phi\left[\dfrac{\alpha_1 - x_i\beta}{\sigma_i(w_i)}\right] & j = 1 \\ \Phi\left[\dfrac{\alpha_j - x_i\beta}{\sigma_i(w_i)}\right] - \Phi\left[\dfrac{\alpha_{j-1} - x_i\beta}{\sigma_i(w_i)}\right] & j = 2, \cdots, k-1 \\ 1 - \Phi\left[\dfrac{\alpha_{k-1} - x_i\beta}{\sigma_i(w_i)}\right] & j = k \end{cases} \tag{6-18}$$

其中 $\Phi(x)$ 是标准正态随机变量的累积分布函数在 x 点的取值, 并且我们用 $\sigma_i(w_i)$ 表示 σ_i^2 是 w_i 的正函数. 从定义中可以看出, 顺序概率值模型是由未观测到的连续随机变量所驱动的. 观测值都有一个自然序号, 可以认为是代表所在过程的类别.

顺序概率值模型包含了参数 β、α_i ($i=1, \cdots, k-1$) 以及式 (6-16) 中条件方差函数 $\sigma_i(w_i)$ 中的参数. 这些参数可以通过最大似然估计或者 MCMC 方法来估计. 在本章中, 我们使用 R 添加包 MASS 中的命令 polr 来估计顺序概率值模型.

例 6.1 为了说明问题, 再次考虑卡特彼勒 (Caterpillar) 股票 2010 年 1 月 4 日的盘中价格变化数据. 在正常交易时间内共有 37 716 笔交易, 因此我们有 37 715 个价格变化. 为了简单起见, 我们把价格变化分为 7 个类别, 如表 6-3 所示. 我们着重分析盘中价格变化的动态相关性. 为此, 我们为滞后价格定义指示变量(或者哑变量):

$$y_{\ell,j} = \begin{cases} 1 & y_{i-\ell} = s_j \\ 0 & \text{否则} \end{cases}$$

其中 s_j 代表价格变化的第 j 个类别, $y_{i-\ell}$ 是在时刻 $t_{i-\ell}$ 的第 $i-\ell$ 个价格变化, 其中 $j=2, \cdots, 7$ 且 $\ell=1, 2$. 换句话说, 我们应用前面两个连续交易的价格变化类别. 通常, 7 个类别需要 6 个指示变量.

我们还应用观测到的价格变化 $y_{i-\ell}$ (其中 $\ell=1, 2, 3$) 和滞后 2 阶交易量, 记为 $v_{i-2} = V_{i-2}/100$, 其中, V_{i-2} 是实际交易量. 因为价格在一个交易日中是相对平稳的, 所以这里我们没有应用价格量. 因此, 所应用的模型为:

$$\boldsymbol{x}_i\boldsymbol{\beta} = \beta_1 v_{i-2} + \sum_{\ell=1}^{3}\beta_{1+\ell}y_{i-\ell} + \sum_{j=2}^{7}\gamma_{1,j}y_{1,j} + \sum_{j=2}^{7}\gamma_{2,j}y_{2,j} \tag{6-19}$$

为简单起见，我们从常数 $\sigma_i^2(w_i)=\sigma^2$ 开始. 表 6-4 给出了模型的参数估计值，其中式(6-19)的所有参数都是负值. 很明显，除了一个参数以外，所有的估计值在通常的 5% 水平下是显著的. 事实上，给出的模型是剔除了一些统计上不显著的解释变量后的简化版本. 例如，我们在初始分析中也包含时间持续 $\Delta t_i=t_i-t_{i-1}$，由于它的估计值在 5% 水平下统计不显著，因此我们决定剔除该变量. 指示变量的显著性表明盘中价格变化存在动态相关性. 故此，拟合的模型可以用于提供下一个交易价格变化的概率预测. 事实上，该模型提供每一项交易对每一个价格变化类别的概率. 图 6-8 给出了对类别 1、4 和 7 拟合概率的时序图. 如预料的那样，类别 4（即没有价格变化的类别）的拟合概率较高. 然而，对于类别 1 或者 7，也存在概率较高的个案.

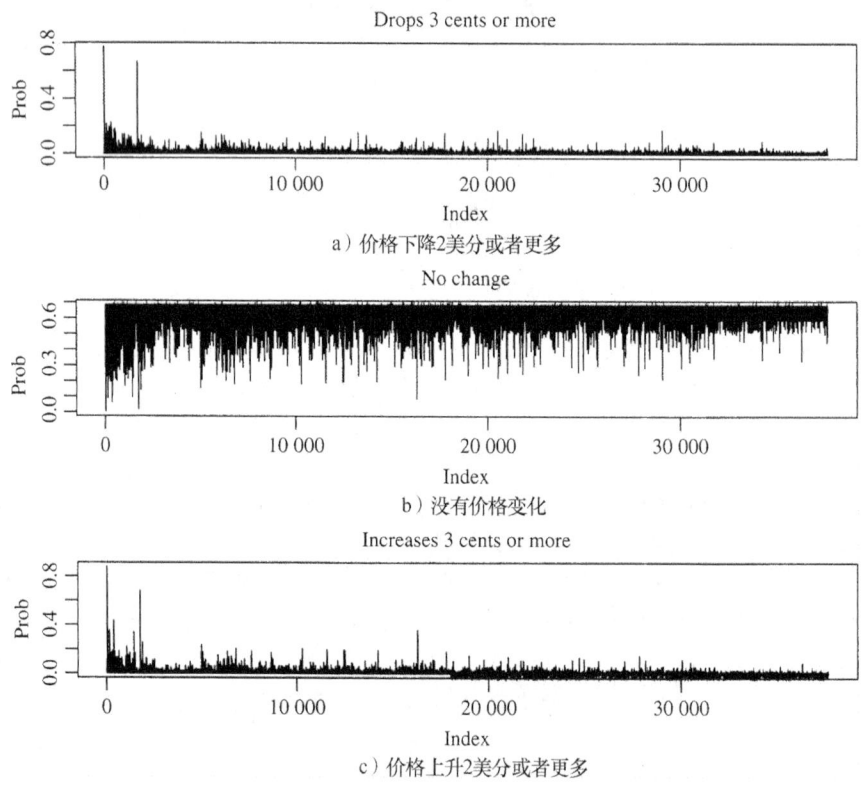

图 6-8　2010 年 1 月 4 日卡特彼勒股票交易价格变化的拟合概率时序图

最后，研究表 6-4 给出的拟合顺序概率值模型的边界分割值是很有趣的. 第一，因为解释变量可能有非零均值，所以边界参数 α_i 不是关于 0 对称的. 第二，$\hat{\alpha}_2-\hat{\alpha}_1=0.577$ 和 $\hat{\alpha}_6-\hat{\alpha}_5=0.601$，这两个区间大致有相同的长度. 类似地，$\hat{\alpha}_3-\hat{\alpha}_2=1.157$，它和 $\hat{\alpha}_5-\hat{\alpha}_4=1.140$ 接近. 这些结果和经验观测是一致的，即如表 6-3 所示，价格变化看起来大致关于 0 对称.

表 6-4 2010 年 1 月 4 日卡特彼勒股票交易盘中 377 716 个价格变化的顺序概率值模型的估计结果

	a)概率值模型的边界分割值					
参数	α_1	α_2	α_3	α_4	α_5	α_6
估计	−4.594	−4.017	−2.860	−0.853	0.287	0.888
t	−31.48	−27.80	−19.89	−5.944	2.000	6.188
	b)概率值模型的公式参数(估计为负值)						
参数	β_1	β_2	β_3	β_4	$\gamma_{1,2}$	$\gamma_{1,3}$	$\gamma_{1,4}$	$\gamma_{1,5}$
估计	0.004	7.837	10.86	12.28	0.274	0.743	1.331	1.858
t	3.983	5.363	7.098	15.93	2.971	8.173	13.81	17.83
参数	$\gamma_{1,6}$	$\gamma_{1,7}$	$\gamma_{2,2}$	$\gamma_{2,3}$	$\gamma_{2,4}$	$\gamma_{2,5}$	$\gamma_{2,6}$	$\gamma_{2,7}$
估计	2.262	2.493	0.099	0.307	0.531	0.745	0.933	0.859
t	18.57	15.95	1.053	3.324	5.419	7.009	7.528	5.381

注:该模型为式(6-19),其中的 t 表示 t 比统计量. ∎

讨论

命令 polr 运行事先定义的权重来处理异方差,但是它不能同时执行波动率和概率值模型的估计.有关带时间变化函数 $\sigma_i^2(w_i)$ 的例子,可以参考 Hauseman 等(1992)和 Tsay (2010).最后,通常对每个 y_i 的滞后值,只需要 6 个指示变量就可以了.

R 代码演示(输出经过编辑)

```
> da=read.table("taq-cat-t-jan042010.txt",header=T)
> head(da)
      date hour minute second price size
1 20100104    9     30      0  57.65 3910
.....
6 20100104    9     30      1  57.65  462
> vol=da$size/100
> da1=read.table("taq-cat-cpch-jan042010.txt")
> cpch=da1[,1]    % category of price change
> pch=da1[,2]  % price change
> cf=as.factor(cpch)   % create categories in R
> length(cf)
[1] 37715

> y=cf[4:37715]
> y1=cf[3:37714]   % create indicator variables for lag-1 cpch
> y2=cf[2:37713]   % create indicator variables for lag-2 cpch

> vol=vol[2:37716]
> v2=vol[2:37713] % create lag-2 volume

> cp1=pch[3:37714] % select lagged price changes
> cp2=pch[2:37713]; cp3=pch[1:37712]

> library(MASS) % load package
> m1=polr(y~v2+cp1+cp2+cp3+y1+y2,method="probit")
> summary(m1)
Call:
polr(formula = y ~ v2 + cp1 + cp2 + cp3 + y1 + y2, method = "probit")
Coefficients:
```

```
              Value    Std. Error    t value
    v2     -0.003765   0.0009453    -3.983
    cp1    -7.836883   1.4613047    -5.363
    cp2   -10.864394   1.5306456    -7.098
    cp3   -12.283682   0.7710955   -15.930
    y12    -0.274407   0.0923566    -2.971
    y13    -0.742792   0.0908854    -8.173
    y14    -1.330665   0.0963540   -13.810
    y15    -1.858199   0.1042257   -17.829
    y16    -2.261587   0.1218013   -18.568
    y17    -2.493321   0.1563177   -15.950
    y22    -0.098542   0.0935908    -1.053
    y23    -0.307034   0.0923725    -3.324
    y24    -0.531115   0.0980150    -5.419
    y25    -0.744706   0.1062435    -7.009
    y26    -0.932655   0.1238918    -7.528
    y27    -0.858858   0.1596219    -5.381

Intercepts:
         Value    Std.Error    t value
    1|2  -4.5941   0.1459    -31.4803
    2|3  -4.0170   0.1445    -27.7989
    3|4  -2.8599   0.1438    -19.8926
    4|5  -0.8528   0.1435     -5.9437
    5|6   0.2868   0.1434      1.9996
    6|7   0.8882   0.1435      6.1883

Residual Deviance: 74802.56
AIC: 74846.56
> names(m1)
 [1] "coefficients"    "zeta"          "deviance"       "fitted.values"
 [5] "lev"             "terms"         "df.residual"    "edf"
 [9] "n"               "nobs"          "call"           "method"
[13] "convergence"     "niter"         "lp"             "model"
[17] "contrasts"       "xlevels"
> yhat=m1$fitted.values
> print(yhat[1:5,],digits=3)
         1         2        3      4        5       6        7
1 1.11e-03  0.005420  0.08605  0.660  0.2134  0.0266  0.007696
2 1.55e-02  0.041461  0.27883  0.608  0.0535  0.0028  0.000444
3 8.99e-06  0.000094  0.00522  0.287  0.4311  0.1605  0.116298
4 1.87e-04  0.001251  0.03267  0.539  0.3343  0.0658  0.027144
5 6.41e-04  0.003470  0.06457  0.630  0.2527  0.0365  0.011836
```

6.4.2 分解模型

对价格变化建模的另外一个方法是将价格变化分解为三个组成部分，然后运用每一部分的条件设置(Rydberg 和 Shephard，2003). 这三个部分分别为价格变化的指示变量、价格变化时价格变化的方向以及价格变化时变化的大小. 具体来讲，在第 i 次交易中的价格变化可以写为

$$y_i \equiv P_{t_i} - P_{t_{i-1}} = A_i D_i S_i \tag{6-20}$$

其中 A_i 是一个二元变量，定义为

$$A_i = \begin{cases} 1 & \text{如果第 } i \text{ 次交易中有价格变化} \\ 0 & \text{如果第 } i \text{ 次交易中无价格变化} \end{cases} \tag{6-21}$$

D_i 也是一个离散变量，它表示价格变化时价格变化的方向(direction)，即

$$D_i \mid (A_i = 1) = \begin{cases} 1 & \text{第 } i \text{ 次交易中价格上升} \\ -1 & \text{第 } i \text{ 次交易中价格下降} \end{cases} \tag{6-22}$$

其中 $D_i \mid (A_i = 1)$ 意味着 D_i 是在 $A_i = 1$ 的条件下定义的. 当第 i 次交易中有价格变化时，S_i 是指最小变动价位的大小；当第 i 次交易中没有价格变化时，$S_i = 0$. 当有价格变化时，S_i 是一个正的实值随机变量.

注意，当 $A_i = 0$ 时，不需要 D_i，并且在分解中有一个自然次序. 只有当 $A_i = 1$ 时，D_i 才有定义. 只有当 $A_i = 1$ 并且给定 D_i 的条件下，S_i 才有意义. 在分解中，模型的确定也利用了这个次序.

令 F_i 表示第 i 次交易中可以得到的信息集合. F_i 的元素为 Δt_{i-j}、A_{i-j}、D_{i-j} 以及 S_{i-j} ($j \geq 0$). 在式(6-20)的模型下，价格变化的演变可以分解为

$$P(y_i \mid F_{i-1}) = P(A_i D_i S_i \mid F_{i-1}) = P(S_i \mid D_i, A_i, F_{i-1}) P(D_i \mid A_i, F_{i-1}) P(A_i \mid F_{i-1}) \tag{6-23}$$

因为 A_i 是一个二元变量，所以只要考虑随时间演变的概率 $p_i = P(A_i = 1)$ 就足够了. 我们假定

$$\ln\left(\frac{p_i}{1-p_i}\right) = x_i \boldsymbol{\beta} \quad \text{或} \quad p_i = \frac{e^{x_i \boldsymbol{\beta}}}{1 + e^{x_i \boldsymbol{\beta}}} \tag{6-24}$$

其中 x_i 是一个包含了 F_{i-1} 中所有元素的有限维向量，$\boldsymbol{\beta}$ 是一个参数向量. 在 $A_i = 1$ 的条件下，D_i 也是一个二元变量，并且对 $\delta_i = P(D_i = 1 \mid A_i = 1)$，我们利用下面的模型

$$\ln\left(\frac{\delta_i}{1-\delta_i}\right) = z_i \boldsymbol{\gamma} \quad \text{或} \quad \delta_i = \frac{e^{z_i \boldsymbol{\gamma}}}{1 + e^{z_i \boldsymbol{\gamma}}} \tag{6-25}$$

其中 z_i 是一个包含了 F_{i-1} 中所有元素的有限维向量，$\boldsymbol{\gamma}$ 是一个参数向量. 为了允许正负价格变化之间的对称性，我们假定

$$S_i \mid (D_i, A_i = 1) \sim 1 + \begin{cases} g(\lambda_{u,i}) & D_i = 1, A_i = 1 \\ g(\lambda_{d,i}) & D_i = -1, A_i = 1 \end{cases} \tag{6-26}$$

其中 $g(\lambda)$ 是参数为 λ 的几何分布，并且参数 $\lambda_{j,i}$ 随时间的变化为

$$\ln\left(\frac{\lambda_{j,i}}{1-\lambda_{j,i}}\right) = w_i \boldsymbol{\theta}_j \quad \text{或} \quad \lambda_{j,i} = \frac{e^{w_i \boldsymbol{\theta}_j}}{1 + e^{w_i \boldsymbol{\theta}_j}}, \quad j = u, d \tag{6-27}$$

其中 w_i 是 F_{i-1} 中有限维的解释变量，$\boldsymbol{\theta}_j$ 是一个参数向量.

在式(6-26)中，随机变量 x 服从几何分布 $g(\lambda)$，其概率为

$$p(x = m) = \lambda(1-\lambda)^m \quad m = 0, 1, 2, \cdots$$

我们在几何分布中加了 1，以便当发生价格变化的时候，价格的变化至少为一个最小变动价位. 在式(6-27)中，为了确保 $\lambda_{j,i} \in [0, 1]$，我们进行了逻辑斯谛(Logistic)变换.

前面的说明将第 i 次交易分为三类：

1) 无价格变化：$A_i = 0$ 而且相应的概率为 $(1 - p_i)$.

2) 价格上升：$A_i=1$，$D_i=1$，相应的概率为 $p_i\delta_i$. 价格上升的大小是由 $1+g(\lambda_{u,i})$ 控制的.

3) 价格下降：$A_i=1$，$D_i=-1$，相应的概率为 $p_i(1-\delta_i)$. 价格下降的大小是由 $1+g(\lambda_{d,i})$ 控制的.

对于 $j=1, 2, 3$，令 $I_i(j)$ 表示前面三类的指示变量. 也就是说，当第 j 类发生时，$I_i(j)=1$；否则，$I_i(j)=0$. 式(6-23)的对数似然函数为

$$\ln[P(y_i \mid F_{i-1})]$$
$$= I_i(1)\ln[(1-p_i)] + I_i(2)[\ln(p_i) + \ln(\delta_i) + \ln(\lambda_{u,i}) + (S_i-1)\ln(1-\lambda_{u,i})] +$$
$$I_i(3)[\ln(p_i) + \ln(1-\delta_i) + \ln(\lambda_{d,i}) + (S_i-1)\ln(1-\lambda_{d,i})]$$

并且全部的对数似然函数为

$$\ln[P(y_1,\cdots,y_n \mid F_0)] = \sum_{i=1}^{n} \ln[P(y_i \mid F_{i-1})] \tag{6-28}$$

这是参数 $\boldsymbol{\beta}$、$\boldsymbol{\gamma}$、$\boldsymbol{\theta}_u$ 以及 $\boldsymbol{\theta}_d$ 的一个函数.

例6.2 为了说明分解模型，我们再次分析卡特彼勒股票 2010 年 1 月 4 日的盘中交易数据. 如例 6.1 所述，在该段正常交易时间内共有 37 715 次价格变化，我们把价格变化分为 7 个类别. 为了使模型保持简洁，我们运用下列解释变量：

1) A_{i-1}：上一次交易的行动指示变量(即第 $i-1$ 次交易).
2) D_{i-1}：上一次交易的方向指示变量.
3) S_{i-1}：上一次交易的大小.

也可以应用和第 $i-1$ 次交易一起获得的其他变量. 因为我们利用的是滞后 1 阶的解释变量，所以实际的样本大小为 37 714，采用的模型为：

$$\begin{aligned}
\ln\left(\frac{p_i}{1-p_i}\right) &= \beta_0 + \beta_1 A_{i-1} \\
\ln\left(\frac{\delta_i}{1-\delta_i}\right) &= \gamma_0 + \gamma_1 D_{i-1} \\
\ln\left(\frac{\lambda_{u,i}}{1-\lambda_{u,i}}\right) &= \theta_{u,0} + \theta_{u,1} S_{i-1} \\
\ln\left(\frac{\lambda_{d,i}}{1-\lambda_{d,i}}\right) &= \theta_{d,0} + \theta_{d,1} S_{i-1}
\end{aligned} \tag{6-29}$$

模型参数估计在表 6-5 中给出. 估计得到的简单模型显示了价格变化中的某些动态相依性. 尤其是，卡特彼勒股票的交易对交易的价格变化呈现出许多吸引人的性质：

1) 价格变化的概率依赖于上一次的价格变化. 具体地，我们有

$$P(A_i = 1 \mid A_{i-1} = 0) = \frac{\exp(-1.073)}{1+\exp(-1.073)} = 0.255$$

$$P(A_i = 1 \mid A_{i-1} = 1) = \frac{\exp(-1.073+1.183)}{1+\exp(-1.073+1.183)} = 0.527$$

这个结果显示价格变化的发生是聚集的，正如所料想的那样，大部分交易没有价格变化. 当第 $i-1$ 次交易中没有价格变化时，在随后的交易中，只有大约 1/4 的交易有价格

变化；当第 $i-1$ 次交易中有价格变化时，在第 i 次交易中，价格发生变化的概率增加大约为 0.5.

表 6-5 对 2010 年 1 月 4 日的卡特彼勒股票交易价格的式(6-29)中 ADS 模型的参数估计

参数	β_0	β_1	γ_0	γ_1
估计	−1.073	1.183	−0.010	−1.241
标准误差	0.015	0.023	0.019	0.029
参数	$\theta_{u,0}$	$\theta_{u,1}$	$\theta_{d,0}$	$\theta_{d,1}$
估计	1.649	−0.297	1.534	−0.162
标准误差	0.041	0.035	0.039	0.037

2) 价格变化的方向由下式控制

$$P(D_i = 1 \mid F_{i-1}, A_i) = \begin{cases} 0.500 & D_{i-1} = 0(\text{即 } A_{i-1} = 0) \\ 0.223 & D_{i-1} = 1, A_i = 1 \\ 0.774 & D_{i-1} = -1, A_i = 1 \end{cases}$$

这个结果说明：(i) 如果第 $i-1$ 次交易中没有价格变化，那么在第 i 次交易中价格上升和下降的机会是相等的. (ii) 连续价格上升或者价格下降的概率是非常低的. 给定第 $i-1$ 次交易中交易价格上升并且第 i 次交易中价格发生变化的条件下，第 i 次交易价格上升的概率仅有 22.3%. 然而，在给定第 $i-1$ 中交易价格下降并且第 i 次交易中价格发生变化的条件下，第 i 次交易价格上升的概率大约为 77.4%. 因此，这个结果显示了买卖报价弹性的影响，支持了高频数据交易中的价格逆转.

3) 只有很弱的证据表明大的价格变化有更大的可能性跟随另外一个大的价格变化，考虑价格上升的大小，我们有

$$S_i \mid (D_i = 1) \sim 1 + g(\lambda_{u,i}), \quad \lambda_{u,i} = 1.649 - 0.297 S_{i-1}$$

利用几何分布的概率，我们得到，如果交易导致价格增长而且 $S_{i-1}=1$，那么在第 i 次交易中，价格增加 1 美分的概率为 0.794. 当 $S_{i-1}=2$ 时，此概率下降为 0.792；当 $S_{i-1}=3$ 时，下降为 0.681. 类似地，如果交易价格上升并且 $S_{i-1}=1$，那么在第 i 次交易中价格上升 2 美分的概率为 0.163. 如果 $S_{i-1}=2$，相应的概率上升为 0.192，如果 $S_{i-1}=3$，概率为 0.217. 因此，给定第 i 次交易中价格上升的条件下，一个大 S_i 的概率与 S_{i-1} 成正比. ∎

R 代码演示（带有几何分布的ADS模型，输出经过编辑）

```
> da=read.table("taq-cat-cpch-jan042010.txt")
> dim(da)
[1] 37715     2
> pch=da[,2]   % create Ai, Di, and Si and their lagged variables
> idx=c(1:37715)[pch > 0]
> jdx=c(1:37715)[pch < 0]
> A=rep(0,37715); A[idx]=1; A[jdx]=1
> D=rep(0,37715); D[idx]=1; D[jdx]=-1
> S=abs(da[,1]-4)
```

```
> Ai=A[2:37715]; Aim1=A[1:37714]
> Di=D[2:37715]; Dim1=D[1:37714]
> Si=S[2:37715]; Sim1=S[1:37714]
> m1=glm(Ai~Aim1,family="binomial")
> summary(m1)
Call: glm(formula = Ai ~ Aim1, family = "binomial")

Coefficients:
            Estimate Std. Error z value Pr(>|z|)
(Intercept) -1.07342    0.01466  -73.22   <2e-16 ***
Aim1         1.18316    0.02277   51.95   <2e-16 ***
---
Residual deviance: 46085  on 37712  degrees of freedom
AIC: 46089

> di=Di[Ai==1]
> dim1=Dim1[Ai==1]
> di=(di+abs(di))/2 % transform di to binary
> m2=glm(di~dim1,family="binomial")
> summary(m2)
Call: glm(formula = di ~ dim1, family = "binomial")

Coefficients:
             Estimate Std. Error z value Pr(>|z|)
(Intercept) -0.009755   0.018994  -0.514    0.608
dim1        -1.241364   0.028731 -43.207   <2e-16 ***
---
Residual deviance: 16069  on 13207  degrees of freedom
AIC: 16073

> si=Si[Di==1]
> sim1=Sim1[Di==1]
> source("GeoSize.R") % R script to fit Geometric dist.
> m3=GeoSize(si,sim1)
Coefficient(s):
          Estimate  Std. Error  t value   Pr(>|t|)
omega1   1.6489885   0.0406517  40.5639  < 2.22e-16 ***
omega2  -0.2966793   0.0354231  -8.3753  < 2.22e-16 ***
---
> nsi=Si[Di==-1]
> nsim1=Sim1[Di==-1]
> m4=GeoSize(nsi,nsim1)
Coefficient(s):
          Estimate  Std. Error  t value   Pr(>|t|)
omega1   1.5339270   0.0392826 39.04847  < 2.22e-16 ***
omega2  -0.1617696   0.0367264 -4.40472  1.0592e-05 ***
```

6.5 持续期模型

持续期模型主要考虑交易之间的时间间隔. 较长的持续期预示着较少的交易活动, 反过来又表明这是一个没有新消息的时期. 因此, 持续期的动态行为包含了关于日内市场活动的有用信息. 利用类似于波动率的 ARCH 模型的概念, Engle 和 Russell(1998)提出了自回归条件持续期(Autoregressive Conditional Duration, ACD)模型来描述股票(大量交易的)时间持续期的演变. Zhang 等(2005)扩展了 ACD 模型来解释数据中的非线性性与结构突变. 在本节中, 我们引进一些简单的持续期模型.

持续期数据的一个特别性质就是所有的观测值为正. 这个特征也存在于其他应用的数据. 例如, 股票的日价格范围一般也是正值. 因此, 这里讨论的持续期模型的应用并不限于交易数据. 它们可以应用于多个其他领域.

为了说明, 我们考虑 2010 年 1 月 4 日到 1 月 8 日卡特彼勒股票的日内交易数据. 这里着重考虑正常交易时间内的交易数据, 在样本周期共计有 155 077 笔交易. 因此, 共计有 155 076 个交易间时间持续期. 由于 1 秒可以有多个交易发生, 所以我们忽略 0 持续期. 因此, 我们有 37 674 个非零日内持续期. 图 6-9 给出了这些非零持续期的时序图. 从图 6-9 中可知, 持续期存在某种模式.

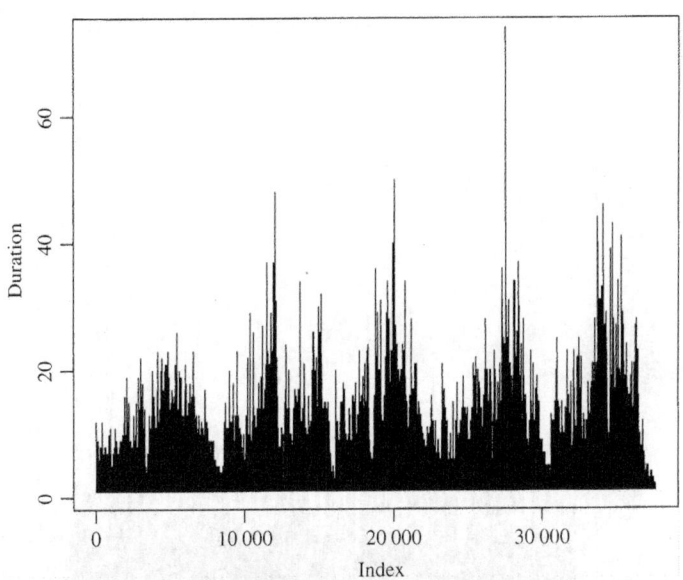

图 6-9 从 2010 年 1 月 4 日到 1 月 8 日卡特彼勒股票交易间的非零持续期时序图

因为日内交易展示了一些日模式. 因此, 我们着重讨论调整的时间持续期

$$x_i = \Delta t_i / f(t_i) \tag{6-30}$$

其中 $f(t_i)$ 是一个确定性的函数, 由 Δt_i 的循环成分组成. 显然 $f(t_i)$ 依赖于标的资产(underlying asset)和市场的系统行为. 在实际应用中, 有很多估计 $f(t_i)$ 的方法, 但是就统计性质而言, 没有一种方法总是优于其他方法. 光滑插值是一种通常的方法, 这里我们运用简单的二次函数来处理日交易活动中确定的组成部分.

6.5.1 日模式的成分

对于卡特彼勒股票的交易数据, 我们假定

$$f(t_i) = \exp[d(t_i)], \quad d(t_i) = \beta_0 + \beta_1 f_1(t_i) + \beta_2 f_2(t_i) \qquad (6\text{-}31)$$

其中

$$f_1(t_i) = \frac{t_i - 43\,200}{23\,400} \text{ 且 } f_2(t_i) = f_1^{\,2}(t_i)$$

其中 43 200 对应于中午 12 点,而分母的 23 400 为以秒计的交易时间数量. 我们基于图 6-9 所示的日模式而使用这两个函数.

式(6-31)中的系数 β_j 可以通过线性回归的最小二乘法得到

$$\ln(\Delta t_i) = \beta_0 + \sum_{j=1}^{2} \beta_j f_j(t_i) + \varepsilon_i$$

拟合的模型为

$$\ln(\widehat{\Delta t_i}) = 0.9396 + 0.5702 f_1(t_i) - 2.1655 f_2(t_i)$$

其中各个系数估计值的标准误差分别为 0.0061、0.0180 和 0.0511. 这些参数都是高度显著的. 图 6-10 给出了基于式(6-31)中模型的调整的持续期的时序图. 从图 6-10 中可知,每日模式大大地消减了.

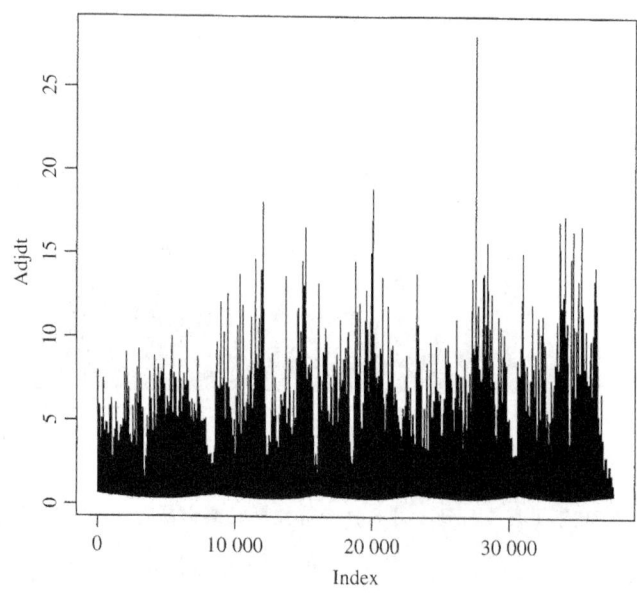

图 6-10 从 2010 年 1 月 4 日到 1 月 8 日卡特彼勒股票调整的非零交易持续期的时序图

日模式的 R 代码演示(输出经过编辑)

```
> da=read.table("taq-cat-t-jan04t082010.txt",header=T)
> head(da)
      DATE hour minute second PRICE SIZE
1 20100104    5     34     26 57.56  200
.......
> sec=3600*da$hour+60*da$minute+da$second % time in seconds
```

```
> ist=3600*9+30*60;    end=3600*16
> lunch=3600*12
> length(sec)
[1] 155267
> idx=c(1:155267)[sec < ist]    % before market opens
> jdx=c(1:155267)[sec > end]    % after market closes
> sec=sec[-c(idx,jdx)]   % normal trading hours only.
> length(sec)
[1] 155077
> dt=diff(sec)
> kdx=c(1:length(dt))[dt > 0] % Positive durations only
> length(kdx)
[1] 37674
> ti=sec[2:155077]
> dt=dt[kdx]
> ti=ti[kdx]
> plot(dt,type='l',xlab='index',ylab='duration')
> st=3600*6.5
> f1=(ti-lunch)/st
> ft=cbind(f1,f1^2)
> m2=lm(log(dt)~ft)   % Linear model for log(durations)
> summary(m2)
Call:  lm(formula = log(dt) ~ ft)

Coefficients:
             Estimate Std. Error t value Pr(>|t|)
(Intercept)  0.939622   0.006126  153.39   <2e-16 ***
ftf1         0.570215   0.017971   31.73   <2e-16 ***
ft          -2.165498   0.051115  -42.37   <2e-16 ***
---
Residual standard error: 0.7874 on 37671 degrees of freedom
Multiple R-squared: 0.04566,    Adjusted R-squared: 0.04561

> names(m2)
 [1] "coefficients"  "residuals"     "effects"      "rank"
 [5] "fitted.values" "assign"        "qr"           "df.residual"
 [9] "xlevels"       "call"          "terms"        "model"
> fit=m2$fitted.values
> adjdt=dt/exp(fit)
```

6.5.2 ACD 模型

自回归条件持续期(ACD)模型利用 GARCH 模型的思想来研究式(6-30)中调整的时间持续期 x_i 的动态结构.

令 $\psi_i = E(x_i \mid F_{i-1})$ 表示第 $i-1$ 次交易至第 i 次交易的调整的时间持续期的条件期望,其中 F_{i-1} 为第 $i-1$ 次交易时可以得到的信息集合. 换句话说, ψ_i 为给定 F_{i-1} 的条件下期望的调整持续期. 基本的 ACD 模型定义为

$$x_i = \psi_i \varepsilon_i \tag{6-32}$$

其中 $\{\varepsilon_i\}$ 是独立同分布的非负随机变量序列,满足 $E(\varepsilon_i)=1$. 在 Engle 和 Russell(1998)中, ε_i 服从一个标准指数分布或者标准化的韦布尔(Weibull)分布,并且 ψ_i 假定为以下形式

$$\psi_i = \omega + \sum_{j=1}^{r} \gamma_j x_{i-j} + \sum_{j=1}^{s} \omega_j \psi_{i-j} \qquad (6\text{-}33)$$

这样的模型称为 ACD(r, s) 模型. 当 ε_i 服从一个标准指数分布时, 结果中的模型称为 EACD(r, s) 模型. 类似地, 如果 ε_i 服从标准化的韦布尔(Weibull)分布, 则称为 WACD(r, s) 模型. 如果需要, 读者可以参考附录 A, 对指数分布和韦布尔分布进行一个快速的回顾.

与 GARCH 模型类似, 过程 $\eta_i = x_i - \psi_i$ 是一个鞅差序列(即 $E(\eta_i \mid F_{i-1}) = 0$), ACD 模型可以写为

$$x_i = \omega + \sum_{j=1}^{\max(r,s)} (\gamma_j + \omega_j) x_{i-j} - \sum_{j=1}^{s} \omega_j \eta_{i-j} + \eta_i \qquad (6\text{-}34)$$

这是没有高斯(Gaussian)新息的 ARMA 过程的形式. 这里, 对于 $j > r$, $\gamma_j = 0$; 对于 $j > s$, $\omega_j = 0$. 这样的表示可以用来得到 ACD 模型弱平稳性的基本条件. 例如, 对式(6-34)两边取期望, 并且假定弱平稳性, 则我们有

$$E(x_i) = \frac{\omega}{1 - \sum_{j=1}^{\max(r,s)} (\gamma_j + \omega_j)}$$

因为期望持续期是正数, 所以我们假定 $\omega > 0$, $\sum_{j} (\gamma_j + \omega_j) < 1$. 作为式(6-34)的另外一个应用, 我们研究以下 EACD(1, 1)模型的性质.

EACD(1, 1)模型

EACD(1, 1)模型可以写为

$$x_i = \psi_i \varepsilon_i, \quad \psi_i = \omega + \gamma_1 x_{i-1} + \omega_1 \psi_{i-1} \qquad (6\text{-}35)$$

其中 ε_i 服从标准指数分布. 利用附录 A 中标准指数分布的矩, 我们有

$$E(\varepsilon_i) = 1, \quad \text{Var}(\varepsilon_i) = 1, \quad E(\varepsilon_i^2) = \text{Var}(x_i) + [E(x_i)]^2 = 2$$

假定 x_i 是弱平稳的(也就是说, x_i 的头两阶矩是不随时间变化的), 那么我们可以导出 x_i 的方差. 首先对式(6-35)两端取期望, 我们有

$$E(x_i) = E[E(\psi_i \varepsilon_i \mid F_{i-1})] = E(\psi_i), \quad E(\psi_i) = \omega + \gamma_1 E(x_{i-1}) + \omega_1 E(\psi_{i-1}) \qquad (6\text{-}36)$$

在弱平稳性条件下, $E(\psi_i) = E(\psi_{i-1})$, 因此式(6-36)给出

$$\mu_x \equiv E(x_i) = E(\psi_i) = \frac{\omega}{1 - \gamma_1 - \omega_1} \qquad (6\text{-}37)$$

又因为 $E(\varepsilon_t^2) = 2$, 所以我们有

$$E(x_i^2) = E[E(\psi_i^2 \varepsilon_i^2 \mid F_{i-1})] = 2E(\psi_i^2)$$

在式(6-35)中对 ψ_i 的平方取期望, 并且利用 ψ_i 和 x_i 的弱平稳性质, 通过某些代数运算, 我们得到

$$E(\psi_i^2) = \mu_x^2 \times \frac{1 - (\gamma_1 + \omega_1)^2}{1 - 2\gamma_1^2 - \omega_1^2 - 2\gamma_1 \omega_1} \qquad (6\text{-}38)$$

最后, 利用 $\text{Var}(x_i) = E(x_i^2) - [E(x_i)]^2$, $E(x_i^2) = 2E(\psi_i^2)$, 我们有

$$\mathrm{Var}(x_i) = 2E(\psi_i^2) - \mu_x^2 = \mu_x^2 \times \frac{1 - \omega_1^2 - 2\gamma_1\omega_1}{1 - \omega_1^2 - 2\gamma_1\omega_1 - 2\gamma_1^2}$$

其中 μ_x 在式(6-37)中定义. 这个结果显示, 为了得到时间不变的无条件方差, 式(6-35)中的 EACD(1, 1) 模型必须满足 $2\gamma_1^2 + \omega_1^2 + 2\gamma_1\omega_1 < 1$. WACD(1, 1) 模型的方差可以利用同样的方法和标准韦布尔分布的前两阶矩得到.

带有广义伽马分布的 ACD 模型

在统计文献中, 强度函数经常根据危险率函数来表示. 正如附录 B 中所示, EACD 模型的危险率函数是不随时间变化的, WACD 模型的危险率函数是一个单调函数. 这些危险率函数在实际应用中相当受限制, 因为股票交易的强度函数可能不是固定的, 或者不是随时间单调变化的. 为了增加相应的危险率函数的灵活性, Zhang 等 (2005) 对 ε_i 采用了一个 (标准化的) 广义伽马分布. 对于广义伽马分布的基本性质可以参见附录 A. 结果中的危险率函数可以假定不同的模式, 包括 U 型或者倒转的 U 型. 我们将新息服从广义伽马分布的 ACD 模型称为 GACD(r, s) 模型.

6.5.3 估计

对于 ACD(r, s) 模型, 令 $i_o = \max(r, s)$, $\boldsymbol{x}_t = (x_1, \cdots, x_t)'$. 持续期 $x_1, x_2, \cdots, x_T$ 的似然函数为

$$f(\boldsymbol{x}_T \mid \boldsymbol{\theta}) = \left[\prod_{i=i_o+1}^{T} f(x_i \mid F_{i-1}, \boldsymbol{\theta})\right] \times f(\boldsymbol{x}_{i_o} \mid \boldsymbol{\theta})$$

其中 $\boldsymbol{\theta}$ 表示模型的参数向量, T 表示样本大小. 前一个式中的边缘概率密度函数 $f(\boldsymbol{x}_{i_o} \mid \boldsymbol{\theta})$ 对广义的 ACD 模型而言是相当复杂的. 因为它对似然函数的冲击是随着样本大小 T 的增加而减小的, 边缘密度通常忽略了这一点, 导致条件似然方法的运用. 对于 WACD 模型, 我们利用式(6-48)中的概率密度函数 (probability density function, pdf) 得到条件对数似然函数为

$$\begin{aligned}\ell(\boldsymbol{x} \mid \boldsymbol{\theta}, \boldsymbol{x}_{i_o}) = \sum_{i=i_o+1}^{T} &\alpha \ln\left[\Gamma\left(1 + \frac{1}{\alpha}\right)\right] + \ln\left(\frac{\alpha}{x_i}\right) \\ &+ \alpha \ln\left(\frac{x_i}{\psi_i}\right) - \left[\frac{\Gamma\left(1 + \frac{1}{\alpha}\right) x_i}{\psi_i}\right]^{\alpha}\end{aligned} \quad (6\text{-}39)$$

其中 $\psi_i = \omega + \sum_{j=1}^{r} \gamma_j x_{i-j} + \sum_{j=1}^{s} \omega_j \psi_{i-j}$, $\boldsymbol{\theta} = (\omega, \gamma_1, \cdots, \gamma_r, \omega_1, \cdots, \omega_s, \alpha)'$, $\boldsymbol{x} = (x_{i_o}+1, \cdots, x_T)'$. 当 $\alpha = 1$ 时, (条件) 对数似然函数简化为 EACD(r, s) 模型的形式.

对于 GACD(r, s) 模型, 条件对数似然函数为

$$\ell(\boldsymbol{x} \mid \boldsymbol{\theta}, \boldsymbol{x}_{i_o}) = \sum_{i=i_o+1}^{T} \ln\left(\frac{\alpha}{\Gamma(\kappa)}\right) + (\kappa\alpha - 1)\ln(x_i) - \kappa\alpha \ln(\lambda\psi_i) - \left(\frac{x_i}{\lambda\psi_i}\right)^{\alpha} \quad (6\text{-}40)$$

其中 $\lambda = \Gamma(\kappa)/\Gamma\left(\kappa + \frac{1}{\alpha}\right)$, 参数向量 $\boldsymbol{\theta}$ 也包含 κ. 果然, 当 $\kappa = 1$, $\lambda = 1/\Gamma\left(1 + \frac{1}{\alpha}\right)$ 时, 式(6-40)中的对数似然函数简化为式(6-39)中模型 WACD(r, s) 的似然函数形式. 这个对

数似然函数可以改写为许多形式来简化估计.

在某些正则性条件下，条件最大似然估计是渐近正态的，详见 Engle 和 Russell(1998) 及其参考文献. 在实践中，一旦指定了持续期模型，对感兴趣的问题可以用模拟方法得到有限样本的参考分布.

例6.3 为了说明持续期模型，我们考虑从 2010 年 1 月 4 日到 1 月 8 日卡特彼勒（Caterpillar）股票的日内交易持续时间数据. 如前所述，在 5 个交易日内，共计 37 674 个正的持续期，我们应用式(6-31)中的简单二次函数来消除数据中的日模式. 所以，我们的分析应用图 6-10 中的调整的持续时间.

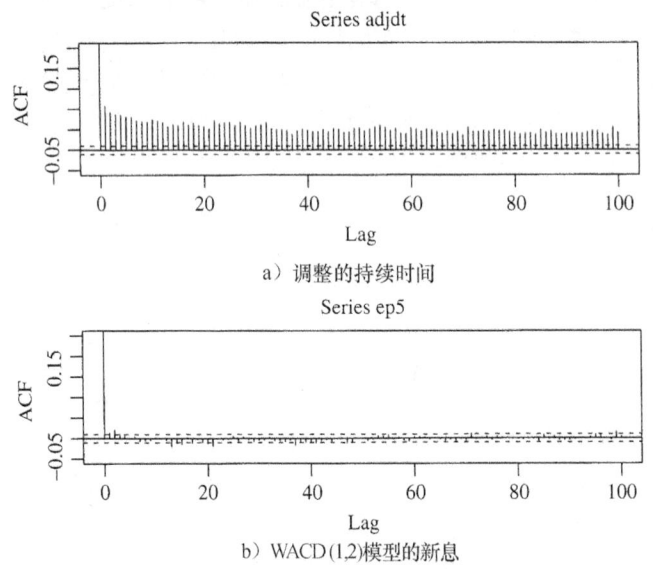

图 6-11 从 2010 年 1 月 4 日到 1 月 8 日卡特彼勒股票调整的日内交易持续时间数据的样本 ACF

设 x_i 为调整的持续时间. 图 6-11a 给出了 x_i 的样本 ACF. 显然，数据中存在很强且持久的序列相关性. 如果应用 EACD(1，1)模型，我们得到的模型为

$$x_i = \psi_i \varepsilon_i, \quad \psi_i = 0.0124 + 0.0411 x_{i-1} + 0.9503 \psi_{i-1}$$

其中所有的估计值都是高度显著的，最小的 t 比为 6.59. 残差序列 $\hat{\varepsilon}_i = x_i / \hat{\psi}_i$ 的 ACF 显示在低阶滞后上有较小的但显著的序列相关性. 故此，该模型可以进一步改进.

我们考虑为数据建立 WACD(1，2)模型，得到的拟合结果为:

$$x_i = \psi_i \hat{\varepsilon}_i, \quad \psi_i = 0.0128 + 0.0573 x_{i-1} + 0.541 \psi_{i-1} + 0.393 \psi_{i-2} \tag{6-41}$$

其中 $\{\varepsilon_i\}$ 为独立同分布的随机变量，且服从参数为 $\hat{\alpha} = 1.234(0.004)$ 的标准化的韦布尔分布，其中 0.005 是估计的标准误差. 式(6-41)中各个估计的标准误差分别为 0.002、0.004、0.069 和 0.067. 所有估计的 t 比统计量都大于 5.9，这表明所有估计是高度显著的. 图 6-11 是式(6-41)的 EACD(1，2)模型的残差序列 $\hat{\varepsilon}_i = x_i / \hat{\psi}_i$ 的时序图. 而图 6-11b 是 $\hat{\varepsilon}_i$ 的

样本 ACF. 时序图说明有几个较大的"扰动"异常值，而样本 ACF 表明数据中仍然有轻微的序列相关性. ε_i 的样本均值和标准差分别为 0.99 和 0.95. 均值接近 1，但是标准差大于 $\alpha=1.234$ 的韦布尔分布的标准差. 这和时序图中观测到"扰动"异常值是一致的. 总之，拟合的模型合理地描述了数据，但是还可以进一步提高.

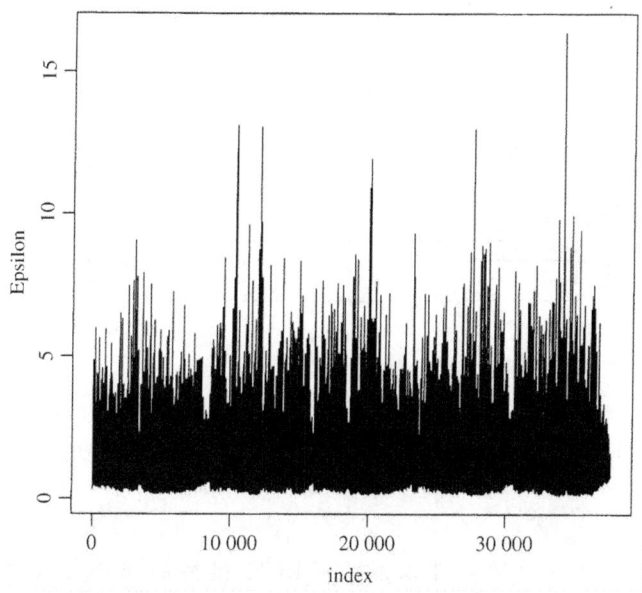

图 6-12　对 2010 年 1 月 4 日到 1 月 8 日卡特彼勒股票调整的日内交易持续时间数据拟合的 WACD(1，2)模型的新息的时序图

在该模型(式(6-41))中，估计的系数表明 $\hat{\gamma}_1+\hat{\omega}_1+\hat{\omega}_2 \approx 0.992$，这说明调整的持续期中有特定的持续性. 期望的调整持续期为 $0.0128/(1-0.992)=1.60$ 秒，这和调整持续期的样本均值 1.42 接近. 估计的标准化的韦布尔分布的 α 为 1.234，大于 1. 因此条件危险率函数是单调递增的.

最后，当样本量很大时，通常看到为了充分描述数据，需要更复杂的模型. 这在统计建模中是常见的. 如果应用子样本，分析可以被简化. 对于卡特彼勒股票调整的日内交易持续时间数据，我们可以应用最初始的 1200 个观测值. 在这个子样本上，一个 WACD(1，1)模型看起来就足够了. 拟合的模型为：

$$x_i=\psi_i\varepsilon_i, \quad \psi_i=0.162+0.068x_{i-1}+0.788\psi_{i-1}$$

其中，ε_i 服从参数为 $\alpha=1.478(0.029)$ 的标准化的韦布尔分布，括号中的数为标准误差. 估计系数的标准误差分别为 0.067、0.019 和 0.071. 图 6-13a 给出了新息 $\hat{\varepsilon}_i$ 的时序图，而图 6-13b 给出了 $\hat{\varepsilon}_i$ 的样本 ACF. 从图 6-13 中可知，模型看起来是充分的. 事实上，$\hat{\varepsilon}_i$ 的 Ljung-Box 统计量为 $Q(10)=9.60(0.47)$ 和 $Q(20)=14.95(0.78)$，其中括号中的数为 p 值. 对于 $\hat{\varepsilon}_i^2$ 序列，我们有 $Q(10)=5.69(0.84)$ 和 $Q(20)=10.38(0.96)$. 这些统计量表明 WACD(1，1)模型的新息没有序列相关性或者条件异方差. ■

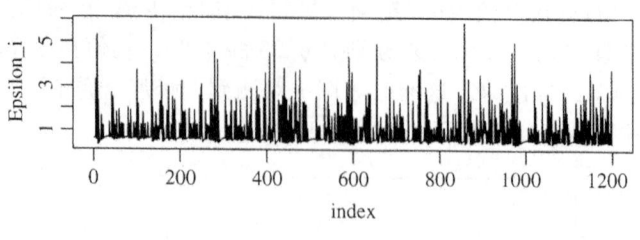

a) 新息序列

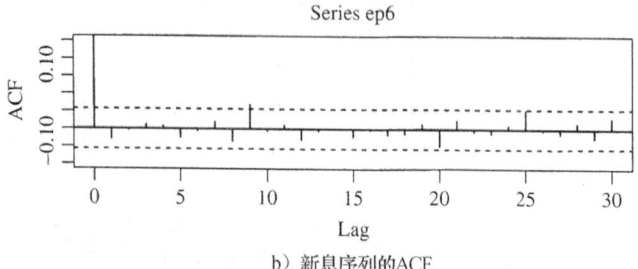

b) 新息序列的ACF

图 6-13 对 2010 年 1 月 4 日到 1 月 8 日卡特彼勒股票调整的日内交易持续时间数据的开始 1200 个观测值拟合的 WACD(1, 1)模型的检验

注记：对 EACD 模型的估计可以应用 ARCH 模型的程序，只要做微小修改即可(Engle 和 Russell, 1998)。本书中，我们应用一个简单的 R 脚本. ∎

持续期模型的 R 代码演示(输出经过编辑)

```
> source("acd.R")
> m2=acd(adjdt,order=c(1,1),cond.dist="exp")
Coefficient(s):
        Estimate  Std. Error    t value    Pr(>|t|)
omega 0.01247473  0.00189210    6.59305   4.3087e-11 ***
alpha 0.04106574  0.00273273   15.02735   < 2.22e-16 ***
beta  0.95029295  0.00364684  260.57992   < 2.22e-16 ***
---
> names(m2)
[1] "estimates" "Hessian"   "epsilon"
> m3=acd(adjdt,order=c(1,1),cond.dist="weibull")
> m5=acd(adjdt,order=c(1,2),cond.dist="weibull")
Coefficient(s):
        Estimate  Std. Error    t value    Pr(>|t|)
omega 0.01275520  0.00183458    6.95264   3.5849e-12 ***
alpha 0.05729856  0.00359740   15.92776   < 2.22e-16 ***
beta1 0.54141462  0.06912212    7.83273   4.8850e-15 ***
beta2 0.39333491  0.06667232    5.89952   3.6455e-09 ***
shape 1.23368806  0.00450529  273.83124   < 2.22e-16 ***
---
> ep5=m5$epsilon
> acf(ep5,ylim=c(-0.05,0.25))
```

```
> adt1=adjdt[1:1200]    % Subsample
> plot(adt1,type='l')
> m6=acd(adt1,order=c(1,1),cond.dist="weibull")
Coefficient(s):
        Estimate  Std. Error  t value  Pr(>|t|)
omega  0.1616787   0.0670298   2.41204  0.0158635  *
alpha  0.0677561   0.0194223   3.48857  0.0004856  ***
beta   0.7881004   0.0710153  11.09761  < 2.22e-16 ***
shape  1.4783354   0.0292454  50.54928  < 2.22e-16 ***
---
> ep6=m6$epsilon
> Box.test(ep6,lag=10,type='Ljung')
        Box-Ljung test
data:  ep6
X-squared = 9.6035, df = 10, p-value = 0.4759
> Box.test(ep6,lag=20,type='Ljung')
> Box.test(ep6^2,lag=10,type='Ljung')
> Box.test(ep6^2,lag=20,type='Ljung')
> par(mfcol=c(2,1))
> plot(ep6,type='l',xlab='index',ylab='epsilon_t')
> acf(ep6,ylim=c(-0.1,.25))
```

也可以应用 ACD 模型来研究资产的波动率(Chou, 2005)．这里用日价格的范围(或者对数价格范围)来衡量波动率．和持续期类似，日价格范围是非负的并且可以用来作为量化价格变化的一种备选方法．Tsay(2009)和 Tsay(2010，第 6 章)应用带干预分析的 ACD 模型研究了 2001 年 1 月 29 日从每笔最小变化值变为小数系统后对股票变化率的影响．

6.6 实际波动率

本节将回到应用高频数据计算波动率的主题．在式(4-45)，如果进一步假设 $\bar{r}_t=0$，则我们有 $\hat{\sigma}_m^2 \approx \sum_{i=1}^n r_{t,i}^2$．既然这样，一个月的累计日对数收益率的平方和将用作月波动率的估计值．这个概念已经推广到应用资产的日内对数收益率来估计该资产的日波动率．设 r_t 为资产的日对数收益率．设有 n 个等区间的日内对数收益率，使得 $r_t = \sum_{i=1}^n r_{t,i}^2$，则

$$RV_t = \sum_{i=1}^n r_{t,i}^2$$

称为 r_t 的**实际**(realized)波动率(Andersen 等，2001a，b)．

数学上，实际波动率假设股票的对数价格 x_t 服从下列模型：
$$dx_t = \mu_t dt + \sigma_t dw_t \tag{6-42}$$
其中，w_t 为标准布朗运动，μ_t 和 σ_t 分别为 x_t 的漂移项和扩散项．这个随机扩散过程记为**伊藤过程**(Ito process)．更详细的内容，参见 Tsay(2010，第 6 章)．这里感兴趣的量是区间 $[0, T]$ 上方差的积分 $\int_0^T \sigma_t^2 dt$．例如，在研究实际波动率时，T 经常取 1 天．对于大多数证券，当时间区间很小时，漂移项 μ_t 接近 0，因此式(6-42)简化为 $dx_t = \sigma_t dw_t$．对于离散时间，该模型表明在小的时间区间 Δ 内证券的对数收益率近似为 $\sigma_t \varepsilon_t$，其中 ε_t 是均值为 0、

方差为 Δ 的正态随机变量. 现在, 把区间 $[0, T]$ 划分为 $n = T/\Delta$ 个子区间, 并对 $t = 1, \cdots, n$ 计算对数收益率 $r_t = x_{t\Delta} - x_{(t-1)\Delta}$. 因此 r_t 是第 t 个长度为 Δ 的子区间的日内对数收益率. 估计求和方差的一个自然方式是基于下面的统计性质:

$$\lim_{n \to \infty} \sum_{t=1}^{n} r_t^2 \to_p \int_0^T \sigma_t^2 \mathrm{d}t \tag{6-43}$$

其中, "$\to_p$" 表示以概率收敛. 由于 $n \to \infty$ 等价于 $\Delta \to 0$, 所以式 (6-43) 表明我们可以应用平方变差来估计方差的积分, 如果时间区间 Δ 很小, 估计将更精确. 因此, 实际波动率是波动率的积分. 等区间的日内对数收益不是式 (6-43) 成立的必要条件. 只要最大区间的长度接近 0, 上述结果就成立.

式 (6-43) 表明为了计算日实际波动率, 我们应该采用尽量多的日内收益率数据. 实际上, 这意味着采用分笔对数收益率, 因为它们是可能得到的最精细的日内对数收益率. 然而, 观测到的收益率被市场微结构噪声"污染", 例如 $r_t^o = r_t + e_t$. 两个著名的市场微结构噪声是买卖弹性和非同时交易 (第 6 章). 当用经验二次变差来估计所附资产价格的方差积分时, 这种噪声将导致估计偏差. 事实上, 当时间区间 Δ 变小时, 这种偏差将更加严重. 可以证明, 在某些假设下, $\sum_{t=1}^{n} (r_t^o)^2 / (2n)$ 收敛到噪声 e_t 的方差而不是 x_t 方差的积分 (Zhang 等, 2001; Bandi 和 Russel, 2008). 因此, 需要寻找实际波动率的校正偏差的估计.

为了说明, 考虑从 2010 年 1 月 4 日到 5 月 28 日卡特彼勒股票的分笔交易数据. 数据来自纽约证券交易所的 TAQ 数据库, 其中这 5 个月的交易日数分别为 19、19、23、21 和 20. 因此我们分析 102 个交易日的分笔 (tick-by-tick) 数据. 为简单起见, 我们只采用从东部时间 9:30AM 到 4:00PM 这段正常交易时间内的交易数据. 图 6-14 给出了样本中的日交易数量. 很显然, 不同日期间交易数量差别很明显. 图 6-15 给出了 2010 年 5 月每隔 5 分钟的股票对数收益率, 而图 6-16 则是相应收益率的直方图. 为了计算对数收益率, 我们按常规采用区间的最后一个交易价格作为该区间的股票价格. 如预期的那样, 收益率在 0 值上下波动, 显示了波动率聚集且有厚尾. 后面将会看到, 异常值将对实际波动率有很大的影响.

回到实际波动率. 我们应用不同的时间区间来计算实际波动率. 特别地, 0 长度的区间表示我们简单采用每个交易日中连续交易的平方对数收益和. 这意味着当 1 秒内有多个交易时, 我们把观测到的序列作为真实的交易序列. 这里应用这个特殊案例强调市场微结构噪声对实际波动率的影响. 图 6-17 给出了不同时间区间内卡特彼勒股票的实际波动率的时序图. 这里的波动率是年化波动率, 应用的时间间隔分别为 0 秒、1 秒、2 秒、3 秒、4 秒、5 秒、10 秒、15 秒、20 秒和 30 秒. 因此, 我们考虑了 10 个实际波动率. 图 6-17 中的实线表示时间间隔为 0 的实际波动率. 从图 6-17 中, 我们得出下列结论: 第一, 时间间隔为 0 的波动率显著不同于其他时间间隔的波动率. 事实上, 实线被截断了. 这和前面提到的理论是一致的, 由于这个特殊情况, 实际波动率估计为 $2n \times \mathrm{Var}(e_t)$, 当 n 增加时, 它是无界的. 第二, 不同的时间间隔得到的实际波动率显著不同. 另一方面, 它们却显示了相似的特征. 所以, 这些实际波动率图形给出了一个重要的问题: 如何得到合理实际波动率的问题.

高频金融数据 243

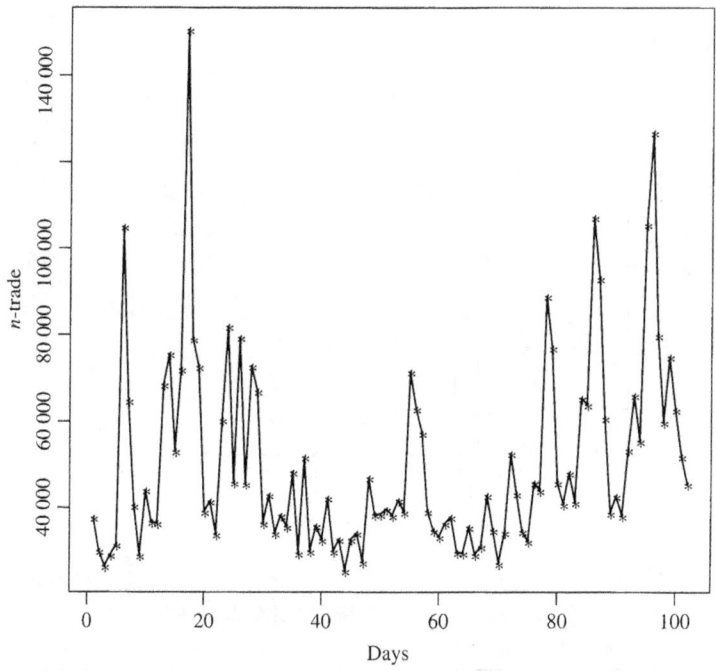

图 6-14　从 2010 年 1 月 4 日到 5 月 28 日卡特彼勒股票正常交易时间内日
　　　　交易数量的时序图

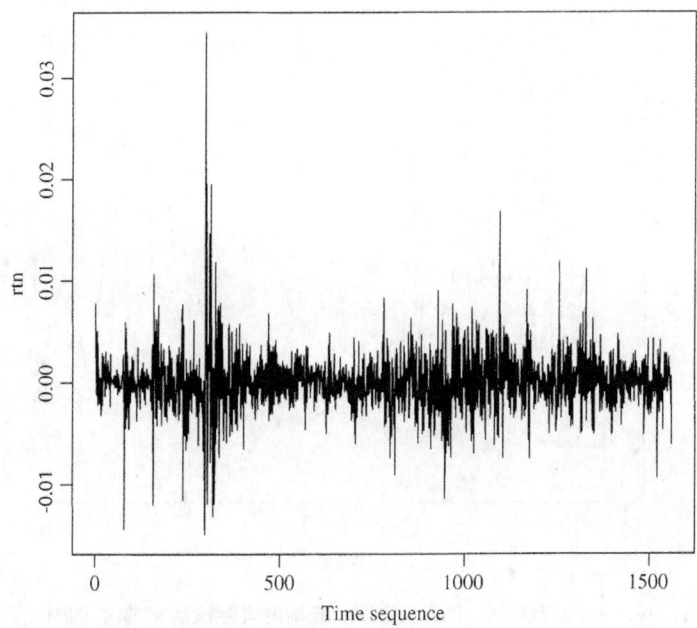

图 6-15　从 2010 年 5 月 3 日到 5 月 28 日卡特彼勒股票日内 5 分钟对数收益率的时序图. 每一
　　　　个区间取最后一个交易价格作为该区间的价格

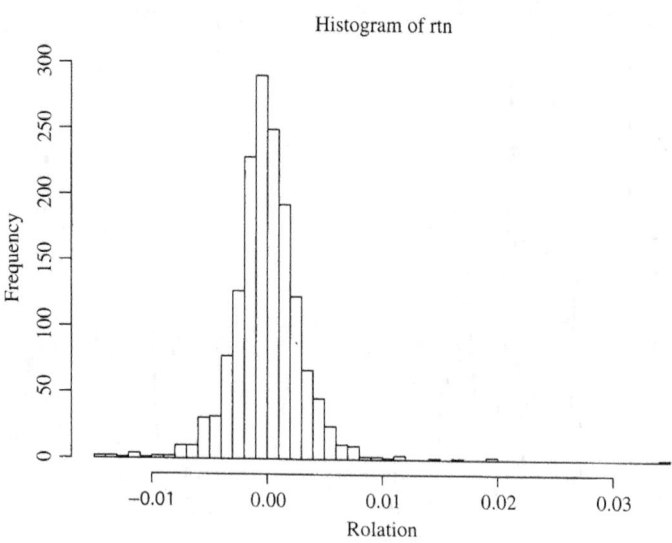

图 6-16 从 2010 年 5 月 3 日到 5 月 28 日卡特彼勒股票日内 5 分钟对数收益率的直方图. 每一个区间取最后一个交易价格作为该区间的价格

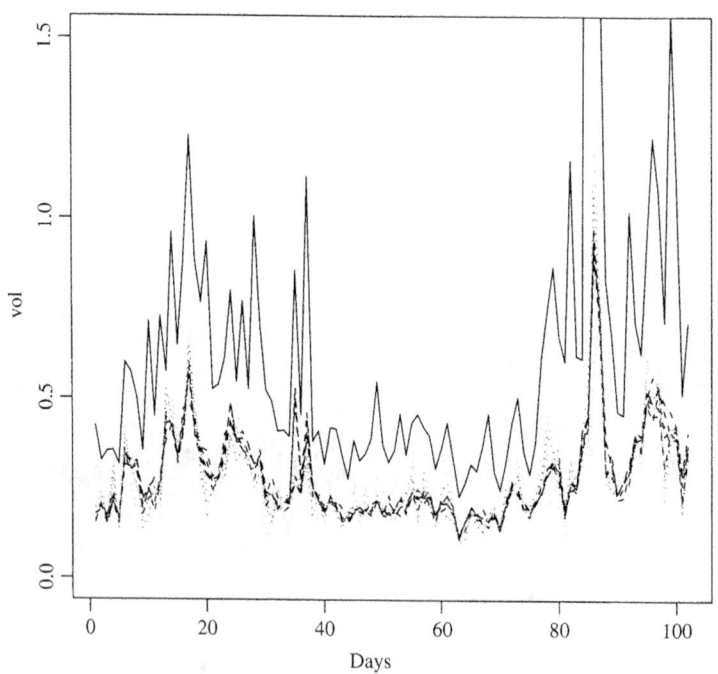

图 6-17 从 2010 年 1 月 4 日到 5 月 28 日卡特彼勒股票的实际波动率的时序图. 实线为基于每笔对数收益率, 而其他所有虚线则是基于时间区间长度分别为 1 秒、2 秒、3 秒、4 秒、5 秒、10 秒、15 秒、20 秒和 30 秒的对数收益率

为了深入了解实际波动率,我们绘制这10个实际波动率序列的箱图(见图6-18). 该图形忽略了波动率的序列相关性,但是它提供了实际波动率大小的概括信息. 图6-19给出了每个时间间隔的实际波动率的均值和中位数. 这些图形表明,对所考虑的卡特彼勒股票数据,采用3~5分钟时间间隔效果可能更好.

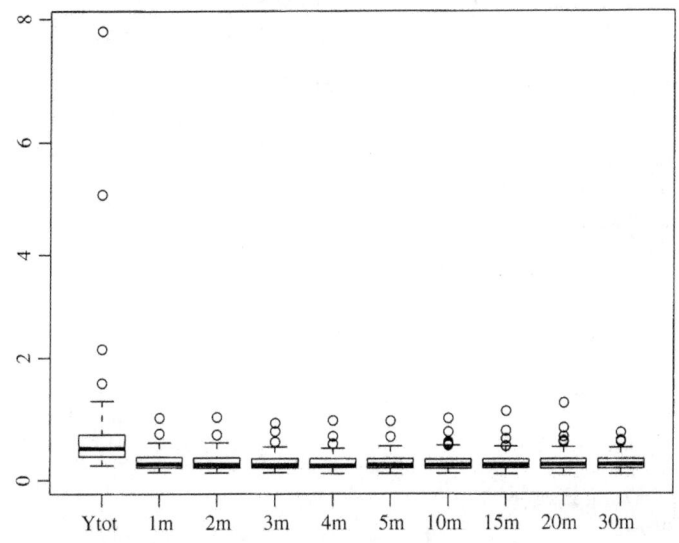

图6-18 从2010年1月4日到5月28日卡特彼勒股票的实际波动率的箱图. 这些实际波动率的计算分别是基于间隔长度为0秒、1秒、2秒、3秒、4秒、5秒、10秒、15秒、20秒和30秒的时间区间上的对数收益率,其中间隔长度为0秒表示结果是直接应用每笔对数收益率

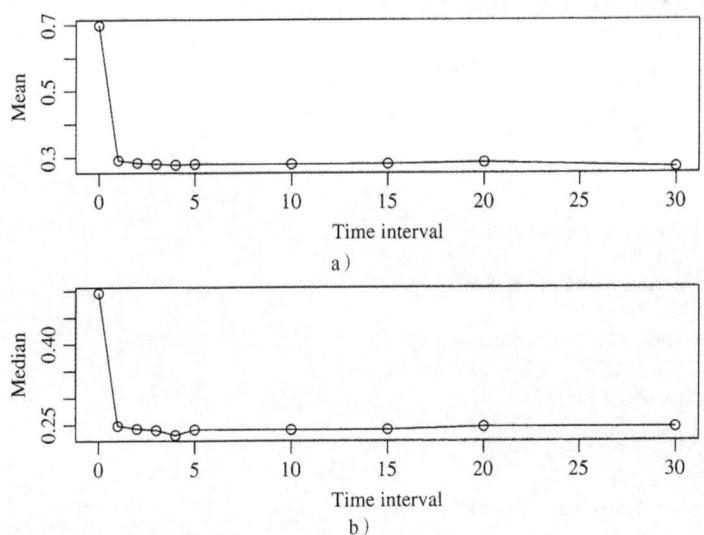

图6-19 从2010年1月4日到5月28日卡特彼勒股票的实际波动率的均值和中位数. 这些实际波动率的计算分别是基于间隔长度为0秒、1秒、2秒、3秒、4秒、5秒、10秒、15秒、20秒和30秒的时间区间上的对数收益率,其中间隔长度为0秒表示结果是直接应用每笔对数收益率

注记：我们应用 R 脚本来得到各个实际波动率. 这些脚本可以从本书网站得到. ∎

R 代码演示

```
> source("hfanal.R")
% Process January data
> da=read.table("taq-cat-jan2010.txt",header=T)
> m1=hfanal(da,1)
> names(m1)
[1] "returns"  "Ytot"    "realized" "ntrad"
> Ytot=m1$Ytot
> Ntrad=m1$ntrad
> Rv=cbind(Ytot,m1$realized)
> m2=hfanal(da,2)
> Rv=cbind(Rv,m2$realized)
> m3=hfanal(da,3)
> Rv=cbind(Rv,m3$realized)
> m4=hfanal(da,4)
> Rv=cbind(Rv,m4$realized)
> m5=hfanal(da,5)
> Rv=cbind(Rv,m5$realized)
> m6=hfanal(da,10)
> Rv=cbind(Rv,m6$realized)
> m7=hfanal(da,15)
> Rv=cbind(Rv,m7$realized)
> m8=hfanal(da,20)
> Rv=cbind(Rv,m8$realized)
> m9=hfanal(da,30)
> Rv=cbind(Rv,m9$realized)
%% Process February data
> da=read.table("taq-cat-feb2010.txt",header=T)
> m1=hfanal(da,1)
> Rv2=cbind(m1$Ytot,m1$realized)
> Ytot=c(Ytot,m1$Ytot)
> Ntrad=c(Ntrad,m1$ntrad)
> m2=hfanal(da,2)
> Rv2=cbind(Rv2,m2$realized)
> m3=hfanal(da,3)
> Rv2=cbind(Rv2,m3$realized)
> m4=hfanal(da,4)
> Rv2=cbind(Rv2,m4$realized)
> m5=hfanal(da,5)
> Rv2=cbind(Rv2,m5$realized)
> m6=hfanal(da,10)
> Rv2=cbind(Rv2,m6$realized)
> m7=hfanal(da,15)
> Rv2=cbind(Rv2,m7$realized)
> m8=hfanal(da,20)
> Rv2=cbind(Rv2,m8$realized)
> m9=hfanal(da,30)
> Rv2=cbind(Rv2,m9$realized)

> RV=rbind(Rv,Rv2)   % Combine Jan and Feb results
% repeat the same process for March, April and May data.
```

6.6.1 处理市场微结构噪声

在文献中,计算实际波动率时对市场微结构噪声的处理有两种常用方法. 第一种方法是获取最优抽样区间(Zhang 等,2001;Bandi 和 Russel,2008). 这里的想法是最小化估计积分波动率的均方误差. 它是在近似真实的实际波动率和减小市场微结构噪声所导致的偏差间的平衡. 大致地说,我们应用每笔对数收益来估计噪声的方差,然后得到最小化均方估计误差的最优抽样区间. 随着股票的不同和抽样时间段的不同,得到的最优区间也是不同的. 对于交易很频繁的股票,最优区间经常为 1~5 分钟.

第二个计算实际波动率的方法是应用自抽样和偏差校正方法. 这将得到一个双尺度过程(Zhang 等,2001). 我们采用一个简单的例子来介绍自抽样方法. 假设我们关心资产的日内 5 分钟的对数收益率. 通常我们采用时间区间(9:30,9:35]、(9:35,9:40],…来构造一个 5 分钟对数收益率序列. 因为每个区间只采用该区间的最后一个交易价格,因此,在这种方式下,许多资产的交易价格都丢弃了. 我们也可以应用区间(9:31,9:36]、(9:32,9:37],…来构造另外一个 5 分钟对数收益率序列. 可以继续这种方式,直到我们应用区间(9:34,9:39]、(9:39,9:44],…构造了另外一个 5 分钟对数收益率序列. 应用以上构造方式,我们得到了 5 个 5 分钟的日内对数收益率序列,每一个都可以用来估计资产的实际波动率. 这 5 个实际波动率的简单算术平均值应该是实际波动率的更精确的估计. 事实上,除了 1 分钟的时间增量外,我们可以应用其他的时间增量来构造更多的 5 分钟间隔序列,例如(9:30:30,9:35:30]、(9:35:30,9:40:30],…. 实际上,必须选择过程简单的时间增长量. 这里,我们应用 1 分钟作为时间增长量来构造时间区间.

数学上,资产第 t 个交易日的实际波动率的双尺度估计为:

$$\mathrm{RV}_t = \left(1 - \frac{\bar{n}}{n}\right)^{-1} \left(\mathrm{RV}_t^{\mathrm{ave}} - \frac{\bar{n}}{n}\mathrm{RV}_{0,t}\right)$$

其中,

$$\mathrm{RV}_t^{\mathrm{ave}} = \frac{1}{m} \sum_{i=1}^{m} \sum_{j=1}^{n_i} r_{i,j}^2, \quad \mathrm{RV}_{0,t} = \sum_{j=1}^{n} r_j^2$$

其中,m 是子样个数,$r_{i,j}$ 是第 i 个子样的第 j 个对数收益率,n_i 是第 i 个子样中对数收益率的个数,$\bar{n}=\{n_i\}$ 的均值,r_j 是资产第 j 次交易的对数收益率(从第 $(j-1)$ 次交易计算),n 是第 t 天总的对数收益率个数. $\bar{n}\mathrm{RV}_{0,t}/n$ 是用于消除市场微结构噪声的偏差校正,并且由于它使用了更多的交易价格,所以该均值用于改进估计值.

图 6-20 给出了从 2010 年 1 月 4 日到 5 月 28 日卡特彼勒股票的实际波动率的双尺度估计. 这里使用了 5 分钟的对数收益率,子样时间增长量为 1 分钟. 因此,$\mathrm{RV}_t^{\mathrm{ave}}$ 是基于 5 个实际波动率. 所有波动率都是年化波动率. 图 6-20 中的虚线是基于传统的 5 分钟对数收益率得到的实际波动率. 这两种估计有一些差异. 图 6-21 给出了双尺度估计和平均估计(即 $\mathrm{RV}_t^{\mathrm{ave}}$)的散点图. 两种估计很接近. 所以,在这个特殊例子中,偏差校正对实际波动率的估计影响很小.

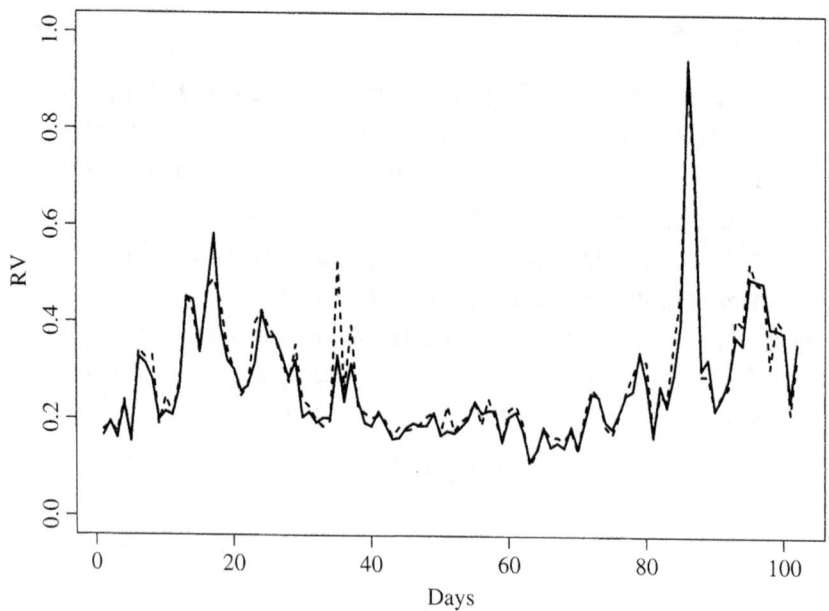

图 6-20　从 2010 年 1 月 4 日到 5 月 28 日卡特彼勒股票的实际波动率. 其中实线表示应用 5 分钟对数收益率和子样时间增长量为 1 分钟的双尺度估计. 虚线是基于传统的 5 分钟的对数收益率

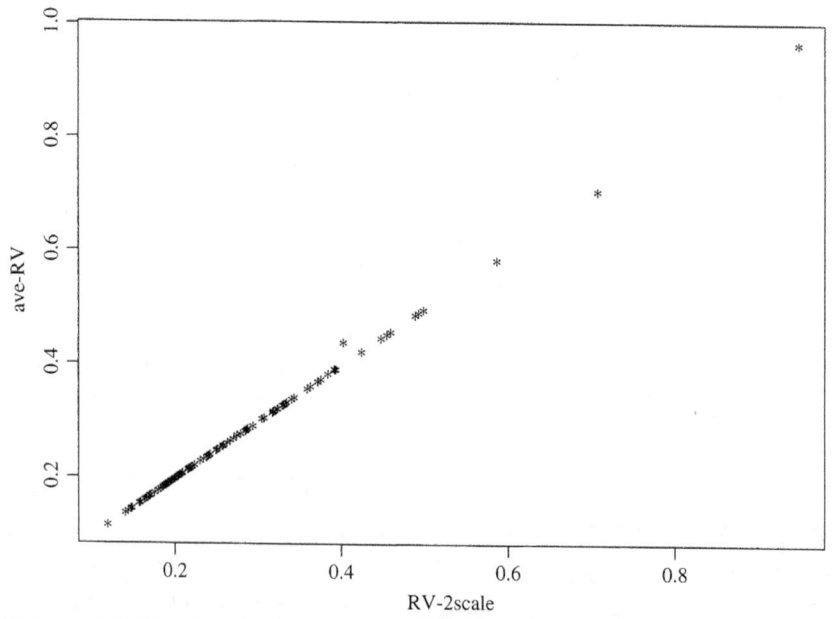

图 6-21　从 2010 年 1 月 4 日到 5 月 28 日卡特彼勒股票的实际波动率的散点图. 水平轴是双尺度估计,纵轴是 5 分钟对数收益率估计的均值

R 代码演示

```
> source("hf2ts.R")
> da=read.table("taq-cat-may2010.txt",header=T)
> m5=hf2ts(da,int=5)
> names(m5)
[1] "Ytot"     "realized" "ave.RV"   "ntrad"
> da=read.table("taq-cat-apr2010.txt",header=T)
> m4=hf2ts(da,int=5)
> da=read.table("taq-cat-mar2010.txt",header=T)
> m3=hf2ts(da,int=5)
> da=read.table("taq-cat-feb2010.txt",header=T)
> m2=hf2ts(da,int=5)
> da=read.table("taq-cat-jan2010.txt",header=T)
> m1=hf2ts(da,int=5)
% Combine the results
> Ytot=c(m1$Ytot,m2$Ytot,m3$Ytot,m4$Ytot,m5$Ytot)   % Consecutive trades
% 2-scale method (Zhang et al. method)
> RV=c(m1$realized,m2$realized,m3$realized,m4$realized,m5$realized)
% average of 5-m RV.
> mRV=c(m1$ave.RV,m2$ave.RV,m3$ave.RV,m4$ave.RV,m5$ave.RV)
```

6.6.2 讨论

一旦得到了实际波动率，可以用它来进行波动率的预测．我们应用从 2010 年 1 月 4 日到 5 月 28 日卡特彼勒股票的实际波动率来说明如何进行预测分析，这里的实际波动率是应用 5 分钟的对数收益率来估计的．图 6-22 给出了实际波动率序列和它的对数序列，其中图 6-22b 为对数序列．设 V_t 为实际波动率．应用第 2 章的建模过程，我们得到波动率的 AR(1) 模型

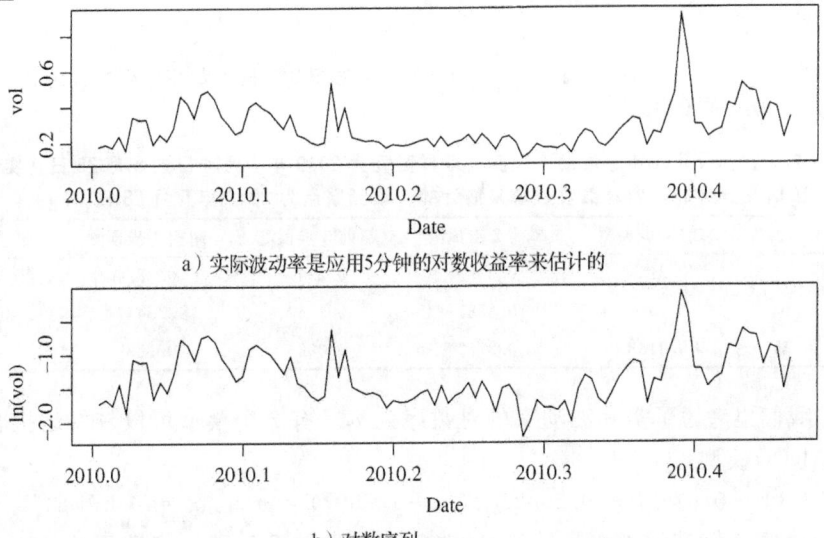

a）实际波动率是应用5分钟的对数收益率来估计的

b）对数序列

图 6-22 从 2010 年 1 月 4 日到 5 月 28 日卡特彼勒股票的实际波动率序列和它的对数序列的时序图

$$(1-0.6527B)(V_t - 0.2794) = a_t, \quad \sigma_a^2 = 0.008\,742 \qquad (6\text{-}44)$$

其中,各估计的标准误差分别为 0.0741 和 0.0262. 模型的 AIC 为 -187.42. 模型检验表明这个简单的 AR(1) 模型是充分的(见图 6-23). 接着,我们应用该模型进行超前 1 步到超前 5 步预测. 预测结果在表 6-6 中给出.

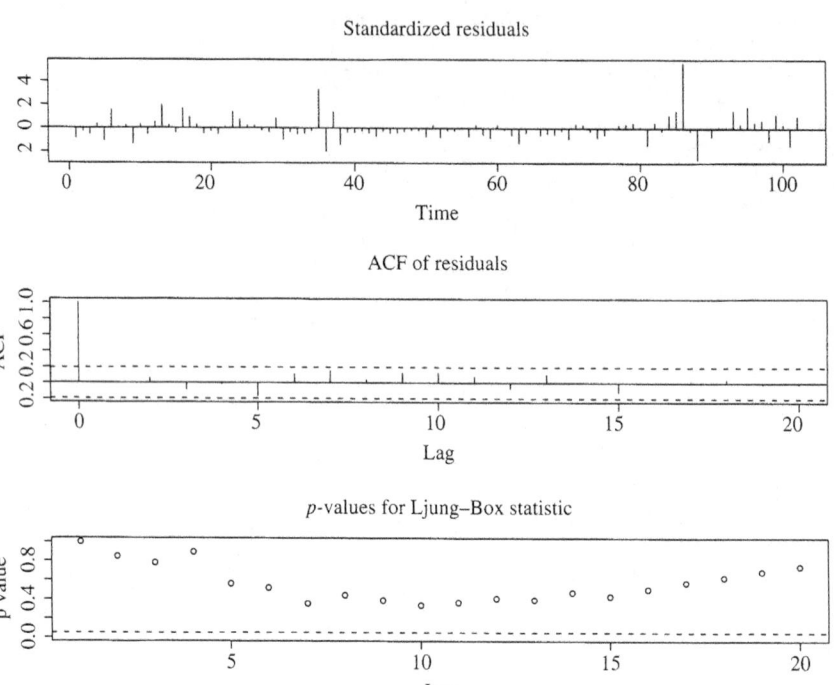

图 6-23 为 2010 年 1 月 4 日到 5 月 28 日卡特彼勒股票的实际波动率序列拟合的 AR(1) 模型的检验

表 6-6 卡特彼勒股票的实际波动率预测. 取样区间为 2010 年 1 月 4 日到 5 月 28 日,实际波动率是应用 5 分钟的日内对数收益率来估计的. 预测原点为 2010 年 5 月 28 日

模型	超前 1 步预测	超前 2 步预测	超前 3 步预测	超前 4 步预测	超前 5 步预测
AR(1)	0.3154	0.3029	0.2947	0.2894	0.2860
AR(6)	0.3569	0.3381	0.3443	0.3447	0.3058
ARIMA(0,1,3)	0.3163	0.3753	0.3623	0.3639	0.3654

另外,我们也考虑了实际波动率的对数序列 v_t. 有 2 个模型可以较好地拟合该序列. 第一个是 AR(6) 模型:

$$(1 - 0.6296B - 0.2032B^6)(v_t + 1.3507) = a_t, \quad \sigma_a^2 = 0.071\,61 \qquad (6\text{-}45)$$

其中各个估计值的标准误差分别为 0.0705、0.0726 和 0.1437. 该模型的 AIC 为 29.62. 模型的检验这里没有给出,它表明该模型是充分的. 对数波动率序列的第二个模型为:

$$(1-B)v_t = (1 - 0.4287B - 0.2426B^3)a_t, \quad \sigma_a^2 = 0.076\,62 \qquad (6\text{-}46)$$

其中 MA 系数的标准误差分别为 0.0906 和 0.0729. 模型的 AIC 为 33.67. 同样，模型检验没有给出，检验结果不能说明模型有任何不充分之处. 如果用 AIC 原则来比较模型，那么我们将为该对数波动率序列选择式(6-45)中的 AR(6)模型. 这里选用ARIMA(0，1，3)，因为有限的经验表明 $\ln(RV_t)$ 经常大致服从一个高斯 ARIMA(0，1，q)模型. 注意，为了得到式(6-45)和式(6-46)中模型的波动率预测，我们利用对数正态和正态分布之间的关系. 换句话说，我们应用了 $E(V_t)=\exp[E(v_t)+0.5\text{Var}(v_t)]$. 波动率预测的结果在表 6-6 中给出. 最后，我们不能把 V_t 模型和 v_t 模型的 AIC 或者其他信息准则进行比较. 另一方面，由于实际波动率可以直接从数据中计算，我们可以应用回测检验来比较模型. 由于序列中只有 102 个数据点，所以我们这里不进行回测检验.

实际波动率的优点之一是简单，且利用了日内回报率. 另一方面，股票收益率的实际波动率不包括资产的隔夜波动率. 隔夜波动率是指当市场关闭时的资产波动率，例如，从第 $t-1$ 天的闭市到第 t 天的开市期间的波动率. 有些情况下，隔夜波动率是很大的. 例如，大多数的季度盈利报告都是在闭市后公布，盈利预期倾向于对股票波动率有很大的影响. 因此，股票收益率的实际波动率可能低估真实的波动率. 一种可能的解决方法是采用隔夜方差和实际波动率的加权平均值(Hansen 和 Lunde，2005). 然而，隔夜收益率的平方并不是隔夜波动率的精确估计. 有限的经验表明指数收益率和外汇收益率的隔夜波动率看起来较小. 最后，在最近的一系列文章中，Bardorff-Nielsen 和 Shephard(2004)应用高频收益率来研究资产收益率的双幂次变差并开发了探测波动率跳跃的一些方法.

附录 A 概率分布概览

指数分布

称随机变量 X 服从参数为 $\beta(\beta>0)$ 的指数分布，如果其概率密度函数(probability density function，pdf)由下式给出

$$f(x\mid\beta)=\begin{cases}\dfrac{1}{\beta}e^{-\frac{x}{\beta}} & x\geqslant 0\\ 0 & x<0\end{cases}$$

这样的分布表示为 $X\sim\exp(\beta)$. 我们有 $E(X)=\beta$，$\text{Var}(X)=\beta^2$. X 的累积分布函数(Cumulative distribution function，CDF)为

$$F(x\mid\beta)=\begin{cases}0 & x<0\\ 1-e^{-\frac{x}{\beta}} & x\geqslant 0\end{cases}$$

当 $\beta=1$ 时，称 X 服从标准指数分布.

伽马函数

对于 $\kappa>0$，伽马函数 $\Gamma(\kappa)$ 定义为

$$\Gamma(\kappa)=\int_0^\infty x^{\kappa-1}e^{-x}dx$$

伽马函数最重要的性质为

1) 对任意的 $\kappa > 1$，$\Gamma(\kappa) = (\kappa-1)\Gamma(\kappa-1)$.
2) 对任何正整数值 m，$\Gamma(m) = (m-1)!$.
3) $\Gamma\left(\dfrac{1}{2}\right) = \sqrt{\pi}$.

积分

$$\Gamma(y \mid \kappa) = \int_0^y x^{\kappa-1} \mathrm{e}^{-x} \mathrm{d}x \quad y > 0$$

是一个不完全(incomplete)的伽马函数，它的值在文献中已用表列出．估计不完全伽马函数的计算机程序现在也是可以得到的．

伽马分布

称随机变量 X 服从参数为 κ 和 β ($\kappa > 0$, $\beta > 0$) 的伽马分布，如果其概率密度函数由下式给出

$$f(x \mid \kappa, \beta) = \begin{cases} \dfrac{1}{\beta^\kappa \Gamma(\kappa)} x^{\kappa-1} \mathrm{e}^{-\frac{x}{\beta}} & x \geqslant 0 \\ 0 & x < 0 \end{cases}$$

通过变量代换 $y = x/\beta$，可以很容易得到 X 的矩：

$$E(X^m) = \int_0^\infty x^m f(x \mid \kappa, \beta) \mathrm{d}x = \dfrac{1}{\beta^\kappa \Gamma(\kappa)} \int_0^\infty x^{\kappa+m-1} \mathrm{e}^{-\frac{x}{\beta}} \mathrm{d}x$$

$$= \dfrac{\beta^m}{\Gamma(\kappa)} \int_0^\infty y^{\kappa+m-1} \mathrm{e}^{-y} \mathrm{d}y = \dfrac{\beta^m \Gamma(\kappa+m)}{\Gamma(\kappa)}$$

尤其是，X 的均值、方差分别为 $E(X) = \kappa\beta$、$\mathrm{Var}(X) = \kappa\beta^2$. 当 $\beta = 1$ 时，该分布称为一个参数为 κ 的标准伽马分布(standard gamma distribution)．利用记号 $G \sim \mathrm{Gamma}(\kappa)$ 表示 G 服从一个参数为 κ 的标准伽马分布．G 的矩为

$$E(G^m) = \dfrac{\Gamma(\kappa+m)}{\Gamma(\kappa)} \quad m > 0 \tag{6-47}$$

韦布尔分布

称一个随机变量 X 服从参数为 α、β ($\alpha > 0$, $\beta > 0$) 的韦布尔分布，如果其概率密度函数为

$$f(x \mid \alpha, \beta) = \begin{cases} \dfrac{\alpha}{\beta^\alpha} x^{\alpha-1} \mathrm{e}^{-\left(\frac{x}{\beta}\right)^\alpha} & x \geqslant 0 \\ 0 & x < 0 \end{cases}$$

这里 β 和 α 分别为分布的尺度参数和形状参数．X 的均值、方差分别为

$$E(X) = \beta\Gamma\left(1+\dfrac{1}{\alpha}\right), \quad \mathrm{Var}(X) = \beta^2 \left\{ \Gamma\left(1+\dfrac{2}{\alpha}\right) - \left[\Gamma\left(1+\dfrac{1}{\alpha}\right)\right]^2 \right\}$$

X 的 CDF 为

$$F(x \mid \alpha, \beta) = \begin{cases} 0 & x < 0 \\ 1 - \mathrm{e}^{-\left(\frac{x}{\beta}\right)^\alpha} & x \geqslant 0 \end{cases}$$

当 $\alpha = 1$ 时，韦布尔分布简化为指数分布．

定义 $Y = X/[\beta\Gamma(1+1/\alpha)]$. 我们有 $E(Y) = 1$, 而且 Y 的概率密度函数为

$$f(y\mid\alpha) = \begin{cases} \alpha\left[\Gamma\left(1+\dfrac{1}{\alpha}\right)\right]^{\alpha} y^{\alpha-1}\exp\left\{-\left[\Gamma\left(1+\dfrac{1}{\alpha}\right)y\right]^{\alpha}\right\} & y \geqslant 0 \\ 0 & y < 0 \end{cases} \qquad (6\text{-}48)$$

这里由于标准化,所以尺度参数消失了. 标准化的韦布尔分布的 CDF 为

$$F(y\mid\alpha) = \begin{cases} 0 & y < 0 \\ 1 - \exp\left\{-\left[\Gamma\left(1+\dfrac{1}{\alpha}\right)y\right]^{\alpha}\right\} & y > 0 \end{cases}$$

并且我们有 $E(Y) = 1$, $\text{Var}(Y) = \Gamma(1+2/\alpha)/[\Gamma(1+1/\alpha)]^2 - 1$. 对于带韦布尔分布新息的持续期模型,最大似然估计中使用的就是式(6-48)的概率密度函数.

广义伽马分布

称随机变量 X 服从参数为 α、β、$\kappa(\alpha>0, \beta>0, \kappa>0)$ 的广义伽马分布,如果它的概率密度函数由下式给出

$$f(x\mid\alpha,\beta,\kappa) = \begin{cases} \dfrac{\alpha x^{\kappa\alpha-1}}{\beta^{\kappa\alpha}\Gamma(\kappa)}\exp\left[-\left(\dfrac{x}{\beta}\right)^{\alpha}\right] & x \geqslant 0 \\ 0 & x < 0 \end{cases}$$

其中 β 是尺度参数,α、κ 为形状参数. 这个分布可以写为

$$G = \left(\dfrac{X}{\beta}\right)^{\alpha}$$

这里 G 是参数为 κ 的标准伽马随机变量. X 的概率密度函数可以通过变量代换的方法由 G 得到. 类似地,X 的矩可以从式(6-47)中 G 的矩得到.

$$E(X^m) = E[(\beta G^{1/\alpha})^m] = \beta^m E(G^{m/\alpha}) = \beta^m \dfrac{\Gamma(\kappa+m/\alpha)}{\Gamma(\kappa)} = \dfrac{\beta^m \Gamma(\kappa+m/\alpha)}{\Gamma(\kappa)}$$

当 $\kappa=1$ 时,广义伽马分布简化为韦布尔分布. 这样,指数分布和韦布尔分布都是广义伽马分布的特殊情况.

广义伽马分布的期望为 $E(X) = \beta\Gamma(\kappa+1/\alpha)/\Gamma(\kappa)$. 在持续期模型中,我们需要一个带单位期望的分布. 因此,定义随机变量 $Y = \lambda X/\beta$,这里 $\lambda = \Gamma(\kappa)/\Gamma(\kappa+1/\alpha)$,则有 $E(Y) = 1$,Y 的概率密度函数为

$$f(y\mid\alpha,\kappa) = \begin{cases} \dfrac{\alpha y^{\kappa\alpha-1}}{\lambda^{\kappa\alpha}\Gamma(\kappa)}\exp\left[-\left(\dfrac{y}{\lambda}\right)^{\alpha}\right] & y > 0 \\ 0 & y \leqslant 0 \end{cases} \qquad (6\text{-}49)$$

这里 β 仍然是尺度参数,$\lambda = \Gamma(\kappa)/\Gamma\left(\kappa+\dfrac{1}{\alpha}\right)$.

附录 B 危险率函数

在持续期建模中的一个有用概念是分布函数隐含的危险率函数(hazard function). 对随机变量 X,生存函数(survival function)定义为

$$S(x) \equiv P(X > x) = 1 - P(X \leqslant x) = 1 - \text{CDF}(x) \quad x > 0$$

这给出了服从 X 分布的每个事物在时刻 x 生存的概率. X 的危险率函数(或强度函数)定义为

$$h(x) = \frac{f(x)}{S(x)} \tag{6-50}$$

其中 $f(\cdot)$ 和 $S(\cdot)$ 分别是 X 的概率密度函数和生存函数.

例 对于参数为 α、β 的韦布尔分布,生存函数和危险率函数分别为

$$S(x|\alpha,\beta) = \exp\left[-\left(\frac{x}{\beta}\right)^\alpha\right], \quad h(x|\alpha,\beta) = \frac{\alpha}{\beta^\alpha}x^{\alpha-1} \quad x > 0$$

特别地,当 $\alpha=1$ 时,我们有 $h(x|\beta) = 1/\beta$. 因此,对于指数分布,危险率函数是常数. 对于韦布尔分布,危险率函数是单调的. 如果 $\alpha>1$,那么危险率函数是单调递增的. 如果 $\alpha<1$,那么危险率函数是单调递减的. 对广义伽马分布,生存函数和危险率函数都包含不完全伽马函数. 然而危险率函数可以有各种不同的形状,包括 U 型和倒 U 型. 这样,广义伽马分布提供了一个对股票交易的持续期建模的灵活方法.

对标准化的韦布尔分布,生存函数和危险率函数为

$$S(y|\alpha) = \exp\left\{-\left[\Gamma\left(1+\frac{1}{\alpha}\right)y\right]^\alpha\right\}, \quad h(y|\alpha) = \alpha\left[\Gamma\left(1+\frac{1}{\alpha}\right)\right]^\alpha y^{\alpha-1} \quad y > 0$$

习题

1. 令 r_t 为资产在 t 时刻的对数收益率. 假定 $\{r_t\}$ 是均值为 0.02、方差为 0.04 的高斯白噪声. 还假定在每个时间点交易发生的概率为 50%,并且交易是否发生与 r_t 无关. 用 r_t^o 表示观测到的收益率. 问:r_t^o 是前后相关的吗?如果回答是肯定的,请计算 r_t^o 的前 3 步延迟自相关系数.

2. 令 P_t 是观测到的资产的市场价格,它通过式(6-9)与资产的基本价值 P_t^* 相联系. 假定 $\Delta P_t^* = P_t^* - P_{t-1}^*$ 是一个均值为 0、方差为 1.0 的高斯白噪声序列,并假定买卖报价差为 2 美分. 问:当最小变动价位是 1 美分时,价格变化序列 $\Delta P_t = P_t - P_{t-1}$ 的一步延迟自相关系数是多少?

3. 文件 taq-aa-t-june72010.txt 包含了 Alcoa 股票在 2010 年 6 月 7 日的分笔交易数据. 该文件有 7 列,即含有天、日期、小时、分钟、秒、价格和交易量. 这里关注的是正常交易时间的交易.

   (a) 计算各交易间非零的时间持续期. 求出该序列的样本均值和样本方差.

   (b) 用下式消除上述序列中的日模式:
   $$f(t_i) = \exp[d(t_i)], \quad d(t_i) = \beta_0 + \beta_1 f_1(t_i) + \beta_2 f_1^2(t_i) + \beta_3 f_3(t_i)$$
   其中,$f_1(t_i)$ 的定义如式(6-31)所示,$f_3(t_i) = \ln(t_i)$. 写出日模式的拟合模型.

   (c) 对调整持续期建立一个 EACD 模型,并检验拟合的模型.

   (d) 对调整持续期建立一个 WACD 模型,并检验拟合的模型.

   (e) 比较前面两个持续期模型.

4. 再次考虑 Alcoa 股票在 2010 年 6 月 7 日的交易数据. 这里关注的是正常交易时间的交易.

   (a) 计算价格变化序列并给出时序图.

   (b) 如表 6-3 那样,把价格变化序列划分为 7 个类别. 没有价格变化的交易的百分比是多少?

(c) 如例 6.1 那样, 对价格变化分类建立顺序概率模型. 给出拟合的模型.

(d) 如例 6.2 那样, 对价格变化分类建立 ADS 模型. 给出拟合的模型.

5. 再次回答上题中的问题, 这里采用 Alcoa 公司股票在 2010 年 6 月 8 日的交易数据. 数据文件是 `taq-aa-t-june82010.txt`.

6. 数据文件 `taq-aa-t-june7to112010.txt` 是 Alcoa 公司股票从 2010 年 6 月 7 日到 11 日的交易数据. 这里关注的是正常交易时间的交易. 考虑每 5 分钟时间区间的交易数量. 用 x_t 表示该序列. 在 x_t 中有日模式吗? 为什么?

7. 考虑 Starbucks 股票从 2011 年 7 月 25 日到 7 月 29 日的分笔交易数据. 数据文件为 `taq-sbux-jul2011.txt`. 这里关注的是正常交易时间的交易.

(a) 求出日内间隔 5 分钟的股票对数收益率. 绘制该序列的直方图.

(b) 应用(a)中求得的序列, 求出实际波动率.

(c) 应用估计平均值抽取子样方法求解 1 分钟日内对数收益率的日实际波动率.

(d) 应用双尺度估计抽取子样方法求解 1 分钟日内对数收益率的日实际波动率.

参考文献

Andersen TG, Bollerslev T, Diebold FX, Labys P. The distribution of realized exchange rate volatility. J Am Stat Assoc 2001a;96:42–55.

Andersen TG, Bollerslev T, Diebold FX, Labys P. The distribution of realized stock return volatility. J Financ Econ 2001b;61:43–76.

Bandi F, Russell JR. Microstructure noise, realized volatility, and optimal sampling. Rev Econ Studies 2008;2:339–369.

Barndorff-Nielsen OE, Shephard N. Power and bi-power variations with stochastic volatility and jumps (with discussion). J Financ Econometrics 2004;2:1–48.

Campbell JY, Lo AW, MacKinlay AC. The Econometrics of Financial Markets. Princeton (NJ): Princeton University Press; 1997.

Cho D, Russell JR, Tiao GC, Tsay RS. The magnet effect of price limits: evidence from high frequency data on Taiwan stock exchange. J Empir Finance 2003;10:133–168.

Chou RY. Forecasting financial volatilities with extreme values: the conditional autoregressive range (CARR) model. J Money Credit Bank 2005;37:561–582.

Engle RF, Russell JR. Autoregressive conditional duration: a new model for irregularly spaced transaction data. Econometrica 1998;66:1127–1162.

Ghysels E. Some econometric recipes for high-frequency data cooking. J Bus Econ Stat 2000;18:154–163.

Hansen PR, Lunde A. A realized variance for the whole day based on intermittent high-frequency data. J Financ Econometrics 2005;3:525–554.

Hasbrouck J. The dynamics of discrete bid and ask quotes. J Finance 1999;54:2109–2142.

Hasbrouck J. Empirical Market Microstructure: The Institutions, Economics, and Econometrics of Securities Trading. New York: Oxford University Press; 2007.

Hauseman J, Lo A, MacKinlay C. An ordered probit analysis of transaction stock prices. J Financ Econ 1992;31:319–379.

Johnson B. Algorithmic Trading & DMA: An Introduction to Direct Access Trading Strategies. London: 4Myeloma Press; 2010.

Lo A, MacKinlay AC. An econometric analysis of nonsynchronous trading. J Econometrics 1990;45:181–212.

McCulloch RE, Tsay RS. Nonlinearity in high frequency data and hierarchical models. Stud Nonlinear Dynam Econometrics 2000;5:1–17.

Roll R. A simple implicit measure of the effective bid-ask spread in an efficient market. J Finance 1984;39:1127–1140.

Rydberg TH, Shephard N. Dynamics of trade-by-trade price movements: decomposition and models. J Financ Econometrics 2003;1:2–25.

Stoll H, Whaley R. Stock market structure and volatility. Rev Financ Stud 1990;3:37–71.

Tsay RS. Autoregressive conditional duration models. In: Mills TC, Patterson K, editors. Palgrave Handbook in Econometrics, Volume 2: Applied Econometrics; Macmillan: Hampshire, UK; 2009.

Tsay RS. Analysis of Financial Time Series. 3rd ed. Hoboken (NJ): John Wiley & Sons; 2010.

Tsay RS, Yeh JH. Random aggregation with applications in high-frequency finance. J Forecast 2011;30:72–103.

Wood RA. Market microstructure research databases: history and projections. J Bus Econ Stat 2000;18:140–145.

Zhang L, Mykland PA, Aït-Sahalia Y. A tale of two time scales: determining integrated volatility with noisy high-frequency data. J Am Stat Assoc 2005;100:1394–1411.

Zhang MY, Russell JR, Tsay RS. A nonlinear autoregressive conditional duration model with applications to financial transaction data. J Econometrics 2001;104:179–207.

Zhang MY, Russell JR, Tsay RS. Determinants of bid and ask quotes and implications for the cost of trading. J Empir Finance 2008;15:656–678.

第7章 极值理论、分位数估计与VaR

从不断发生的金融危机中,我们得到的教训之一就是风险是现实存在的,它应是所有金融决策中必不可少的一部分. 因此,在资产定价和分配中,对金融风险的评估变得很重要. 本章将介绍一些风险度量来量化金融风险,讨论计算金融风险的统计方法和它们相应的理论,并通过实际例子来演示风险的评估. 和前面章节中其他主题的讨论类似,这里的目的是向读者介绍金融风险和金融管理的基本知识. 本章的示例都源自实际的例子,所有计算都是由 R 来进行的.

根据巴塞尔协议,金融风险被分为3类,即市场风险、信用风险和操作风险. 如果需要,也可以把流动性风险(或者融资风险)作为一类额外的金融风险. 市场风险是指和股票价格变动、利率变化、汇率变化、商品价格变化等所导致的损失有关的风险. 它包括股权风险、利率风险、汇率风险、商品风险和波动率风险. 因为股票价格和利率数据容易获得并且数据质量较高,所以市场风险是一种被广泛研究和理解的金融风险. 本章将重点介绍这类风险.

信用风险也称为违约风险(default risk)或者交易对手风险(counterparty risk). 当借贷者不能如约还贷时就发生了信用风险. 这种风险包括消费信贷风险、集中风险、证券化风险和信用衍生品风险. 由于信用数据主要掌握在几家大型评级机构中,信用数据很难获取,所以对信用风险的研究相对较少. 然而,近几年美国多个大型金融机构的失败,例如雷曼兄弟、美林(Merrill Lynch)、美联银行、华盛顿互助银行等的破产,以及不断增加的结构化金融产品,例如信用违约互换(Credit Default Swap, CDS)和债务抵押债券(Collateralized Debt Obligaton, CDO)等情况,使得信用风险引起了人们的注意. 根据巴塞尔 II 协议的定义,操作风险是由于内部程序、人员和系统的不完备或失效,或由于外部事件造成损失的风险. 法律或者政治风险是操作风险的两个例子. 该类风险涵盖了很大范围的风险,它涉及人员和过程,因此操作风险是研究最少且了解最少的金融风险. 最近几年随着收集的数据越来越多,并且可以获取这类数据,操作风险也开始引起了人们的关注.

随着金融产品和交易变得越来越复杂,以及世界金融市场的一体化,对金融风险的了解变得十分重要. 为了洞察当前全球经济中的金融风险,需要对金融风险进行更多的研究. 总之,金融风险有其基本的性质,同时风险管理也有其基本的概念. 本章的目的是向读者介绍量化和评估金融头寸风险的基本概念. 特别是,本章对市场风险进行了全面的介绍.

尽管本章着重于市场风险,但是其中的一些概念和方法同样可以应用于信用风险和操作风险. 例如估计风险值(Value at Risk, VaR)的 J.P 摩根风险量度法可以推广到评估信用风险的信用度量.

7.1 风险测度和一致性

一个给定的金融头寸在特定持有期的损失可以由一个随机变量来表示,记为 X. 例如,假设某人今天买入 100 股 A 股票,每股价格为 50 美元. 那么该头寸明天的可能损失为 $X = 100(50 - Y)$(美元),其中 Y 是该股票明天的价格. 这里持有时间是一个交易日,因为对于

今天而言 Y 是未知的，所以 X 是一个随机变量．我们应用随机变量来描述金融损失．有关金融头寸损失的统计推断都是基于和损失随机变量相关联的分布．

由于损失的分布是未知的，很难根据已有的数据对它们进行充分的估计，所以在实际应用中，我们经常应用一些概要统计量来量化这些损失的分布．风险测度就是概要统计量的一种．简单说，风险测度就是从损失随机变量到实际损失的映射．它给出了潜在风险的一个估计值．需要注意的是，风险测度仅仅是一个概要统计量，它通常不能提供可能损失的全面描述．这里的目的是选择一个风险测度，它的应用要广并且能很好地描述我们在金融中碰到的损失．

首先，一个有意义的金融风险测度必须和基本的金融理论一致．设 η 为一个风险测度．对于任意两个随机变量 X 和 Y，如果它们满足下面四个条件，则称 η 为**一致的**（coherent）风险测度：

1）次可加性：$\eta(X+Y) \leqslant \eta(X) + \eta(Y)$．
2）单调性：如果对所有的结果，有 $X \leqslant Y$，则有 $\eta(X) \leqslant \eta(Y)$．
3）正齐性：对任意正常数 c，有 $\eta(cX) = c\eta(X)$．
4）变换不变性：对任意正常数 c，有 $\eta(X+c) = \eta(X) + c$．

有关的详细内容可以参考 Artzner 等（1997）．

次可加性说明两个头寸的组合头寸的风险测量应该不超过它们单独头寸的风险测量．在金融中，这是和多样化相关的．多样化组合的风险应该不超过其构成成分的个体风险．所以，次可加性简单地表述了这样的事实：从组合风险来看，多样化有其优越性．如果没有次可加性，公司可能会发现分拆为较小的公司更为有利．

单调性易于理解．它表明如果一个金融头寸在任何情况下总是比另一个头寸的损失大，那么它的风险测量也应该总是较大的．正齐性也有重要的含义．第一，它表明金融头寸加倍后风险也应该加倍．第二，风险不依赖于度量风险的货币．变换不变性表明如果没有附加的不确定性，那么就不会有附加的风险，因为在统计上对一个随机变量加一个常数不会影响它的波动性．

有许多具备一致性的风险度量．下面给出一些常见的风险度量．

7.1.1 风险值

风险值（VaR）也许是最有名的风险度量了．它是一个处于某类风险的机构头寸由于市场变化而在某个给定持有期头寸减少的估计值．关于 VaR 的一般介绍，可以参见 Duffie 和 Pan(1997) 和 Jorion(2006)．金融机构可以应用该测度来估计它们的风险，或者监管机构可以根据它来设定保证金要求．以上任何一种情况，都可以用 VaR 来确保金融机构在灾难性事件之后仍然可以运营．

下面我们应用一个金融头寸在某个给定时期的损失这一随机变量来定义 VaR．假设在时刻 t，我们需要了解一个金融头寸在接下来的 ℓ 期的风险．用 $L_t(\ell)$ 表示该头寸的损失随机变量．损失通常用美元来衡量．设 V_t 为该头寸在时刻 t 的价值，那么根据该金融头寸是多头或者空头，$L_t(\ell)$ 或者为 $V_{t+\ell} - V_t$ 的正函数或者负函数．设 $F_t(\ell)$ 为变量 $L_t(\ell)$ 的累积分布函数（Cumulative Distribution Function，CDF）．这里函数 $F(\ell)$ 省略了下标 t．然而，这里很容易理解$F(\ell)$依赖于时间t.

由于大的损失发生的频率较小，所以我们用较小的概率来估计损失，例如5%，或者1%，或者0.1%. 用p表示概率，则在持有期ℓ中一个金融头寸概率为p的VaR的定义为：

$$\text{VaR}_{1-p} = \inf\{x \mid F_\ell(x) \geqslant 1-p\} \quad (7\text{-}1)$$

这里inf表示满足条件的实数x中的最小值. 从定义中可知，$F_\ell(\text{VaR}_{1-p}) \geqslant 1-p$，即

$$\Pr[L_t(\ell) \leqslant \text{VaR}_{1-p}] \geqslant 1-p$$

因此，从时刻t到时刻$t+\ell$，该金融头寸持有者的潜在损失小于或者等于VaR_{1-p}的概率为$1-p$.

应用性质$\Pr[L_t(\ell) \leqslant x] = 1 - \Pr[L_t(\ell) > x]$，我们有

$$\Pr[L_t(\ell) > \text{VaR}_{1-p}] \leqslant p$$

所以，在从时刻t到时刻$t+\ell$期间内，该头寸持有者的损失大于VaR_{1-p}的概率至多为p.

上面的定义表明，VaR和损失变量分布函数(CDF)$F_\ell(x)$的右尾部概率有关. 对于一元分布函数$F_\ell(x)$和给定的概率q，且$0 < q < 1$，称

$$x_q = \inf\{x \mid F_\ell(x) \geqslant q\}$$

为$F_\ell(x)$的**q分位数**. 如果相应于$F_\ell(x)$的随机变量$L_t(\ell)$是连续的，那么$q = \Pr[L_t(\ell) \leqslant x_q]$. 设$q = 1-p$，可以看出VaR就是损失分布的$(1-p)$分位数，这里的$p$是一个取值较小的尾部概率. 基于以上原因，我们在式(7-1)的VaR的定义中用$1-p$作为下标. 在统计文献中，$(1-p)$分位数也称为分布的$100(1-p)$百分位数.

图7-1给出了基于CDF的连续损失随机变量的VaR. 图中上部的水平线上标注的概率$(1-p)$表明右侧尾部概率为p. VaR就是图中相应竖直线的X坐标，这也确认了VaR就是损失分布的$(1-p)$分位数. 图7-2给出了一个基于连续损失随机变量的概率密度函数(probability density function, pdf)的VaR. 右尾部密度曲线下的面积为p. 在统计上，这意味着：

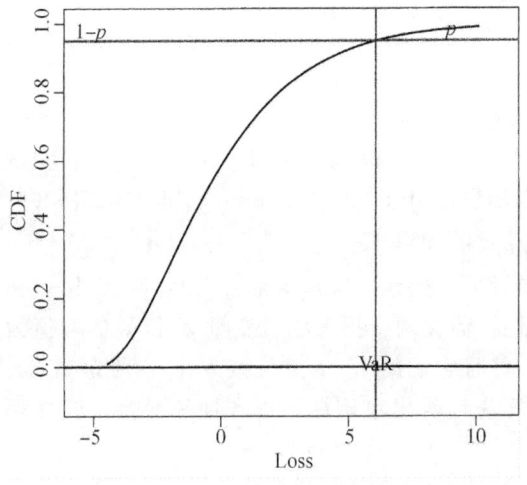

图7-1 基于CDF的连续损失随机变量的风险度量(VaR)的定义图示

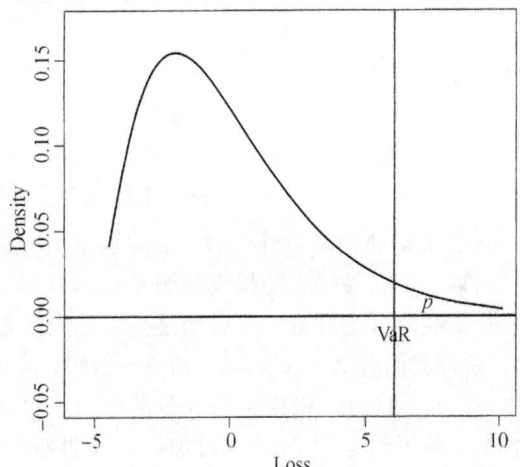

图7-2 基于PDF的连续损失随机变量的风险度量(VaR)的定义图示

$$\int_{\text{VaR}}^{\infty} f(x)\mathrm{d}x = p, \quad \text{或者相当于} \int_{-\infty}^{\text{VaR}} f(x)\mathrm{d}x = 1-p$$

这里 $f(x)$ 表示 X 的概率密度函数,为了简单,VaR 省略了下标 $1-p$. 上面的公式再一次说明 VaR 是损失变量 X 的 $100(1-p)$ 百分位数.

讨论

VaR 已经成为量化金融机构风险暴露的标准度量. 其通用性来源于它所具有的一些好的性质. 第一, 对于一些常见的分布, VaR 简单并容易计算.

情形 1:正态分布

如果损失随机变量 X 为正态分布, 记为 $X\sim N(\mu_t,\sigma_t^2)$, 那么我们有

$$\text{VaR}_{1-p}=\mu_t+z_{1-p}\sigma_t \tag{7-2}$$

这里 z_{1-p} 表示标准正态分布的 $(1-p)$ 分位数, 下标 t 用于表示 VaR 是随时间变化的. 分位数可以通过查找正态分布概率表或者任何统计软件来得到. 例如 $z_{0.95}\approx 1.645$, $z_{0.99}\approx 2.326$. 在 R 中, 可以用命令 qnorm(0.95) 和 qnorm(0.99) 来得到这两个分位数.

情形 2:学生 t 分布

如果损失随机变量 X 满足:变量 $Y=(X-\mu_t)/\sigma_t$ 为自由度为 v 的学生 t 分布, 那么

$$\text{VaR}_{1-p}=\mu_t+t_{1-p,v}\sigma_t \tag{7-3}$$

这里 $t_{1-p,v}$ 是自由度为 v 的学生 t 分布的 $1-p$ 分位数. 例如, 如果 $v=5$, 则有 $t_{0.95,5}\approx 2.015$, $t_{0.99,5}\approx 3.365$. 在 R 中, 可以用命令 qt(0.95, 5) 和 qt(0.99, 5) 来得到这两个分位数.

情形 3:标准学生 t 分布

如果 $v>2$, 则在情形 2 中的学生 t 分布的随机变量 Y 的方差为 $v/v-2$. 在波动率建模中, 可以应用 Y 的标准化版本作为新息, 参见第 4 章. 可以通过下列变换实现:

$$Y^* = \frac{Y}{\sqrt{v/(v-2)}} = \frac{X-\mu_t}{\sigma_t\sqrt{v/(v-2)}}$$

因此,我们有

$$\text{VaR}_{1-p}=\mu_t+t^*_{1-p,v}\sigma_t\sqrt{v/(v-2)} \tag{7-4}$$

这里 $t^*_{1-p,v}$ 是自由度为 v 的标准学生 t 分布的 $1-p$ 分位数. 例如, 有 $t^*_{0.95,5}\approx 1.561$, $t^*_{0.99,5}\approx 2.606$. 在 R 的 fGarch 添加包中, 可以用命令 qstd(0.95, nu= 5) 和 qstd(0.99, nu= 5) 来得到这两个分位数. 容易验证 $t^*_{1-p,v}\sqrt{v/(v-2)}=t_{1-p,v}$.

第二, 如果损失随机变量服从正态分布(或者更一般地, 服从球形分布), 则 VaR 是一个一致性的风险度量. 为说明这点, 不失一般性, 假设两个损失随机变量 X 和 Y 的均值为 0, 这样我们有 $X\sim N(0,\sigma_x^2)$ 和 $X\sim N(0,\sigma_y^2)$, 并且它们的 $1-p$ 分位数 VaR 分别为 $z_{1-p}\sigma_x$ 和 $z_{1-p}\sigma_y$. 这时, 根据正态分布的性质, 可以容易地看出单调性、正齐性和变换不变性都满足. 剩下的是 VaR 的次可加性. 证明如下:

$$\begin{aligned}\text{Var}(X+Y)&=\text{Var}(X)+\text{Var}(Y)+2\text{Cov}(X,Y)\\&=\sigma_x^2+\sigma_y^2+2\rho\sigma_x\sigma_y\\&\leqslant\sigma_x^2+\sigma_y^2+2\sigma_x\sigma_y\\&=(\sigma_x+\sigma_y)^2\end{aligned}$$

这里 ρ 表示 X 和 Y 的相关系数，$\rho \leqslant 1$. 因此，$\sigma_{x+y} \leqslant \sigma_x + \sigma_y$. 这意味着 $z_{1-p}\sigma_{x+y} \leqslant z_{1-p}\sigma_x + z_{1-p}\sigma_y$，或者相当于 $X+Y$ 的 VaR 小于 X 的 VaR 和 Y 的 VaR 之和. 因此，在正态分布假设下，VaR 的次可加性成立.

然而，一般而言，VaR 不是一个一致性的风险度量. 下面给出一个简单的反例，它和 Klugman 等（2008）给出的例子 3.13 类似.

例 7.1 假设一个连续损失随机变量 X 的 CDF $F_\ell(x)$ 满足下列概率：
$$F_\ell(80) = 0.9215$$
$$F_\ell(90) = 0.95$$
$$F_\ell(100) = 0.97$$

当 $p=0.05$ 时，X 的 VaR 为 90，因为 X 的 0.95 分位数为 90. 我们记为 $\text{VaR}^x_{0.95}=90$. 现在，定义两个损失随机变量 X_1 和 X_2 如下
$$X_1 = \begin{cases} X & X \leqslant 100 \\ 0 & X > 100 \end{cases}$$
和
$$X_2 = \begin{cases} 0 & X \leqslant 100 \\ X & X > 100 \end{cases}$$

这两个损失变量就是 X 的截断版本，我们有 $X = X_1 + X_2$. 由于总的概率必须为 1，所以 X_1 的累积分布函数 $F_\ell^1(X)$ 满足
$$F_\ell^1(80) = 0.9215/0.97 = 0.95$$
$$F_\ell^1(90) = 0.95/0.97 = 0.9794$$
$$F_\ell^1(100) = 0.97/0.97 = 1$$

X_1 的 0.95 分位数是 80. 因此 $\text{VaR}^1_{0.95}=80$，这里的上标 1 用于指代 X_1. 另外，$\Pr(X_2 \leqslant 0) = P(X \leqslant 100) = 0.97$. 因此，$X_2$ 的 0.95 分位数小于或等于 0. 这里记作 $\text{VaR}^2_{0.95} \leqslant 0$. 把两者相加，则有 $\text{VaR}^1_{0.95} + \text{VaR}^2_{0.95} \leqslant 80$.

在这个特例中，$X = X_1 + X_2$，然而 $\text{VaR}^x_{0.95}=90 > \text{VaR}^1_{0.95} + \text{VaR}^2_{0.95}$. 所以，VaR 不满足次可加性. ∎

第三，VaR 是一个右尾概率为 p 的分位数. 它并没有描述损失随机变量的实际尾部行为. 可以容易地构造出两个损失随机变量，它们具有相同的给定概率为 p 的 VaR，但是二者的尾部行为却大不相同. 这种情况下，尽管这两个损失变量的 VaR 相同，但它们的真实风险是不同的. 为了说明这一点，考虑图 7-3 的情况. 图 7-3 给出了两个损失

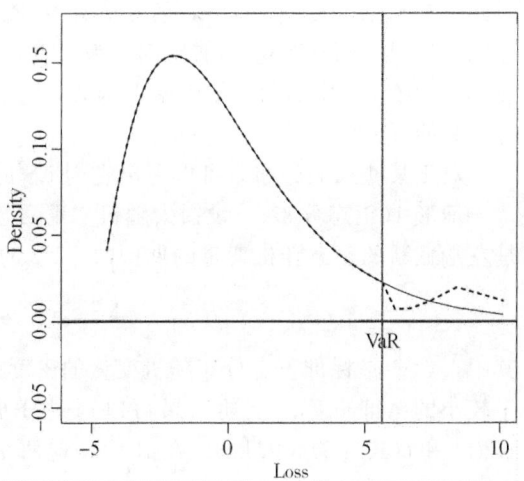

图 7-3 基于某个连续分布密度函数的损失变量的风险度量（VaR）的定义图示

随机变量的密度函数. 这两个密度函数在 $x \leqslant \text{VaR}$ 时是相同的, 但是当 $x > \text{VaR}$ 时两者却不同, 虚线表示厚的右尾部. 这两个损失函数具有相同的 VaR, 但是与虚线相应的变量以更大的概率具有较大的损失. 这个示例说明 VaR 不是一个完美的风险度量.

7.1.2 期望损失

为了克服 VaR 的不足之处, 在金融计量学中引入了一个新的风险度量, 即期望损失(Expected Shortfall, ES). 然而, 期望损失的概念在文献中并不陌生. 在精算学中它又称为尾部风险值(Tail Value at Risk, TVaR). 简单地说, ES 就是在一个灾难事件后某个金融头寸的期望损失. 考虑持有期为 ℓ 的某个金融头寸的损失随机变量 X. 设 X 的累积分布函数和概率密度函数分别为 $F(x)$ 和 $f(x)$. 对于给定的尾部概率 p, 令 VaR 是 X 的风险估计值. 这里, 为了简单, 省略了 VaR 的下标 $1-p$. 那么, X 的期望损失(ES)的定义为:

$$\text{ES}_{1-p} = E(X \mid X > \text{VaR}) = \frac{\int_{\text{VaR}}^{\infty} x f(x) \mathrm{d}x}{\Pr(X > \text{VaR})} \tag{7-5}$$

从上述定义可知, ES 是在 X 超出 VaR 时 X 的期望损失. 为此, 在文献中 ES 也称为条件风险值(Conditional Value at Risk, CVaR). 因为 ES 着重于损失分布右尾部的行为, 所以又称为 TVaR.

为了简单, 假设 X 为连续变量. 下面用积分中的变量替换法来重写式(7-5). 设 $u = F(x)$, 其中 $\text{VaR} \leqslant x < \infty$. 那么, 我们有 $\mathrm{d}u = f(x)\mathrm{d}x$, $F(\text{VaR}) = 1-p$, $F(\infty) = 1$, 且 $x = F^{-1}(u) = \text{VaR}_u$. 式(7-5)可以重写为

$$\text{ES}_{1-p} = \frac{\int_{1-p}^{1} \text{VaR}_u \mathrm{d}u}{p}$$

因此, 对于 $1-p \leqslant u \leqslant 1$, ES 就是所有 VaR_u 的均值. ES 的平均值特性使得它比 VaR 能更好地反映损失随机变量 X 的尾部行为. 事实上, 可以证明 ES 是一个具有一致性的风险度量. 对于图 7-3 中的两个损失密度函数, 它们相应的 ES 是不同的, 虚线对应的损失变量具有更大的 ES 值.

对于某些损失分布, 可以写出它们 ES 的解析表达式.

情形 1(正态分布): 设损失随机变量 X 为正态分布, 记为 $X \sim N(\mu_t, \sigma_t^2)$. 那么 ES 就是左端截断的正态随机变量的期望值. ES 的解析表达式如下:

$$\text{ES}_{1-p} = \mu_t + \frac{f(z_{1-p})}{p} \sigma_t \tag{7-6}$$

其中, $f(z)$ 是标准正态分布随机变量的密度函数, z_{1-p} 是 $f(z)$ 的 $(1-p)$ 分位数, 而 p 是一个较小的尾部概率. 上述结果可以通过分步积分得到. 例如, $p=0.05$, 我们有 $z_{1-p} \approx 1.645$ 和 $f(1.646) \approx 0.103$. 在 R 中, 这两个值分别可以通过命令 qnorm(0.95) 和 dnorm(qnorm(0.95)) 得到.

情形 2(自由度为 v 的学生 t 分布): 如果损失随机变量 X 满足: $Y = (X - \mu_t)/\sigma_t$ 为自由度为 v 的学生 t 分布, 那么有

$$\mathrm{ES}_{1-p} = \mu_t + \sigma_t \frac{f_v(x_{1-p})}{p}\left(\frac{v + x_{1-p}^2}{v-1}\right) \tag{7-7}$$

这里 $f_v(x)$ 是自由度为 v 的学生 t 分布的概率密度函数，x_{1-p} 是 $f_v(x)$ 的 $1-p$ 分位数。上述结果可以直接通过积分得到。当 $p=0.01$ 和 $v=5$ 时，我们有 $x_{1-p} \approx 3.365$ 和 $f_5(x_{1-p}) \approx 0.0109$。在 R 中，可以分别用命令 qt(0.95, 5) 和 dt(qt(0.99, 5), 5) 来得到这两个数。

情形 3（自由度为 v 的标准学生 t 分布）：假设损失随机变量 X 满足

$$Y^* = \frac{X - \mu_t}{\sigma_t \sqrt{v/(v-2)}}$$

服从自由度为 v 的标准学生 t 分布，其中 $v > 2$。这时，我们有

$$\mathrm{ES}_{1-p} = \mu_t + \sigma_t \sqrt{v/v(v-2)}\, \frac{f_v^*(x_{1-p}^*)}{p}\left(\frac{(v-2) + [x_{1-p}^*]^2}{v-1}\right) \tag{7-8}$$

这里 $f_v^*(x)$ 是自由度为 v 的标准学生 t 分布的概率密度函数，x_{1-p}^* 是 $f_v^*(x)$ 的 $1-p$ 分位数。当 $p=0.01$ 和 $v=5$ 时，我们有 $x_{1-p}^* \approx 2.606$ 和 $f_v^*(x_{1-p}^*) \approx 0.014$。在 R 的 fGarch 添加包中，可以分别用命令 qstd(0.99, nu= 5) 和 dstd(qstd(0.99, nu= 5), nu= 5) 来得到这两个数。

7.2 计算风险度量的注记

在介绍计算 VaR 和 ES 的方法前，先讨论估计金融风险的几个实际问题。

计算 VaR 涉及多个因素：

1) 感兴趣的概率 p 的取值。例如，在风险管理中，取 $p=0.01$，在压力测试中取 $p=0.001$。在某种意义上，p 的选择是随意的。

2) 时间跨度 ℓ。它可以由监管委员会给出，例如市场风险要求 1 天或者 10 天，信用风险要求 1 年或者 5 年。

3) 数据的频率。它可能和时间跨度 ℓ 不同。在市场风险分析中，经常取日观测值。而在信用风险建模中，经常取月或者季度数据。

4) 损失随机变量的累积分布函数 $F_\ell(x)$ 或者它的分位数。

5) 金融头寸的数量或者组合的盯市价值（mark-to-market）。

在上述因素中，累积分布函数 $F_\ell(x)$ 是计量经济建模的焦点。累积分布函数的不同估计方法将给出计算 VaR 和 ES 的不同方法。

在式 (7-1) 中的 VaR 定义是以美元数量来度量的。因为金融资产的对数收益率近似相当于该资产价值的百分比变化，所以在数据分析中我们应用对数收益率 r_t。对于多头，当 r_t 为负值时就发生了损失。另一方面，对于空头，当 r_t 为正值时则发生损失。因此，在本章中，损失随机变量的定义如下：

$$x_t = \begin{cases} r_t & \text{如果是空头} \\ -r_t & \text{如果是多头} \end{cases} \tag{7-9}$$

在给定到时刻 t 为止的所有可知信息的条件下，从损失分布的右侧分位数计算的 VaR 是以百分比来计算的。因此，以美元记的 VaR 是金融头寸的现金价值乘以损失变量的 VaR。即

VaR＝现金价值×x_t 的 VaR. 如果需要，也可以应用近似公式 VaR＝现金价值×[exp(x_t 的 VaR)−1].

VaR 是有关一个组合在某个给定持有期的可能损失的预测. 它应该应用损失变量在该特定持有期的预测分布(predictive distribution)来计算. 例如，应用日收益率 r_t，在给定到时刻 t 可知的信息条件下，应该应用 r_{t+1} 的预测分布来计算持有期为 1 天的某个组合的 VaR. 从统计学的角度看，预测分布需要考虑所应用计量模型参数的不确定性. 然而，一般而言，预测分布是很难得到的，目前大多数计算 VaR 的方法都忽略了参数不确定性的影响. 而且，当应用的模型也不确定时，计算 VaR 也需要考虑模型的不确定性. 简而言之，出于简单的考虑，通常计算 VaR 和 ES 的方法忽略了参数和模型的不确定性.

7.3 风险度量制

J. P. Morgan 将风险度量制(RiskMetrics™)方法发展到 VaR 计算中，参见 Longerstaey 和 More(1995). 风险度量制的简单形式假定组合的连续复合日收益率 r_t 服从一个条件正态分布. 用 x_t 表示式(7-9)中定义的日损失随机变量，F_{t-1} 表示 $t-1$ 时刻可以得到的信息集合. 风险度量制假定 $x_t | F_{t-1} \sim N(0, \sigma_t^2)$，其中 σ_t^2 是 x_t 的条件方差，并假定它按照下面的简单模型随时间变化：

$$\sigma_t^2 = \alpha \sigma_{t-1}^2 + (1-\alpha) x_{t-1}^2, \quad 0 < \alpha < 1 \tag{7-10}$$

因此，此方法假定组合的日价格的对数 $p_t = \ln(P_t)$ 满足差分方程 $p_t - p_{t-1} = a_t$，其中 $a_t = \sigma_t \varepsilon_t$ 是一个无漂移的 IGARCH(1, 1) 过程. α 通常在区间(0.9, 1)取值，其中常用的值为 0.94.

这样一个特殊的随机游走 IGARCH 模型的良好性质是，利用它很容易得到一个多期损失的条件分布. 具体来讲，对 k 个周期的持有期，从时刻 $t+1$ 到时刻 $t+k$(包含 $t+k$ 时刻)的损失变量为 $x_t[k] = x_{t+1} + \cdots + x_{t+k-1} + x_{t+k}$. 方括号 $[k]$ 表示持有期为 k. 在式(7-10)中的特定 IGARCH(1, 1) 模型下，条件分布 $x_t[k] | F_t$ 是均值为 0，方差为 $\sigma_t^2[k]$ 的正态分布，其中 $\sigma_t^2[k]$ 可以利用第 4 章讨论的预测方法来计算. 由 ε_t 的独立性假定和模型式(7-10)，我们有

$$\sigma_t^2[k] = \text{Var}(x_t[k] | F_t) = \sum_{i=1}^{k} \text{Var}(a_{t+i} | F_t)$$

其中 $\text{Var}(a_{t+i} | F_t) = E(\sigma_{t+i}^2 | F_t)$ 可以递归地得到. 利用 $x_{t-1} = a_{t-1} = \sigma_{t-1} \varepsilon_{t-1}$，我们可以将式(7-10)中 IGARCH(1, 1) 模型的波动率方程改写为

$$\sigma_t^2 = \sigma_{t-1}^2 + (1-\alpha) \sigma_{t-1}^2 (\varepsilon_{t-1}^2 - 1), \quad 对所有 t$$

特别地，我们有

$$\sigma_{t+i}^2 = \sigma_{t+i-1}^2 + (1-\alpha) \sigma_{t+i-1}^2 (\varepsilon_{t+i-1}^2 - 1), \quad i = 2, \cdots, k$$

因为对于 $i \geq 2$, $E(\varepsilon_{t+i-1}^2 - 1 | F_t) = 0$，所以上面的方程表明

$$E(\sigma_{t+i}^2 | F_t) = E(\sigma_{t+i-1}^2 | F_t), \quad i = 2, \cdots, k \tag{7-11}$$

由式(7-10)可知，超前 1 步的波动率预测为 $\sigma_{t+1}^2 = \alpha \sigma_t^2 + (1-\alpha) x_t^2$. 因此，式(7-11)证明了对于 $i \geq 1$, $\text{Var}(x_{t+i} | F_t) = \sigma_{t+1}^2$，从而 $\sigma_t^2[k] = k \sigma_{t+1}^2$. 上述结果说明 $x_t[k] | F_t \sim N(0, k \sigma_{t+1}^2)$. 因此，在式(7-10)的特殊 IGARCH(1, 1) 模型下，$x_t[k]$ 的条件方差与时间段 k 成

比例. 一个持有期为 k 的损失变量的条件标准差为 $\sqrt{k}\sigma_{t+1}$, 即 $\sqrt{k}$ 倍 σ_{t+1}.

给定尾部概率, 风险度量制(RiskMetrics)应用结果 $x_t[k]\,|\,F_t\sim N(0,\,k\sigma_{t+1}^2)$ 来计算随机损失变量的 VaR. 如果尾部概率 $p=5\%$, 则下一个交易日的 VaR$=1.65\sigma_{t+1}$(参见7.1.1节). 对于接下来的 k 个交易日, 我们有 VaR$[k]=1.65\sqrt{k}\sigma_{t+1}$, 它是 $N(0,\,k\sigma_{t+1}^2)$ 的第95百分位数. 类似地, 如果尾部概率 $p=1\%$, 则下一个交易日的 VaR$=2.326\sigma_{t+1}$. 对接下来的 k 个交易日, 我们有 VaR$[k]=2.326\sqrt{k}\sigma_{t+1}$.

考虑 $p=0.01$ 的情况. 在风险度量制下, 资产组合的下一个交易日的 VaR 为:

$$\text{VaR} = \text{头寸数量} \times 2.326\sigma_{t+1}$$

持有期为 k 天的 VaR 为

$$\text{VaR}(k) = \text{头寸数量} \times 2.326\sqrt{k}\sigma_{t+1}$$

其中, VaR 的参数(k)用来表示持有的时间段, 并且证券组合的价值是用美元来衡量的. 因此, 在风险度量制下, 我们有

$$\text{VaR}(k) = \sqrt{k} \times \text{VaR}$$

这称为风险度量制下 VaR 计算中的时间平方根准则(square root of time rule).

如果损失变量是以百分比表示, 那么下一个交易日的 1% VaR 为 VaR$=$头寸数量$\times 2.326\sigma_{t+1}/100$, 其中 σ_{t+1} 为损失变量的波动率.

注意, 因为风险度量制假定对数收益率服从均值为 0 的正态分布, 所以损失函数是对称的, 对于多头金融头寸和空头金融头寸而言, VaR 是相同的.

我们也可以应用 7.1.2 节的结果来计算风险度量制下的期望损失(ES). 特别地, 对下一个交易日, 我们有

$$\text{ES}_{0.95} = \frac{0.103}{0.05}\sigma_{t+1} = 2.063\sigma_{t+1}, \quad \text{ES}_{0.99} = \frac{0.0267}{0.01}\sigma_{t+1} = 2.67\sigma_{t+1}$$

对于接下来的 k 个交易日, 我们可以应用时间平方根准则.

例 7.2 图 7-4 是 IBM 股票从 2001 年 1 月 2 日到 2010 年 12 月 31 日的日对数收益率的时序图, 共计 2515 个观测值. 对于一个价值为 100 万的股票多头头寸, 利用风险度量制计算股票头寸的 VaR 和 ES. 这样, 损失变量为负的日收益率. 首先, 我们估计式(7-10)中的特殊 IGARCH(1, 1)模型来得到参数 α 的一个估计值. 对于以百分比表示的 IBM 股票日收益率, 我们有 $\hat{\alpha}=0.943$ (0.007), 其中括号中的值为标准误差的估计值. 另外, 从数据和拟合的模型中我们可以得到 $x_{2515}=-0.061$ 和 $\hat{\sigma}_{2515}=0.734$. 从方程式 $\hat{\sigma}_{2516}^2=0.943(0.734)^2+(1-0.943)$

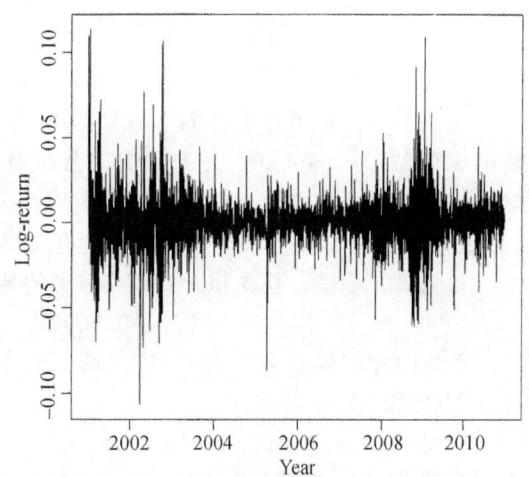

图 7-4 IBM 股票从 2001 年 1 月 2 日到 2010 年 12 月 31 日的日对数收益率的时序图

$(-0.061)^2$ 可以得到波动率的超前 1 步预测为 $\hat{\sigma}_{2516} = 0.7133$. 所以, 应用风险度量制, 我们有

$$\text{VaR}_{0.95} = 1.173, \quad \text{VaR}_{0.99} = 1.659, \quad \text{ES}_{0.95} = 1.471, \quad \text{ES}_{0.99} = 1.901$$

应用上述结果, 可以得到多头头寸的 VaR 和 ES. 例如,

$$\text{VaR}_{0.95} = 1\,000\,000\, \frac{1.173}{100} = 11\,730\,(美元), \quad \text{VaR}_{0.99} = 16\,590\,(美元)$$

最后, 假设我们对接下来的 15 个交易日持有该头寸的风险感兴趣. 那么, 应用时间平方根准则, 我们有

$$\text{VaR}_{0.95}(15) = \sqrt{15} \times 11\,730 = 45\,430\,(美元), \quad \text{ES}_{0.95}(15) = \sqrt{15} \times 147\,10 = 56\,972\,(美元)$$

在这个例子中, 可以应用 R 脚本 Rmfit 来估计式(7-10)中的特殊 IGARCH(1, 1)模型并计算风险度量. 可以从本书的网站下载该 R 脚本. ∎

R 代码演示

```
> da=read.table("d-ibm-0110.txt",header=T)
> head(da)
     date    return
1 20010102 -0.002206
.....
> ibm=log(da[,2]+1)*100
> source("RMfit.R")
> mm=RMfit(ibm)
Coefficient(s):
        Estimate  Std. Error  t value  Pr(>|t|)
alpha   0.942857   0.007172   131.464  < 2.22e-16 ***
---
Volatility prediction:
     Orig    Vpred
[1,] 2515 0.713303

Risk measure based on RiskMetrics:
     prob    VaR       ES
[1,] 0.950  1.173279  1.471339
[2,] 0.990  1.659391  1.901105
[3,] 0.999  2.204272  2.401756
```

例 7.3 考虑 2001 年 1 月 5 日到 2011 年 10 月 28 日的美元/欧元汇率的对数日收益率, 其中共有 2721 个观测值. 汇率及其对数收益率如图 7-5 所示. 汇率数据从圣路易斯的联邦储备银行下载, 我们通过对汇率的对数取差分来计算对数收益率. 为了简单, 假设我们有 1 欧元, 需要计算接下来持有 1 期和持有 10 期的相关风险.

和例 7.2 相似, 首先拟合式(7-10)中的特殊 IGARCH(1, 1)模型. 拟合的模型为

$$\sigma_t^2 = 0.9698\sigma_{t-1}^2 + (1 - 0.9698)r_t^2$$

系数的标准误差为 0.004, 应用这个拟合的模型, 2011 年 10 月 28 日后的下一个交易日的 VaR 和 ES 分别为:

$$\text{VaR}_{0.95} = 0.014, \quad \text{VaR}_{0.99} = 0.0199, \quad \text{ES}_{0.95} = 0.0177, \quad \text{ES}_{0.99} = 0.0229$$

应用时间平方根准则, 我们有

$$\text{VaR}_{0.95}(10) = 0.0446, \quad \text{ES}_{0.95}(10) = 0.0559$$

∎

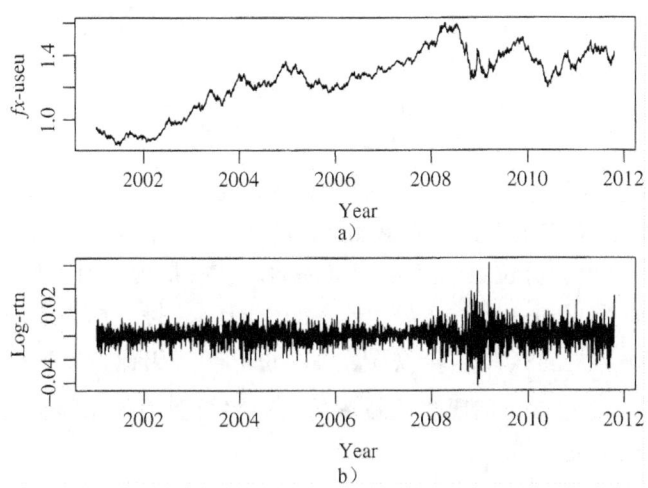

图 7-5 从 2001 年 1 月 5 日到 2011 年 10 月 28 日的美元/欧元汇率的对数日收益率

R 代码演示

```
> da1=read.table("d-useu0111.txt",header=T)
> head(da1)
  year mm dd   rate
1 2001  1  4 0.9448
  ......
> par(mfcol=c(2,1))
> rate=da1$rate; plot(rate,type='l')
> rt=diff(log(rate)); plot(rt,type='l')
> m2=RMfit(rt)
Coefficient(s):
        Estimate  Std. Error  t value  Pr(>|t|)
alpha   0.96975   0.003813    254.35  < 2.22e-16 ***
---
Volatility prediction:
     Orig      Vpred
[1,] 2721  0.008574549

Risk measure based on RiskMetrics:
     prob    VaR        ES
[1,] 0.950  0.01410388  0.01768683
[2,] 0.990  0.01994738  0.02285301
[3,] 0.999  0.02649735  0.02887128
```

7.3.1 讨论

风险度量制的一个优点就是简单,并易于理解和运用;另外一个优点是它使得金融市场中的风险更加透明. 然而,因为证券收益率常常有厚尾(或肥尾),所以正态性假定通常导致 VaR 的低估. 其他计算 VaR 的方法避免做这样的假定.

时间平方根准则是风险度量制中运用特殊模型的一个结果. 如果对数收益率的零均值

假定或者特殊 IGARCH(1,1)模型假设不满足,则此准则就失效了. 考虑下面这个简单模型:
$$r_t = \mu + a_t, \quad a_t = \sigma_t \varepsilon_t, \quad \mu \neq 0$$
$$\sigma_t^2 = \alpha \sigma_{t-1}^2 + (1-\alpha) a_{t-1}^2$$

其中$\{\varepsilon_t\}$是标准高斯白噪声序列. $\mu \neq 0$ 的假定对许多在 NYSE 中大量交易的股票收益率都是成立的,见第 1 章. 对于上面这一简单模型,给定 F_t 下 r_{t+1} 的分布是 $N(\mu, \sigma_{t+1}^2)$. 用来计算持有 1 期 VaR 的 95% 分位数变为 $\mu + 1.65 \sigma_{t+1}$. 持有期为 k 时,给定 F_t 下 $r_t[k]$ 的分布为 $N(k\mu, k\sigma_{t+1}^2)$,与前面一样,$r_t[k] = r_{t+1} + \cdots + r_{t+k}$. 持有期为 k 的 VaR 计算中所应用的 95% 分位数是 $k\mu + 1.65 \sqrt{k} \sigma_{t+1} = \sqrt{k}(\sqrt{k}\mu + 1.65 \sigma_{t+1})$. 因此,当平均收益率不为 0 时,$\text{VaR}(k) \neq \sqrt{k} \times \text{VaR}$. 也很容易证明当收益率的波动率模型不是无漂移的 IGARCH(1,1)模型时,这个准则也是失效的.

7.3.2 多个头寸

在一些应用中,投资者可能持有多个头寸,并且需要计算头寸的全部 VaR. 做这样的计算时,在假定每个头寸的日对数收益率服从一个随机游走 IGARCH(1,1)模型下,风险度量制采取了一个简单方法. 需要的额外量是收益率间的交叉相关系数. 考虑两个头寸的情况,令 VaR_1 和 VaR_2 表示两个头寸,ρ_{12} 表示两个收益率间的交叉相关系数,即 $\rho_{12} = \text{Cov}(r_{1t}, r_{2t}) / [\text{Var}(r_{1t}) \text{Var}(r_{2t})]^{0.5}$. 则投资者的全部 VaR 为
$$\text{VaR} = \sqrt{\text{VaR}_1^2 + \text{VaR}_2^2 + 2\rho_{12} \text{VaR}_1 \text{VaR}_2}$$
一个包含 m 个工具的头寸的 VaR 可以直接得到,即
$$\text{VaR} = \sqrt{\sum_{i=1}^{m} \text{VaR}_i^2 + 2 \sum_{i<j}^{m} \rho_{ij} \text{VaR}_i \text{VaR}_j}$$
其中 ρ_{ij} 是第 i 个与第 j 个工具的收益率间的交叉相关系数,VaR_i 表示第 i 个工具的 VaR. 获取上面的公式时,应用到了这样的假设,即组合中资产的对数收益率的联合分布是均值为 0,协方差矩阵为 Σ_{t+1} 的多元正态分布. 在该假定下,组合的对数收益率是均值为 0,方差有限的正态分布. 关于多元正态分布的性质,参见 Tsay(2010)第 8 章的附录 B.

例 7.4 考虑由 40% 的 AAA 级债券和 60% 的 IBM 股票构成的简单组合. 组合的市场价格为 100 万美元. 为了度量债券的收益率,我们应用美银美林的美国公司债总收益指数从 2001 年 1 月 2 日到 2010 年 12 月 31 日的日对数收益率数据. 债券指数数据从圣路易斯的联邦储备银行得到. 原始的债券指数有 2612 个观测值. 另一方面,例 7.2 给出的同一时间段内股票日收益率仅有 2515 个观测值. 为了简单,我们把没有相应股票收益率的那些债券指数剔除掉,之后得到的债券指数用于计算债券日收益率.

图 7-6 给出了债券指数的对数收益率. 和股票收益率类似,债券收益率也呈现有波动率聚集和弱平稳模式. 应用风险度量制模型,我们得到下列债券指数对数收益率的 IGARCH(1,1)模型:

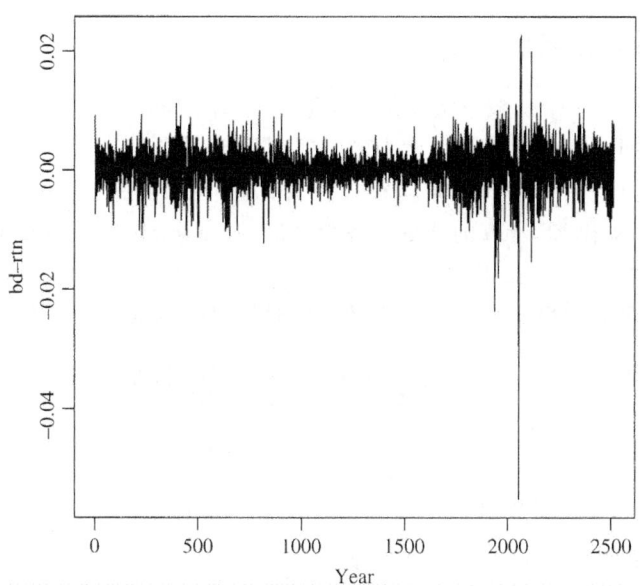

图 7-6 从 2001 年 1 月 2 日到 2010 年 12 月 31 日的债券日对数收益率的时序图. 该债券指数是美银美林的美国 AAA 公司债总收益指数

$$\sigma_t^2 = 0.9577\sigma_{t-1}^2 + (1-0.9577)r_{t-1}^2$$

其中，r_t 表示在时刻 t 的债券对数收益率，系数的标准误差为 0.006. 基于该模型，我们有：

$$\text{VaR}_{0.95} = 0.00705, \quad \text{VaR}_{0.99} = 0.00997$$

回顾例 7.2，对于 IBM 股票的日对数收益率，我们有

$$\text{VaR}_{0.95} = 0.01173, \quad \text{VaR}_{0.99} = 0.01659$$

下一步，考虑组合的 VaR. 在本示例中，我们应用 $p=0.05$. IBM 股票和 AAA 债券指数的对数收益率之间的样本相关系数为 -0.2215. 因此，对该组合，我们有

$$\text{VaR}_{0.95}^e = 0.01173 \times 0.6 = 0.00704 \text{ 和 } \text{VaR}_{0.95}^b = 0.00705 \times 0.4 = 0.00282$$

其中，上标 e 和 b 分别代表股票和债券收益率. 那么，组合的 $\text{VaR}_{0.95}$ 为

$$\text{VaR}_{0.95} = \sqrt{(\text{VaR}_{0.95}^e)^2 + (\text{VaR}_{0.95}^b)^2 + 2(-0.2215)\text{VaR}_{0.95}^e\text{VaR}_{0.95}^b}$$
$$= 0.006978$$

对这个具体的例子，在尾部概率 $p=0.05$ 时组合的 VaR 小于每一个组成成分的 VaR. 更具体而言，对 100 万的投资，我们有

1) 仅投资股票市场：$\text{VaR}_{0.95} = \$11730$.
2) 仅投资债券市场：$\text{VaR}_{0.95} = \$7050$.
3) 投资组合(60-40)：$\text{VaR}_{0.95} = \$6978$.

以上结果是在预期之内的，因为在正态性的假设下，VaR 是一致性的风险独立. 因此这个例子说明了多样化的价值. ∎

7.4 VaR 计算的计量经济学方法

VaR 和 ES 计算的一个一般方法就是利用第 2~4 章中的时间序列计量经济模型. 对于一个对数收益率序列, 可以利用第 2 章中的时间序列模型来对均值方程建模, 并且可以利用第 4 章的条件异方差模型来处理波动率. 为了简单, 我们在讨论中利用 GARCH 模型, 并将此方法称为 VaR 和 ES 计算的计量经济学方法(econometric approach). 也可以利用其他的波动率模型.

考虑一个金融头寸的损失变量 x_t, 它的通用时间序列模型可以写为:

$$x_t = \phi_0 + \sum_{i=1}^{p} \phi_i x_{t-i} + a_t - \sum_{j=1}^{q} \theta_j a_{t-j} \tag{7-12}$$

$$a_t = \sigma_t \varepsilon_t$$

$$\sigma_t^2 = \alpha_0 + \sum_{i=1}^{u} \alpha_i a_{t-i}^2 + \sum_{j=1}^{v} \beta_j \sigma_{t-j}^2 \tag{7-13}$$

式(7-12)和式(7-13)分别是 x_t 的均值和波动率方程. 假定参数已知时, 可以利用这两个方程得到 x_t 的条件均值与条件方差的超前 1 步预测. 具体地, 我们有

$$\hat{x}_t(1) = \phi_0 + \sum_{i=1}^{p} \phi_i x_{t+1-i} - \sum_{j=1}^{q} \theta_j a_{t+1-j}$$

$$\hat{\sigma}_t^2(1) = \alpha_0 + \sum_{i=1}^{u} \alpha_i a_{t+1-i}^2 + \sum_{j=1}^{v} \beta_j \sigma_{t+1-j}^2$$

如果进一步假定 ε_t 服从高斯分布或者标准学生 t 分布, 则可以应用 7.1.1 节和 7.1.2 节中的结果来计算给定尾部概率下的 VaR 和 ES.

例 7.5 再次考虑例 7.2 中 IBM 股票的日对数收益率. 我们利用两个波动率模型来计算一个 100 万美元的多头头寸的 VaR 和 ES. 基于第 2 章和第 4 章中的建模方法, 这两个计量经济模型是合理的.

因为是多头头寸, 所以损失变量为 $x_t = -r_t$, 其中 r_t 为日对数收益率. 在这个例子中, 所有的计算都是以最后一个数据点 $T = 2515$ 作为决策推理的日期.

模型 1 这里应用一个带有高斯新息的 GARCH(1, 1)模型. 拟合的模型为

$$x_t = -6.01 \times 10^{-4} + a_t, \quad a_t = \sigma_t \varepsilon_t, \quad \varepsilon_t \sim N(0, 1)$$

$$\sigma_t^2 = 4.378 \times 10^{-6} + 0.101 a_{t-1}^2 + 0.884 \sigma_{t-1}^2$$

除了正态性假设以外, 第 4 章中讨论的模型诊断统计量表明拟合的模型足以描述损失变量的均值和波动率. 在 5% 的水平上, 所有系数的估计是统计上显著的, 具体参见后面的 R 代码演示. 在时刻 $T = 2515$, 均值和波动率的超前 1 步预测分别为 -6.01×10^{-4} 和 7.82×10^{-3}. 相应地, 我们有

$$\text{VaR}_{0.95} = 0.01227, \quad \text{ES}_{0.95} = 0.01554$$

$$\text{VaR}_{0.99} = 0.01760, \quad \text{ES}_{0.99} = 0.02025$$

然后, 可以应用上述结果计算该金融头寸的风险度量. 例如, 接下来的一个交易日有

$\text{VaR}_{0.95} = 12\,270(美元)$ 和 $\text{ES}_{0.95} = 15\,540(美元)$.

模型 2 为了处理 x_t 的厚尾性, 我们采用一个新息为标准学生 t 分布的 GARCH(1, 1)模型. 拟合的模型为:

$$x_t = -4.113 \times 10^{-4} + a_t, \quad a_t = \sigma_t \varepsilon_t, \quad \varepsilon_t \sim t^*_{5.751}$$

$$\sigma_t^2 = 1.922 \times 10^{-6} + 0.0645 a_{t-1}^2 + 0.9286 \sigma_{t-1}^2$$

除了均值方程中的常数项外, 所有的系数估计在 5% 水平下是显著的. 拟合的自由度为 5.751, 这也确认了损失变量 x_t 的厚尾性. 同时, 模型检验统计量确认了模型的充分性. 在预测原点 $T = 2515$, 均值模型和波动率模型的超前 1 步预测分别为 -4.113×10^{-4} 和 0.008 01. 应用上面讨论的风险度量, 我们得到变量 x_t 的 VaR 和 ES 如下:

$$\text{VaR}_{0.95} = 0.015\,45, \quad \text{ES}_{0.95} = 0.021\,85, \quad \text{VaR}_{0.99} = 0.025\,42, \quad \text{ES}_{0.99} = 0.032\,95$$

因此, 应用学生 t 分布的新息, 该金融头寸的风险度量为 $\text{VaR}_{0.95} = 15\,450(美元)$ 和 $\text{ES}_{0.95} = 21\,850(美元)$.

从模型 1 和模型 2 的结果可知, 具有厚尾的新息会给出更高的风险度量. 这是可以理解的, 因为模型 2 给出了 x_t 尾部行为的更好刻画. 由于 x_t 的正态性假设被数据拒绝, 所以该例子说明正态假设下的 VaR 倾向于低估真实的风险. ∎

R 代码演示(输出经过编辑)

```
> da=read.table("d-ibm-0110.txt",header=T)
> xt=-log(da$return+1) % calculate negative log returns.
> library(fGarch)
> m1=garchFit(~garch(1,1),data=xt,trace=F)
> m1
Title:   GARCH Modelling
Call: garch Fit(formula = ~garch(1, 1), data = xt, trace = F)

Mean and Variance Equation:
 data ~ garch(1, 1)   [data = xt]

Conditional Distribution: norm

Error Analysis:
        Estimate   Std. Error    t value   Pr(>|t|)
mu     -6.010e-04  2.393e-04    -2.511     0.012044  *
omega   4.378e-06  1.160e-06     3.774     0.000161  ***
alpha1  1.011e-01  1.851e-02     5.463     4.67e-08  ***
beta1   8.841e-01  1.991e-02    44.413     < 2e-16   ***
---
> predict(m1,3)
   meanForecast   meanError         standardDeviation
1 -0.0006009667   0.007824302       0.007824302
2 -0.0006009667   0.008043298       0.008043298
3 -0.0006009667   0.008253382       0.008253382
> source("RMeasure.R")
> m11=RMeasure(-.000601,.0078243)

 Risk Measures for selected probabilities:
       prob    VaR           ES
[1,]  0.950   0.01226883    0.01553828
[2,]  0.990   0.01760104    0.02025244
```

```
        [3,] 0.999 0.02357790 0.02574412
>
> m2=garchFit(~garch(1,1),data=xt,trace=F,cond.dist="std")
> m2
Title: GARCH Modelling
Call: garch-
Fit(formula =~garch(1,1), data=xt,cond.dist="std", trace=F)

Mean and Variance Equation:
 data ~ garch(1, 1) [data = xt]

Conditional Distribution: std

Error Analysis:
        Estimate     Std. Error    t value   Pr(>|t|)
mu      -4.113e-04   2.254e-04     -1.824    0.06811 .
omega    1.922e-06   7.417e-07      2.592    0.00954 **
alpha1   6.448e-02   1.323e-02      4.874    1.09e-06 ***
beta1    9.286e-01   1.407e-02     65.993    < 2e-16 ***
shape    5.751e+00   6.080e-01      9.459    < 2e-16 ***
---
> predict(m2,3)
   meanForecast  meanError      standardDeviation
1  -0.0004112738 0.008100872    0.008100872
2  -0.0004112738 0.008191119    0.008191119
3  -0.0004112738 0.008279772    0.008279772
> m22=RMeasure(-.0004113,.0081009,cond.dist="std",df=5.751)

Risk Measures for selected probabilities:
       prob    VaR         ES
[1,]   0.950   0.01545311  0.02184843
[2,]   0.990   0.02542061  0.03294803
[3,]   0.999   0.04289786  0.05332908
```

多个周期 VaR

假定在时刻 h, 我们希望计算损失变量为 x_t 的一个金融头寸的 k 期风险度量. 这样, 感兴趣的变量是在预测原点 h 处的 k 期累积损失 (即 $x_h[k] = x_{h+1} + \cdots + x_{h+k}$). 如果损失变量 x_t 服从式(7-12)和式(7-13)中的时间序列模型, 则可以应用第 2 章和第 4 章中讨论的预测方法来获得 $x_h[k]$ 在给定信息集 F_h 下的条件均值与条件方差.

期望损失和预测误差

可以利用第 2 章中 ARMA 模型的预测方法来得到条件均值 $E(x_h[k]|F_h)$. 具体来讲, 我们有

$$\hat{x}_h[k] = x_h(1) + \cdots + x_h(k)$$

其中 $x_h(\ell)$ 是在预测原点 h 时收益率的超前 ℓ 步预测. 这些预测可以应用第 2 章讨论的递归方法来计算. 利用式(7-12)中 ARMA 模型的 MA 表示

$$x_t = \mu + a_t + \psi_1 a_{t-1} + \psi_2 a_{t-2} + \cdots$$

我们可以将预测原点 h 处的超前 ℓ 步预测误差记为

$$e_h(\ell) = x_{h+\ell} - x_h(\ell) = a_{h+\ell} + \psi_1 a_{h+\ell-1} + \cdots + \psi_{\ell-1} a_{h+1}$$

参见式(2-34)以及相应的预测误差。k 期期望收益率的预测误差 $\hat{x}_h[k]$ 是 x_t 在预测原点 h 处的超前 1 步预测误差的和，可以写为

$$\begin{aligned} e_h[k] &= e_h(1) + e_h(2) + \cdots + e_h(k) \\ &= a_{h+1} + (a_{h+2} + \psi_1 a_{h+1}) + \cdots + \sum_{i=0}^{k-1} \psi_i a_{h+k-i} \\ &= a_{h+k} + (1+\psi_1) a_{h+k-1} + \cdots + \Big(\sum_{i=0}^{k-1} \psi_i \Big) a_{h+1} \end{aligned} \quad (7\text{-}14)$$

其中 $\psi_0 = 1$。

期望波动率

k 期损失变量在预测原点 h 处的波动率预测是在给定 F_h 下的条件方差 $e_h[k]$。利用 ε_{t+i} ($i=1,\cdots,k$) 的独立性假定，且 $a_{t+i} = \sigma_{t+i} \varepsilon_{t+i}$，我们有

$$\begin{aligned} V_h(e_h[k]) &= V_h(a_{h+k}) + (1+\psi_1)^2 V_h(a_{h+k-1}) + \cdots + \Big(\sum_{i=0}^{k-1} \psi_i \Big)^2 V_h(a_{h+1}) \\ &= \sigma_h^2(k) + (1+\psi_1)^2 \sigma_h^2(k-1) + \cdots + \Big(\sum_{i=0}^{k-1} \psi_i \Big)^2 \sigma_h^2(1) \end{aligned} \quad (7\text{-}15)$$

其中 $V_h(z)$ 表示给定 F_h 条件下 z 的条件方差，$\sigma_h^2(\ell)$ 是在预测原点 h 处的超前 ℓ 步波动率预测。如果波动率模型是式(7-13)中的 GARCH 模型，那么这些波动率预测可以由第 4 章讨论的方法递归得到。

作为说明，考虑特殊的时间序列模型

$$x_t = \mu + a_t, \quad a_t = \sigma_t \varepsilon_t$$
$$\sigma_t^2 = \alpha_0 + \alpha_1 a_{t-1}^2 + \beta_1 \sigma_{t-1}^2$$

则对所有的 $i>0$，我们有 $\psi_i = 0$。在预测原点 h 处，累计 k 期损失的点预测为 $\hat{x}_h[k] = k\mu$，对应的预测误差为

$$e_h[k] = a_{h+k} + a_{h+k-1} + \cdots + a_{h+1}$$

因此，在预测原点 h 处的 k 期损失的波动率预测为

$$\text{Var}(e_h[k] \mid F_h) = \sum_{\ell=1}^{k} \sigma_h^2(\ell)$$

利用第 4 章中 GARCH(1, 1) 模型的预测方法，我们有

$$\sigma_h^2(1) = \alpha_0 + \alpha_1 a_h^2 + \beta_1 \sigma_h^2$$
$$\sigma_h^2(\ell) = \alpha_0 + (\alpha_1 + \beta_1) \sigma_h^2(\ell-1), \quad \ell = 2, \cdots, k \quad (7\text{-}16)$$

利用式(7-16)，对于 $i>0$ 时 $\psi_i = 0$ 的情况，我们有

$$\text{Var}(e_h[k] \mid F_h) = \frac{\alpha_0}{1-\phi}\Big[k - \frac{1-\phi^k}{1-\phi}\Big] + \frac{1-\phi^k}{1-\phi}\sigma_h^2(1) \quad (7\text{-}17)$$

其中 $\phi = \alpha_1 + \beta_1 < 1$。如果对某个 $i>0$ 有 $\psi_i \neq 0$，则可以利用式(7-15)中的 $\text{Var}(e_h[k] \mid F_h)$ 的通用公式。如果 ε_t 是高斯分布，则在给定 F_h 下，$x_h[k]$ 的条件分布是均值为 $k\mu$，方差为 $\text{Var}(e_h[k] \mid F_h)$ 的正态分布。风险度量计算中需要的分位数很容易得到。如果 a_t 的条件分

布是非高斯的(比如学生 t 分布或广义误差分布)，可以用模拟的方式得到多期的 VaR.

例 7.5(续前)　考虑例 7.5 中的 IBM 股票的日损失变量的高斯 GARCH(1，1)模型，即考虑其中的模型 1. 假定我们感兴趣的是在预测原点 2515(即 2010 年 12 月 31 日)开始的 15 天持有期的风险度量. 我们可以通过给定 F_{2515} 下的 $x_{2515}[15] = \sum_{i=1}^{15} x_{2515+i}$，利用拟合的模型来计算 15 天累积损失的条件均值和方差. 由式(7-16)递推得到条件均值为 $-0.009\,015$，条件方差为 $0.001\,261$. 那么，$x_{2515}[15] \sim N(-0.009\,015, 0.001\,261)$. 基于此，可以简单地计算风险度量. 例如，

$$\text{VaR}_{0.95}(15) = 0.049\,39(\text{美元}), \quad \text{ES}_{0.95}(15) = 0.064\,23(\text{美元})$$

对于 100 万美元的多头头寸，该结果给出

$$\text{VaR}_{0.95}(15) = 49\,390(\text{美元}), \quad \text{ES}_{0.95}(15) = 64\,230(\text{美元})$$

另一方面，对持有期为 1 的 VaR 应用时间平方根准则，我们有 $\sqrt{15} \times \text{VaR}_{0.95} = \$47\,366$. 因此，这个例子说明，通常风险度量制使用的时间平方根准则不适用于基于计量经济模型的风险度量.

回顾例 7.2 中，我们用风险度量制方法计算该头寸的风险度量，得到 $\text{VaR}_{0.95}(15) = 45\,430(\text{美元})$ 和 $\text{ES}_{0.95}(15) = 56\,972(\text{美元})$. 这些值比计量经济模型方法计算的风险度量小，即使是在高斯新息下的计量经济模型. 因此，不同方法计算的风险度量经常有不同的结果. 在风险管理中，需要仔细选择评估风险的合适方法. ■

R 代码演示(多期风险度量)

```
> M1=predict(m1,15) % Model m1 is defined in the output of Example 7.5.
> names(M1)
[1] "meanForecast"       "meanError"          "standardDeviation"
> mf=M1$meanForecast
> merr=M1$meanError
> pmean=sum(mf)
> pvar=sum(merr^2)
> pstd=sqrt(pvar)
> pmean
[1] -0.009014501
> pvar
[1] 0.001260837
> pstd
[1] 0.03550827
> M11=RMeasure(pmean,pstd)
  Risk Measures for selected probabilities:
       prob        VaR         ES
[1,] 0.950 0.04939141 0.06422887
[2,] 0.990 0.07359009 0.08562265
[3,] 0.999 0.10071431 0.11054505
```

例 7.5(续前)　继续考虑例 7.5 中的 IBM 股票的日损失变量. 这里，对该 IBM 股票头寸应用标准学生 t 新息的 GARCH(1，1)模型，计算多期 VaR 和 ES. 由于 k 个自由度为 v 的标准学生 t 分布的线性组合不再是一个自由度为 v 的标准学生 t 分布，所以我们应用 GARCH 模拟来计算多期 VaR 和 ES. 这里，拟合的模型是例 7.5 中的模型 2，因此我们有

$\mu = -4.113\times 10^{-4}$，$(\alpha_0, \alpha_1) = (1.922\times 10^{-6}, 0.064\,48)$ 和 $\beta = 0.9286$．另外，从拟合的模型，我们有 $\sigma_{2515} = 0.008\,282$，$x_{2515} = -6.138\times 10^{-4}$ 和 $v = 5.751$．这些初始值使得我们可以多次模拟 $x_{2516} + \cdots + x_{2530}$，这样就有了接下来的 15 个交易日的损失变量的经验分布．具体地说，我们的模拟从下式开始：

$$\sigma_{2516}^2 = 1.922\times 10^{-6} + 0.064\,48(x_{2515} - \mu)^2 + \sigma_{2515}^2$$

$$a_{2516} = \sigma_{2516}\times \varepsilon_{2516}, \quad \varepsilon_{2516} \sim t_{5.751}^*$$

$$x_{2516} = -4.113\times 10^{-3} + a_{2516}$$

其中，$\varepsilon_{5.751}^*$ 是从自由度为 5.751 的标准学生 t 分布中抽取的随机数，它由 fGarch 添加包的命令 rstd 得到．然后，我们每次重复增加 1 个时间单位，模拟 $x_{2517}, \cdots, x_{2530}$．这 15 个实现的和提供了接下来的 15 个交易日的损失的估计．以上程序迭代多次，例如 30 000 次，这样我们得到接下来的 15 个交易日的损失的 30 000 个估计．最终，应用这 30 000 个估计值来获得损失变量的经验分布．从经验分布，我们得到 VaR 和 ES．∎

在实际中，我们应用本书网站提供的 R 脚本 SimGarcht 进行模拟．参见下面的 R 代码演示．经过 30 000 次迭代，我们得到

$$\text{VaR}_{0.95}(15) = 47\,977(美元), \quad \text{ES}_{0.95}(15) = 67\,136(美元)$$

对于这个特殊例子，$\text{VaR}_{0.95}(15)$ 比高斯 GARCH(1, 1) 模型得到的略低，但是 ES 高些，表明具有厚尾效应．

R 代码演示（模拟学生 t 分布的 GARCH(1，1) 模型）

```
> source("SimGarcht.R")
> vol=volatility(m2)
> a1=c(1.922*10^(-6),0.06448); b1=0.9286; mu=-4.113*10^(-4)
> ini=c(ibm[2515],vol[2515])
> mm=SimGarcht(h=15,mu=mu,alpha=a1,b1=b1,df=5.751,ini=ini,nter=30000)
> rr=mm$rtn
> mean(rr)
[1] -0.006051321
> quantile(rr,c(0.95,0.99))   % Obtain VaR
       95%        99%
0.04797729 0.07839338
> idx=c(1:30000)[rr > 0.04797729] % Compute ES for p = 0.05
> mean(rr[idx])
[1] 0.06713603
> idx=c(1:30000)[rr > 0.07839338] % Compute ES for p = 0.01
> mean(rr[idx])
[1] 0.09739639
```

7.5 分位数估计

分位数估计提供了 VaR 计算的非参数方法．除了假定样本分布在预测阶段仍然成立以外，它不需要对组合的损失变量做具体的分布假定．目前有两种类型的分位数方法：第一种方法是直接利用经验分位数；第二种方法是运用分位数回归．

7.5.1 分位数与次序统计量

假定损失变量 x_t 的分布在预测期间与样本期间是一样的，可以利用损失变量 x_t 的经验分位数来计算 VaR. 令 $x_1,\cdots,x_n$ 表示样本期间内组合的损失. 样本的**次序统计量**(order statistic)是这些值以递增次序排列后的值. 我们利用记号

$$x_{(1)} \leqslant x_{(2)} \leqslant \cdots \leqslant x_{(n)}$$

表示这个排列，并将 $x_{(i)}$ 称为样本的第 i 个次序统计量. 尤其是，$x_{(1)}$ 表示样本极小值，$x_{(n)}$ 表示样本极大值.

假定损失变量是独立同分布并有一个连续分布的随机变量，其概率密度函数(pdf)为 $f(x)$，累积密度函数(CDF)为 $F(x)$. 那么，由统计文献(例如 Cox 和 Hinkley, 1994，附录 2)，对次序统计量 $x_{(\ell)}$，其中 $\ell=nq$, $0<q<1$，我们有下面的渐近结果.

结果：令 x_q 表示 $F(x)$ 的 q 分位数(即 $x_q=F^{-1}(q)$). 假定概率密度函数 $f(x)$ 在 x_q 处不等于 0(即 $f(x_q)\neq 0$)，则次序统计量 $x_{(\ell)}$ 是渐近正态的，均值为 x_q，方差为 $q(1-q)/[nf^2(x_q)]$. 也就是说，

$$x_{(\ell)} \sim N\left[x_q, \frac{q(1-q)}{n[f(x_q)]^2}\right], \quad \ell = nq \tag{7-18}$$

根据前面的结果，可以利用 $x_{(\ell)}$ 来估计分位数 x_q，这里 $\ell=nq$. 在实际中，感兴趣的概率 q 可能不满足 nq 是一个正整数. 在这种情况下，可以利用简单的插值来得到分位数估计. 更具体地讲，对非整数 nq，令 ℓ_1 和 ℓ_2 表示与 nq 最邻近的两个正整数，满足 $\ell_1<nq<\ell_2$，并定义 $q_i=\ell_i/n$. 前面的结果证明了 $x_{(\ell_i)}$ 是分位数 x_{q_i} 的一个相合估计. 由定义，$q_1<q<q_2$. 因此，分位数 x_q 可以通过下式估计

$$\hat{x}_q = \frac{q_2-q}{q_2-q_1}x_{(\ell_1)} + \frac{q-q_1}{q_2-q_1}x_{(\ell_2)} \tag{7-19}$$

在实际中，大多数统计软件包，包括 R，都可以容易得到样本分位数. 当 nq 不是整数时，不同的软件包可能用不同的程序来计算分位数. 但是，当样本容量 n 增加时，这些程序应该是一致的. 在本例中，我们应用 R 的 quantile 命令来获得损失变量的经验分位数.

对于 ES，我们简单地应用那些大于或者等于 VaR 的数据的样本均值. 计算该样本均值的简单方法如下. 设 $q=1-p$，其中 p 是我们感兴趣的小的右尾部概率，i_q 为满足 $i_q<nq$ 的最大整数. 那么，样本 ES 为

$$\widehat{\text{ES}}_{1-p} = \frac{\sum_{i=i_q+1}^{n} x_{(i)}}{n-i_q}, \quad q=1-p$$

例 7.6 考虑 IBM 股票从 2001 年 1 月 2 日至 2010 年 12 月 31 日的日对数收益率. 对于 IBM 股票的多头头寸，损失变量为负的对数收益. 由于 $nq=2515\times 0.95=2389.25$，所以我们有 $\ell_1=2389$, $\ell_2=2390$, $p_1=2389/2515$, $p_2=2390/2515$. 可以得到负的对数收益率的 95% 的经验分位数为

$$\hat{x}_{0.95} = 0.75 x_{(2389)} + 0.25 x_{(2390)} = 0.026\,54$$

$x_{(i)}$ 表示损失变量 x_t 的第 i 个次序统计量. 在这个特例中, $x_{(2389)}=0.02652$ 和 $x_{(2390)}=0.02657$. 最后, 当 $p=0.05$ 时, 下一个交易日的样本 ES 为 $\widehat{ES}_{0.95}=39\,949$(美元). ∎

R 代码演示

```
> da=read.table("d-ibm-0110.txt",header=T)
> ibm=-log(da[,2]+1)
> prob1=c(0.9,0.95,0.99,0.999) % probabilities of interest
> quantile(ibm,prob1)
        90%        95%        99%      99.9%
 0.01736836 0.02653783 0.05013151 0.07198369
> sibm=sort(ibm) % Sorting into increasing order
> 0.95*2515
[1] 2389.25
> es=sum(sibm[2390:2515])/(2515-2389)
> es
[1] 0.03994857
```

讨论

利用上面的经验分位数方法计算 VaR 有几个优势: 1)简单性; 2)没有具体的分布假定. 然而, 这个方法也有几个缺点. 首先, 它假定损失变量 x_t 的分布从样本期间到预测期间是保持不变的. 考虑到 VaR 主要关心的是尾部概率, 则这个假定蕴含了预测的损失不能高于历史的损失. 然而在实际中却不是这样的. 第二, 当尾部概率 p 较小时, 经验分位数并非是理论分位数的有效估计. 这点可以从前面提到的理论结果中看出来. 对于小的概率 p, $f(x)$接近于 0, 因此方差将很大. 第三, 直接的分位数估计不能考虑与所研究组合相关的解释变量的影响.

7.5.2 分位数回归

在实际应用中, 人们经常能够得到对所研究问题非常重要的解释变量. 例如, 联邦储备银行对利率采取的行动, 这对美国股票的收益率(和损失变量)具有重要的影响, 因此考虑分布函数 $x_{t+1}|F_t$ 是更加恰当的, 这里 F_t 包含了这个解释变量的信息. 换句话说, 我们对给定 F_t 的 x_{t+1} 的分布函数的分位数感兴趣. 该分位数在文献中称为回归分位数(regression quantile), 可以参见 Koenker 和 Bassett(1978).

为了理解回归分位数, 将前一小节中的经验分位数看做一个估计问题是有益的. 对于一个给定的概率 $q=1-p$, $\{x_i\}$ 的 q 分位数可以通过下式得到

$$\hat{x}_q = \operatorname{argmin}_\beta \sum_{i=1}^n w_q(x_i - \beta)$$

其中 $w_q(z)$ 定义为

$$w_q(z) = \begin{cases} qz & z \geqslant 0 \\ (q-1)z & z < 0 \end{cases}$$

回归分位数是这样一个估计的一般化.

为了看出这种一般化, 假定我们有线性回归

$$x_t = \boldsymbol{\beta}'z_t + a_t \tag{7-20}$$

其中 $\boldsymbol{\beta}$ 是 k 维参数向量；z_t 是预测向量，它是 F_{t-1} 的元素. 因为 $\boldsymbol{\beta}'z_t$ 是已知的，所以 x_t 在给定 F_{t-1} 的条件下其分布就是 a_t 分布的一个变换. 用这种方式看待这个问题，Koenker 和 Bassett(1978)指出在给定 F_{t-1} 条件下 x_t 的条件分位数 $x_q | F_{t-1}$ 的估计为

$$\hat{x}_q | F_{t-1} \equiv \inf\{\boldsymbol{\beta}'_o z | R_q(\boldsymbol{\beta}_o) = \min\} \tag{7-21}$$

其中"$R_q(\boldsymbol{\beta}_o) = \min$"的意思是 $\boldsymbol{\beta}_o$ 可以由下式得到

$$\boldsymbol{\beta}_o = \mathrm{argmin}_{\boldsymbol{\beta}} \sum_{t=1}^{n} w_q(x_t - \boldsymbol{\beta}'z_t)$$

其中 $w_q(\cdot)$ 与前面的定义一样. 得到这样一个估计的分位数的计算机程序可以在 Koenker 和 D'Orey(1987)中找到. R 的 quantreg 添加包可以执行这种分位数回归.

例 7.7 本例再次考虑 100 万美元的 IBM 股票多头头寸. 取样时间段是从 2001 年 1 月 2 日至 2010 年 12 月 31 日. 显然，股票收益率的分位数与股票的波动率相关. 股票的收益率也可能与市场的波动率相关. 为了探寻这种相关的可能性，我们应用有两个预测变量的分位数回归. 第一个预测变量是滞后 1 期 IBM 股票的日波动率，第二个预测变量是滞后 1 期的芝加哥期权交易所(CBOE) VIX 指数. 具体来说，我们考虑下面的分位数回归：

$$Q(q | z_t) = \sum_{t=2}^{2515} w_q(x_t - \beta_0 - \beta_1 s_{t-1} - \beta_2 v_{t-1}) \tag{7-22}$$

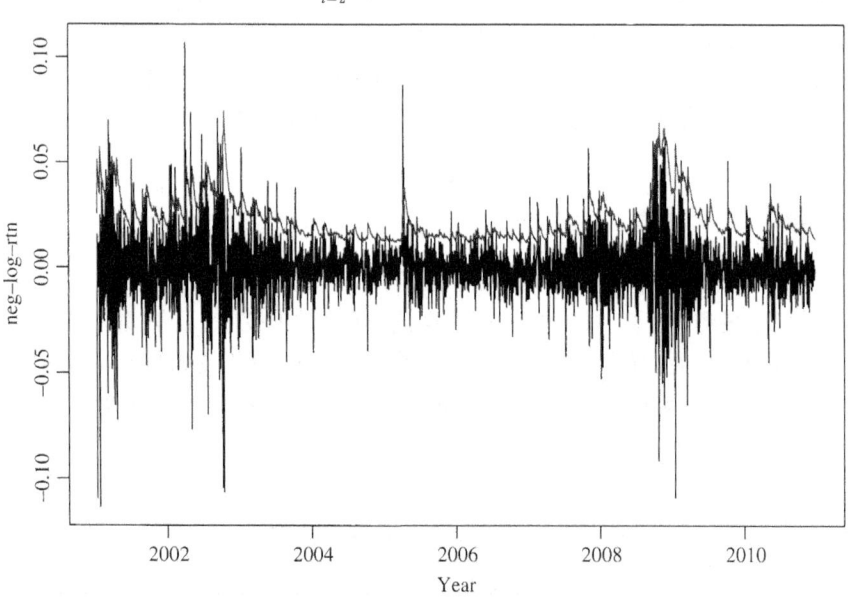

图 7-7 从 2001 年 1 月 2 日至 2010 年 12 月 31 日负的 IBM 股票日对数收益率的时序图. 上端的曲线是应用式(7-22)的分位数回归得到的 95% 分位数

其中，$x_t = -r_t$，r_t 为 IBM 股票的日对数收益率；s_{t-1} 为 IBM 股票的滞后 1 期日收益率，从 x_t 拟合的高斯 GARCH(1, 1) 模型得到；v_{t-1} 为从 CBOE 得到的 VIX 指数的滞后 1 期. 这里，我们使用的是 VIX 指数，而不是百分比 VIX.

应用式(7-22)的分位数回归，取 $q = 0.95$，我们得到

$\hat{\beta}_0 = -0.001(0.003)$, $\hat{\beta}_1 = 1.17724(0.22268)$, $\hat{\beta}_2 = 0.02809(0.01615)$

其中,括号中的参数是标准误差. 常数项不是统计显著的,另外 2 个系数的 p 值分别为 0.0 和 0.08. 因此,如预期的那样,IBM 股票负日对数收益率 95% 分位数严重依赖于其滞后 1 期的波动率和略微依赖于滞后 1 期 VIX 指数. 由于 $s_{2515} = 0.00802$ 和 $v_{2515} = 0.1775$,我们有 $\hat{Q}(0.95 | z_{2515}) = 0.01338 5$. 这意味着该金融头寸的风险为 $VaR_{0.95} = 13385$(美元). 图 7-7 给出了损失变量 $x_t = -r_t$ 和 $q = 0.95$ 的分位数回归拟合值的时序图. 拟合的分位数行为与波动率类似. 这不难理解,因为滞后 1 期波动率是高度显著的. 图 7-7 也说明 VaR 是随时间变化的,重点显示出当损失超出 VaR 时真实的损失变化.

最后,当概率 q 接近于 1 时分位数回归估计变得困难. 这是由于大的 q 值导致的数据限制,所以相关观测值的个数变得很少. 对所考虑的 IBM 日对数收益率,概率为 0.99 的分位数回归就变得没有价值. 参见下面的 R 程序代码演示. 在通常的 5% 水平下,所有的系数估计变得统计显著.

R 代码演示

```
> dd=read.table("d-ibm-rq.txt",header=T) % Load data
> head(dd)
        nibm       vol     vix
1 -0.109478400 0.01700121 29.99
2  0.015308580 0.01614694 26.60
.....
6 -0.009408600 0.03211091 27.99
> dim(dd)
[1] 2514    3
> dd[,3]=dd[,3]/100
> library(quantreg)
> mm=rq(nibm~vol+vix,tau=0.95,data=dd) % Quantile regression
> summary(mm)
Call: rq(formula = nibm ~ vol + vix, tau = 0.95, data = dd)
tau: [1] 0.95  % probability
Coefficients:
            Value    Std. Error t value  Pr(>|t|)
(Intercept) -0.00104  0.00257   -0.40317  0.68686
vol          1.17724  0.22268    5.28660  0.00000
vix          0.02809  0.01615    1.73977  0.08202
> names(mm)
 [1] "coefficients"  "x"              "y"        "residuals"
 [5] "dual"          "fitted.values"  "formula"  "terms"
 [9] "xlevels"       "call"           "tau"      "rho"
[13] "method"        "model"
> fit=mm$fitted.values
> tdx=c(2:2515)/252+2001
> plot(tdx,dd$nibm,type='l',xlab='year',ylab='neg-log-rtn')
> lines(tdx,fit,col='red')
> v1[2515]
[1] 0.008018202
> vix[2515]
[1] 17.75
> vfit=-.00104+1.17724*v1[2515]+0.02809*vix[2515]/100
> vfit
```

```
[1] 0.01338532
> mm=rq(xt~vol+vix,tau=0.99,data=dd)  % 99th quantile
> summary(mm)
Call: rq(formula = xt ~ vol + vix, tau = 0.99, data = dd)
tau: [1] 0.99
Coefficients:
            Value    Std. Error  t value  Pr(>|t|)
(Intercept) 0.01182  0.00831     1.42190  0.15518
vol         1.03129  0.73125     1.41031  0.15857
vix         0.04409  0.05335     0.82641  0.40865
```

7.6 极值理论

风险度量主要用于防止金融头寸出现大的损失. 为了更好地理解罕见, 但重要的是导致重大损失的事件, 极值理论(Extreme Value Theory, EVT)就变得高度相关. 在本节中, 我们回顾统计文献中的一些极值理论. 用 x_t 表示一个金融头寸在固定时间间隔(如天)测量的损失变量. 对于股票收益率, x_t 为对数收益率或者负对数收益率, 参见式(7-9). 考虑损失的 n 个测量的集合 $\{x_1, \cdots, x_n\}$. 设该集合中的最大损失 $x_{(n)}$, 也就是最大次序统计量. 具体来讲, $x_{(n)} = \max_{1 \leqslant j \leqslant n}\{x_j\}$. 当 n 增大时, 涵盖一个适当正态化的 $x_{(n)}$ 的性质的统计理论称为极值理论(EVT)(参见 Beirland 等, 2004; Longin, 1996, 1999a, b).

7.6.1 极值理论概览

假设损失 x_t 是序列独立的, 其通常的 CDF 为 $F(x)$, 收益率 x_t 的变化范围为 $[l, u]$. 对于股票的对数收益率, 我们有 $l = -\infty$, $u = \infty$. $x_{(n)}$ 的 CDF(用 $F_{n,n}(x)$ 表示)由下式给出:

$$\begin{aligned} F_{n,n}(x) &= \Pr[x_{(n)} \leqslant x] \\ &= \Pr(x_1 \leqslant x, x_2 \leqslant x, \cdots, x_n \leqslant x) \quad \text{(由最大值的定义)} \\ &= \prod_{j=1}^{n} \Pr(x_j \leqslant x) \quad \text{(由独立性)} \\ &= \prod_{j=1}^{n} F(x) = [F(x)]^n \end{aligned} \tag{7-23}$$

在实际中, x_t 的累积分布函数 $F(x)$ 是未知的, 因此, $x_{(n)}$ 的 $F_{n,n}(x)$ 也是未知的. 然而, 当 n 趋于无穷时, $F_{n,n}(x)$ 变成退化的. 即当 n 趋于无穷时, 若 $x < \mu$, 则 $F_{n,n}(x) \to 0$; 若 $x \geqslant \mu$, 则 $F_{n,n}(x) \to 1$. 因为这个退化的累积分布函数没有实际价值, 所以极值理论关心的是寻找两个序列 $\{\mu_n\}$ 和 $\{\sigma_n\}$ (其中 $\sigma_n > 0$), 它们满足当 n 趋于无穷时, $x_{(n)}^* \equiv (x_{(n)} - \mu_n)/\sigma_n$ 的分布收敛到一个非退化分布. 序列 $\{\mu_n\}$ 是一个位置序列, $\{\sigma_n\}$ 是尺度因子序列. 在独立性假定下, 正态化的最大值 $x_{(n)}^*$ 的极限分布为

$$F_*(x) = \begin{cases} \exp[-(1+\xi x)^{-1/\xi}] & \xi \neq 0 \\ \exp[-\exp(-x)] & \xi = 0 \end{cases} \tag{7-24}$$

若 $\xi < 0$, 则上式对 $x < -1/\xi$ 成立; 若 $\xi > 0$, 则上式对 $x > -1/\xi$ 成立, 其中下标 * 表示标准化的最大值. $\xi = 0$ 的情况看作为 $\xi \to 0$ 时的极限. 参数 ξ 称为**形状参数**(shape parameter), 它控制极限分布的尾部行为. 参数 $\alpha = 1/\xi$ 称为分布的**尾指数**(tail index).

式(7-24)的极限分布是 Jenkinson(1955)给出的最大值的**广义极值分布**(Generalized Extreme Value,GEV). 它包含了 Gnedenko(1943)中三种类型的极限分布:

- 类型 I:$\xi=0$,Gumbel 族,其累积分布函数为
$$F_*(x) = \exp[-\exp(-x)] \quad -\infty < x < \infty \tag{7-25}$$

- 类型 II:$\xi>0$,Frechet 族,其累积分布函数为
$$F_*(x) = \begin{cases} \exp[-(1+\xi x)^{-1/\xi}] & x > -1/\xi \\ 0 & \text{否则} \end{cases} \tag{7-26}$$

- 类型 III:$\xi<0$,Weibull 族,其累积分布函数为
$$F_*(x) = \begin{cases} \exp[-(1+\xi x)^{-1/\xi}] & x < -1/\xi \\ 1 & \text{否则} \end{cases}$$

Gnedenko(1943)给出了与上面的三种类型极限分布之一相关联的 x_t 的累积分布函数 $F(x)$ 的充要条件. 简要地讲,$F(x)$ 的尾行为决定了极大值的极限分布 $F_*(x)$. 对于 Gumbel 族,分布的右尾是指数衰减的;对于 Fréchet 族,分布的右尾是一个幂函数;对于 Weibull 族,分布的右尾是有限的(见图 7-8). 对于极值理论的全面讨论,读者可以参阅 Embrechts 等(1997),也可以参阅 Gumbel(1958). 在风险管理中,我们主要对 Fréchet 族感兴趣,它包含了平稳分布和学生 t 分布. Gumbel 族包含了正态分布、对数正态分布等薄尾分布. 式(7-24)的广义极限分布的概率密度函数(pdf)可以很容易地通过求导得到:

$$f_*(x) = \begin{cases} (1+\xi x)^{-1/\xi-1}\exp[-(1+\xi x)^{-1/\xi}] & \xi \neq 0 \\ \exp[-x-\exp(-x)] & \xi = 0 \end{cases} \tag{7-27}$$

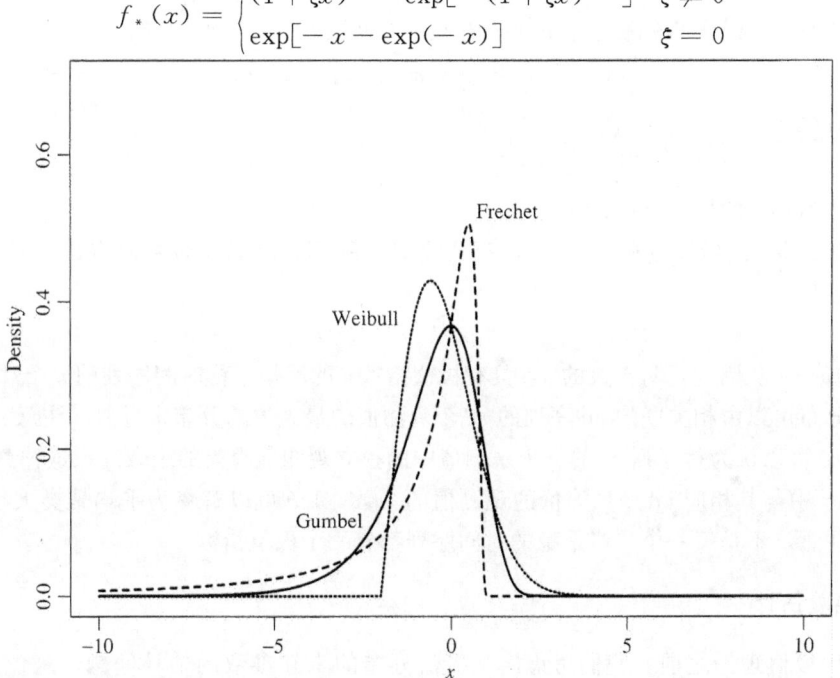

图 7-8 正态化极大值的极值分布的概率密度函数. 实线是 Gumbel 分布,点虚线是 $\xi=-0.5$ 的 Weibull 分布,虚线是 $\xi=0.9$ 的 Fréchet 分布

这里对 $\xi=0$, $-\infty<x<\infty$; 对 $\xi<0$, $x<-1/\xi$; 对 $\xi>0$, $x>-1/\xi$.

前面提到的极值理论有两个重要的含义. 首先, x_t 的累积分布函数 $F(x)$ 的尾部行为(而不是具体的分布)决定了正态化最大值的极限分布 $F_*(x)$. 这样, 此理论对于损失变量 x_t 的一个广泛的分布范围都是实际可行的. 然而序列 $\{\mu_n\}$ 和 $\{\sigma_n\}$ 可能依赖于累积分布函数 $F(x)$. McNeil 等(2005, 第 7 章)对指数和帕累托(Pareto)分布的 $\{\mu_n\}$ 和 $\{\sigma_n\}$ 提供了显式的值. 第二, Feller(1971, 第 279 页)证明了尾指数 ξ 并不依赖于 x_t 的时间间隔. 也就是说, 尾指数(或等价地称为形状参数)在时间累积下是不变的. 极限分布的第二个性质在 VaR 计算中可以利用.

极值理论已经扩展到序列相关的观测值 $\{x_t\}_{t=1}^n$, 假定这种相关是很弱的. Berman(1964)证明了假定 x_t 的自相关函数是平方可积的(即 $\sum_{i=1}^{\infty}\rho_i^2<\infty$), 其中 ρ_i 是 x_t 的滞后 i 的自相关函数, 则极限极值分布的同样形式对平稳的正态序列也成立. 关于序列相关性对极值理论影响的进一步结果, 读者可以参考 Leadbetter 等(1983, 第 3 章). Tsay(2010, 7.8 节)讨论了严格平稳的时间序列**极值指数**(extremal index). 这里我们给出了极值指数概念的简单介绍(Leadbetter, 1974, 1983; Hising 等, 1988).

设为 $\{x_t\}$ 严格平稳的时间序列, 其中 x_t 的分布函数为 $F(x)$. 设 $\{\widetilde{x}_t\}$ 为与之相关联的独立同分布随机变量 $\widetilde{x}_t$ 构成的序列, 它也服从同样的分布函数 $F(x)$. 即, $\{\widetilde{x}_t\}$ 是分布为 $F(x)$ 的严格白噪声序列. 设 $x_{(n)}=\max(x_1, \cdots, x_n)$, 且 $\widetilde{x}_{(n)}=\max(\widetilde{x}_1, \cdots, \widetilde{x}_n)$. 对许多过程 $\{x_t\}$, 我们可以证明对非退化的极限分布 $F_*(x)$ 存在一个实数 $\theta\in(0,1)$, 使得

$$\lim_{n\to\infty}P[(\widetilde{x}_{(n)}-\mu_n)/\sigma_n\leqslant x]=F_*(x) \quad (7\text{-}28)$$

的充要条件是

$$\lim_{n\to\infty}P[(x_{(n)}-\mu_n)/\sigma_n\leqslant x]=F_*^\theta(x) \quad (7\text{-}29)$$

这里的 θ 称为 $\{x_t\}$ 的极值指数.

当上述结果(式(7-28)和式(7-29))都成立时, 我们从式(7-23)可以看出, 对于充分大的 n, 我们有

$$P(x_{(n)}\leqslant y)\approx P^\theta(\widetilde{x}_{(n)}\leqslant y)=F^{n\theta}(y)$$

其中 $y=\sigma_n x+\mu_n$. 因此, 对于大的 n, 具有极值指数 θ 的严格平稳时间序列的 n 个观测值的最大值概率分布可以由相关联的 iid 序列的 $n\theta$ 个观测值的最大值的分布来近似. 注意 $n\theta\leqslant n$, 该近似表明 $n\theta$ 可以认为是序列 x_t 的 n 个观测值中的独立观测值聚类的个数. 在这种意义下, $n\theta$ 可以作为 x_t 中与其相应 iid 序列等价的观测值的个数, $1/\theta$ 可以解释为平均聚类大小的倒数. 这里应该注意, 不是每一个严格平稳的时间序列都有一个极值指数.

7.6.2 经验估计

在应用极值理论之前, 我们考虑广义极值分布的未知参数的估计问题. 极值分布包含 3 个参数, 即**形状**(shape)参数 ξ、**位置**(location)参数 μ 和**尺度**(scale)参数 σ. 它们可以利用参数或非参数方法来估计, 我们回顾一些估计方法.

分块最大值方法

对于给定的样本，只有一个单一的最大值，仅用一个极端观测值不能估计 3 个参数，必须利用其他的方法．文献中使用的一个方法就是将样本分割成子样，并对子样应用极值理论．假定共有 T 个观测值，记为 $\{x_j\}_{j=1}^T$，我们将样本分成 g 个互不相交的子样，每个子样有 n 个观测值，为了简便，假定 $T=ng$．换句话说，我们将数据分为

$$\{x_1,\cdots,x_n \mid x_{n+1},\cdots,x_{2n} \mid x_{2n+1},\cdots,x_{3n} \mid \cdots \mid x_{(g-1)n+1},\cdots,x_{ng}\}$$

并将观测到的收益率记为 x_{in+j}，其中 $1 \leqslant j \leqslant n$，$i=0,\cdots,g-1$．注意每个子样对应于数据时间区间的一个子区间段．当 n 充分大时，我们希望极值理论对每个子样都适用．在应用中，n 的选择由实际情况来决定．例如，对于日收益率，$n=21$ 近似对应于一个月内的交易日数量；$n=63$ 表示一个季度交易日的数量．

令 $x_{n,i}$ 表示第 i 个子样的最大值（即 $x_{n,i}$ 指第 i 个子样中的最大损失），其中下标 n 用来表示子样的大小．当 n 充分大时，$y_{n,i}=(x_{n,i}-\mu)/\sigma$ 应该服从极值分布，并且子样最大值的集合 $\{x_{n,i} \mid i=1,\cdots,g\}$ 可以认为是从极值分布中抽取的由 g 个观测值构成的随机样本．具体来讲，我们定义

$$x_{n,i} = \min_{1 \leqslant j \leqslant n}\{x_{(i-1)n+j}\} \quad i=1,\cdots,g \tag{7-30}$$

子样最大值的集合 $\{x_{n,i}\}$ 是我们用来估计极值分布未知参数的数据．显然，得到的估计可能依赖于子区间长度 n 的选择．

注记：当原始样本容量 T 不是子样容量 n 的倍数时，有多种方法可以处理．第一，可以允许最后一个子样的容量较小．第二，可以忽略最初的几个观测值，以使得每个子样本的容量为 n．R 添加包 evir 使用的是第一种方法．∎

最大似然法

假定子区间最大值 $\{x_{n,i}\}$ 服从广义极值分布，且 $y_i=(x_{n,i}-\mu)/\sigma$ 的概率密度函数由式(7-27)给出，我们可以通过简单的转换得到 $x_{n,i}$ 的概率密度函数为

$$f(x_{n,i}) = \begin{cases} \dfrac{1}{\sigma}\left(1+\dfrac{\xi(x_{n,i}-\mu)}{\sigma}\right)^{-(1+\xi)/\xi} \exp\left[-\left(1+\dfrac{\xi(x_{n,i}-\mu)}{\sigma}\right)^{-1/\xi}\right] & \xi \neq 0 \\ \dfrac{1}{\sigma}\exp\left[-\dfrac{x_{n,i}-\mu}{\sigma}-\exp\left(-\dfrac{x_{n,i}-\mu}{\sigma}\right)\right] & \xi = 0 \end{cases}$$

这里可以理解为，若 $\xi \neq 0$，则 $1+\xi(x_{n,i}-\mu)/\sigma > 0$．在独立性假定下，子区间最大值的似然函数为

$$\ell(x_{n,1},\cdots,x_{n,g} \mid \xi,\sigma,\mu) = \prod_{i=1}^{g} f(x_{n,i})$$

可以利用非线性估计程序来得到 ξ，μ 和 σ 的最大似然估计．这些估计是无偏的、渐近正态的，且在适当的假设下具有最小方差，详细情况见 Embrechts 等 (1997) 和 Coles (2001)．稍后我们对一些股票收益率序列应用这个方法．

非参数方法

可以利用一些非参数方法来估计形状参数 ξ，这里我们将提到两种方法．这两种方法

是由 Hill(1975)和 Pickands(1975)提出的，分别称为 **Hill 估计**和 **Pickands 估计**. 将两种估计都直接应用到收益率$\{x_t\}_{t=1}^T$上，这样就没有必要考虑子样了. 将样本的次序统计量表示为

$$x_{(1)} \leqslant x_{(2)} \leqslant \cdots \leqslant x_{(T)}$$

令 q 为一个正整数，则 ξ 的两个估计定义为

$$\xi_p(q) = \frac{1}{\ln(2)} \ln\left(\frac{x_{(T-q+1)} - x_{(T-2q+1)}}{x_{(T-2q+1)} - x_{(T-4q+1)}}\right) \quad q \leqslant T/4 \tag{7-31}$$

$$\xi_h(q) = \frac{1}{q} \sum_{i=1}^{q} [\ln(x_{(T-i+1)}) - \ln(x_{(T-q)})] \tag{7-32}$$

其中变量(q)用来强调这个估计依赖于 q，下标 p 和 h 分别表示 Pickands 估计和 Hill 估计. Hill 估计和 Pickands 估计的 q 选择是不同的. 多个研究者已经调查过，但是还没有通用的最好选择的结论. Dekkers 和 De Haan(1989)证明对样本容量 T，如果 q 在一个恰当的选择间隔上是增加的，则 $\xi_p(q)$ 是相合的. 另外，$\sqrt{q}[\xi_p(q)-\xi]$ 是渐近正态的，均值为 0，方差为 $\xi^2(2^{2\xi+1}+1)/[2(2^\xi-1)\ln(2)]^2$. Hill 估计仅对 Fréchet 族是适用的，但是当它适用时，它比 Pickands 估计更有效. Goldie 和 Smith(1987)证明$\sqrt{q}[\xi_h(q)-\xi]$是渐近正态的，均值为 0，方差为 ξ^2. 实际上，可以画出 Hill 估计$\xi_h(q)$对 q 的图形，并且可以寻找一个恰当的 q 使得估计是稳定的. 可以用估计的尾指数$\alpha=1/\xi_h(q)$来得到收益率序列的极值分位数，参见 Zivot 和 Wang(2003).

7.6.3 股票收益率的应用

我们对 IBM 股票从 2001 年 1 月 2 日至 2010 年 12 月 31 日的日对数收益率应用极值理论. 收益率是用百分比测量的，样本量为 2515(即 $T=2515$). 图 7-9 显示了当子区间的长度为 21 天时，极端日对数收益率的时间图形，这近似对应于一个月. 其中，上图是正的收益率，而下图是负的收益率. 这部分的分析由 R 添加包 evir 中的命令 gev 和一个计算 Hill 估计的简单脚本一起来完成.

表 7-1 概括了由 Hill 估计得到的形状参数为 ξ 的一些估计结果. 此表显示对所给 q 的两种选择，结果都是稳定的. 为了对 Hill 估计的表现提供一个全面的概况，图 7-10 显示了 Hill 估计 $\xi_h(q)$ 对 q 的 95％置信区间点的散点图. 对于正的极端日对数收益率，对很大范围的 q 值，估计都是稳定的，范围为 0.30~0.4. 对于负的极端日对数收益率，对 q 在[40, 126]估计的形状参数 ξ 大约是 0.3. 然而，对于小的 q，这个估计显著降低. 总之，对于很大范围的 q 值，在渐近 5％水平下形状参数的估计显著不同于 0，这说明 IBM 股票的日对数收益率的分布属于 Fréchet 族. 这样，该分析拒绝实际中通常采用的正态性假定. 这个结论与我们拟合 IBM 股票日对数收益率的波动率模型是一致的.

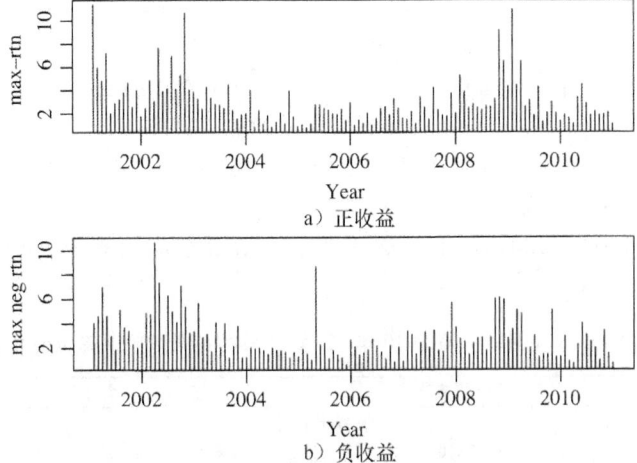

图 7-9 当子区间是 21 个交易日时,IBM 股票的分块最大日对数收益率. 数据区间是从 2001 年 1 月 2 日至 2010 年 12 月 31 日,其中共有 120 个分块

表 7-1 IBM 股票从 2001 年 1 月 2 日至 2010 年 12 月 31 日 Hill 估计的结果

q	110	130	150
r_t	0.380(0.036)	0.399(0.035)	0.398(0.032)
$-r_t$	0.356(0.034)	0.383(0.034)	0.405(0.033)

注:括号内的数为标准误差.

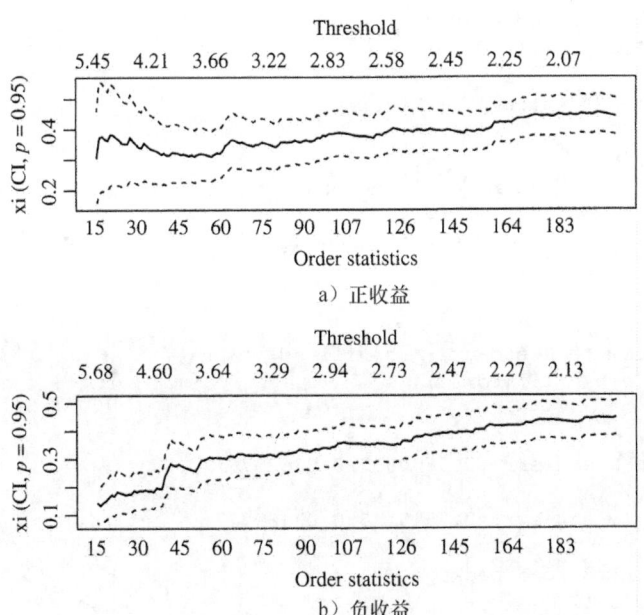

图 7-10 IBM 股票日对数收益率 Hill 估计的散点图. 子样区间是从 2001 年 1 月 2 日至 2010 年 12 月 31 日

下面我们对 IBM 股票的日对数收益率应用最大似然方法来估计广义极值分布的参数.

对于两种子区间长度的选择,即 1 个月($n=21$)和 2 个月($n=42$),表 7-2 概括了这两种选择的估计结果.由此表,我们得出以下结论:

- 当 n 增加时,位置参数 $\hat{\mu}$ 和尺度参数 $\hat{\sigma}$ 估计的绝对值是递增的.这是可以预料的,因为子区间最小值和最大值的绝对量值是 n 的非递减函数.
- 形状参数(或等价于尾指数)的估计是相对稳定的,但是当子区间的个数 g 较小时,估计值变得不太准确.

这些结果类似于 Tsay(2010,第 7 章)的结论,在那里应用的是 IBM 股票从 1962 年到 1998 年的日对数收益率.

表 7-2 IBM 股票从 2001 年 1 月 2 日至 2010 年 12 月 31 日的日对数收益率极值分布的最大似然估计

子区间长度	形状参数 ξ	尺度 σ	位置 μ
	最大正收益		
1 个月($n=21$,$g=120$)	0.278(0.087)	1.046(0.092)	2.046(0.111)
2 个月($n=42$,$g=60$)	0.315(0.109)	1.168(0.145)	2.622(0.170)
	最大负收益		
1 个月($n=21$,$g=120$)	0.251(0.088)	1.029(0.090)	1.966(0.109)
2 个月($n=42$,$g=60$)	0.287(0.142)	1.100(0.143)	2.489(0.170)

注:括号内的数值为标准误差.

极值分析的 R 代码演示(分析的序列是从 2001 年到 2010 年 IBM 股票的日对数收益率序列.输出经过编辑)

```
> da=read.table("d-ibm-0110.txt",header=T)
> ibm=log(da$return+1)*100
> xt=-ibm
> source("Hill.R") % compile R script
> Hill
function(x,q){
# Compute the Hill estimate of the shape parameter.
sx=sort(x); T=length(x); ist=T-q
y=log(sx[ist:T])
hill=sum(y[2:length(y)])/q
hill=hill-y[1]
sd=sqrt(hill^2/q)
cat("Hill estimate & std-err:",c(hill,sd),"\ n")
Hill <- list(est=hill,std=sd)
}
> Hill(ibm,110)
Hill estimate & std-err: 0.3800632 0.0362376
> Hill(xt,110)
Hill estimate & std-err: 0.3555175 0.03389727

> library(evir) % Load package
> par(mfcol=c(2,1))
> hill(ibm,option=c("xi"),end=200)
> hill(xt,option=c("xi"),end=200)
> help(hill)

> m1=gev(xt,block=21)
```

```
> m1
$n.all
[1] 2515
$n
[1] 120
$data
   [1] 4.0335654   4.6038703   6.9818569   ......
$block
[1] 21
$par.ests
       xi      sigma        mu
0.251353  1.028910  1.965850
$par.ses
        xi       sigma         mu
0.08847742  0.09013351  0.10932034
$varcov
              [,1]          [,2]          [,3]
[1,]   0.007828254  -0.001080741  -0.003453668
[2,]  -0.001080741   0.008124049   0.006145413
[3,]  -0.003453668   0.006145413   0.011950936
$converged
[1] 0

> plot(m1)
Make a plot selection (or 0 to exit):
1: plot: Scatterplot of Residuals
2: plot: QQ-plot of Residuals
Selection: 1
```

定义 GEV 分布拟合的残差为

$$w_i = \left(1 + \hat{\xi}\frac{x_{n,i} - \hat{\mu}}{\hat{\sigma}}\right)^{-1/\hat{\xi}}$$

利用 GEV 分布的概率密度函数和变量的变换,可以很容易证明:如果拟合的模型是正确的,则$\{w_i\}$应该是一列独立同分布的指数随机变量的随机样本. 图 7-11 显示的是给 IBM 股票的负日对数收益率拟合 GEV 分布后的残差图,子周期长度是 21 个交易日. 图 7-11a(左边的图)给出了残差,图 7-11b(右边的图)给出了对指数分布的 QQ 图,图形表明拟合是合理的.

注记: 在 R 中,除了添加包 evir 外,也有其他的添加包可以进行极值分析. 它们是 evd、POT 和 extRemes. ∎

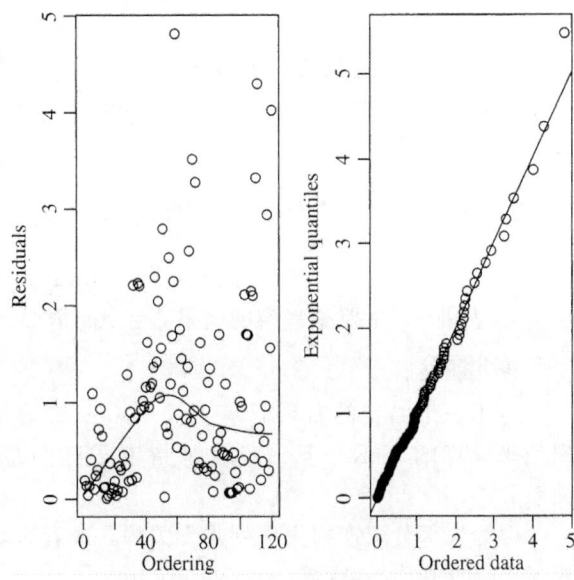

图 7-11 给 IBM 股票的负日对数收益率拟合 GEV 分布后的残差图,数据的时间区间是从 2001 年 1 月 2 日到 2010 年 12 月 31 日,数据以百分比形式给出,子区间长度是 21 个交易日

7.7 极值在 VaR 中的应用

在本节中，我们讨论利用极值理论的 VaR 计算方法．我们将讨论分为两个部分．第一部分是关于应用前一节讨论的方法得到参数估计；第二部分通过把感兴趣的概率与选择子区间的长度相关联来着重讨论 VaR 计算．

第 I 部分

假设在样本区间上，可以利用的损失变量的观测值有 T 个．我们将样本区间分割为 g 个互不相交的长度为 n 的子区间，满足 $T=ng$．如果 $T=ng+m$，$1 \leqslant m < n$，那么我们将前 m 个观测值从样本中删除．前一节中讨论的极值理论使我们能够得到对子区间最大值 $\{x_{n,i}\}$ 的位置参数 μ_n、尺度参数 σ_n 以及形状参数 ξ_n 的估计．这里，我们应用下标 n 表示这些参数由长度为 n 的小时间段子样来估计．将最大似然估计代入式（7-24）的累积分布函数，其中 $y=(x-\mu_n)/\sigma_n$，可以得到广义极值分布在给定概率下的分位数．令 p^* 为一个小的右尾概率，且 y_n^* 为子区间最大值在极限为广义极值分布条件下的 $(1-p^*)$ 分位数．则我们有

$$1-p^* = \begin{cases} \exp\left[-\left(1+\dfrac{\xi_n(y_n^*-\mu_n)}{\sigma_n}\right)^{-1/\xi_n}\right] & \xi_n \neq 0 \\ \exp\left[-\exp\left(\dfrac{y_n^*-\mu_n}{\sigma_n}\right)\right] & \xi_n = 0 \end{cases}$$

这里可以理解为，对于 $\xi_n \neq 0$，有 $1+\xi_n(y_n^*-\mu_n)/\sigma_n > 0$．将这个方程改写为

$$\ln(1-p^*) = \begin{cases} -\left[1+\dfrac{\xi_n(y_n^*-\mu_n)}{\sigma_n}\right]^{-1/\xi_n} & \xi_n \neq 0 \\ -\exp\left[-\dfrac{y_n^*-\mu_n}{\sigma_n}\right] & \xi_n = 0 \end{cases}$$

我们得到分位数

$$y_n^* = \begin{cases} \mu_n - \dfrac{\sigma_n}{\xi_n}\{1-[-\ln(1-p^*)]^{-\xi_n}\} & \xi_n \neq 0 \\ \mu_n - \sigma_n \ln[-\ln(1-p^*)] & \xi_n = 0 \end{cases} \tag{7-33}$$

在金融应用中，主要感兴趣的就是 $\xi_n \neq 0$ 的情形．

第 II 部分

对于一个给定的右尾概率 p^*，式（7-33）的分位数 y_n^* 就是基于子区间最大值的极值理论来计算的 VaR. 下一步就是指定子区间最大值与观测的损失序列 x_t 之间的明确关系．

因为大部分资产损失序列是无关的，或者有着很弱的序列相关性，所以我们可以利用式（7-23）的关系，得到

$$1-p^* = P(x_{n,i} \leqslant y_n^*) = [P(x_t \leqslant y_n^*)]^n \tag{7-34}$$

概率之间的这种关系允许我们得到原始损失序列 x_t 的 VaR. 更精确地讲，对于一个特定的很小的右尾概率 p，如果 p^* 是根据式（7-34）选择的，则 x_t 的 $(1-p)$ 分位数是 y_n^*，这里

$P(x_t \leqslant y_n^*) = 1 - p$. 因此，对给定小的右尾概率 p，持有一个损失变量为 x_t 的金融头寸的 VaR 为

$$\text{VaR} = \begin{cases} \mu_n - \dfrac{\sigma_n}{\xi_n}\{1 - [-n\ln(1-p)]^{-\xi_n}\} & \xi_n \neq 0 \\ \mu_n - \sigma_n \ln[-n\ln(1-p)] & \xi_n = 0 \end{cases} \quad (7\text{-}35)$$

其中 n 是子区间的长度.

总结

我们将应用传统的极值理论来计算 VaR 的方法概括如下：
1) 选择子区间的长度 n，并得到子区间的最大值 $\{x_{n,i}\}$，$i=1, \cdots, g$，这里 $g=[T/n]$.
2) 得到 μ_n、σ_n 和 ξ_n 的最大似然估计.
3) 检查拟合的极值模型的充分性，见下一节中模型检验的一些方法.
4) 如果极值模型是充分的，则应用式(7-35)计算 VaR.

例 7.8 考虑 IBM 股票从 2001 年 1 月 2 日至 2010 年 12 月 31 日，以百分比表示的日对数收益. 这里仍然假设持有 100 万该股票的多头头寸. 此时，损失变量 $x_t = -r_t$. 由表 7-2，对 $n = 21$，我们有 $\hat{\sigma}_n = 1.029$，$\hat{\mu}_n = 1.966$，$\hat{\xi}_n = 0.251$. 因此，对右尾概率 $p = 0.05$，相应的 VaR 为

$$\text{VaR} = 1.966 - \frac{1.029}{0.251}\{1 - [-21\ln(1-0.05)]^{-0.251}\} = 1.8902$$

这样，对于股票的负日收益率，5% 分位数是 1.8902%. 相应地，我们有 $1\,000\,000 \times 0.018902 = 18\,902$(美元). 如果概率是 0.01，则相应的 VaR 为 39 242(美元).

如果我们选择 $n = 42$(即近似于 2 个月)，那么 $\hat{\alpha}_n = 1.1$，$\hat{\beta}_n = 2.489$，$\hat{\xi}_n = 0.287$，则损失变量的极值分布的 1% 右尾分位数为

$$\text{VaR} = 2.489 - \frac{1.1}{0.287}\{1 - [-42\ln(1-0.01)]^{-0.287}\} = 3.5655$$

所以，对于一个 100 万美元的多头头寸，在 1% 风险水平上对应的 1 天持有期的 VaR 为 35 655(美元). 如果概率是 0.05，则对应的 VaR 为 17 313(美元). 对这个特殊的情形，$n = 21$ 的选择给出了更高的 VaR 值.

注记：例 7.6 中的结果显示，根据传统的极值理论计算的 VaR 依赖于 n 的选择，n 表示子区间的长度. 因为极限的极值分布成立，所以应该选择一个大 n. 但是当样本量 T 固定时，一个大 n 意味着一个小 g，其中 g 为估计三个参数 σ_n、μ_n 和 ξ_n 时运用的有效样本量. 因此，需要在 n 与 g 的选择中做一些妥协. 应根据所研究资产的收益率给出一个恰当的选择. 我们建议在运用传统的极值理论时，应该检验结果中 VaR 的稳定性. ∎

7.7.1 讨论

我们已经对一个 100 万美元的多头头寸中 IBM 股票的日对数收益率的 VaR 计算运用了各种不同的方法. 考虑下一个交易日头寸的 VaR. 如果概率是 5%，这意味着下一个交易日中损失将以概率 0.95 低于或等于 VaR，则得到的结果为

1) 对于风险度量制,为 11 730 美元.
2) 对高斯 GARCH(1,1)模型,为 12 270 美元.
3) 对自由度为 5.75 的标准学生 t 分布的 GARCH(1,1)模型,为 15 450 美元.
4) 对运用经验分位数时,为 26 540 美元.
5) 对应用分位数回归时,为 13 385 美元.
6) 对利用子区间长度 $n=21$ 的传统极值理论方法时,为 18 901 美元.

如果尾部概率为 1%,则 VaR 为

1) 对于风险度量制,为 16 590 美元.
2) 对高斯 GARCH(1,1)模型,为 15 540 美元.
3) 对自由度为 5.75 的标准化学生 t 分布的 GARCH(1,1)模型,为 25 420 美元.
4) 对运用经验分位数时,为 50 132 美元.
5) 对利用 $n=21$ 的传统极值理论方法时,为 39 242 美元.

不同方法之间有着很大的区别. 这并不令人惊奇,因为在估计统计分布的尾行为时存在较大的不确定性. 由于没有真实的可以得到的 VaR 来比较不同方法的精度,我们建议运用多种方法来获得 VaR 的一个范围.

7.7.2 多期 VaR

风险度量制方法的时间平方根准则变成了运用极值理论时的一个特殊情形. 在 ℓ 天持有期与 1 天持有期的关系为

$$\text{VaR}(\ell) = \ell^{1/\alpha}\text{VaR} = \ell^{\xi}\text{VaR}$$

其中 α 是尾指数,ξ 是极值分布的形状参数,见 Danielsson 和 De Vries(1997a). 这个关系称为时间的 α 根法则.

为了说明,考虑例 7.8 中 IBM 股票的日对数收益率. 如果我们用 $p=0.01$ 以及 $n=21$ 的结果,则对 15 天持有期,我们有

$$\text{VaR}(15) = (15)^{0.251}\text{VaR} = 1.937 \times 39\ 242(\text{美元}) = 77\ 437(\text{美元})$$

因为 $\ell^{0.251} < \ell^{0.5}$,则时间的 α 根法则产生了比时间平方根准则更低的 ℓ 天持有期的 VaR.

7.7.3 收益率水平

基于子区间极值理论的另外一个风险度量是**收益率水平**(return level). g 个长度为 n 的子区间的收益率水平 $L_{n,g}$ 定义为这样一个**水平**(level),该长度为 n 的 g 个子区间中有 1 个超过了该水平. 即

$$p(x_{n,i} > L_{n,g}) = \frac{1}{g}$$

其中 $x_{n,i}$ 表示子区间的最大值. 收益率水平超过的那个子区间称为**重点区间**(stress period). 如果子样本区间足够大使得标准化后的 $x_{n,i}$ 服从 GEV 分布,则收益率水平为

$$L_{n,g} = \mu_n - \frac{\sigma_n}{\xi_n}\{1 - [-\ln(1-1/g)]^{-\xi_n}\}$$

上式中假定 $\xi_n \neq 0$. 注意这是由式(7-33)所给出的极值分布的精确分位数，尾概率为 $p^* = 1/g$，只是书写的形式上有所不同. 因此，收益率水平是应用到子区间的最大值而不是标的收益率本身. 这也正是 VaR 与收益率水平的区别所在.

对于子区间长度为 21 天的 IBM 股票的负的日对数收益率，我们可以用所拟合的模型得到 12 个这种子区间（即，$g=12$）的收益率水平为 5.434%.

获得收益率水平的 R 代码演示

```
> da=read.table("d-ibm-0110.txt",header=T)
> xt=-log(da[,2]+1)*100
> library(evir)
> m1=gev(xt,block=21)     % GEV estimation with sub-period length 21.
> rl.21.12=rlevel.gev(m1,k.block=12)
> rl.21.12                % Output plot is not shown.
[1] 4.653307 5.434319 6.756033
     % return-level = 5.434 with 95% C.I. (4.653, 6.756)
```

7.8 超出门限的峰值

计算 VaR 的传统极值理论方法遇到了一些困难. 首先，子区间长度 n 的选择并没有清楚地定义. 第二，该方法仅仅应用子区间的最大值，而没有充分利用损失数据. 第三，该方法是无条件的，从而没有考虑其他解释变量的影响. 为了克服这些困难，统计文献中已经提出了极值理论的另一种方法，参见 Davison 和 Smith(1990)以及 Smith(1989). 新方法不是着重于讨论极值（最小值或最大值），而是着重讨论对某个高门限的超出量和超出发生的时间. 因此该新方法也称为**超出门限的峰值**(Peaks Over Threshold, POT). 例如，考虑本章中所用到的 IBM 股票的日对数收益率，以及持有该股票的一个多头头寸. 记 x_t 为负对数收益率. 令 η 表示一个指定的高门限，我们可以选择 $\eta = -2.5\%$. 假设第 i 次超越在第 t_i 天发生（即 $x_{t_i} \geq \eta$），则新方法集中于讨论数据 $(t_i, x_{t_i} - \eta)$，这里 $x_{t_i} - \eta$ 为超过门限 η 的超越量, t_i 表示第 i 次超越发生的时间.

实际上，发生时间 $\{t_i\}$ 对于重要的"稀少事件"（如对损失变量而言为高于门限 η 的值事件）的出现强度提供了有用的信息. t_i 的一个聚类表示一个大的市场低迷期. 超越量 $x_{t_i} - \eta$ 也是很重要的，因为它提供了我们所感兴趣的实际量.

根据前面的介绍，新的 POT 方法并不要求子区间长度 n 的选择，但是它要求指定一个门限 η. 门限 η 的不同选择将导致形状参数 ξ（从而尾指数 $1/\xi$）的不同估计. 在文献中，有些研究者相信 η 的选择既是一个统计问题，又是一个金融问题，它不能纯粹地根据统计理论来确定. 例如，不同的金融机构（或投资者）具有不同的风险容忍度. 这样，他们即使对于相同的金融头寸也可以选择不同的门限. 对于本章中考虑的 IBM 股票的日对数收益率，计算的 VaR 对 η 的选择是不敏感的.

门限 η 的选择也依赖于观测到的对数收益率. 对一个稳定的收益率序列，选择 $\eta = 2.5\%$ 对多头头寸而言是相当好的. 对一个有较大波动的收益率序列（例如网络股的日收益率），η 可能高至 10%. 有限的经验表明，η 可以这样来选择，使得超越的次数足够大（如大约为样本总数的 5%）. 对于选择 η 的一个更加正式的研究，见 Danielsson 和 de Vries(1997b).

7.8.1 统计理论

再一次考虑资产的对数收益率 x_t. 假定第 i 个超越在 t_i 时刻发生. 集中讨论超越量 $y=x_t-\eta$ 和超越时刻 t_i 导致统计想法的重要变化. 新方法不是使用边际分布(如最小值或最大值的极限分布), 而是采用一个条件分布来处理给定观测超过一个门限条件下超越量的大小. 超过门限的机会是由概率定律控制的. 换句话说, 新的 POT 方法考虑了多头头寸在给定 $x_t\geqslant\eta$ 下, $y=x_t-\eta$ 的条件分布. 事件 $\{x_t\geqslant\eta\}$ 的出现服从一个点过程(例如一个泊松过程). 具体地, 如果过程的强度参数 λ 随时间是不变的, 则泊松过程是齐次的; 如果 λ 是随时间变化的, 则泊松过程是非齐次的. 泊松过程的概念可以推广到多元的情形.

对于式(7-24)中给出的最大值的极限分布, POT 方法的基本理论是考虑给定 $x>\eta$ 下 $x=y+\eta$ 的条件分布. 给定 $x>\eta$ 条件下, $x\leqslant y+\eta$ 的条件分布为

$$\Pr(x\leqslant y+\eta|x>\eta)=\frac{\Pr(\eta\leqslant x\leqslant y+\eta)}{\Pr(x>\eta)}=\frac{\Pr(x\leqslant y+\eta)-\Pr(x\leqslant\eta)}{1-\Pr(x\leqslant\eta)} \quad (7\text{-}36)$$

利用式(7-24)中的分布函数 $F_*(\cdot)$ 以及近似 $e^{-z}\approx 1-z$, 经过一些代数运算之后, 我们得到

$$\Pr(x\leqslant y+\eta|x>\eta)=\frac{F_*(y+\eta)-F_*(\eta)}{1-F_*(\eta)}$$

$$=\frac{\exp\left\{-\left[1+\frac{\xi(y+\eta-\mu)}{\sigma}\right]^{-1/\xi}\right\}-\exp\left\{-\left[1+\frac{\xi(\eta-\mu)}{\sigma}\right]^{-1/\xi}\right\}}{1-\exp\left\{-\left[1+\frac{\xi(\eta-\mu)}{\sigma}\right]^{-1/\xi}\right\}}$$

$$\approx 1-\left[1+\frac{\xi y}{\sigma+\xi(\eta-\mu)}\right]^{-1/\xi} \quad (7\text{-}37)$$

其中 $y>0$, 且 $1+\xi(\eta-\mu)/\sigma>0$. 以后将会看出, 这个逼近使得 POT 方法与传统的极值理论之间的连接很明确了. $\xi=0$ 的情形看做是 $\xi\to 0$ 的极限, 从而

$$\Pr(x\leqslant y+\eta|x>\eta)\approx 1-\exp(-y/\sigma)$$

称下述累积分布函数为广义帕累托分布(Generalized Pareto Distribution, GPD)

$$G_{\xi,\psi(\eta)}(y)=\begin{cases}1-\left[1+\frac{\xi y}{\psi(\eta)}\right]^{-1/\xi} & \xi\neq 0\\ 1-\exp[-y/\psi(\eta)] & \xi=0\end{cases} \quad (7\text{-}38)$$

其中当 $\xi\geqslant 0$ 时, $\psi(\eta)>0$, $y\geqslant 0$; 当 $\xi<0$ 时, $0\leqslant y\leqslant-\psi(\eta)/\xi$. 于是, 式(7-37)的结果表明给定 $x>\eta$ 时 x 的条件分布可以由 GPD 很好地近似, 该 GPD 的参数为 ξ 和 $\psi(\eta)=\sigma+\xi(\eta-\mu)$. 更多的信息参见 Embrechts 等(1997). GPD 的一个重要性质是: 假定在给定门限 η_0 时 x 的超额分布为 GPD, 其形状参数为 ξ, 尺度参数为 $\psi(\eta_0)$. 则对任意的门限 $\eta>\eta_0$, 给定门限 η 的超额分布也是 GPD, 其形状参数为 ξ, 尺度参数为 $\psi(\eta)=\psi(\eta_0)+\xi(\eta-\eta_0)$.

当 $\xi=0$ 时, 式(7-38)的 GPD 退化为指数分布. 该结果使得我们可以利用超出某个门限的超额收益对指数分布的 QQ 图来推断收益率的尾部行为. 如果 $\xi=0$, 则 QQ 图是一条直线. 图 7-12a 给出了本章所用的 IBM 股票的负日对数收益率的 QQ 图, 这里门限为

0.01. 图形的非线性清楚地表明 IBM 对数收益率的左尾比指数分布的厚，即 $\xi\neq 0$.

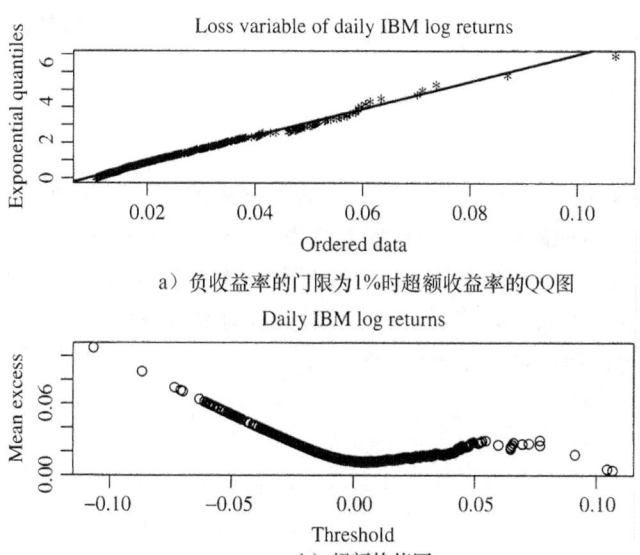

a）负收益率的门限为1%时超额收益率的QQ图

b）超额均值图

图 7-12　从 2001 年 1 月 2 日到 2010 年 12 月 31 日的 IBM 股票日对数收益率

绘制图 7-12 的 R 代码演示

```
> da=read.table("d-ibm-0110.txt",header=T)
> ibm=log(da[,2]+1)
> library(evir)
> par(mfcol=c(2,1))
> xt=-ibm
> qplot(xt,threshold=0.01,pch='*',cex=0.8,
            main="Loss variable of daily IBM log returns")
> meplot(ibm)
> title(main="Daily IBM log returns")
```

7.8.2　超额均值函数

给定一个高的门限 η_0 时，假定超额收益 $y=x-\eta_0$ 服从参数为 ξ 和 $\psi(\eta_0)$ 的 GPD，其中 $0<\xi<1$，则 x 的超过门限 η_0 的**均值超额**（mean excess）是分布函数为式(7-38)的随机变量 Y 的期望。经过代数运算，可以证明：

$$E(x-\eta_0\mid x>\eta_0)=\frac{\psi(\eta_0)}{1-\xi}$$

对于任意 $\eta>\eta_0$，定义均值超额函数（mean excess function）$e(\eta)$ 为：

$$e(\eta)=E(x-\eta\mid x>\eta)=\frac{\psi(\eta)}{1-\xi}=\frac{\psi(\eta_0)+\xi(\eta-\eta_0)}{1-\xi}$$

换言之，对任意 $y>0$，

$$e(\eta_0+y)=E[x-(\eta_0+y)\mid x>\eta_0+y]=\frac{\psi(\eta_0)+\xi y}{1-\xi}$$

因此，对于固定的 ξ，均值超额函数是 $y=\eta-\eta_0$ 的线性函数. 该结果引出了一个简单的绘图方法来对 GPD 推断出一个合适的门限值 η_0. 定义**经验均值超额函数**(empirical mean excess function)为

$$e_T(\eta) = \frac{1}{N_\eta} \sum_{i=1}^{N_\eta} (x_{t_i} - \eta) \tag{7-39}$$

其中 N_η 是超出 η 的收益率的数量，x_{t_i} 是相应的收益率的值. 对于式(7-39)的更多信息参见 7.8.3 节. $e_T(\eta)$ 对 η 的散点图称为**均值超额图**(mean excess plot)，在 GPD 条件下，当 $\eta > \eta_0$ 时，该图关于 η 是线性的. 图 7-12b 给出了 IBM 股票的负日对数收益率的均值超额图. 该图表明，与其他值相比，门限值取 1% 对负日对数收益率是合理的. 在 R 的 evir 添加包中，绘制均值超额图的命令是 meplot.

7.8.3 估计

考虑一个给定的高门限值 η，通过对式(7-38)中 CDF 关于 y 取导数，我们可以得到广义帕累托分布的概率密度函数. 在点估计的框架下，可以通过极大似然法用该概率密度函数来估计参数 ξ、μ 和参数 σ. 更多细节参见 Smith(1989)，Smith 和 Shively(1995)以及 Tsay(2010，第 7 章). 为了说明这点，考虑损失变量 $x_t = -r_t$，其中 r_t 是 IBM 股票从 2001 年 1 月 2 日至 2010 年 12 月 31 日的日对数收益. 表 7-3 给出了多个门限值的估计结果. 由表 7-3 可知，当门限值为 1.2% 时，在 5% 的水平下 ξ 略微显著.

表 7-3 对 IBM 股票从 2001 年 1 月 2 日到 2010 年 12 月 31 日的负日对数收益率的广义帕累托分布的极大似然估计

η	超越次数	形状参数 ξ	尺度参数 σ	位置参数 μ	$\psi(\eta)$
1	504	0.107(0.042)	0.009(0.001)	−0.006(0.001)	0.011
1.2	410	0.075(0.044)	0.010(0.001)	−0.007(0.002)	0.011
0.8	610	0.106(0.039)	0.009(0.001)	−0.006(0.001)	0.010

表 7-3 中的结果通过 R 添加包 evir 的命令 plot 来得到. 该程序也给出了多个用于模型检验的图形. 在本例中，这些图形表明观测值独立性的假设是有问题的. 考虑到资产收益率的波动率聚集现象，这点是可以理解的. 有了这些估计出的参数，就可以计算风险度量了. 可以应用 R 命令 riskmeasures 来进行. 对于 100 万的 IBM 股票多头头寸，当门限值为 1% 时，则我们有 2011 年的第一个交易日的风险值为

$$\text{VaR}_{0.95} = 25\,855(美元), \quad \text{ES}_{0.95} = 39\,625(美元)$$

当门限值为 1.2% 时，我们有

$$\text{VaR}_{0.95} = 26\,115(美元), \quad \text{ES}_{0.95} = 39\,603(美元)$$

最后，当门限值为 0.8% 时，我们有

$$\text{VaR}_{0.95} = 25\,866(美元), \quad \text{ES}_{0.95} = 39\,620(美元)$$

从这些结果可知，对于这三种不同的门限选择，得到的风险度量相对稳定. 和例 7.8 中应

用传统极值理论的 VaR 相比，POT 方法提供了更稳定的 VaR 计算.

R 代码演示（使用 POT 命令. 输出经过编辑）

```
> da=read.table("d-ibm-0110.txt",header=T)
> ibm=log(da[,2]+1)
> xt=-ibm
> m1=pot(xt,threshold=0.01)
> m1
$n
[1] 2515
$period
[1]    1 2515
$data
  [1] 0.01530858 0.01074553 0.01139063 .....
attr(,"times")
  [1]    3    6   10 .....
$span
[1] 2514
$threshold
[1] 0.01
$p.less.thresh
[1] 0.7996024
$n.exceed
[1] 504
$par.ests
          xi        sigma            mu         beta
 0.107268254  0.008914461 -0.005634968  0.010591597
$par.ses
          xi        sigma           mu
 0.0415025597 0.0009052881 0.0012156539
$intensity
[1] 0.2004773
$converged
[1] 0
> plot(m1)
Make a plot selection (or 0 to exit):

1: plot: Point Process of Exceedances
2: plot: Scatterplot of Gaps
3: plot: Qplot of Gaps
4: plot: ACF of Gaps
5: plot: Scatterplot of Residuals
6: plot: Qplot of Residuals
7: plot: ACF of Residuals
8: plot: Go to GPD Plots
Selection: 0

> riskmeasures(m1,c(0.95,0.99))
          p   quantile      sfall
[1,] 0.950 0.02585540 0.03962479
[2,] 0.990 0.04744964 0.06381374
```

```
> riskmeasures(m2,c(0.95,0.99)) % Threshold=0.012
        p    quantile       sfall
[1,] 0.950 0.02611524 0.03960353
[2,] 0.990 0.04745886 0.06267327
> riskmeasures(m3,c(0.95,0.99)) % Threshold=0.008
        p    quantile       sfall
[1,] 0.950 0.02586561 0.03962012
[2,] 0.990 0.04744180 0.06376612
```

7.8.4 另外一种参数化方法

如同前面提到的那样，对于给定的门限 η，GPD 也可以通过形状参数 ξ 和尺度参数 $\psi(\eta)=\alpha+\xi(\eta-\beta)$ 进行参数化．这正是 GPD 估计中常用的参数．例如，R 添加包 evir 的命令 gpd 也使用这种参数．为了说明，考虑从 2001 年到 2010 年的 IBM 股票的负日对数收益率．应用 R 的命令 gpd，得到的结果为：

R 代码演示（数据是负的 IBM 股票日对数收益率．输出经过编辑）

```
> library(evir)
> da=read.table("d-ibm-0110.txt",header=T)
> ibm=log(da[,2]+1)
> xt=-ibm
> m1gpd=gpd(xt,threshold=0.01)
> m1gpd
$n
[1] 2515
$data
    [1] 0.01530858 0.01074553 0.01139063 .....
$threshold
[1] 0.01
$p.less.thresh
[1] 0.7996024
$n.exceed
[1] 504
$method
[1] "ml"
$par.ests
        xi        beta
0.10703752 0.01059601
$par.ses
         xi        beta
0.0544269528 0.0007255951
$converged
[1] 0
$nllh.final
[1] -1733.994

> names(m1gpd)
  [1] "n"              "data"            "thresh-
old"        "p.less.thresh"
  [5] "n.exceed"       "method"          "par.ests"        "par.ses"
```

```
[9] "varcov"           "information"   "converged"     "nllh.final"
> par(mfcol=c(2,2))
> plot(m1gpd)
Make a plot selection (or 0 to exit):

1: plot: Excess Distribution
2: plot: Tail of Underlying Distribution
3: plot: Scatterplot of Residuals
4: plot: QQ-plot of Residuals

Selection: 0
> riskmeasures(m1gpd,c(0.95,0.99))
         p   quantile      sfall
[1,] 0.950 0.02585941 0.03962658
[2,] 0.990 0.04745161 0.06380699
```

与预期的那样,得到的结果与表 7-3 中的结果非常靠近. 在表 7-3 中,ξ 和 $\psi(\eta)$ 的估计分别是 $0.107(0.054)$ 和 $0.0106(0.0007)$,其中括号中的数表示标准误差. 结果的略微差异是由于估计中的优化方法的差异造成的. 图 7-13 显示了给 IBM 股票负日对数收益率拟合 GPD 的诊断检验图. QQ 图(图 7-13d)和尾概率估计(图 7-13b,并取对数刻度)显示出与直线有微小的偏差,这表明可能需要进一步的改进.

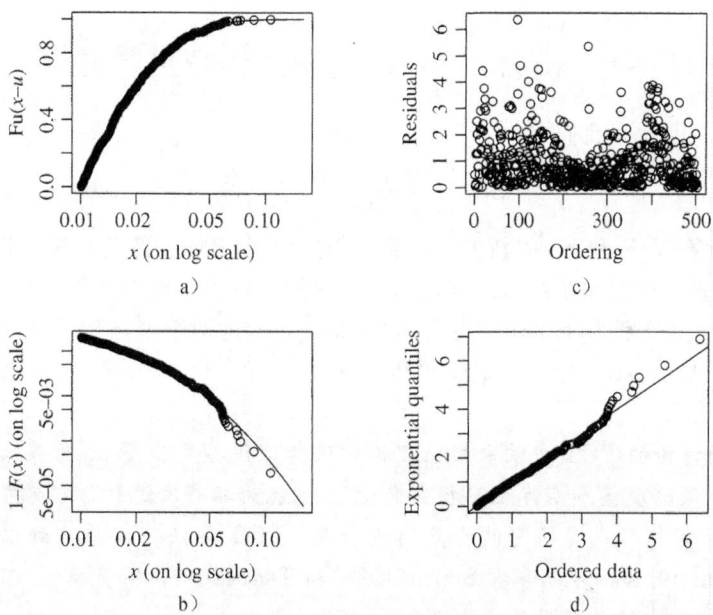

图 7-13 (a~d)对 2001 年 1 月 2 日到 2010 年 12 月 31 日 IMB 股票负日对数收益率拟合 GPD 的诊断检验图

对于式(7-36)和式(7-37)的条件分布和(7-38)中的 GPD,我们有

$$\frac{F(x) - F(\eta)}{1 - F(\eta)} \approx G_{\eta, \psi(\eta)}(y)$$

其中 $x = y + \eta$, $y > 0$. 如果我们通过经验累积分布函数来估计损失的累积分布函数 $F(\eta)$, 则

$$\hat{F}(\eta) = \frac{T - N_\eta}{T}$$

其中 N_η 是超越门限 η 的次数, T 是样本容量. 因此, 由式(7-38)得到:

$$F(x) = F(\eta) + G(y)[1 - F(\eta)] \approx 1 - \frac{N_\eta}{T}\left[1 + \frac{\xi(x - \eta)}{\psi(\eta)}\right]^{-1/\xi}$$

这就引出了 VaR 计算中所用到的 $F(x)$ 分位数的另一种估计. 特别地, 对于上尾概率 p, 令 $q = 1 - p$, 通过求解 x, 则 $F(x)$ 的 q 分位数 VaR_q 可以由下式估计

$$\text{VaR}_q = \eta - \frac{\psi(\eta)}{\xi}\left\{1 - \left[\frac{T}{N_\eta}(1 - q)\right]^{-\xi}\right\} \tag{7-40}$$

其中, 与前面一样, η 是门限, T 是样本容量, N_η 是超越门限的次数, GPD 分布的尺度参数和形状参数分别为 $\psi(\eta)$ 和 ξ. 在 R 中正是用该种方法计算 VaR.

对于广义帕累托分布, 期望风险(ES)假设一种更简单的形式. 具体地说, 对于给定的尾部概率 p, 令 $q = 1 - p$ 并用 VaR_q 标记 VaR. 那么, ES 的定义为

$$\text{ES}_q = E(x | x > \text{VaR}_q) = \text{VaR}_q + E(x - \text{VaR}_q | x > \text{VaR}_q) \tag{7-41}$$

利用 7.8.2 节中 GPD 的性质, 我们有

$$E(x - \text{VaR}_q | x > \text{VaR}_q) = \frac{\psi(\eta) + \xi(\text{VaR}_q - \eta)}{1 - \xi}$$

上式中 $0 < \xi < 1$. 因此, 我们有

$$\text{ES}_q = \frac{\text{VaR}_q}{1 - \xi} + \frac{\psi(\eta) - \xi\eta}{1 - \xi}$$

为了说明计算 VaR 和 ES 的新方法, 我们仍然应用 IBM 股票负日对数收益率, 门限为 1%. 前面的 R 输出中给出了结果. 从输出结果可知, 对于尾概率 0.05 和 0.01, 该 100 万金融头寸的 VaR 值分别为 25 859 美元和 47 452 美元. 这两个值与例 7.8 给出的值非常接近, 那里的结果基于 plot 命令. 对于尾概率 0.05 和 0.01, 金融头寸的 ES 分别是 39 627 美元和 63 807 美元.

注记: 前面讨论的 POT 方法和极值理论方法都假设损失变量 x_t 为齐次的, 表明仅用损失数据来估计风险度量. 实际上, 损失变量 x_t 可能为非齐次过程, 它可能依赖于其他解释变量, 例如 VIX 指数或者研究的资产的波动率. POT 方法可以推广到以处理损失变量 x_t 非齐次的情况. 例如, 可以参考 Smith(1989)和 Tsay(2010, 第 7 章). 有兴趣的读者可以参考 Tsay(2010)中的该应用的一个示例. ∎

7.9 平稳损失过程

最后, 我们简短地讨论当损失过程 x_t 是严平稳时间序列时计算风险所进行的调整. 参见 O'Brien(1987). 当金融头寸相关的对数收益率序列为严平稳时间序列时, 严平稳时间序列极大值的分布函数 $F_*(x)$ 和相对应的式(7-29)和式(7-28)中的 iid 序列的 $\widetilde{F}_*(x)$ 之间的

关系可以用来计算该金融头寸的 VaR 值. 具体来说，从 $P(x_{(n)} \leqslant \mu_n) \approx [F(x)]^{n\theta}$, $F(x)$ 的 $(1-p)$ 分位数即为 $x_{(n)}$ 的极限极值分布的 $(1-p)^{n\theta}$ 分位数. 因此，基于极值理论的式(7-35) 中的 VaR 变为

$$\text{VaR} = \begin{cases} \mu_n - \dfrac{\sigma_n}{\xi_n}\{1 - [-n\theta\ln(1-p)]^{-\xi_n}\} & \xi_n \neq 0 \\ \mu_n - \sigma_n\ln[-n\theta\ln(1-p)] & \xi_n = 0 \end{cases} \quad (7\text{-}42)$$

其中, n 为子区间的长度. 如果极值指数被忽略，从该公式计算的结果可能低估 VaR 值.

作为说明，再次考虑从 2001 年 1 月 2 日到 2010 年 12 月 31 日的 IBM 股票的负日对数收益率. 图 7-14 给出了应用 R 添加包 evir 的命令 exindex 得到的极值指数估计值. 因为 IBM 股票日对数收益率的序列相关性较小，估计时我们选择分块大小为 10. 注意，这里用的块大小和应用传统极值理论估计广义极值分布的块大小是不同的. 从图 7-14 中可知，对门限值 1%，极值指数为 $\hat{\theta}=0.72$. 应用该估计值，在参数估计中选择 $n=21$，则 100 万 IBM 股票多头头寸在下一个交易日的 1% VaR 为 44 449 美元. 和预期的那样，该值高于例 7.8 中忽略极值指数时的值 39 242 美元.

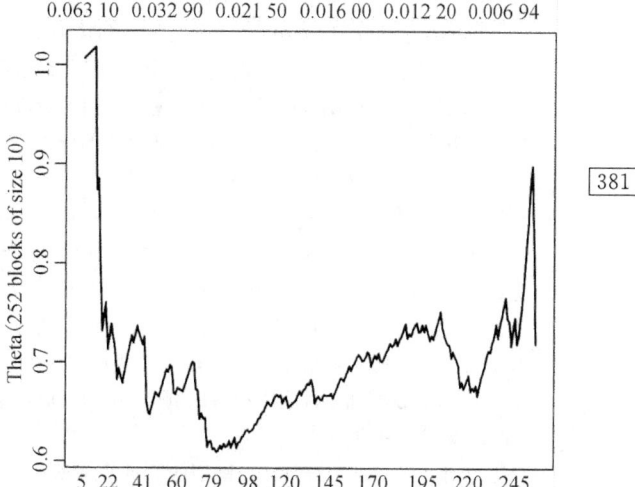

图 7-14 从 2001 年 1 月 2 日到 2010 年 12 月 31 日的负的 IBM 股票日对数收益率的极值指数估计值. 分块大小为 10，图形水平轴下方的 K 表示极大值超出门限值的分块的编号

R 代码演示

```
> library(evir)
> help(exindex)
> m1=exindex(xt,10) % Estimate the extremal index of Figure 7.10.
>                  % VaR calculation.
> v1=1.966-(1.029/.251)*(1-(-21*.72*log(.99))^(-.251))
> v1
[1] 4.444898
```

习题

1. 考虑持有价值 100 万美元的苹果公司股票的多头. 为了评估该头寸的风险，应用从 2001 年 1 月 2 日至 2011 年 9 月 30 日的苹果公司股票日对数收益率, 此数据可以从 CRSP 和文件 d-aapl-0111.txt 中得到. 设尾概率 $p=0.01$. 并利用下面的方法计算该头寸的下一个交易日和接下来 10 个交易日的 VaR 和 ES.
   (a) 风险度量制方法. 写出拟合的 IGARCH(1,1)模型的具体形式.
   (b) 高斯 GARCH 模型. 写出拟合的模型.

(c) 带标准学生 t 新息的 GARCH 模型,写出拟合的模型.[基于拟合的模型,你应该用模拟方法来计算接下来 10 个交易日的 VaR 和 ES.]
2. 再次考虑习题 1 中的头寸和数据.并用下面的方法计算该头寸的下一个交易日的 VaR.
  (a) 经验分位数方法,其中 $p=0.05$ 和 0.01.
  (b) 利用高斯 GARCH(1,1) 模型的 1 阶滞后为波动率和对数收益绝对值的 1 阶滞后作为预测变量,应用 $1-p=0.95$ 和 0.99 的分位数回归带条件高斯分布的 GARCH 模型.
3. 再次考虑习题 1 中的头寸和数据.回答下列问题:
  (a) 应用传统极值理论,其中子区间长度分别取 $n=21$ 和 42,计算 μ、σ 和 ξ 的估计值.
  (b) 利用上述估计值,计算下一个交易日和接下来 10 个交易日的 $VaR_{0.95}$ 和 $VaR_{0.99}$.
4. 再次考虑习题 1 中的头寸和数据.利用 POT 方法计算下列头寸的风险度量.
  (a) 门限值取 2.5%.写出估计值,包括它们的标准误差,并计算相应的 $ES_{0.99}$ 和 $VaR_{0.99}$.
  (b) 门限值取 2%.写出估计值,包括它们的标准误差,画出数据对指数分布分位数的 QQ 图,并计算相应的 $ES_{0.99}$ 和 $VaR_{0.99}$.
5. 再次考虑习题 1 中的头寸和数据.利用门限值 2.5% 的 GPD 方法得到参数的估计值和相应的诊断图形.计算上面相同头寸的 $VaR_{0.99}(10)$,即接下来 10 个交易日的 VaR.
6. 考虑苹果公司股票的日对数收益率和美银美林银行的美国 AAA 公司债指数的对数收益率,数据区间为 2001 年 1 月 3 日到 2011 年 9 月 30 日.债券指数有更多的日观测值,但是在计算债券指数的日对数收益率之前,需要和股票的日期匹配.数据文件为 d-aaplbnd-0111.txt.考虑价值 1 百万美元的多头头寸,其中股票和 AAA 债券的比例为 50-50.应用下列方法,计算该头寸下一个交易日的 VaR 和 ES.
  (a) 风险度量制方法.
  (b) 应用高斯 GARCH(1,1) 模型的计量经济学方法.

参考文献

Artzner P, Delbaen F, Eber J, Health D. Thinking coherently. Risk 1997; 10(11): 68–71.

Beirlant J, Goegebeur Y, Segers J, Teugels J. Statistics of Extremes: Theory and Applications. New Jersey: John Wiley & Sons; 2004.

Berman SM. Limiting theorems for the maximum term in stationary sequences. Ann Math Stat 1964; 35: 502–516.

Coles S. An Introduction to Statistical Modeling of Extreme Values. New York: Springer-Verlag; 2001.

Cox DR, Hinkley DV. Theoretical Statistics. London: Chapman and Hall; 1974.

Danielsson J, de Vries CG. Value at risk and extreme returns. Working paper, London School of Economics, London, UK; 1997a.

Danielsson J, de Vries CG. Tail index and quantile estimation with very high frequency data. J Empir Finance 1997b; 4: 241–257.

Davison AC, Smith RL. Models for exceedances over high thresholds (with discussion). J R Stat Soc Ser B 1990; 52: 393–442.

Dekkers ALM, De Haan L. On the estimation of extreme value index and large quantile estimation. Ann Stat 1989; 17: 1795–1832.

Duffie D, Pan J. An overview of value at risk. J Deriv 1997; 4: 7–48.

Embrechts P, Kuppelberg C, Mikosch T. Modelling Extremal Events. Berlin: Springer Verlag; 1997.

Feller W. An Introduction to Probability Theory and Its Applications. Volume 2. Hoboken (NJ): John Wiley & Sons; 1971.

Goldie CM, Smith RL. Slow variation with remainder: theory and applications. Q J Math 1987; 38: 45–71.

Gnedenko BV. Sur la distribution limite du terme maximum of d'une série Aléatorie. Ann Math 1943; 44: 423–453.

Gumbel EJ. Statistics of Extremes. New York: Columbia University Press; 1958.

Hill BM. A simple general approach to inference about the tail of a distribution. Ann Stat 1975; 3: 1163–1173.

Hsing T, Hüsler J, Leadbetter MR. On the exceedance point process for a stationary sequence. Probab Theory Relat Fields 1988; 78: 97–112.

Jenkinson AF. The frequency distribution of the annual maximum (or minimum) of meteorological elements. Q J R Meteorol Soc 1955; 81: 158–171.

Jorion P. Value at Risk: The New Benchmark for Managing Financial Risk. 3rd ed. Chicago: The McGraw-Hill; 2006.

Koenker RW, Bassett GW. Regression quantiles. Econometrica 1978; 46: 33–50.

Koenker RW, D'Orey V. Computing regression quantiles. Appl Stat 1987; 36: 383–393.

Klugman SA, Panjer HH, Willmot GE. Loss Models: From Data to Decisions. Hoboken (NJ): John Wiley & Son; 2008.

Leadbetter MR. On extreme values in stationary sequences. Zeitschrift für Wahrscheinlichkeitsthorie und Verwandte Gebiete 1974; 28: 289–303.

Leadbetter MR. Extremes and local dependence in stationary sequences. Zeitschrift für Wahrscheinlichkeitsthorie und Verwandte Gebiete 1983; 65: 291–306.

Leadbetter MR, Lindgren G, Rootzén H. Extremes and Related Properties of Random Sequences and Processes. New York: Springer Verlag; 1983.

Longerstaey J, More L. Introduction to RiskMetrics™. 4th ed. New York: Morgan Guaranty Trust Company; 1995.

Longin FM. The asymptotic distribution of extreme stock market returns. J Bus 1996; 69: 383–408.

Longin FM. Optimal margin level in futures markets: extreme price movements. J Futures Mark 1999a; 19: 127–152.

Longin FM. From value at risk to stress testing: the extreme value approach. Working paper, Centre for Economic Policy Research, London, UK; 1999b.

McNeil AJ, Frey R, Embrechts P. Quantitative Risk Management: Concepts, Techniques and Tools. Princeton (NJ): Princeton University Press; 2005.

O'Brien GL. Extreme values for stationary and Markov sequences. Ann Probab 1987; 15: 281–291.

Pickands J. Statistical inference using extreme order statistics. Ann Stat 1975; 3: 119–131.

Smith RL. Extreme value analysis of environmental time series: an application to trend detection in ground-level ozone (with discussion). Stat Sci 1989; 4: 367–393.

Smith RL. Measuring risk with extreme value theory. Working paper, Department of Statistics, University of North Carolina at Chapel Hill; 1999.

Smith RL, Shively TS. A point process approach to modeling trends in tropospheric ozone. Atmos Environ 1995; 29: 3489–3499.

Tsay RS. Analysis of Financial Time Series. 3rd ed. Hoboken (NJ): John Wiley & Sons; 2010.

Zivot E, Wang J. Modeling Financial Time Series with S-Plus. New York: Springer-Verlag; 2003.

索 引

索引中的页码为英文原书页码，与书中页边标注的页码一致.

A

ACD model(ACD 模型), 301
    exponential(指数), 302
    generalized Gamma(广义伽玛), 303
    Weibull(韦布尔), 302
Airline model(航空模型), 101
Akaike information criterion(AIC, Akaike 信息准则), 61
APARCH model(APARCH 模型), 224
ARCH effect(ARCH 效应), 182
ARCH model(ARCH 模型), 185
    estimation(估计), 189
        t distribution(t 分布), 190
        GED innovation(GED 新息), 191
        normal(正态), 189
        skew t distribution(有偏 t 分布), 191
Augmented Dickey-Fuller test(改进的 Dickey-Fuller 检验), 92
Autocorrelation(自相关), 45
Autocorrelation function(ACF, 自相关函数), 45
Autocovariance(自协方差), 43
Autoregressive integrated moving-average(ARIMA) model(自回归求和移动平均模型), 91
Autoregressive model(自回归模型), 51
    estimation(估计), 64
    forecasting(预测), 67
    order(阶), 60
    stationarity(平稳), 59
Autoregressive moving-average (ARMA) model(自回归移动平均模型), 78
    forecasting(预测), 84

B

Back-shift operator(延迟算子), 55
Backtesting(回测检验), 121, 135, 150
Bar chart(条形图), 27
Bartlett's formula(Bartlett 公式), 45
Bayesian information criterion(BIC, 贝叶斯信息准则), 62
bid-ask bounce(买卖价弹跳), 279
bid-ask spread(买卖价差), 279
Bonds(债券)
    current yield(债券当前收益), 8
    par value(面值), 8
    yield to maturity(到期收益), 8
Business cycle(商业周期), 56

C

Capital asset pricing model(资产定价模型), 256
Characteristic equation(特征方程), 59
Characteristic root(特征根), 56, 59
Co-integration(协整), 112
Compounding(复合), 4
Conditional distribution(条件分布), 21
Conditional forecast(条件预测), 68
Conditional likelihood method(条件极大似然方法), 74
Conditional value at risk(条件风险值), 335
Correlation coeffcient(相关系数), 43

D

Data(数据)
    3M stock return(3M 公司股票收益率), 24, 81, 88
    CAT returns(CAT 公司股票收益率), 246
    CSCO returns(CSCO 公司股票收益率), 246
    GE returns(GE 股票收益率), 246
    BA Merrill Lynch AAA total return index(BA 美林 AAA 总收益指数), 343
    CAT transactions(CAT 交易), 280, 295, 298, 304
    Coca Cola's earnings(可口可乐股票收益), 98
    CRSP monthly value-weighted idnex(CRSP 月度加权值指数), 118

索 引

crude oil price(原油价格), 129
decile(十分位数), 10
  monthly returns(月度收益率), 45
Dollar-Euro exchange rate(美元/欧元汇率), 184
equal-weighted index(等权重指数), 73, 74, 118
gasoline price(汽油价格), 129
global temperature anomalies(全球温度异常), 140
IBM daily log returns(IBM 股票日对数收益率), 339
IBM monthly returns(IBM 股票月收益率), 48
IBM stock return(IBM 股票收益率), 49, 231, 346, 350, 354, 363, 369
IBM stock returns(IBM 股票收益率), 218
Intel stock return(Inel 股票收益率), 178, 193
JNJ transactions(JNJ 交易), 283
monthly log returns of Intel stock(Intel 股票月度对数收益率), 201
SP 500 index return(SP500 指数收益率), 231, 233
GDP(国内生产总值), 93
GNP(国民生产总值), 56
interest rate(利率), 110
quarterly real GDP(季度真实 GDP), 122
USEU exchange rate(美元欧元利率), 341
value-weighted index(加权值指数), 61, 118, 217
Decomposition model(分解模型), 293
Dickey-Fuller test(DF 检验), 92
Differencing(差分), 91
  seasonal(季节性), 100
Direct market access(直接市场准入), 274
Distribution(分布)
  Frechet family(Frechet 族), 359
  Gamma(伽玛), 321
  generalized error(广义误差), 191
  generalized extreme value(广义极值), 359
  Generalized Gamma(广义伽玛), 322
  generalized Pareto(广义帕累托), 374
  skew-Student-t(有偏学生 t), 191
  Weibull(韦布尔), 321
Diurnal pattern(日模式), 282
Duration model(持续期模型), 298

Durbin-Watson statistic(D-W 统计量), 116

E

EGARCH model(EGARCH 模型), 215
  forecasting(预测), 220
Empirical density function(经验密度函数), 27
Estimation(估计)
  extreme value parameter(极值参数), 361
Exact likelihood method(精确似然方法), 74
Exceedance(超出), 372
Exceeding times(超出次数), 372
Excess return(超额收益率), 6
Exponential smoothing(指数平滑), 96
Exponentially weighted moving-average(指数加权移动平均), 252
Extended autocorrelation function, (扩展的自相关函数), 81
Extremal index, (极端指数), 361
Extreme value theory, (极值理论), 358

F

Financial risk(金融风险)
  Market risk(市场风险), 327
  Credit risk(信用风险), 328
  Operational risk(操作风险), 328
Forecast(预测)
  horizon(区间), 67
  origin(预测原点), 67
Fractional differencing(分数差分), 117
FRED
  Federal Reserve Economic Data(联邦储备经济数据), 12

G

GARCH model(GARCH 模型), 199
GARCH-M model(GARCH-M 模型), 213
Generalized Pareto Distribution(广义帕累托分布), 374
Geometric Brownian motion(几何布朗运动), 249
GJR model(GJR 模型), 222

H

Half life(半衰期), 69, 245
Hazard function(危险率函数), 323
Hill estimator(Hill 估计), 363
Histogram(直方图), 27

I

IGARCH model(IGARCH 模型), 211, 338
Implied volatility(隐含波动率), 177
Impulse response function(脉冲响应函数), 85
Innovation(新息), 50
Integrated volatility(求和波动率), 309
Inverted yield curve(逆收益曲线), 112
Invertibility(可逆性), 73
Invertible ARMA model(可逆 ARMA 模型), 85
Ito process(伊藤过程), 308

J

January effect(一月效应), 47
Joint distribution function(联合分布函数), 20

K

Kendall's tau(肯德尔 tau), 44
Kurtosis(峰度), 22
　　excess(超出峰度), 22

L

Lag operator(滞后算子), 55
Leptokurtic(尖峰), 22
Leverage effect(杠杆效应), 177, 218
Linear time series(线性时间序列), 50
Liquidity(流动性), 279
Ljung-Box statistic(Ljung-Box 统计量), 48
Ljung-Box statistic(Ljung-Box 统计量), 182
Log return(对数收益率), 5
Long position(多头), 6
Long-memory(长记忆)
　　stochastic volatility(随机波动率), 231
　　time series(时间序列), 117

M

Marginal distribution(鞅分布), 21
Market model(市场模型), 30
Markov property(马尔科夫性质), 51
Martingale difference(鞅差), 199
Mean equation(均值方程), 181
Mean excess function(平均超额函数), 375
Mean excess plot(平均超额图形), 376
Mean residual life plot(平均误差周期图), 376
Mean reversion(均值回归), 69, 86
Mean square of forecast errors(均方预测误差), 121
Minimum variance portfolio(最小方差组合), 259

Model checking, (模型检验), 65
Moment(矩)
　　of a random variable(随机变量的矩), 22
Moving-average chart(移动平均图), 27
Moving-average model(移动平均模型), 69

N

NGARCH model(NGARCH 模型), 226, 250
Nonstationarity(非平稳)
　　unit-root(单位根检验), 87
Nonsynchronous trading(非同步交易), 275

O

Option pricing
　　simulation(期权价格模拟), 250
Options(期权),
　　in the money(期权处于实值状态), 10
Order statistics(次序统计量), 353
Ordered probit model(顺序概率值模型), 288

P

Partial autoregressive function(PACF, 偏自回归函数), 60
Peaks Over Thresholds(超过门限的峰值), 372
π-weight(π 权重), 85
Pickands estimator(Pickands 估计), 363
Platykurtic(低峰), 22
Portmanteau test(混成测试), 47
Present value(现值), 5
ψ-weight(ψ 权重), 50

Q

Quantile(分位数), 21
　　definition(定义), 330

R

R command(R 命令)
　　adfTest, 93
　　ar, 63
　　arima, 65
　　arima, intercept, 75
　　basicStats, 24
　　chartSeries, 13
　　evir, exindex, 382
　　evir, gev, 363
　　evir, gpd, 378
　　evir, meplot, 376

索引

evir, pot, 376
evir, riskmeasures, 377
fGarch, qstd, 332
garchFit, 194
garchFit, cond. dist, 198
getSymbols, 13
polr, 289
qnorm, 332
qt, 332
quantile, 353
read. csv, 16
read. table, 16
rmorm, 35
tsdiag, 65
tsdiag, gof, 104
R package(R 添加包), 12
    evir, 362
    fBasics, 25
    fGarch, 194
    fracdiff, 119
    MASS, 289
    mnormt, 35
    quantmod, 12
    quantreg, 355
    TSA, 82
    TTR, xts, zoo, 12
R project(R 项目), 12
R-square(R^2), 67
    Adjusted(调整的 R^2), 67
Random walk(随机游走), 86
    with drift(有漂移的随机游走), 88
Realized volatility(实际波动率), 178, 308
Regression(回归)
    with time series errors(带有时间序列误差), 110
Return level(收益率水平), 371
    stress period(压力周期), 371
RiskMetrics(风险度量), 337
Rmetrics, 12

S
Sample autocorrelation(样本自相关), 45
Seasonal adjustment(季节调整), 99

Seasonal model(季节模型)
    multiplicative(乘法模型), 101
Seasonal time series(季节时间序列), 98
Shape parameter(形状参数),
    of a distribution(分布的形状参数), 359
Shock(波动), 50, 68, 181
Short position(空头), 6
Simple return(简单收益率), 3
Skewness(偏度), 22
Spearman's rho(斯皮尔曼 rho), 44
Square root of time rule(时间准则的平方根), 339
Standard Brownian motion(标准布朗运动), 92
Stationarity(平稳性), 40
Stochastic volatility model(随机波动率模型), 229
Stock options(股票期权), 10
Student-t distribution(学生 t 分布)
    standardized(标准化), 189

T
Tail index(尾部指数), 359
Tail value at risk(尾部风险值), 335
TGARCH model(TGARCH 模型), 222
Transactions data(交易数据), 282
Treasury Bill, Note, Bond(债券), 9
Trend shift model(趋势移动模型), 154
Trend stationary model(趋势平稳模型), 90

U
Unit-root nonstationarity(单位根非平稳), 144
Unit-root test(单位根检验), 92
Unit-root time series(单位根时间序列), 86

V
VaR
    econometric approach(计量经济学方法), 345
    RiskMetrics(度量系统), 338
    traditional extreme value(传统极值), 368
VIX volatility index(VIX 波动率指数), 176
Volatility(波动率), 177
    implied(隐含波动率), 11
Volatility equation(波动率方程), 181

W
White noise(白噪声), 50